国家出版基金项目
NATIONAL PUBLICATION FOUNDATION
四川省巴蜀文化研究中心重點科研項目
巴蜀文化研究大家系列

十三經恒解

箋解本

卷之九

《儀禮恒解》

〔清〕劉沅◎著

總主編◎譚繼和
總策劃◎施維

箋解 譚繼和 祁和暉

巴蜀書社

圖書在版編目（CIP）數據

十三經恒解（箋解本）/（清）劉沅著；譚繼和、祁和暉箋解
—成都：巴蜀書社，2016.1
ISBN 978-7-5531-0569-7

Ⅰ.①十… Ⅱ.①劉… ②譚… Ⅲ.①經學②《十三經》-注釋 Ⅳ.①Z126.2

中國版本圖書館 CIP 數據核字（2015）第 175942 號

十三經恒解（箋解本）

（清）劉沅 **著**
譚繼和 祁和暉 **箋解**

出品人	林建 侯安國
策劃編輯	施維
責任編輯	張照華 張亮亮 肖靜 封龍 張紅義 王群栗 趙邦媛 童際鵬
出版	巴蜀書社
	地址：成都槐樹街2號 郵編：610031
	總編室電話：（028）86259397
網址	www.bsbook.com
發行	巴蜀書社
	發行科電話：（028）86259422 86259423
經銷	新華書店
印刷	四川省南方印務有限公司
版次	2016年1月第1版
印次	2016年1月第1次印刷
成品尺寸	210mm×290mm
印張	218.5
書號	ISBN 978-7-5531-0569-7
定價	2000.00元（全10卷）

目　録

儀禮恒解

十三經恒解

箋解本

儀禮恒解

卷之九

童際鵬◎整理

序

禮者，所以經緯人倫也。自天子至於庶人，修身齊家之事無弗同，則凡正心誠意、窮理盡性之學，本諸心而措之世者無不一。聖王以禮化民，皆就其時勢、風俗而爲之法，使咸歸於中和。五帝殊時，不相沿樂；三王異世，不相襲禮。非謂一代之興，必創制顯庸以新天下之耳目也。人性皆善，萬古無更，而習尚所趨，恒多悖戾，是以監前代而因革，實得乎天理人情之安。三代以還，刑名功利，遞相競勝，誠身建極之道所爲。由一念而推暨於天下國家者，多不講求議禮。諸臣乃援據遺經，强相比附，若《儀禮》一書尤墨守之儒所斤斤而研搜也。然文武周孔之學，乃堯舜以來聖人相傳之道，亦生民秉彝，人人所有之。道本之身，徵諸庶民，建諸天地而不悖，質諸鬼神而無疑，豈必其盡合前人哉！而曰考諸三王而不謬，蓋因時制宜，適合乎天理人情之極而已。《周官》體大思精，治世規模略備，而其法已不可盡行，故孔孟授受門人多以己意爲折衷。觀子路爲宰，晏朝行事，日中而退，吾子以爲知禮，則聖人苟遇於時，所損益可知矣。《戴記》之書，其言往往不符周制，讀者不知其爲孔孟之徒雜記遺言也，而反以爲漢儒所葺，疑竇叢生，惟《儀禮》則奉爲楷模，委曲傅會。然世代遞降，凡宫室衣服、飲食及諸事爲皆非昔比矣，有如畫餅奚益民生？况夫篇中所載半多不情，其爲後儒所輯，昭然可見。而或信以爲聖人之言，曷怪昌黎以爲難讀耶？愚故註釋而辨正之，毋使同人執此以誤將來。僭妄之罪，良知不免，然方今聖人在上，信古而不泥古，大一統之規，炳然可識矣。

道光壬寅小陽月　雙江劉沅謹識

韓昌黎謂《儀禮》難讀，自漢以來議禮者多聚訟，皆由三《禮》不盡合也。先生已註《周官》《戴記》，復註此書，信其可信，不信其所不可信，此序尤爲明了。

受業羅道傳志[1]

① 按：羅道傳題記原載《槐軒雜著》卷一本序末。

凡　例

一、道莫大於五倫，凡禮皆所以經緯人倫也。人倫之正，必由誠意正心。誠正之功非一日而可幾也，則於其蒙養即閒以小學，及其成童又教以大學。洒埽、進退、應對、舞勺、舞象諸儀皆所以約束其身心，而徐引之於大道。君上持其綱，父師踐其實，以之成己，即以之成人。而禮樂之事，服習者久；心性之學，涵養者純，動容周旋可以無不中道矣。唐虞三代化成天下，蓋莫不由乎此，而其法已不盡傳，惟《周禮》一書尚存其概，至於儀文節目之詳，則無自而考矣。《儀禮》晚出，《史記正義》：《七錄》云有六十六篇，今僅得十七篇。《既夕禮》《有司徹》《特喪禮》《祭禮》之下篇，實止得十五篇而已。鄭康成註之，而其書大行。歷代諸儒咸有發明，朱子尤服膺此書，人遂奉爲聖經，然其繁文縟節均屬周末文勝之習。愚於可疑者，均已辨於各篇，學者但通其大義，可取者行之，不可取者置之，毋斤斤襲陳說以滋惑可也。

一、道本於天地，天地之性，人爲貴。全其性而施，暨於天下，萬事無不宜。所謂仁，熟則義精也。古今時勢不同，萬國九州民生異俗，好尚異宜，即宮室、衣服、飲食亦不能强齊。聖人建中和之極，因其俗制其宜，五倫必正，嗜欲必防，則必有禮焉，以節文之。中夏之於六合，彈丸耳。周公制作，中原僅數千里地。吳、越、滇、黔、閩、廣、楚、蜀今皆樂土，而當時悉以外裔視之，聽其君長之自爲治。况後世幅幀益廓，民生日用，悉不可以古例而執此書以爲治，其可得乎？

一、《中庸》言：經禮三百，曲禮三千，祇大概約言之。經禮，《周官》見其大概，其曲禮當時人習而安焉，未必區區如印板文字。春秋天子無德，諸侯變亂，孔子獨講明力行之，四方來從學禮。觀其師弟問答及鄉黨所書，固未嘗墨守前人，毫無折衷，故愚以爲《小戴記》所載，乃孔孟後裔記其緒言，後人不達其旨，以《儀禮》爲經，《戴記》爲記，遂令聖人因時制宜之意全晦。熊氏朋來曰：《儀禮》[1]《士冠禮》《昏禮》《鄉飲酒》《射禮》《燕禮》《覲禮》《士虞禮》《特牲饋食》《喪禮》皆有《記》。愚謂此書之《記》，記其正文所未備。《戴記》所言，則發明其義，熊氏所言，非指《戴記》也。第解者多誤，反是此而非彼。愚今悉正之，讀者必合兩書細觀之，乃知其得失。

一、前人謂不讀《儀禮》，則無以見古人制作之遺是也。而得其大義必當變化其節目，此非儒生之事也。而前人或彷照古法勒爲成書，則僭且迂。觀程子主司馬之喪用冒，而蘇東坡譏之，亦可見古禮斷不可行於今。《記》曰：言而履之，禮也；行而樂之，樂也。履之樂之者何？事非仁義乎？仁者天之性，純乎理而仁，全當乎？宜而義精，動容周旋，不必斤斤古制，自足安人安百姓矣。

一、李如圭作《釋宮》，朱子因之，俾人明於古人宮室之制，然後《儀禮》所言，諸禮可以知其所在，誠篤論也。然四海之内風俗不齊，即南北相較，宮室有斷不可通用者，四海之外不待言矣。周末文勝，爲禮者第講求於度數節目之間。故孔子曰：禮云，禮云，玉帛云乎哉？又曰：人而不仁，如禮何？子太叔亦曰：是儀也，非禮也。禮者，天理之節文，無天理而但務節文，後進於禮樂之君子也。强天下之宮室，如古人必有所難通，使人行此書之儀文，尤理勢所必阻。愚是以略之焉。

一、我朝聖聖相承，制作明備，不違古而不泥古。欽定《儀禮義疏》刊譌擷粹，廣大精深，一空從前議禮家言，而範圍天下，則薄海内外，各因其宜；窮荒極壤，悉戴聲靈，未嘗拘拘於此書，實無不共遊於化宇。蓋大聖人建極敷極爲曠古所未有，使前人値此，必箝口結舌，而歎所見之不廣也。

一、漢儒彙集遺經，校定成書，其功不可沒，特得聖人之大道者鮮。故循其節末，失其本原，名物象數之制詳，而隨時處中之道畧。自漢以來，註《儀禮》者，我朝《四庫全書》所收二十二部，附錄二部，凡有所採者悉存

---

① 《儀禮》后恐省之字。

之。學者亦可以得其厓略矣，但考禮者將以見諸施行，非徒紙上空言。五帝殊時，不相沿樂；三王異世，不相襲禮。因時勢，準人情，因革損益，不違乎中正。然後可以成己成人，推諸天下。今觀諸儒之說，斤斤於儀文節目之間，不計可以施行與否，徒來聚訟之誚，無補治世之經，故不暇一正也。識者鑒之。

雙江劉沅識

儀禮恒解卷一

士冠禮

冠，加冠也。古者不薙髮，年二十而始冠，責以成人之事，前此爲童年。言士上通於天子諸侯，下該凡民也。

筮于廟門。

筮，市例反。廟，古廟字。

古惟適士以上有廟，凡庶人即以奥爲廟，以其爲祭五祀處也。此廟即此士以上則于廟也。

主人玄冠，朝服，緇帶，素韠，即位于門東，西面。

冠，如字。朝，直遙反。後朝服同。韠，音畢。

主人，將冠者之父。玄冠，一名委貌，以黑繒爲之。玄，天之色，冠加於首，至尊，故玄也。朝服，布衣而素裳，貴樸也。緇，深黑色，凡染黑，五入爲緅，七入爲緇。韠，蔽膝也，以韋爲之。素，白也。朝服，敬其事也。

有司如主人服，即位于西方，東面，北上。

有司，即筮者。無論公私，惟其長於禮者，亦朝服，重其事也。

筮與席、所卦者，具饌于西塾。布席於門中，闑西閾外，西面。

饌，士戀反。塾，音孰。闑，魚列反。閾，音域。古文闑爲槷，閾音蹙。

筮，謂蓍也。云筮者，以其所用名之。席，蒲筵也。所卦者，所以畫地記爻卦之具，用木爲之。具，俱也。饌，陳也，皆陳之於門外西堂，又布席於門中，將坐而筮。闑，門下橫木，爲内外之限者，其門兩旁之木謂之棖。棖闑之間，謂之中門。閾，即門限也。

筮人執筴，抽上韇，兼執之，進，受命于主人。

筴，初革反。韇，音獨，筮蓍之器。韇，所以藏筴，抽上韇，以露其筴，並執韇與筴，進而受命於主人，問所以筮之意。筴本在韇未取出，云兼執者，合韇與筴而言。

宰自右少退，贊命。筮人許諾，右還，即席坐，西面，卦者在左。

還，音旋。下同。

宰，有司，主家政者。自主人之右少退，以贊主人之命。云贊命者，主人自陳其欲筮之意，虞有不達，則宰贊之也。筮人既得主人之命，許諾，還，就席而坐，右還者，進受命則由左，還則由右也。坐西面而啟韇以筮書，卦者在左。

卒筮，書卦執以示主人。主人受眂，反之。筮人還，東面旅占，卒，進，告吉。若不吉，則筮遠日，如初儀。

眂，音視。旅，古文作臚。卒，已也。書卦於版以示主人，主人受眂，仍反諸筮人，筮人還，轉東面，與其屬共占之，卒事，進而告吉，如或不吉，又另筮遠日，一切禮儀如初。

徹筮席。宗人告事畢。

徹，去也，斂也。宗人，有司主禮者。或曰，如再不吉，則又筮乎？曰否，卜筮不過三，另日更筮可也。

主人戒賓，賓禮辭，許。主人再拜，賓答拜。主人退，賓拜送。前期三日，筮賓，如求日之儀。乃宿賓。賓如主人服，出門左，西面再拜。主人東面答拜。乃宿賓。賓許，主人再拜，賓答拜。主人退，賓拜送。宿贊冠者一人，亦如之。

戒，告也。云戒者，重冠事，必擇其賢者，而共成之。不濫邀賓客也，惟以其賢也，而告之，邀延之。故賓謙讓而辭，然以其嘉禮不可終卻也，故卒許之。禮，謂謙讓也。主人拜，賓之許，賓又答拜，主人去而賓拜送之。至將冠前三日，主人又於已戒眾賓中筮其尤賢者，使冠子其禮。如求日之儀，既得其人矣，乃於冠前一日往。宿賓，宿之爲言速也。賓聞主人來，如其所服，取相稱也，不必定朝服。出門而拜迎，左者，出以東爲左，入以東爲右也。主人拜，其出迎入乃致親求主冠禮之意。又宿一贊冠禮者一人，亦如之。

厥明夕，爲期于廟門之外。主人立于門東，兄弟在其南，少退，西面，北上。有司皆如宿服，立于西方，東面，北上。擯者請期，宰告曰：質明行事。告兄弟及有司，告事畢。擯者告期于賓之家。

擯，臂印反。

厥明夕，冠期前夕也。爲期，期約。兄弟，子姓也。於廟門者，冠在廟也。有司，主人羣下執事之人。兄弟，子姓。至近，先約齊之，以免臨事有誤。至所，戒諸賓，亦就近族黨也。故卽日告之以期，此期謂冠之時也。前此戒賓已共知其日，今又告之以何時始行禮，古時比閭族黨易以周知，故其禮如此。

夙興，設洗，直于東榮，南北以堂深。水在洗東。

直，音値。深，式蔭反。

夙，早也。興，起也。洗，承盥洗者棄水之器。賈氏曰：士用鐵，大夫用銅，諸侯用白銀，天子用金罍。榮，屋翼也。賈氏曰：卽今之搏風。云榮者，與屋爲榮飾；言翼者，與屋爲翅翼。堂深者，從堂廉北至房室之壁。南北以堂深者，洗去堂遠近，取於堂上深淺。假令堂深二丈，洗亦去堂二丈，以此爲度，凡度淺深曰深，後並放此。敖氏繼公曰：水，所以盥洗者也，洗在東方，則沃洗者宜西面，故水在洗東。

陳服于房中西墉下，東領，北上。

墉，牆也。所陳之服見下文。東領，領向東。北上，便其先取在南者。

爵弁服，纁裳，純衣，緇帶，韎韐。

纁，許云反，或作熏。韎，音妹。韐，音閤。

鄭康成曰：此與君祭之服。色赤而微黑，如爵頭然，冕之次。賈氏曰：凡冕以木爲體，長尺六寸，廣八寸，以三十升麻布衣之，上玄下纁，前後有旒。爵弁之制大同，惟無旒，而爵色爲異。又冕者，俯也，低前一十二分，故名冕。爵弁，則前後平，其尊次於冕。纁，淺絳色，凡染絳，一入謂之縓，再入謂之赬，三入謂之纁，四入則朱。言纁裳於衣上者，以其與冕服之裳同尊之也。純衣，絲衣也。餘衣皆用布，純衣與緇帶同色。韎韐，緼韍也。其制似韠，以韋爲之。天子繪山或火或龍章，諸侯火而下，大夫山，士無飾。

皮弁服，素積，緇帶，素韠。

鄭康成曰：此與君視朔之服同。皮弁者，以白鹿皮爲冠，象上古也。賈氏曰：上古以白鹿皮冒覆頭，鉤領繞項，至黄帝始爲冕。積，猶辟也，以素繒爲裳，辟蹙其要中。

玄端，玄裳、黄裳、雜裳可也。緇帶，爵韠。

玄端，朝服之衣。其裳以玄爲正，若無玄裳許其用黄裳及雜裳。以上三服同用緇帶者，士惟有一緇裨之帶。加冠祝以將來成人之貴服而帶，則從其分也。爵韠，繪爵於帶以寓飛翔之意。

緇布冠缺項，青組纓屬于缺；緇纚，廣終幅，長六尺；皮弁笄；爵弁笄；緇組紘，纁邊；同篋。

冠，如字，下同。缺，如字。屬，音燭。纚，所綺反，又所買反。廣，古曠反。長，直亮反。笄，音雞。紘，音宏。篋，苦協反。

缺項者，冠後當項處微留一缺，以青組纓屬於缺，以便固冠也。纚，方目紗也，以緇色之纚韜髪而結之，乃加以冠。非既冠而後用纚韜髪也。纚，廣一幅，長六尺，取其足，以韜髪笄簪也。皮弁、爵弁各視其冠之廣狹以爲笄也。緇組紘，緇色之組，結以爲紘。紘，冠卷也，繫冠兩旁以爲飾者。纁邊，紘緇組而其邊則纁色也。以上皆同篋而陳之。

櫛實于簞。

櫛，莊乙反。簞，音丹。

櫛以理髪，方曰笥，圓曰簞。

蒲筵二，在南。側尊一甒醴，在服北。有篚實勺、觶、角柶，脯醢，南上。

甒，音武。篚，方尾反。勺，上灼反。觶，支義反。柶，音四。醢，音海。古文甒作廡。

筵，席也。賈氏曰：敷陳曰筵，藉地曰席，散言之則筵、席通，故諸敷席在地者多言筵。二者，一爲冠子，即下文筵于東序少北也；一爲醴子，即下云筵于户西，南面也。御案：在南，在三服之南，通指篋與簞，不專言蒲筵。簞在篋南，筵在簞南。鄭康成曰：側，特也。無偶曰側。服北，纁裳北也。篚，竹器，如笭者。勺，尊，升，所以剩酒也。爵三升曰觶。柶，狀如匕，以角爲之，取其滑也。

爵弁、皮弁、緇布冠各一匴，執以待于西坫南，南面，東上。賓升則東面。

匴，素管反。坫，丁念反。古文匴爲篹，坫爲檐。

御案：冠、弁是主，重於他器服，故執之，而不陳其序。在陳器服後者爲執，以待事也。賈氏公彦曰：上文舉冠以表服，冠實不陳，此專爲冠言之。鄭康成曰：爵弁，制如冕，黑色，但無繅耳。士之皮弁無玉、無象、邸飾。匴，竹器名，今之冠箱也。執之者，有司。坫，在堂角。敖氏繼公曰：弁、冠特别於西方而統於賓，蓋以賓專掌冠事，使若賓之物，然南面而東上，及東面則北上矣。

主人玄端爵韠，立于阼階下，直東序，西面。

阼，才故反。

鄭康成曰：玄端，士入廟之服。阼，猶酢也。東階，所以答酢賓客也。堂東西牆謂之序。直，當也。

兄弟畢袗玄，立于洗東，西面，北上。

袗，止引反，又至印反，又音眞，古文袗爲均。

敖氏繼公曰：袗、如袗、絺綌之袗，被服之别稱。玄，玄端畢袗。玄謂盡服玄端也。洗東，於主人爲東南。

擯者玄端，負東塾。

擯者，相主人禮，故在東堂，以俟云負塾者。主人直東序。擯者，近牆而立，讓其地與主人行禮也。

將冠者采衣，紒，在房中，南面。

紒，音髻，又音界，古文作結。

采衣，童子之服。鄭康成曰：緇布衣，錦緣，錦紳並紐，錦束髮，皆朱錦也。紒，結髮。敖氏繼公曰：童子連裳於衣，蓋深衣之制。紒，露髮爲紒。凶時謂之髽，吉時謂之紒。《內則》言未冠者，亦用纚。此乃紒者爲將冠去之。朱子曰：房戶宜東南壁東西之中，而將冠者在房中，當戶而立也。

賓如主人服，贊者玄端從之，立于外門之外。

贊者，贊賓者。擯贊者之服皆降主人一等，衣冠同而裳異，故此別言玄端。外門，大門。

擯者告，主人迎，出門左，西面，再拜。賓答拜。主人揖贊者，與賓揖，先入。

蓋贊賓者先入告擯者，而擯者告，主人出迎之。相拜畢，又揖賓，延之入。己先入亦揖贊者，尊賓也。

每曲揖，至于廟門，揖入。三揖，至于階，三讓，主人升，立于序端，西面，賓西序，東面。

每曲揖，卽下文三揖也。曲，迴曲之處。主人揖而先入門右，西面。賓入門左，贊者皆入門左，東面。賓主相對一揖。又揖賓使登，登階又揖，至階，賓不敢遽升，則讓，主人辭，必讓賓先登，賓又辭，如是者三，卒讓賓先升，主人乃升，無主人先升之禮也。序端，東序頭。敖氏曰：主人立于序端，北當序也，賓在西序，負序也，主人不立於東序者，辟予之坐，且不參冠禮也。賓不言升，省文。

贊者盥于洗西，升，立于房中，西面，南上。主人之贊者筵于東序，少北，西面。

盥，古椀反，音管。古文盥皆作浣。

敖氏曰：盥者重冠事，故將執事而自潔清也。盥于洗西者，洗西無篚，故得辟正，賓而盥于此房中。南上，賓位先筵於東序，爲將冠者布席也。

將冠者出房，南面。贊者奠纚、笄、櫛于筵南端。

古文櫛爲節。

鄭康成曰：南面立于房外之西，待賓命。贊者，賓之贊冠者。敖氏曰：奠，猶置也，置於筵南端，以冠者升降由下也。

賓揖將冠者，將冠者即筵坐。贊者坐，櫛，設纚。

賓揖將冠者，即筵贊者。爲設櫛與纚，云坐設者，坐而設櫛與纚也。朱子曰：古人坐法以膝著地，兩蹠向後，如今之跪。

賓降，主人降。賓辭，主人對。賓盥，卒，壹揖，壹讓，升。主人升，復初位。

賓降將就盥，主人不敢安位，亦降。賓辭，其敬己。而主人以己煩辱賓意對，但其辭未傳耳。賓盥，卒，壹揖，壹讓而升。主人復初位。賓不然者，爲將行冠事也。

賓筵前坐，正纚，興，降西階一等。執冠者升一等，東面授賓。

冠，如字。

纚本無不正，賓坐正之以示敬也。降階一等以受冠，亦示敬也，執冠者東面授之。冠，緇布冠也。

賓右手執項，左手執前，進容，乃祝。坐如初，乃冠。興，復位。贊者卒。

項，胡港反。祝，至宥反，下同。

冠後爲項。前，冠之前。進容，進而爲容。鄭康成曰：行翔而前，鶬也。至筵，立而祝之，祝辭見後。祝畢乃坐而冠之，賓復西序，東面之位。贊者設缺項結纓，以終其事。卒，終也。

冠者興，賓揖之。適房，服玄端，爵韠，出房，南面。

賓揖之進房，服玄端，爵韠而出，示衆賓以容體。以上始加也。

賓揖之，即筵坐。櫛，設笄。賓盥，正纚如初。降二等，受皮弁，右執項，左執前，進祝，加之如初，復位。贊者卒紘。

賈氏公彦曰：冠者坐訖，當脱去緇布冠，乃更櫛也。笄有二：一，首紒內安髮之笄；一是冕弁，固冠之笄，此未冠而設笄，明是安髮笄也。緇布冠亦宜有之，彼不言者恐與上兩弁之笄相亂，又此言設笄，彼言設纚，可互見矣。其皮弁固冠之笄，則賓加弁時自設之可知。卒紘，終其繫紘之事。其繫紘也，先繫一端於笄之左端，繞頤下而上復繫一端於笄之右端，所以固笄。

興，賓揖之。適房，服素積素韠，容，出房，南面。

賈氏公彦曰：興，冠者加皮弁訖，起而賓揖之也。不言緇帶，可知也。加緇布冠時，亦有容，至此益盛，乃言之。御案：始加云進容，乃祝言。賓之自正其容示冠者，以觀法也。再加云容見，冠者知棄其幼志自敬威儀矣。以上再加。

賓降三等，受爵弁，加之。服纁裳韎韐。其他如加皮弁之儀。

鄭康成曰：降三等，下至地。他，謂卒紘容出。敖氏繼公曰：受爵弁降三等者，以其最尊，故就而受之，不言純衣，省文也。

徹皮弁、冠、櫛、筵，入于房。

冠，如字。

賈氏公彦曰：冠卽緇布冠。徹，賓贊者及主人之贊者爲之，以上三加。三加既畢，徹皮弁、冠、櫛等及筵，惟爵弁著之以受醴，至見母兄弟姑姊訖，乃易服也。

筵于戶西，南面。贊者洗于房中，側酌醴，加柶，覆之，面葉。

古文葉爲擖。

戶西，戶牖間客位。贊者設筵於此以醴冠者，尊之如客，且辟主人也。洗，盥而洗爵。側，與特通。贊者一人酌醴，無人佐之也。柶，醴匕也，若今匙然。葉卽匙頭，用時仰之，贊者設之，而非自用，故覆之以授也。葉向外，故云面。

賓揖，冠者就筵，筵西，南面。賓受醴于戶東，加柶，面枋，筵前北面。

枋，彼命反，今交枋爲柄。

賓揖，冠者使就筵。冠者立於筵西，南面。贊者以醴授賓，賓受之於戶東，加以柶面柄。冠者立於筵前，北面，使冠者卽席而受。

冠者筵西拜受觶，賓東面答拜，薦脯醢。

冠者筵西，南面拜受觶，賓東面答拜之。醴用觶，貴其質也。薦，進也。贊者於時並進脯醢。

冠者卽筵坐，左執觶，右祭脯醢，以柶祭醴三，興。筵末坐，啐醴，捷[1]柶，興。降筵，坐奠觶，拜。執觶興，賓答拜。冠者奠觶于薦東。

啐，七内反。捷，初洽反，又作銿，又作扱，又作建，古文啐爲呼。

祭，祭先代爲此食者，示不忘本也。以柶祭者，以柶扱醴一再而三。啐，嘗也。捷柶，嘗醴後以柶插於觶中，醴間坐於筵末，謙也。降筵，坐而奠觶，拜謝賓之醴己也。執觶興，賓答拜，冠者自奠觶於薦東。薦東，席前空處。奠，置也。敖氏繼公曰：不卒爵而奠觶者，此禮不主於飲也，於薦東者，堂上自奠其觶之節。籩豆云薦者，上經云：薦脯醢，故因其事而名之，後皆放此。以上醴冠者。

降筵，北面坐取脯。降自西階，適東壁，北面見于母。

見，賢徧反。下同。

取脯以見母者，明其冠而受醴，所以特見母之故也。東壁，房外之北堂。冠禮房中，陳服，贊者有事焉，母不可以位於房，暫出居東壁，子就適此見之。

母拜受，子拜送，母又拜。

受，受醴也。父母之尊，一也。但禮母統於父，冠禮由父命而必藉賓以成之。今冠禮既成，母幸其子之成人而又重賓之爲己冠子也。母無面拜賓之禮，則受醴如受賓餽，故拜受之，子拜送。醴亦以爲此脯醢，固賓之所授也。母故又拜。朱子曰：古人

---

① 捷，阮元《十三經注疏》作建。

坐卽是跪，低手祇肅便是肅拜，則此母之拜俯手而已。以上見于母。

賓降，直西序，東面。主人降，復初位。

賓降，直西序，南，當於階。初位，阼階中，直東序之位。

冠者立于西階東，南面。賓字之，冠者對。

西階，東西階下之東也。賓字之，當有勸勉之言，故冠者謙詞以對。其詞不著，蓋勉以成人之義，任人爲之，無成說也。以上冠加字。

賓出，主人送于廟門外。請醴賓，賓禮辭，許。賓就次。

賓冠事畢，而出廟門外，主人送，出請醴賓以謝其勤勞。禮辭，禮讓而辭也。次，在門外更衣處，以帷幕簟席爲之。

冠者見于兄弟，兄弟再拜，冠者答拜。見贊者，西面拜，亦如之。入見姑、姊，如見母。

姊，將此反。

兄弟、贊者皆先拜，以重其既冠，而冠者均答拜之。言贊者則衆賓可知。入，入寢門也。廟在寢門外，言見姑姊，則妹亦在其中。

乃易服，服玄冠、玄端、爵韠，奠贄見于君。遂以贄見于鄉大夫、鄉先生。

冠，如字。贄亦作摯，音至。

易服，不服朝服，以其未仕也。賈氏公彦曰：初冠時，服玄端，爲緇布冠服，以緇布冠冠，而敝之。故易玄冠配玄端也。見于君，蓋卿大夫之子弟，若庶人則但見於鄉大夫、鄉先生而已。鄉先生齒德俱尊者，此終言既冠見君大夫等之事耳，其實見諸人禮當在醴賓之後，非一日一時所能畢其禮也。

乃醴賓，以壹獻之禮。

鄭康成曰：壹獻者，主人獻賓而已，無亞獻者。賈氏公彦曰：主人獻賓，賓酢主人，主人將酬賓，先自飲訖，乃酬賓，賓奠而不舉，賓、主人各兩爵而禮成。

主人酬賓，束帛、儷皮。贊者皆與，贊冠者爲介。賓出，主人送于外門外，再拜，歸賓俎。

儷，音麗，力移反。古文儷爲離。

飲而從之，以財貨曰酬。束帛，十端。儷，比兩皮。謝賓之勤勞也。贊者，凡贊者。皆與，皆與於飲酬也。第所酬有厚薄耳。贊冠者爲介，言衆贊者中，贊冠者之人爲賓之介，與凡主人之贊者不同，飲酬當視衆贊者加厚也。歸賓俎，歸諸賓家。朱子曰：此上正禮已具，下文皆禮之變。

若不醴，則醮用酒。

醮，子召反。

敖氏繼公曰：醮，與醴大異畧同，惟用酒而儀，文繁爲異，冠禮之始惟醴而已，然少近於質，故後世聖人又爲此醮禮，與之並行。言若者，文質在人用之。

尊于房戶之間，兩甒，有禁。玄酒在西，加勺，南枋。洗，有篚在西，南順。

房戶間者，房西室戶東也。兩甒：一酒尊、一元酒尊。元酒，新水也，不用而猶設之者，不忘古也。禁，承尊之器，名爲禁者，禁湎酒也。加勺，加於二尊之上而覆之也。元酒本不用，亦加勺者不以無用待之。枋南者，爲酌者北面執之，便也。洗，承水器。賈氏公彥曰：用醴之時，醴尊在房，故洗亦在房。今醮用酒與常飲酒同，故洗亦在庭。篚陳於洗西南。順，北爲上也。按，設洗當在設尊之前，上文言醮用酒卽順文勢而言尊。此言洗有篚不言設正，以設洗在尊之前也。

始加，醮用脯醢。賓降，取爵于篚，辭降如初。卒洗，升酌。冠者拜受，賓答拜如初。

賈氏公彥曰：前三加訖乃一醴，於客位用脯醢。此始加訖卽醮於客位用脯醢。前用醴時，醴在房。贊者酌授賓，賓不親酌，此則賓親洗爵，酌酒，故有升降也。如初，如初醴時之儀。

冠者升筵，坐，左執爵，右祭脯醢，祭酒，興。筵末坐，啐酒。降筵，拜，賓答拜。冠者奠爵于薦東，立于筵西。

賈氏公彥曰：此雖用酒，其行事與醴同。惟彼出房，立待賓命，此醮訖，立於席西，待命爲異。朱子曰：此正醮禮也，下兩醮及後章三醮，凡言如初者，皆謂如此禮。

徹薦、爵，筵尊不徹。

後加薦、爵當更設，故徹初加之薦與爵，所以新後醮之禮也，惟筵尊，則三加仍之。

加皮弁，如初儀。再醮，攝酒，其他皆如初。

攝，書摺反，今文攝爲聶。

攝，整也，更整頓之。朱子曰：如初，如前一章之儀。下條放此，其他皆如初言。惟攝酒異於始醮，其他皆如之也。

加爵弁，如初儀。三醮，有乾肉折俎，嚌之，其他如初。

折，之設反。嚌，才計反。

鄭康成曰：乾肉，牲體之脯也。折其體以爲俎。賈氏公彥曰：前二醮有脯醢，此更加乾肉折俎。嚌，至齒嘗之而已。

北面取脯，見于母。

賈氏公彥曰：下文若殺、卒醮、取籩脯以降，此亦取籩脯見母，亦適東壁，母俠拜，同。敖氏繼公曰：若此者見，其與醴同也。下放此。以上醮禮。

若殺，則特豚，載合升，離肺實于鼎，設扃鼏。

殺，如字。扃，居營反。鼏，迷翼反。今文扃爲鉉，古文鼏爲密。

賈氏公彥曰：上醮子用乾肉不殺牲，此下言殺牲，故云若也。特豚，一豚也。煮於鑊而熟之，升之於鼎，以俎盛之則曰載。載合升者，載與升皆合左右胖也。離，割也，割肺而實於鼎以祭。扃，鼎扛。鼏，鼎覆也。

始醮，如初。再醮，兩豆：葵菹，蠃醢；兩籩：栗、脯。三醮，攝酒如再醮，加俎，嚌之，皆如初，嚌肺。

蠃，力禾反，今文蠃爲蝸。

始醮，與前章始醮同，無所加。再醮，加一豆一籩，爲有殺牲，故盛其饌也。豆盛葵菹與蠃醢，籩盛栗與脯。攝酒三醮，於籩豆之外又加豚俎。朱子曰：初謂上章之三醮也。嚌，至齒嘗之。

卒醮，取籩脯以降，如初。

取脯以見母，與前同。籩脯，在籩者也。御案：不取所祭者，不敢褻神之餘也。以上殺牲。

若孤子，則父兄戒宿。

父伯、父叔、父兄、親兄或宗兄，此第言戒宿而戒賓、筮賓，一切儀禮皆父兄主之，可知矣。下文特舉其異於父子者一二端。

冠之日，主人紒而迎賓，拜，揖，讓，立于序端，皆如冠主。禮於阼。

紒，音髻，又音界。古文紒爲結，今文禮爲醴。

惟冠之日，將冠者紒而迎賓。不采衣，不在房中，南面，異於父在也。非謂迎賓廟門之外，其拜與揖讓，蓋賓揖之而將冠者以父不在不敢受全禮，故也立於序端以待賓爲之加冠。冠主，冠者之親父也。皆如冠主，言惟紒迎賓一節爲異其他三加等禮，賓皆如冠主之在行之，以有父兄爲主人也。禮，即醴也。禮於阼階，以父不在。既冠即爲主可以當阼也。

凡拜，北面于阼階上，賓亦北面于西階上答拜。

凡拜，謂既冠之後即爲主人，故北面于阼階上，與父在異，非謂未冠以前之拜也。

若殺，則舉鼎陳于門外，直東塾，北面。

又言，若醮而殺牲，惟舉鼎陳于門外，與父在異。直東塾，北面，當其南也。按，敖氏繼公謂，將冠子自爲主人，父兄但戒宿，然無成人冠服而代父行禮。一切加冠受醴等儀皆爲不順且無。乃此冠禮爲虚文乎，故不從之。以上孤子冠之變禮。

若庶子，則冠于房外，南面，遂醮焉。

若庶子之冠則三加、三醮，皆與適子同，惟冠在房外爲異。鄭康成曰：房外，謂尊東也。不與阼階，非代也。不醮於客位，成而不尊。

冠者母不在，則使人受脯于西階下。

母不在，被出及已嫁之母，冠畢當取脯見母。不幸而母有故不在，則冠者使人受脯於西階下，若母之在者，然以示不忘母之意也。若已沒，則不云不在。若疾病，子亦可見之。若歸寧則未有乘母不在而行冠事者也。

戒賓曰：某有子某，將加布於其首，願吾子之教之也。

古文某爲謀。

賓對曰：某不敏，恐不能共事，以病吾子，敢辭。主人曰：某猶願吾子之終教之也。賓對曰：吾子重有命，某敢不從。

病爲秉。共，音恭。重，直用反。下同。

賈氏公彦曰：此下總見戒、宿祝醮、醴字之辭。上某，主人名；下某，子之名。布，指緇布冠。三加而獨舉布，言取其質者，謙言之言。教之，謂教之以禮。病，辱也。此戒賓之辭。

宿曰：某將加布於某之首，吾子將涖之，敢宿。賓對曰：某敢不夙興?

涖，音戾。今文無對字。

涖，臨也。敖氏繼公曰：正賓而下宿之之辭皆同，惟以主人之親宿與否別之耳，此宿賓之辭。

始加，祝曰：令月吉日，始加元服。棄爾幼志，順爾成德。壽考維祺，介爾景福。

令，吉，皆善也。元服，卽冠也。元，首也，以其在首故名。幼志，童心也。成德，成人之德。順，謂漸次以企於成德。

再加，曰：吉月令辰，乃申爾服。敬爾威儀，淑愼爾德，眉壽萬年，永受胡福。

古文眉作麋。

令辰，亦吉日也。以干支言則曰辰。申，重也。威儀爲德之隅，外敬而內愼，斯淑矣。眉壽，壽者多豪眉秀出。胡福，猶遐福。

三加，曰：以歲之正，以月之令，咸加爾服。兄弟具在，以成厥德。黄耇無疆，受天之慶。

耇，音苟。

歲之正，謂當冠之年。咸，偏也，猶言全。加也，言兄弟以該衆賓，謂觀瞻所繫也。先言順德，次言愼德。成德，德必念，念順理而後能愼，愼然後成。非舊説順、愼通用之謂也。以上三加祝辭。

醴辭曰：甘醴惟厚，嘉薦令芳。拜受祭之，以定爾祥。承天之休，壽考不忘。

醴，酒，味厚而甘。嘉，美也。嘉薦，謂脯醢。令，善。芳，香。休，美也。禮以甘酒嘉殽祝其終身之祿意，拜受而祭，示以敬重。此禮期於永慎厥德，乃可長受天之休祥，以至於壽考也。

醮辭曰：旨酒既清，嘉薦亶時。始加元服，兄弟具來。孝友時格，永乃保之。

亶，丁旦反。古文亶爲癉，今文格爲嘏。

旨，美也。亶，誠也。時，是也，言酒旨而嘉薦得其時，始加冠，兄弟俱來爾，自今以後爲成人，當思克孝克友，乃可永保其身。

再醮，曰：旨酒既湑，嘉薦伊脯。乃申爾服，禮儀有序。祭此嘉爵，承天之祜。

湑，思呂反。祜，音戶。

湑，清也。伊，語辭。祜，福也。敖氏曰：獨善脯，取其協韻耳。序，謂始加、再加之次第。

三醮，曰：旨酒令芳，籩豆有楚。咸加爾服，肴升折俎。承天之慶，受福無疆。

鄭康成曰：楚，陳列之貌。肴升折俎，亦謂豚。以上醮辭。

字辭曰：禮儀既備，月令吉日，昭告爾字。爰字孔嘉，髦士攸宜。宜之于假，永受保之，曰伯某甫。仲、叔、季，唯其所當。

假，音嘏。甫或作父。

鄭康成曰：昭，明也。爰，於也。孔，甚也。髦，俊也。攸，所也。于，猶爲也。甫，丈夫之美稱。朱子曰：假與嘏同，福也。愚按：言備禮儀而卜令辰，乃告爾字。其字甚嘉爾，當勉爲髦士，乃稱其字而臻於福，永受保之祝辭。自伯某至下仲叔季七字乃記者之辭，言伯仲叔季皆同此詞。經文言某仲叔季，易一字用之，惟其所當耳。古人生而父母卽名之，冠乃爲之字，以旣成人則當有字也。其字多爲美號，故祝辭云然。以上字之之辭。

屨，夏用葛。玄端黑屨，青絇繶純，純博寸。

絇，其于反。繶，音意。純，章允反，下並同。

禮之通例：衣與冠同色，屨與裳同色，此下言三加之屨，所以異也。舉夏與冬、極寒極熱之時，用葛用皮，其他則不然。玄卽黑也。絇，以絲緣綴於屨頭，屈以爲飾，屈其中。繶，縫中紃也。純，緣也。三者皆青色，青與黑類。博寸，廣一寸也。御案：此初加時所用。

素積白屨，以魁柎之，緇絇繶純，純博寸。

魁，苦回反。柎，方烏反。

魁，蛤粉。柎，注也。以蛤灰塗于上，使色白。白屨而以緇飾之。御案：此皮弁服之屨，再加時所用。

爵弁纁屨，黑絇繶純，純博寸。

纁，淺絳色。爵弁尊，故色纁而以黑爲飾。御案：此三加所用之屨。

冬，皮屨可也。

敖氏繼公曰：不言其色與飾同，於上可知。

不屨繐屨。

繐，音歲。

凡布細而疏者爲繐，服之輕涼，惟喪屨用。繐冠嘉禮之重者，恐人以其輕涼用之，故云然。以上言冠禮之屨。

記

冠義。

周之典禮明備，凡《經禮》《曲禮》，蓋皆有方策記之。周衰漸以凌遲，孔門弟子採綴其要及所聞於孔子者記之，大小戴之類是也。二戴亦從秦火之後就其聞見所得者彙記之。此下所記與冠義與《戴記》所戴詳畧不同，又漢儒撮其要者附於篇後，以明冠禮之概，不必執同異以相疑也。

始冠，緇布之冠也。大古冠布，齊則緇之。其緌也，孔子曰：吾未之聞也，冠而敝之可也。

之冠，冠布，並如字。大，音泰。齊，側皆反。緌，如帷反。

此記用緇布冠之義。上古用白布冠，齊則緇之無飾，故始冠。用此以存古，緌以纓之，餘爲飾也。既存古而又緌，則失古意。故孔子以爲未聞。冠即敝之，以非時王所尚也。

適子冠於阼，以著代也。醮於客位，加有成也。三加彌尊，喻其志也。冠而字之，敬其名也。

適，低益反。

此記重適子之義。著，明也。著代，明其將代父加尚也。加有成，尊其有成人之道，故以客禮待之。一加緇布冠，欲其尚質重古；次加皮弁，欲其行三王之德；後加爵弁，欲其行敬事神明，是喻其志益大也。君父之前稱名，他人稱字，是敬其名。

委貌，周道也。章甫，殷道也。母[1]追，夏后氏之道也。周弁，殷冔，夏收。三王共皮弁、素積。

母追，音弁堆。甫或爲父，今文爲斧。冔，虛羽反。

此記三代冠之同異。鄭康成曰：委，安也，所以安，正容貌。章，明也，所以表明丈夫。母，發語聲。追，猶堆也。夏后氏以其形名之。賈氏曰：三冠皆三代朝服之冠。道，猶制也。鄭康成曰：弁名出於槃。槃，大也。言所以自光大。冔名出於幠。幠，覆也。言所以自覆飾。收言所以收斂髮。共皮弁、素積，以其質素，故三代同之。

無大夫冠禮，而有其昏禮。古者五十而後爵，何大夫冠禮之有？公侯之有冠禮也，夏之末造也。

古者天子、諸侯、大夫冠皆用士禮。以二十而冠，五十後爵，故無大夫冠禮。天子之元子亦士也，諸侯可知，公侯皆有冠禮，夏之末爲未冠而父沒者造之。

天子之元子，猶士也，天下無生而貴者也。繼世以立諸侯，象賢也。以官爵人，德之殺也。死而諡，今也。古者生無爵，死無諡。

殺，所戒反。諡，神至反。

上文言公侯之有冠禮，自夏末始，則自夏以後，固有公侯冠禮，而天子不待言矣。此下惟明古者無大夫以上冠禮之意。言天子之元子當其父在齒於士而入大學教以爲人子弟之禮，所以抑其驕氣而長其敬德，始知貴必由德，德必漸，次而成，無生而貴者也。若諸侯繼世而立，爲其象賢也，若二十未必卽賢，故用士禮冠之。大夫則官矣，然國家以官爵，人必以德爲等殺。若二十則德未必崇，故亦以士禮冠之。然則自天子至大夫惟用士禮，固有深意。於諡亦然，死而有諡，亦今世之法。古則生無爵，死無諡，蓋爵必以德。無爵則無德矣，何以諡爲？

附　解

聖人治世之法，歷唐虞三代而大備，然大經大法萬世不易，而因革損益，隨時制宜，有不可盡拘先王之禮者矣。若冠禮三代以下已病其難行，蓋周家中原止今北五省地，其民村堡族居，比閭族黨之法，平日聯其志氣而養其成德者至詳。故戒賓、宿賓著代等事，行之至爲便順，後世幅隕既廣，民多散居，卽宮室宗廟亦不能如古制，又無論黨、庠、術、序，由士而大夫而公卿之法矣，則冠禮必不可行，特父兄、師長幼訓以循謹，長率以中正，其義已得而必斤斤於此篇，欲彷爲之，毋乃生今而反古，迂滯而不通乎？第存

[1] 母，阮元《十三經注疏》作毋。

其義以示學者，使知古人重成人，若此固不可謂爲非要，朱子作《釋宫》一篇，不敢存之正，以其不可行於今耳。至篇末論大夫以上無冠禮，前人紛紛異議，均未達本文之意，今亦正之。

儀禮恒解卷二

士昏禮

昏禮。下達。

人倫之道，始於夫婦。《易》曰：有夫婦，然後有父子；有父子，然後有君臣上下。又曰：男正位乎外，女正位乎內。男女正，天地之大義也。夫夫婦婦而家道正，正家而天下定矣。故昏禮自天子下達皆用六禮，雖其閒儀文或因貴賤有殊，而總不外六也。云昏者，夫婦之道，成於昏也。

納采，用鴈。

納采，媒氏已先通二姓之好，女家已許諾，乃使人納鴈以信其事。贄有六。昏禮無貴賤。皆鴈者，鴈不亂羣，不再偶也。

主人筵于戶西，西上，右几。

主人，女父。無父則尊而主昏者也。昏禮於廟以重其事。戶西，客位。筵爲神布，神於客位，如臨之也。西上，右几，異於生人之位。

使者玄端至，擯者出請事，入告。

使者，夫家之使。玄端，朝服，士以下通得服之。擯者，主人之擯，而賓之有介可知矣。出請事，謙，恐失禮而請問所當，有事乃入告於人。

主人如賓服，迎于門外，再拜，賓不答拜。揖入。

賈氏公彥曰：大夫、士惟有寢門、大門而已。廟在寢門外之東，下有至於廟門，則此是大門。主人再拜，拜使者之主命也。使者不敢以主人自居，故不答拜。

至於廟門，揖入。三揖，至于階，三讓。

揖入，三揖、讓，俱見士冠禮，故玆不重出。

主人以賓升，西面。賓升西階，當阿，東面致命。主人阼階上北面再拜。

以賓升，主人先升，而賓從之也。阿，室戶楝間。鄭康成曰：入堂深，示親親也。

授于楹間，南面。賓降，出。主人降，授老鴈。

李氏如圭曰：楹，柱也。楹間，堂東西之中也。授，授鴈。南面，謂主人也。授者北面，受者南面。出，出廟門。老，室老。賈氏公彥曰：授鴈訖，賓降，自西階出門。主人降，自阼階授老鴈，於階立，待後事。以上納采。

擯者出請。賓執鴈，請問名，主人許賓入。授，如初禮。

出請，請所有事。問名，問女之名也。賓執鴈，請問名，主人許之，賓乃入，授鴈，如上納采之禮。鄭康成曰：問名者，將歸卜其吉凶。

擯者出請，賓告事畢。入告，出請醴賓。賓禮辭，許。

敖氏繼公曰：醴與醴子之醴同。事畢而醴，使者致殷勤也。賓禮讓而辭，擯致主意，賓許之，待於次。

主人徹几改筵，東上。側尊甒醴于房中。

甒，亡甫反。

鄭康成曰：徹几改筵者，鄉爲神，今爲人。側尊，亦言無玄酒，側尊于房中，亦有篚有籩豆，如冠禮之設。

主人迎賓於廟門外，揖讓如初，升。主人北面，再拜。賓西階上，北面答拜。主人拂几，授校，拜送。賓以几辟，北面設于坐，左之，西階上答拜。

校，胡孝反。辟，音避。校，下巧切，音攪。

賈氏公彥曰：如初升者，如納采時三揖三讓也。主人再拜者，拜賓至此堂也。鄭康成曰：拂，拭也。拭几者，尊賓，新之也。校，几足。辟，逡遁。主人執几足，授。賓謙遜而以几設於坐，左之，若爲主人設者。然於西階上答拜，主人之敬，蓋此几，主人尊賓，故設之使賓可隱，而賓實未嘗隱几，則几特備而不用，故授几者，主敬賓；左之者，賓敬主也。

贊者酌醴，加角柶，面葉，出于房。

柶，音四。古文葉作擖。

鄭康成曰：贊者亦洗酌，加角柶，覆之，如冠禮。出房，南面，待主人迎受。柶，六寸匕也，以角爲之，所以扱醴。

主人受醴，面枋，筵前西北面。賓拜受醴，復位。主人阼階上拜送。

枋，彼命反。柄同。

面枋，便賓之酌也。敖氏繼公曰：西北面，以賓在西階上，不可背之，賓拜於西階上，復位，俟旣薦乃升席於賓之拜也。主人少退，主人拜送，賓亦如之。

贊者薦脯醢，賓即筵坐，左執觶，祭脯醢，以柶祭醴三，西階上北面坐，啐醴，建柶，興，坐奠觶，遂拜。主人答拜。

鄭康成曰：即，就也。左執觶，則祭以右手也。凡祭於脯醢之豆間。啐，嘗也，嘗之者，成主人意。建，猶扱也。興，起也。奠，停也。

賓即筵，奠于薦左。降筵，北面坐取脯，主人辭。

薦左，籩豆之東。降，下也。自取脯者，尊主人之賜，將歸執以反命。辭者，辭其親徹。御案：薦脯，五挺橫祭於其上，云取者取其籩内之一而已。此非所祭者，若《特牲》《少牢》，俱云賓取。祭以降，則所祭者也。

賓降，授人脯，出，主人送于門外，再拜。

人，謂從者。門，大門也。以上問名醴賓，即問名之禮。

納吉用鴈，如納采禮。

鄭康成曰：歸卜於廟，得吉兆，復使使者往告，昏姻之事於是定。敖氏繼公曰：如納采禮兼醴賓而言下禮放此。愚按：自納采以下，所謂賓者不止主人之使，蓋媒妁也。男女無媒不相見，而此篇無一言及媒妁，先儒因之殆非也。此節言納吉。

納徵：玄纁、束帛、儷皮，如納吉禮。

纁，許云反。儷，音力移反。今文纁作熏。

程子曰：徵，證也，成也。用皮帛以證成男女之禮。用玄纁者，象陰陽，備玄纁，各五端爲束帛，每端二丈。儷，兩也。皮，鹿皮。古者昏以儷皮爲禮，無玄纁用皮，存古意也。《周官》曰：凡嫁子、娶妻、入幣，純帛無過五兩，備禮不尚財也。王氏通曰：昏娶而論財，君子不入其鄉。古者男女之族各擇德焉。不以財爲禮。此言納徵。

請期，用鴈。主人辭，賓許，告期，如納徵禮。

男家卜，得吉日，使使往女家請期，謙示不敢專也。主人女家辭，以吉期，必由男家也。賓許主人之辭，乃告期。其禮如納徵，凡揖讓、升降及禮賓送迎之事，皆如之。此言請期。

期，初昏，陳三鼎于寢門外東方，北面，北上。其實特豚，合升，去蹏。舉肺脊二，祭肺二，魚十有四，腊一肫，髀不升。皆飪。設扃鼏。

去，起吕反。肫，音純。髀，筆倚反。扃，居營反。鼏，迷異反。古文純爲鈞，髀爲脾；今文扃作鉉，鼏皆作密。

期，娶妻之日。初昏日，方入時，先陳壻與婦合巹之鼎。鄭康成曰：三鼎，升豚、魚、腊。寢，壻之室也。北面，鄉内也。特，一也。合升，合左右胖升於鼎。去䐑，䐑甲不用也。舉肺脊者，食時所先舉也。肺者，氣之主，周人尚焉。脊者，體之正，未食先祭。肺食時則祭脊舉肺與脊貴之，故先飯則舉之，每飯則嚌之，祭肺别切肺以爲祭。凡食而有牲俎者，皆有祭肺，此之肺脊皆二，夫婦各一也。魚十有四，亦各七。腊，兔腊也。肫作純，全也。凡腊用全。髀不升，以其近竅賤之。飪，熟也。扃，所以扛鼎。鼏，覆之。

設洗于阼階東南。

鄭康成曰：洗，所以承盥洗之器，棄水者。

饌于房中，醯醬二豆，菹醢四豆，兼巾之。黍稷四敦，皆蓋。

饌，助椀反。醯，呼西反。敦，音對。下並同。

醯醬，以醯和醬。菹醢，釀菹加醢。敦，槃類。二者，夫婦各一。四者，夫婦各二也。巾，以禦塵。兼巾，六豆而共一巾蓋之，使其溫也。

大羹湆在爨。

大，音泰。湆，音泣，今文湆皆作汁。

湆，煮肉汁也。不加五味爲大羹。在爨，取其熱也。

尊于室中北墉下，有禁。玄酒在西。綌冪。加勺，皆南枋。

冪，迷繹反。今文枋作柄。

鄭康成曰：墉，牆也。禁，所以庪甒者。玄酒，不忘古也。綌，粗葛。冪，覆也。御案：此尊爲夫婦之酳而設，所謂内尊也。禁，以承尊。有足者也，士用之；大夫用之，則無足；天子、諸侯則廢禁，亦無足。南枋者，取其便於酌。

尊于房戶之東，無玄酒。篚在南，實四爵合巹。

巹，音謹。

御案：巹爵與外尊並列者爲贊位。在外將酌以酳壻婦，故設之於外，爲便也。巹，破匏而爲飲器，合之而實于篚，及酳壻婦則各一。既飲又可以合，象夫婦也。鄭康成曰：四爵、兩巹，凡六，爲夫婦各三酳。以上陳器饌。

主人爵弁，纁裳，緇袘。從者畢玄端。乘墨車，從車二乘，執燭前馬。

袘，逸戲反，又音移。從，才用反，下同。二乘，繩證反。

主人，壻也。敖氏繼公曰：此禮據壻家而言，故以壻爲主人。爵弁者，以親迎，當用上服也。袘，緣也。纁裳，則必緇衣，而不言者，舉袘以見，與衣、帶同色也。衣緇、裳纁各爲其色，而以緇緣袘象男下於女故，故以衣帶上體同色之物，下緣於裳也。畢，皆也。從者乘二車，皆玄端。墨車，漆車也，本大夫所乘，今士乘之，隆其禮也。執燭前馬，居馬前照道也。

婦車亦如之，有裧。

裧，昌占反，同幨。

賈氏公彦曰：亦如之，亦乘墨車，從車二乘，執燭前馬也。裧以蔽車，以布爲之。在上曰裧，在下曰帷裳。愚按：此第言士之禮，大夫以上其禮以漸而盛，可知矣。

至于門外。主人筵于戶西，西上，右几。

鄭康成曰：門外，婦家大門之外。主人，女父也。賈氏公彦曰：以先祖之遺體許人，故女父先於廟設神席，乃迎壻也。御案：《白虎通》云：遣女於禰廟，重先祖之遺體，不敢自專，故告禰也。但設坐依神而臨其禮卽是告，非別有奠酒、瘞幣之儀也。壻家來迎並無筵於廟之文，蓋納吉請期兩番，命卜於廟門，則齋戒以告鬼神之義已備，故親迎不必更行告廟之儀也。

女次，純衣纁袡，立于房中，南面。

袡，如占反。

鄭康成曰：次，首飾也。愚按：《周官・追師》：掌爲副編次，此第言次，則以次該首飾之全也。純衣，絲衣，玄色。袡，亦緣也。婦人之德貴純一，衣不殊裳，此時惟以纁緣其衣盛其禮，且象陰氣上交於陽也。

姆纚、笄、宵衣，在其右。

姆，莫候切，音茂，又音母。纚，所綺反，又山買反。

姆，如今乳母，蓋貧寡而有德行者，在女之右，詔以婦禮也。纚，韜髮。笄，若今時簪也。宵、綃同，玄綃衣也。

女從者畢袗玄，纚笄，被纇黼，在其後。

纇，苦迥反。黼，音甫。

女從者，娣媵之流。畢，皆也。袗，單也，皆著單玄衣。纇，讀如褧，禪也。白與黑謂之黼，以黼爲禪衣而被於玄衣之上，尚飾也。

主人玄端，迎于門外，西面再拜，賓東面答拜。

敖氏繼公曰：亦擯者出，請入告，乃出迎之。此時賓爵弁服而主人玄端不嫌於服異者。主人不正與賓爲禮，特拜而迎之入廟耳。拜之者，迎賓之禮。賓，壻也。

主人揖入，賓執鴈從。至于廟門，揖入。三揖，至于階，三讓。主人升，西面。賓升，北面，奠鴈，再拜稽首，降，出。婦從，降自西階。主人不降送。

敖氏繼公曰：賓於外門外，卽執鴈別於幣也。凡幣爲禮者，至廟門乃執之北面。奠鴈以女在房也。再拜稽首，禮之重者，重昏禮之始也。降，出，謂出外門。俟婦車亦在大門外，主不降送，以壻與女相爲禮也。

壻御婦車，授綏，姆辭不受。

壻，息詣反。

鄭康成曰：壻御者，親而下之。綏，所以引升車者。《曲禮》曰：僕人之禮，必授人綏。敖氏繼公曰：《曲禮》云：若僕者降等則受，不然則否。壻非降等也，故姆辭不受。於姆之辭，壻乃舍綏，既則女自取之以升。御案：前稱女，今稱婦。此時女已從男，則成爲婦。故遂以婦稱之。

婦乘以几，姆加景，乃驅。御者代。

今文景作憬。

婦人不立，乘此更安之。以几，重初昏也。景，衣名。鄭氏曰：制如明衣，加之以爲行道禦塵，令衣鮮明也。景，亦明也。驅，行也，行車輪三周，而後御者乃代壻。

壻乘其車先，俟于門外。

鄭康成曰：壻乘之先者，導之也。男率女、女從男，夫婦之義自此始。門外，壻家大門外。以上親迎。

婦至，主人揖婦以入。及寢門，揖入，升自西階。媵布席于奧。夫入于室，即席。婦尊西，南面，媵、御沃盥交。

媵，異證反。奧，烏誥反。御，如字。

御案：家者，壻之家，故至門而壻稱主人入室，則夫婦共之，故入室而主人稱夫媵女之從者。御，壻家女侍也，升自西階，不敢當阼階意。敖氏繼公曰：奥，室中西墉下，少南也。夫婦既升而並俟於堂，媵既布席乃入也。即席，立于席上。婦立于尊西，則尊亦當戶明矣。交者，御沃媵盥、媵沃御盥也。居室之始，即行此禮，相親相下之義。鄭康成曰：夫婦始接，情有廉恥，媵、御交道其志。此記夫婦入室。

贊者徹尊冪。舉者盥，出，除鼏[①]，舉鼎入，陳于阼階南，西面，北上。匕俎從設。北面載，執而俟。

贊者與舉者一人徹尊之冪，將食也。盥，致潔也。出，出寢門。入，入寢門也。載，以俎承之也。執，執鼎俎以俟時而升，蓋贊者也。

匕者逆退，復位于門東，北面，西上。

匕者以匕出鼎實者也。以匕出物而謂之匕。亦因其所用稱之匕者，事畢逆退其位。

贊者設醬于席前，菹醢在其北。俎入，設于豆東，魚次。腊特于俎北。

李氏如圭曰：醬爲饌本，故先設之。俎，豚俎也。醬與菹醢俱在豆北。豆東，在菹醢之東。其醬，則下文黍在醬也。敖氏繼公曰：腊當豚俎。北端而云特者，明不與豚俎爲列，亦横設之。

① 鼏，阮元《十三經注疏》作冪。

贊設黍于醬東，稷在其東，設涪于醬南。

敖氏繼公曰：黍在豚南，稷在魚南。涪，不言其器，在豆可知。御案：自贊者設醬至此，乃夫席也。其位在西而東面，夫席先設者，男帥女，女從男也。

設對醬于東，菹醢在其南，北上。設黍于腊北，其西稷。設涪于醬北。

此下設婦食之禮。對醬者，對夫席而設醬也。賈氏公彦曰：菹在醬南，其南有醢，從北向南陳爲北上也。若壻醢在菹北，從南向北陳，爲南上。涪，即上文大羹涪在爨者，羹宜熱，臨時乃將入。

御布對席，贊啟會，卻于敦南，對敦于北。

會，如字。卻，音約。古文啟爲開，卻爲綌。女御布婦席。敖氏繼公曰：未設而布壻席，已設乃布婦席，示尊卑之義也。鄭康成曰：啟，發也。會，合也。謂敦，蓋也。卻，抑也，置合於地而抑之也。凡云對者，皆謂對夫席。敖氏以爲不正相對，非也。婦雖後夫而實敵。《體記》[1] 曰：共牢而食，同尊卑也。婦始至以禮，禮之不應以斜對爲對。

贊告具。揖婦，即對筵，皆坐，皆祭。祭薦、黍、稷、肺。

贊者告饌具，壻揖婦使即席，揖之而坐，與祭同。可知同尊卑之義也。

贊爾黍，授肺脊。皆食，以涪、醬，皆祭舉、食舉也。

古文黍作稷。

爾與邇通，近也。移之使近，便其食也。皆食明非虛設也，以用也。用涪醬和其食也。皆祭，未食先祭舉，將祭將食必先舉之以示敬。祭舉而食，亦舉也。

三飯，卒食。

飯，父返反。

飯，食之也，一口爲一飯。卒，已也。以上夫婦同食之禮。

贊洗爵，酌酳主人，主人拜受。贊戶內北面答拜。酳婦亦如之。皆祭。

敖氏繼公曰：洗爵，洗於庭也。酳之言繼也，其字從酉，既食之而復繼之以酒，因以爲名，取酒食相續之義，所以見殷勤也。此拜受者皆在席。戶內，戶內之西也。祭，謂祭酒。凡酳皆坐受爵。

贊以肝從，皆振祭，嚌肝，皆實于菹豆。

嚌，才計反。

鄭康成曰：肝，炙肝也。飲酒宜有肴以安之。以肝從隨酒而進也。振祭，振動之以爲祭。嚌，嘗也，嘗之而即實于菹豆，不以食爲禮也。皆謂夫婦同，然也。

卒爵，皆拜。贊答拜，受爵。

---

[1] 《體記》，恐當作《禮記》。

皆拜，拜其飲已也。夫婦皆拜贊之勤。贊答拜，受爵出，奠于篚，更洗他爵以升。

再酳如初，無從。

如初，如初酳禮。無從，不復從以肝，以前已進肝矣。

三酳用巹，亦如之。

三酳用巹：明三酳皆用巹也。亦如之，贊洗爵、酌酳、授夫婦拜答拜等禮，皆同也。敖氏謂三酳後乃用巹，則經文當直云用巹，而不必云三酳矣。

贊洗爵，酌于戶外尊。入戶，西北面奠爵，拜。皆答拜。坐祭，卒爵，拜。皆答拜。興。

贊既酌壻與婦，則壻與婦當酌贊者，而贊者賤，且此禮主於夫婦合巹，故不酌贊者，而贊者自洗爵酌于戶外之尊。既自酌乃入于戶西北面，奠爵而拜主人，若主人親酌之也。夫婦皆答拜贊者，拜畢乃坐，舉爵而飲，卒爵復拜，夫婦皆答拜。三人皆興。於是酳婦之禮畢。

主人出，婦復位。

敖氏繼公曰：主人出爲將說服於房也。婦當說服於室，故不出，惟變位而已。

乃徹于房中，如設于室，尊否。

鄭康成曰：徹室中之饌，設於房中，爲媵、御餕之。尊徹而不設於房，以有外尊在房也。

主人說服于房，媵受。婦說服于室，御受。姆授巾。

說，吐活反。後同。今文說作稅。

說服，皆謂去禮服也。于房，于室。媵受、御受不同，以重別。巾，所以自潔。

御衽于奥，媵衽良席在東，皆有枕，北上[①]。

凡室西北隅爲奥，非祭五祀之奥。衽，臥席也。良，良人，謂夫也。御布婦席，媵布夫席，示交接有漸之義。

主人入，親說婦之纓。

鄭康成曰：入者，從房還入室。婦人十五許嫁，笄而禮之，因著纓，明有繫也，蓋以五采爲之。賈氏公彦曰：纓有二，男女未冠笄者，總角衿纓，皆佩容臭。以纓佩香物爲尊者，給小使，此幼時纓也。婦事舅姑如事父母，衿纓綦履。衿，猶結也。婦人有纓，示繫屬也。此脱者是。敖氏繼公曰：主人親說之者，明此纓爲己而繫也，亦示親之。

燭出。

① 上，阮元《十三經注疏》作止。

鄭康成曰：昏禮畢，將臥息。賈氏曰：出，出於室。

媵餕主人之餘，御餕婦餘，贊酌外尊酳之。

餕，音俊。

食餘曰餕。酌外尊以酳媵，御不敢酌主人之內尊也。

媵侍于戶外，呼則聞。

今文侍作待。

侍，當作待。惟媵待于戶外者，婦新來恐有所徵求便也。此當是夫婦未寢之時，故媵待於戶外，若已寢則亦無所徵求且無終宵待于外之禮也。呼則聞，釋所以待之意。以上昏禮成。

夙興，婦沐浴。纚笄、宵衣以俟見。

見，賢遍反。下同。

夙，早也。昏之明日，夫婦皆早起。婦沐浴，以致敬。纚笄、宵衣，事舅姑之常服，不盛飾也。俟於己寢門外，以俟贊者引見於舅姑。

質明，贊見婦于舅姑。席于阼，舅卽席。席于房外，南面。姑卽席。

古文舅皆作咎。

質，平也。舅席在阼階西面，姑席在東房戶外，南面。

婦執笲棗栗，自門入，升自西階，進拜，奠于席。

笲，音煩。

笲，竹器，其形如筥。衣之以青繒，以笲盛棗、栗。由舅姑寢門而入，升自西階，進近於席，始拜，奠棗、栗于席。

舅坐撫之，興，答拜。婦還，又拜。

撫棗、栗以示受也，興而答拜，敬也。婦還至前拜處又拜，不敢當舅之答拜也。

降階，受笲服脩，升，進，北面拜，奠于席。姑坐，舉以興，拜，授人。

服，丁玩反。《石經》作段，同。

賈氏公彥曰：加薑、桂服治者謂之脩。不加薑桂以鹽乾之者曰脯。散文則脩脯通此服脩。婦入門時不執之者，蓋別有執之者，畧遜於舅也。姑舉之以興，則不但撫之而已。拜，姑答拜。授人，姑授侍御者。不言婦還拜，省文也。以上婦見舅姑。

贊醴婦。

贊爲舅姑醴婦，以示親厚之意，且婦必見醴乃成爲婦也。敖氏繼公曰：是時，舅姑皆立於席。

席于戶牖間。

鄭康成曰：室戶、西牖東南面位。

側尊甒醴于房中。婦疑立于席西。

疑，魚乙反。

鄭康成曰：疑，正立自定之貌。賈氏公彦曰：以其禮未至，故疑。然自定而立，以待事。敖氏繼公曰：亦有篚籩豆在其北，惟云側尊，省文。

贊者酌醴，加柶，面枋，出房，席前北面。婦東面拜受。贊西階上北面拜送。婦又拜。薦脯醢。

面枋，以便其受。婦東面拜者，舅姑在東面之拜也。婦又拜者，拜贊者之醴己也。薦脯醢，亦贊者薦之。

婦升席，左執觶，右祭脯醢，以柶祭醴三，降席，東面坐，啐醴，建柶，興，拜。贊答拜。婦又拜，奠于薦東，北面坐取脯，降，出，授人于門外。

觶，支義反。啐，措誨反。

鄭康成曰：奠於薦東，升席奠之。人，婦氏之人也。以上醴婦。

舅姑入于室，婦盥饋。

饋，其位反。

婦出，授人脯反，而行饋禮，以明孝養之義。以食食人謂之饋。

特豚，合升，側載，無魚腊，無稷，並南上。其他如取女禮。

取，七位反。

特豚，合升，而載之。二俎：一載之舅，一載之姑也。並南上，舅、姑之席皆在奥，故各以南爲上也。其他，謂醬湆、菹、醢。取禮，取婦時之禮。

婦贊成祭，卒食，一酳，無從。

酳，羊進反。今文無成字。

贊成者，婦侍而贊之，以成其祭。

席于北墉下。

鄭康成曰：室中北墻下。賈氏公彦曰：此席將爲婦餕之位處。

婦徹，設席前如初，西上。婦餕，舅辭，易醬。

婦徹舅席。設席前，設饌而前，就北墉之席也。如初，如前舅席設魚腊等也。婦自設席、設饌，而餕舅之餘，舅辭讓，若以爲褻者，則易其所設之醬，以示更新之意。

婦餕姑之饌，御贊祭豆、黍、肺，舉肺、脊。乃食，卒。姑酳之，婦拜受，姑拜送。坐祭，卒爵，姑受，奠之。

餕舅之餘，不贊祭而餕。餕姑之餘，用贊者，婦於舅分疎，而於姑較親，故獨重其禮也。姑酳之者，亦加厚之意。拜受，拜送受奠，皆以婦與姑朝夕相親，降其禮以勸也。

婦徹于房中，媵御餕。姑酳之。雖無娣，媵先。於是與始飯之錯。

錯，七各反。敹音措。古文始爲姑。

古人嫁女以姪娣從，蓋用同姓之女。天子諸侯則然，大夫以下或不盡然。然其從也必無終身爲之服役之禮。此事孔孟不言，《左傳》及此書有之，且隨文詁之。婦徹其餘入房，媵御餕之，而姑酳之，蓋客之也。或無娣，亦必媵先者，媵爲女家之使，必客之也。與始飯之錯者。御案：明媵御餕者，止飯黍而無食舉也。蓋舅姑之俎皆肺脊各一，姑所舉者，婦餕之矣。舅所舉者，媵亦不敢褻焉，於是媵御止與始飯，敦黍而交錯餕之，亦猶《特牲》《少牢》上下餕之，分敦黍也。祭統言諸侯之餕，惟曰以四簋黍，則餕以黍爲主可知。或曰古文作姑，姑飯者，媵御共餕姑之飯黍，而不餕舅飯，亦不敢褻之意。云錯者，謂取姑敦黍分設之。以上婦饋舅姑。

舅姑共饗婦以一獻之禮。舅洗于南洗，姑洗于北洗，奠酬。

飲而用牲醴曰饗。饗婦，答婦之饋也。舅洗爵以獻洗，姑觶以酬，皆拜，婦皆答拜。奠酬者，婦取姑之酬酒而奠之於薦東也。不燕者，尊卑之分嚴也。此禮行於厥明。

舅姑先降自西階，婦降自阼階。

饗禮行於戶牖間，故降階。舅姑先降自西階，然後婦降自阼階，使婦爲主，明代己之義。

歸婦俎于婦氏人。

舅姑饗婦有俎牲，婦不食，以之歸於婦家，明其女見禮於舅姑也。以上饗婦。

舅饗送者以一獻之禮，酬以束錦。姑饗婦人送者，酬以束錦。若異邦，則贈丈夫送者以束錦。

錦，古文皆作帛。

送者，有司及其隸子弟之妻妾。異邦則不特酬以錦而又贈以錦，重其遠也。以上禮送者。愚按：細味此文，則古所稱以姪娣從，蓋即送者之屬而丈夫亦送焉。至婦成禮之後，丈夫送者歸而姪娣亦歸，其有留者不過所媵之婢僕，不然以姪娣從而終身服役遂成怨曠，先王制禮不若此之不近人情也。

若舅姑既沒，則婦入三月，乃奠菜。席于廟奧，東面，右几。席于北方，南面。

舅沒姑存，則當時見姑，三月廟見舅；若舅姑俱沒，則婦入三月乃奠菜於舅姑之廟。奠菜，以筐祭菜也，猶舅姑存時盥饋於室也。生時見舅姑，舅姑別席異面，今亦別席異面，象生時，不與常祭同也。凡祭不別席，以有尸也。此不立尸無別席，生時婦饋舅姑皆東面，此則姑席南面者，配位也。生時見舅姑不用几，此有几者，神之也，姑席無几，几主於尊者，故惟東面舅位有几也。

祝盥，婦盥于門外。婦執笲菜，祝帥婦以入。祝告，稱婦之姓，曰：某氏來婦，敢奠嘉菜于皇舅某子。婦拜，扱地，坐奠菜于几東席上，還，又拜如初。

扱，初治反。

洗在門外，故祝與。婦盥而後入，執笲菜者在門外，授婦異於生時之贄見祝者，帥當以婦人爲之。皇，大也。子，男子之美稱。婦初來見舅姑，故不嫌稱舅之姓也。扱地，手至地也。敖氏繼公曰：奠菜於几，東席上，則是几前猶有餘席。還又拜，拜反於初拜時之位，復拜也。此廟見舅。

婦降堂，取笲菜，入。祝曰：某氏來婦，敢告于皇姑某氏。奠菜于席，如初禮。

降堂取笲菜以入而祝，帥以告於姑其奠拜之禮，悉如初也。

婦出，祝闔牖戶。老醴婦于房中，南面，如舅姑醴婦之禮。

婦出廟堂，祝先闔牖而後闔戶。老，家長，蓋舅姑生時所任用者，姑因使醴婦於廟之房中，象舅姑生時，使贊醴婦於寢之戶牖間也。以上奠菜。

壻饗婦送者丈夫、婦人，如舅姑饗禮。

舅姑存，自饗送者。今已沒，故壻兼饗丈夫、婦人，如舅姑饗禮，亦有酬錦之等也。敖氏繼公曰：此禮當在始嫁之時，因言廟見而及之，故其文在此。以上舅姑沒饗送者。

記

此下雜記昏禮諸事。經所不備者，蓋漢儒以所聞實之。

士昏禮，凡行事，必用昏昕，受諸禰廟。辭無不腆，無辱。

昕，音欣。禰，乃禮反。腆，他典反。

昕，黎明也。納采、問名、納吉、納徵、請期皆用昕。親迎用昏。禰廟，父廟也，古時非宗子之家不別立祖廟。餘但有禰廟祖尊而禰親受昏禮宜於親者，故受諸禰廟，尋常饋問則謙言物之不厚、賓之辱臨，昏禮好合，故賓不言幣之不厚，主人不謝來辱，從其質也。

贄不用死，皮帛必可制。腊必用鮮，魚用鮒，必殽全。

鮒，音附。

贄惟用鴈，儷皮必可制爲衣物，教婦以誠信之義。用鮮，貴新也。鮒，鯽也，此魚多旅行，取夫婦相附之義。殽全，鄭康成曰：不餒敗，不剝傷，取夫婦全節無虧之義。以上記行事之時及所用之物。

女子許嫁，笄而醴之，稱字。祖廟未毁，教于公宫，三月。若祖廟已毁，則教于宗室。

女子十五而許嫁，已受納徵禮，即笄而醴之。如男子冠其禮，主婦、女賓行之。教，教以婦德、婦言、婦容、婦功也。公宫，宗室，即士族之貴者，言以該其他祖女所自出之。先君由公族而分支者，其先世祖廟未毁則服屬於君，爲近則教于公宫，引而親之如家人，然祖廟既毁，則教於大宗之家。此記笄女及教。

問名，主人受鴈，還，西面對。賓受命乃降。

鄭康成曰：受鴈於楹間，南面，還於阼階上，對賓以女名。賈氏公彦曰：經直云問名如納采之禮，納采禮中無主人西面對事，故記之。此記問名之儀。

祭醴，始扱一祭，又扱再祭。賓右取脯，左奉之，乃歸，執以反命。

奉，芳勇反。

賈氏公彦曰：祭醴，謂贊醴賓之時，禮成於三。始祭醴之初，扱一祭及又扱，則分爲兩祭，是爲三也。經直云降筵北面坐，取脯，不言左右手，故記之。先用右手取得脯，乃用左手兼奉之以降，授從者于西階下，乃歸執以反命。此記祭醴取脯之儀。

納徵，執皮，攝之，内文，兼執足，左首。隨入，西上，參分庭一在南。

攝，之涉反。下同。

敖氏繼公曰：攝，讀爲摺，疊也。今人屈物而疊之謂之摺。執皮攝之者，中屈其皮，疊而執之。内文，兼執足，攝之之法也。文，獸毛之文。内文者，事未至也。左首，爲西上也。云隨入者以其並設，嫌亦並行也。西上，統於賓也。參分庭一在南者，參分庭深而所立之處，當其三分之一，故二分在北，一分在南也。此設之位亦當在西方。

賓致命，釋外足見文。主人受幣。士受皮者自東出于後，自左受，遂坐攝皮，逆退，適東壁。

見，賢遍反。

賓既致命納幣者，則張皮使文采外見。主人受幣，其主人執役之士，則自門東而來，出于執皮者之後，自其左而受之，遂坐，仍攝皮卻退適于東壁，不當賓主之前也。此記執皮。

父醴女而俟迎者，母南面于房外。女出于母左，父西面戒之，必有正焉。若衣、若笄，母戒諸西階上，不降。

迎，魚敬反。下同。

御案：女將嫁而父醴之，猶子將親迎而父醮之也。昏姻者，人道之始，且將發戒命，故先加禮敬焉。父醴女於房中。南面，母薦之，醴畢，母出房戶之西南面，父出而立於阼階上，女出於母左而就之東面受戒，父乃戒訓之。雖女衣笄本正，父必復正之以爲識。母戒諸西階上，戒詞見後。不降，不降送也。女去而不辭，有歸寧之日，示不忍去意，父母戒而女不諾者，重恥也。

婦乘以几。從者二人坐持几，相對。

婦乘几上車，二人坐而相對。持几，重慎之。以上記醴女及女升車。

婦入寢門，贊者徹尊冪，酌玄酒，三屬于尊，棄餘水于堂下階間，加勺。

屬，音注，又音燭。

御案：酒則先實于尊而置之。惟玄酒臨時方酌，故記明之。玄酒，明水、涗水，皆水也。古無酒惟用明水，後人用酒，猶設明水以示不忘古之意。寢門，先設二酒尊而冪之，迨婦入則徹其冪，別酌玄酒凡三注於尊中，注畢，其餘水棄于堂下。玄酒之尊加勺於上，亦當飲之，明非虚設也。此記玄酒。

笲，緇被纁裏，加于橋。舅答拜，宰徹笲。

今文橋爲鎬。

笲，以竹爲之。用緇爲表、纁爲裏加于橋。橋之制未聞，蓋以竹木之屬爲之。所以庋笲，婦見舅姑必笲加飾焉，以致其敬，故舅答拜也。拜後徹笲。賈氏公彦曰：經惟云笲，不言表裏加飾之事，故記之。此記笲。

婦席薦饌于房。饗婦，姑薦焉。

醴婦，則席薦饌皆于房，無俎饗婦，舅獻爵，姑薦脯醢。

婦洗在北堂，直室東隅，篚在東，北面盥。

設洗以爲婦盥，在北堂，當室東隅。賈氏公彦曰：房與室相連爲之房，無北壁，故得北堂之名。篚以盛爵觶，爲婦酌姑酬之用。婦北面而盥將洗，以酢舅也。

婦酢舅，更爵，自薦。

賈氏公彦曰：饗婦，舅獻姑薦。今婦酢舅，婦自薦之，嫌别人薦，故記之。敖氏繼公曰：凡卑者受尊者獻，則不敢酢，婦乃酢舅者，饗婦則婦如賓也。愚按，更爵不即以舅獻己之爵還酢舅，示别也。自薦者以子道行之，不敢當賓也。

不敢辭洗，舅降則辟于房，不敢拜洗。

辟，音避。

舅將獻婦之時，設洗，以致敬，婦不敢辭，舅降洗，婦既不從降，又不敢安於堂上，故辟於房，亦不敢洗。不辭不拜者，不敢用賓主敵體之禮也。

凡婦人相饗，無降。

賈氏公彦曰：婦人有事不下堂，言凡者，見舅、姑共饗婦，及姑饗婦人送者皆然。以上記饗婦及婦人相饗之事。

婦入三月，然後祭行。

古人井在於行，祭行即祭井也。婦入三月，則成婦矣，故始祭井以示主中饋之意。若以爲助祭，則當云與祭，不言祭行。此記祭行。

庶婦，則使人醮之，婦不饋。

醮，子召反。

庶婦，庶子之婦也。使人醮之，不饗舅姑，亦不親也。庶婦見舅姑，其禮皆與適同，惟舅姑不饋爲異。此記庶婦不饋。

昏辭曰：吾子有惠，貺室某也。某有先人之禮，使某也請納采。

貺，音况。

此男家使請納采之詞。吾子，謂女父。某，壻名。某有，壻父名。某也，使者名。言吾子已惠賜某之室也，今某使某請納采。

對曰：某之子惷愚，又弗能教。吾子命之，某不敢辭。

惷，失容反。

女家使擯者對辭：言女性不敏，己又弗能教也，然吾子既命之，亦不敢辭。

致命，曰：敢納采。

使者升堂，致命於主人，云然。

問名，曰：某既受命，將加諸卜，敢請女爲誰氏？對曰：吾子有命，且以備數而擇之，某不敢辭。

上某，使者名。下某，女父也。受命，受其納采之禮。加諸卜，將以女名問卜。誰氏，謂伯仲之問，謙不敢直指之也。有命，謂問女名也。備數，謙辭。

醴，曰：子爲事故至於某之室。某有先人之禮，請醴從者。對曰：某既得將事矣，敢辭。先人之禮，敢固以請。某辭不得命，敢不從也。

醴，醴賓也。言從者，謙不敢斥之。賓言己既行事矣，不敢復溷主人。主人又固請賓，賓乃諾之，不得命主人，不許其辭也。

納吉，曰：吾子有貺命，某加諸卜，占，曰吉，使某也敢告。對曰：某之子不教，唯恐弗堪。子有吉，我與在，某不敢辭。

與，音預。

有貺，謂問名而許之。與在言己亦幸與其吉，蓋合二姓之好，吉凶共之也。

納徵，曰：吾子有嘉命，貺室某也。某有先人之禮，儷皮束帛，使某也請納徵。致命曰：某敢納徵。對曰：吾子順先典，貺某重禮，某不敢辭，敢不承命？

使者致主人之意於擯者，言吾子有嘉命，既賜之室矣。某有先人之禮，儷皮束帛使某请納徵。於是擯者致使者之命曰：請納徵，非使者即升堂致命也。先典，即先人之禮。昏禮納徵而後昏姻成，故曰重禮。

請期，曰：吾子有賜命，某既申受命矣。惟有①三族之不虞，使某也請吉日。對曰：某既前受命矣，唯命是聽。曰：某命某聽命于吾子。對曰：某固惟命是聽。曰②：某使某受命，吾子不許，某敢不告期？曰某日。對曰：某敢不敬須？

賜命，謂以女許。申受命，謂納采以後重受其命。三族，父族、母族、妻族，舊以爲父昆弟、己昆弟、子昆弟。然祇一族之人而分言之，於義不安，且此言三族不虞大概，言或有喪亡不可行婚禮耳。對言，唯命是聽，謙不敢主期也，使者再請，然後告之以期。須，待也。

凡使者歸，反命，曰：某既得將事矣，敢以禮告。主人曰：聞命矣。

凡使者歸，反，面與主人告，對之詞皆然。以上記五禮之辭。

父醮子，命之，曰：往迎爾相，承我宗事。勖帥以敬先妣之嗣，若則有常。子曰：諾。唯恐弗堪，不敢忘命。

相，息亮反。勖，許玉反。

子將親迎，父醮之於寢。蓋將娶婦以承宗廟，故重而禮之。相，助也，婦助夫者也。宗事，宗廟之事。勖，勉。若，女也。先妣，祖妣。不言姑者，承上宗事言之。夫爲妻綱，故勉子以有常。即上文所謂帥以敬，親迎，敬之也。當終身於敬，子諾而云，恐不堪承父之教，然固不敢忘也。因拜受觶。此記父醮子之辭。

賓至，擯者請，對曰：吾子命某，以茲初昏，使某將，請承命。對曰：某固敬具以須。

鄭康成曰：賓，壻也。命某，壻父名。茲，此也。將，行也。使某行昏禮來迎。須，待也。

父送女，命之，曰：戒之敬之，夙夜毋違命！母施衿結帨，曰：勉之敬之，夙夜毋違宮事！

古文毋爲無。衿，其蔭反。帨，舒鋭反。

父命，敖氏繼公曰：此即正衣若笄之語。夙夜舉一日之始終而言命，謂舅姑與夫之命。母命，即戒諸西階上語。施衿結帨，亦欲以此爲識耳。宮，猶家也。凡宮中之事無違尊者之命。婦人無外事，故惟以此戒之。衿，衣小帶。帨，佩巾也。

庶母及門内，施鞶，申之以父母之命，命之曰：敬恭聽，宗爾父母之言。夙夜無愆，視諸衿鞶！

鞶，布于反。

---

① 有，阮元《十三經注疏》作是。

② 曰，阮元《十三經注疏》作使者曰。

庶母，父之妾。鞶，革囊也。《内則》：女鞶絲。所以盛帨巾之屬事舅姑者。申，重也。宗，尊也。庶母，遜於父母。故送及門内而施以鞶，不敢自專。申之，以父母之戒勉其早晚無過。凡有所爲，常視衿鞶如見父母也。

壻授綏，姆辭曰：未教，不足與爲禮也。

壻親迎授綏，姆代女辭，謙言未受教，夫不必爲禮。以上記親迎送女諸辭。

宗子無父，母命之。親皆沒，己躬命之。支子，則稱其宗，弟，稱其兄。

此記父母沒，昏禮命使者之禮。宗子，大宗適長子。若父老而傳，則父命之，父沒母存，母命之。若父母皆沒，則己命之。御案：宗子，不統於旁，尊也。支子，庶子及諸子。稱其宗之尊者，若伯叔父等，無伯叔尊者，則弟稱其兄。

若不親迎，則婦入三月，然後壻見，曰：某以得爲外昏姻，請覿。

昏必親迎。父母在，則承父母以往，父母沒，則伯叔父及兄皆可命之。上文所記，命使者之辭，是也。此不親迎，必無父母，又無伯叔兄者，前人以爲但無父者，非也。壻見：見於婦之父母，必待三月者三月而後成婦，亦如婦三月廟見也。外昏姻，謙辭。覿，見也。

主人對曰：某以得爲外婚姻之數，某之子未得濯摡於祭祀，是以未敢見。今吾子辱，請吾子之就宫，某將走見。

濯，文學反。摡，古代反。

主人，女之父。某之子，謂其女言己。女得與於祭，己未敢見壻，請壻歸家，己當走而相見，蓋謙辭之也。濯，洗；摡，拭也。祭祀必濯摡祭器，謙言女之婦職然也。按：此則不親迎者，必壻見於女父母，而後婦見於廟，皆男先於女之義也。

對曰：某以非他故，不足以辱命，請終賜見。對曰：某以得爲婚姻之故，不敢固辭，敢不從。

賓又致命言無他，故敢煩走相見，請終賜見而主乃許之。敖氏謂此賓主之辭，皆擯者傳之，是也。

主人出門左，西面。壻入門，東面。奠贄，再拜，出。

鄭康成曰：出門，出内門。入門，入大門。不出大門者，異於賓客。奠贄者，壻有子道，不敢受也。壻於主人不敢敵禮，故奠贄而不受，恐主人先拜，故奠贄卽出。

擯者以贄出，請受。壻禮辭，許。受贄，入。主人再拜受，壻再拜送，出。

主人不敢當壻敬己之意，使擯者以贄出，請壻以賓客禮見己，當親受其贄，壻又以禮辭讓，主人復請，乃許之。受擯者，所執之贄入門親授，主人拜受，壻拜送而後出。

見主婦，主婦闔扉，立于其内。壻立于門外，東面。主婦一拜，壻答拜。主婦又拜，壻出。

主婦，妻之母，主人之妻，故稱主婦。《爾雅》：母與妻之黨爲兄弟，故當見之。婦人禮不踰域，闔左扉立於門內，示外內之限也。鄭康成曰：主婦先一拜者，婦人於丈夫必俠拜。

主人請醴，及揖讓入，醴以一獻之禮。主婦薦、奠酬，無幣。壻出，主人送，再拜。

壻出，主人送於門外。因請醴之及與也。壻亦禮辭，主人固請，乃與之。揖讓而入，主婦薦示，夫婦共此禮也。無幣，異於賓客。壻奠酬卽出，主人送于外門外。御案：主人拜壻不答拜。凡送賓之禮，皆然也。以上記不親迎，壻見妻父母儀。

附解

昏姻之道，人倫之始。自古迄今未有夫婦之道不正而能齊家者也。男正位乎外，女正位乎內。夫夫婦婦而家道正，正家而天下定矣。《關雎》之詩言淑女宜配君子。蓋有是夫，然後有是妻，而有是妻，尤必得其夫。古人養教之法詳。無論男女，自在童蒙皆教之以禮樂、敬慎之道。而爲之父母者，又必實有正心、齊家之道，然後可以教子女而成人。自禮樂不興，教化不明，則父母不能倡教于前，男女不能率教於後，於是婚姻之事，以爲苟相悅情、相昵而已，卽如此書之儀，六禮備、文貌洽，亦未必其有賢婦，尤未必其能正內、正外而修人紀也。況後世比閭、族黨之法不修，親迎之禮難以概行，則此書所言幾同畫餠。若必求淑女而配君子，安能限於一鄉一井之間，以爲婚媾哉？故此篇所記昏禮，讀者當卽是以求其風俗之淳，禮制之原知、誠正、修齊，有必盡之功，然後能如此。若斤斤講求古法，而不達於時勢之殊，與夫人倫之本，必拘而不可通，滯而不可行矣。

儀禮恒解卷三

士相見之禮

士者，未仕之總名。而凡公卿大夫之子弟皆在其中。古人重氣節，能不苟於仕進，而後可以有爲，故制相見禮以防屈辱干進之路。

贄，冬用雉，夏用腒。左頭奉之。

贄，本又作摯。腒，其居反。奉，芳勇反。下同。今文頭爲脰。

鄭康成曰：贄，所執以至者。用雉者，取其耿介，交有時，别有倫也。用死者，爲其不可生得也。腒，乾雉。夏用之，備臭腐也。左頭，執禽者，左首，雖死猶尚左，以從陽也。按：士見於所尊，必執贄以將其厚意，而尊者亦不以尊臨之也。故五等諸侯執玉，諸侯、世子執纁，公之孤執玄，附庸之君執黄，卿執羔，大夫執雁，惟天子無客禮，惟告於鬼神，用鬯以爲贄。此第就士言之。

曰：某也願見，無由達。某子以命命某見。

見，賢徧反。下不出者皆同。

言己願見，無緣自達，今先以介紹達意於主人，主人許之矣。命某來見。《少儀》曰：願聞名於將命者，是其先以介紹達其願，見之誠也。必主人許之，而後敢造見。抑此禮也，必有求於主人，不敢遽造而後如此，若主人有求於士，則必先見之。

主人對曰：某子命某見，吾子有辱。請吾子之就家也，某將走見。

今文無走字。

有，又也。命某見，謙言，已當先見某子，即介紹也。言某子已命某見，今子又辱不敢當，子先見請還，就已家某當走相見也。

賓對曰：某不足以辱命，請終賜見。主人對曰：某不敢爲儀，固請吾子之就家也，某將走見。賓對曰：某不敢爲儀，固以請。

賓再請，而主人辭，賓又固請。

主人對曰：某也固辭，不得命，將走見。聞吾子稱贄，敢辭贄。賓對曰：某不以贄不敢見。

不得命，賓固請見也。主人許之見而辭其贄，賓又請以贄。

主人對曰：某不足以習禮，敢固辭。賓對曰：某也不依于贄，不敢見，固以請。主人對曰：某也固辭，不得命，敢不敬從。

主人再辭贄，又固請，而後許之。以上皆擯者傳賓主之言。

出迎于門外，再拜。賓答再拜。主人揖，入門右。賓奉贄，入門左。主人再拜受。賓再拜送贄，出。主人請見，賓反見。

賈氏公彦曰：凡門，出則以西爲右，以東爲左；入則以東爲右，以西爲左，賓送贄卽出，不敢待主人留已，亦不敢受主人之答拜也。主人因賓尊已，不敢以賓主禮送贄，已卽出，固又請，賓入內，賓乃反見之。

退。主人送于門外，再拜。

賓反見，則成賓主之禮，燕敘一切在焉。可知此但記退而再拜，省文也。以上初相見。

主人復見之，以其贄，曰：曏者吾子辱使某見。請還贄於將命者。主人對曰：某也既得見矣，敢辭。賓對曰：某也非敢求見，請還贄於將命者。主人對曰：某也既得見矣，敢固辭。賓對曰：某不敢以聞，固以請於將命者。主人對曰：某也固辭，不得命，敢不從。

復，音伏，又扶又反，見之見，如字。曏，許亮反。

以其贄，以其所當執之贄禮。無不答，故主人拜見不敢以尊遽受其贄，故還其贄。下三，主人皆士也。一辭再辭，主人不許，則從之，使見受贄不還惟君耳，故必還其贄。

賓奉贄入，主人再拜受。賓再拜送贄，出。主人送于門外，再拜。

奉贄，卽還其初見之贄也，主人亦當出迎。不言，省文也。以上主人還答拜士。

士見于大夫，終辭其贄。于其入也，一拜其辱也。賓退，送，再拜。

敖氏繼公曰：終辭，謂主人三辭，則賓不復請也。士於大夫降等者也。受贄而不答，則疑於君；答之則疑於敵；使人還之，則又疑於待舊臣，是以終辭之也。惟受贄之時，一拜其辱；於其退也，再拜送之。此記士見大夫。

若嘗爲臣者，則禮辭其贄，曰：某也辭，不得命，不敢固辭。

嘗爲臣或嘗爲私臣而爲公臣或竟不仕，其見必以贄者，常也。而不必固辭其贄者，存臣主之分也。此古人教人忠厚之意。

賓入，奠贄，再拜。主人答壹拜。賓出。使擯者還其贄于門外，曰：某也使某還贄。賓對曰：某也既得見矣，敢辭。擯者對曰：某也命某，某非敢爲儀也，敢以請。賓對曰：某也，夫子之賤私，不足以踐禮，敢固辭。擯者對曰：某也使某，不敢爲儀也。固以請。賓對曰：某固辭，不得命，敢不從。再拜受。

答壹拜，大夫於其臣，雖賤必答拜也。君於臣，受贄而不還。今答以壹拜，受贄亦君臣之誼，而賓奠贄出必再三請還其贄，則賓主之意，必待賓再三請而後拜受之。與君之於臣異矣。以上記舊臣見於大夫。

下大夫相見，以鴈，飾之以布，維之以索，如執雉。

見，如字。下相見並同。索，悉各反。

鄭康成曰：鴈取知時，飛翔有行列也。飾之以布，謂裁縫衣其身。維，繫聯其足。賈氏公彦曰：如執雉，亦左頭奉之。

上大夫相見，以羔，飾之以布，四維之，結于面，左頭，如麛執之。

麛，密倪反，音迷。今文頭爲脰。

鄭康成曰：上大夫，卿也。羔，取其從帥，羣而不黨。面，前也，繫聯四足，交出背上，於胸前結之，如麛執之者，左執前足，右執後足。此上二者，飾布皆以繢。

如士相見之禮。

總言上下大夫傳命、拜送等禮，均如士相見也。蓋貴賤之等，不可不分，而畧分言情或以德相取，則賓主之儀不容以貴賤而異，然後上不慢下，下不瀆上也。以上記大夫相見。

始見於君，執贄，至下，容彌蹙。庶人見於君，不爲容，進退走。士大夫則奠贄，再拜稽首，君答壹拜。

蹙，子六反。稽，音啟。下同。古文壹作一。

至下，當帶容，正其容。彌蹙，恭也，如踧踖、屏氣之類。庶人亦得見君者。御案：《周官》有大詢之禮，《洪範》有謀及庶人之文，是也。不爲容，非不容也，引，分而不敢同於在官者也，進、退、走即不爲容之事，非衣冠不肅之謂。庶人亦有贄，執贄而君不答拜，故別言士、大夫奠贄之禮。此士謂新升爲士者，否則君於士不答拜也。稽首，禮之重者。此記大夫、士、庶人見於君。

若他邦之人，則使擯者還其贄，曰：寡君使某還贄。賓對曰：君不有其外臣，臣不敢辭。再拜稽首，受。

他邦之人，非朝聘使或遊歷有故，而見此邦之君。有出疆載贄見君之禮或他國之君來此，此邦之臣奉君命見之。還其贄，以非己臣也。敖氏繼公曰：不有言外之不敢辭，尊君也。再拜稽首，亦若受於君前然。此記他邦之人見於君。

凡燕見于君，必辯君之南面。若不得，則正方，不疑君。君在堂，升見無方階，辯君所在。

辯，與辨同。疑，音擬。

燕見，有政事見君而圖也。敖氏曰：辯，猶視也。視君所在，北面而見，若不得君所在，則正方而立，不得妄擬君之所在而邪立。若君在堂則升階見。君亦無定方，惟視君所在，則從其面嚮處而升階。此記燕見于君。

凡言，非對也，妥而後傳言。

妥，他果反。古文妥爲綏。

此記擯者傳言之法。妥，安定也。凡言非與人面相問對而爲擯介以傳言，必先審定義理而後傳言。上文言相見禮中間必有擯介，故補記此非謂凡言語之法也。下文乃推言之。

與君言，言使臣。與大人言，言事君。與老者言，言使弟子。與幼者言，言孝弟於父兄。與衆言，言忠信慈祥。與居官者言，言忠信。

孝弟之弟，音悌。敖云：上忠信二字，衍。

此推言，凡言語之大意，亦謂無事間言耳。若有事故，則當因事敷陳，不外於理而已，其言固非一端。使臣謂量才而使，尊賢使能，俊傑在位之意。大人，公卿也。事君以道，亦非一端。當因事而敷陳使弟子善養、善教之類。孝弟父兄非一端，各視其職分所當，爲與父兄之易事、難事而開導之。衆人非親故知交也，但告以慈祥之道，蓋仁人心也。能慈祥則凡義理所當爲，乃有其本。忠信，兼事上接下而言能忠信，則無欺僞而能通下情格上志。

凡與大人言，始視面，中視抱，卒視面，毋改。衆皆若是。

面，顔色。抱，懷抱，孔子曰：察言而觀色，慮以下人，此之謂也。卒視面，恐其有倦容則毋煩瀆。下文侍坐君子、君子欠伸等是。毋改，不改。其莊敬下又推言之，不獨與大人言。當然，凡與衆人言皆若是。

若父，則遊目，毋上於面，毋下於帶。若不言，立則視足，坐則視膝。

上，時掌反。今文父爲甫，古文毋爲無。

與父言主於承歡，惟父之所視則隨之，是爲遊目。其視父時則毋上於面，毋下于帶，中間平視也。若不言時，父立則視其足之所向，坐視其膝之所加。小心敬事之道。

凡侍坐於君子，君子欠伸，問日之早晏，以食具告。改居，則請退可也。夜侍坐，問夜、膳葷，請退可也。

欠，起劍反。伸，音申。古文伸作信，蚤作早。葷，香云反，古文作薰。

此君子、師長之類，志倦則欠，體倦則伸。問日早暮，欲安息矣。以食具告，從者欲食矣。變動其居，有厭倦意，故可請退也。問夜，問其時刻。問膳，問所食。葷，辛物，所設以避蟲臭。請退，不敢煩勞尊長之意。以上言侍坐。

若君賜之食，則君祭先飯，徧嘗膳，飲而俟。君命之食，然後食。

飯，父返反。今文呫嘗膳。

此燕見而君賜之食也。君祭，明君非客之臣不得祭也。先飯，先爲君嘗食。徧嘗膳後，飲而俟，飲者，亦所以嘗之也。必俟君命，然後敢食，敬也。

若有將食者，則俟君之食，然後食。

將，進也。進食者，膳宰。膳宰進食，則膳宰嘗食，己不更嘗，亦俟君食而後食。

若君賜之爵，則下席，再拜稽首，受爵。升席祭，卒爵而俟，君卒爵，然後受虛爵。

賜之爵，使人受之於其席也。降拜受爵，升席祭畢，即飲之。但所飲虛爵必俟君，卒爵而後授人。

退，坐取屨，隱辟而後屨。

辟，音霹。

鄭康成曰：謂君食之，飲之而退也。方氏慤曰：退取屨以進時，脱屨也。隱則不顯，辟則不正，與屏於側同義。

君爲之興，則曰：君無爲興，臣不敢辭。君若降送之，則不敢顧辭，遂出。

爲，于僞反。

辭，拜辭也。不敢當君之興，故不敢拜辭，降送則禮益隆矣。故不敢反顧但拜辭，遂出，此謂士禮。

大夫則辭，退、下，比及門，三辭。

比，毗志反。

大夫，兼卿在內。敖氏繼公曰：大夫起而退，則君興，下階，則君降，及門，則君送。於此三節皆辭之，故曰：三辭。大夫位尊，不嫌與君爲禮。以上記士大夫侍飲食于君。

若先生異爵者請見之，則辭。辭不得命，則曰：某無以見，辭不得命，將走見。先見之。

見，如字。

先生，有德而尊者。異爵，謂爵尊於己。此二項人以尊降卑請見，則辭。不敢當不得辭，必欲見之也。無以見，無才德可以見。既辭不得命矣，將走見，此對使者之辭。先見之，先出迎見之。按：古人尊德樂道，雖君相亦先往見於士。孟子所謂不可召者也，後世以名位爲重，則多傲士而閉門不納，若段干木泄柳又爲已甚，均非禮也。

非以君命使，則不稱寡。大夫、士則曰寡君之老。

此謂擯贊者之辭。大夫無私交，謂不以國事私相通達也。若親，故相通往，禮所不禁。故有非君命而使者，其事不繫乎國家，故不稱寡大夫。士從大夫以君命往，則稱大夫曰寡君之老，以大夫爲君事行，故如此稱之也。舊以二者皆非，以君命使誤，然則士以私事使，亦稱名而已。

凡執幣者，不趨，容彌蹙以爲儀。執玉者，則唯舒武，舉前曳踵。

凡者，通尊卑而言。賈氏公彦曰：趨有二種：有疾趨，行而張足也；有徐趨，舒武，舉而曳踵也。此不趨，不爲疾趨。

凡自稱於君，士大夫則曰下臣；宅者在邦，則曰市井之臣；在野，則曰草茅之臣，庶人則曰刺草之臣，他國之人則曰外臣。

刺，千益反。今文宅或爲託，古文茅作苗。

鄭康成曰：刺，猶剗除也。敖氏繼公曰：士大夫見爲臣者。宅者，未仕而家居者。他國之人亦謂士大夫。

總　論

古者，比閭、族黨之法，聚井而居，出入相友，守望相助，其人皆熟習之人，其師友卽州、正、黨正之類。朝廷取士由鄉大夫漸升於成，均所取者六德、六行、六藝，無奇邪詭僻之途，故越國離鄉干謁之事，無有此篇記。士相見必其德行、道藝有相資之處，然後卑者詣尊，尊者詣卑，然其執贄、拜送、稱名等義，皆致謹於微，所以立廉恥之防而成道義之交也。後世養教與成周大戾，井疆錯雜，良莠不齊，其賢士或溷迹於庸流，中才每夤緣於勢利，而有位之人能物色賢豪忘分下交者，恒不概見。卽執贄之物今亦弗庸，則此經所言僅古衣冠而已，然讀者克知古人相見不苟之義，則上不凌下，下不援上，重廉恥而厲風節，品詣端方，然後可以爲忠正之臣。有國者不可不仿此而爲之制也。不然勢位爲榮，貧賤爲辱，擬古人貴貴之義，而不知其已入於下流，蓋古者非賢不貴，非貴不富，今則富貴、貧賤争榮辱，而富貴未必皆名賢，貧賤未必無修士。讀《周官》與此書，見士大夫之禮，懸絶如此，因矜己傲物，屈抑賢才，其爲世道人心之害，非鮮識者詳諸。

儀禮恒解卷四

鄉飲酒之禮

周制大司徒以鄉三物教萬民，而賓興之。州閭族黨，皆有師。其父兄子弟所習者，皆禮樂之事。《内則》所記六年七年等事，人人皆然，蓋其時人皆授田，家無凍餒。故民咸從容服習於禮樂，以成其德，間有魯鈍不能臻於大學之道，亦必六行六藝，各有所長。《鄉飲酒》之禮，則所以觀其德行道藝者也。無論王朝侯國皆通行之於士庶。考諸《禮經·鄉飲酒》禮有四：黨正以禮屬民，飲酒以正齒位，一也；州長春秋習射於州序，先行鄉飲酒，二也；鄉大夫飲國中賢者，三也。此三者皆平常講禮讓習射，觀德以教民之事。惟諸侯之鄉大夫三年大比，獻賢能者於王，以禮賓之，與之飲酒，乃爲薦賢能事。是經所記，前人以爲專指其言，然玩其文義，似凡鄉飲酒禮皆彷此禮而行。故經文無薦賢能之事，惟州長以習射爲主飲酒之義，特從其略。要之，此必非周公當時條教，乃漢儒撮拾而記，以存古者也。

主人就先生而謀賓、介。主人戒賓，賓拜辱。主人答拜，乃請賓，賓禮辭，許。主人再拜，賓答拜。

主人，黨正、鄉大夫之屬。先生有齒德者若就謀，賓、介不敢自專也。賢者爲賓，其次爲介。

主人退，賓拜辱。介亦如之。

既定賓、介之人，則先期詣告之。賓始辭，終許。彼此禮拜，介亦如之。以上戒賓、介。

乃席賓、主人、介。衆賓之席，皆不屬焉。

屬，音燭。

乃設賓、介與主人之席，皆特坐，衆賓不與焉。

尊兩壺于房戶間，斯禁。有玄酒，在西。設篚于禁南，東肆，加二勺于兩壺。

斯，如字。篚，音匪。勺，上杓反。

朱氏戴堉曰：匏，圓葫蘆也。壺亞，腰葫蘆也。古人以葫蘆爲尊盛酒。三代乃用膠漆角木之制以代匏，金錫模範之制以代壺，既非匏壺而猶謂之壺，不忘本也。孔氏穎達曰：設酒尊于東，房之西，室戶之東，在賓主之間，示賓主共有此酒也。斯禁，酒器，即棜也。玄酒，水也。飲始於水，設之亦存古也。設篚于禁之南。肆，陳也，放。尊之西上加二勺于兩壺，冪之，賓至乃撤冪。

設洗于阼階東南，南北以堂深，東西當東榮。水在洗東，篚在洗西，南肆。

深，式蔭反。

賈氏公彥曰：南北以堂深，謂從堂廉北至房屋之壁。堂下之洗，其淺深取於堂上之深淺。假令堂深三丈，洗亦去堂三丈，以此爲度也。《鄉飲酒義》曰：洗當東榮，主人之自絜而以事賓也，蓋賓主皆共就洗，不言賓者，以敬人爲主。榮，屋翼也。在屋棟兩頭與屋爲翼，若鳥之有翼，故《斯干》之詩曰：如鳥斯革，如翬斯飛。以上設席器。

羹定。主人速賓，賓拜辱。主人答拜，還，賓拜辱。介亦如之。賓及衆賓皆從之。

鄭康成曰：肉謂之羹。定，猶孰也。敖氏繼公曰：此時肉與湆同在鑊，故謂之羹。肉、湆皆孰，主人乃速賓、介。衆賓不言戒速，蓋必有期召，但不若賓與介之必戒速耳。

主人一相迎于門外，再拜賓，賓答拜，拜介，介答拜。揖衆賓。主人揖，先入。賓厭介，入門左。介厭衆賓，入，衆賓皆入門左，北上。

相，息亮反。厭，於葉反。今文皆作揖。

相，擯贊，傳命者。門，學宫門也。鄉飲射皆於學宫。言一相者，见傳命主人乃出迎也。主人揖，揖賓也。推手曰揖，引手曰厭，皆所以禮之使入也。賓入門左，則主人入門右，可知。

主人與賓三揖，至于階。三讓，主人升，賓升。主人阼階上當楣北面再拜，賓西階上當楣北面答拜。

楣，密夷反。

主人揖賓至於階，讓賓先升至于三，而賓固辭者以主人主飲酒之禮，不敢爲主也。主人升而拜賓者，拜其助行飲酒之禮。賓答拜，謙恐不勝任也。以上迎賓拜至。

主人坐，取爵于篚，降洗。賓降。主人坐，奠爵于階前，辭。賓對。主人坐，取爵，興，適洗，南面坐，奠爵于篚下，盥洗。

今文無奠字。

主人坐，取爵于篚，將降洗爵以獻賓。賓亦降，辭有不敢當之言。主人必洗爵，故坐奠爵于階前。辭，賓之對辭。主人坐取爵，興，適洗所南面，坐奠爵于篚下，先盥手。

賓進，東北面，辭洗。主人坐，奠爵于篚，興對。賓復位，當西序，東面。

賓進，更向南行，蓋洗在南也。東北面而辭洗，主人不從，坐取爵于篚。興對，賓以必洗之意。賓復于降立之位，以俟其洗。

主人坐，取爵，沃洗者西北面。卒洗，主人壹揖、壹讓，升。賓拜洗，主人坐，奠爵，遂拜，

古文壹作一。

主人坐取爵，就洗位。執事者西北面而洗，主人俟其洗畢，一揖一讓，而升。賓拜洗，主人坐奠爵，遂拜。

降盥，賓降，主人辭，賓對，復位，當西序。卒盥，揖讓升。賓西階上疑立。

疑，魚力反。後疑立，並同。

主人前已盥，茲又盥者，爲拜時以右掌據地，不無坋汙。今將酌而又盥也。《內則》曰：凡男拜尚左手。賓降，主人辭，賓對，而主人不從，則復其降立之位，主人卒盥，揖讓而俱升。賓於西階上，疑立以俟。

主人坐取爵，實之賓之席前，西北面獻賓。賓西階上拜，主人少退。賓進受爵，以復位。主人阼階上拜送爵，賓少退。

實之，實以酒就賓席前，西北面獻賓。賓于西階上拜，主人少退。賓乃進，受爵，復位。主人又就阼階上拜，以致送爵之意。賓亦少退，凡少退皆謙讓之意。

薦脯醢。賓升席，自西方。乃設折俎。

折，之設反

鄭康成曰：薦，進也。進之者，主人有司。賓自西方，升席。折俎，枝解，節折在俎。

主人阼階東疑立。賓坐，左執爵，祭脯醢。奠爵于薦西，興，右手取肺，卻左手執本，坐，弗繚，右絕末以祭，尚左手，嚌之。興，加于俎。

繚，音了。嚌，才計反。

坐，坐于席也。坐而執爵，祭脯醢，奠爵于薦西矣。乃興，取肺。肺在俎，俎有足，又設于薦外，不能坐而取之，故興而取之。周人尙肺，故食必先祭肺，右手取肺本，左手執肺本，復坐。繚，以手從肺本，循之至於末乃絶。以祭弗繚者，不循其本，直絶其末，以祭也。祭時兩手擧之，至嘗肺時，則尙左手。嚌，嘗也。興，仍以肺加于俎。

坐捝手，遂祭酒。興，席末坐，啐酒。降席，坐奠爵，拜，告旨，執爵，興。主人阼階上答拜。賓西階上北面坐，卒爵，興，坐奠爵，遂拜，執爵，興。主人阼階上答拜。

捝，舒衛反。啐，七内反。古文捝作説。

鄭康成曰：捝，拭也。捝手爲絶肺染汙也。啐，入口也。酒必入口乃知其旨，以便告旨至酒，但嚌啐之而已。《鄉飲酒義》曰：言是席之正，非專爲飲食也。賓拜主人之旨酒，主人答拜，賓又就席坐，卒飲之。坐奠爵拜，執爵，興，主人又答拜。以上主人獻賓。

賓降洗，主人降。賓坐奠爵，興辭，主人對，賓坐取爵，適洗南，北面。主人阼階東，南面辭洗。賓坐奠爵于篚，興對。主人復阼階東，西面。

賓降，將洗爵以酢主人。主亦降，賓坐奠爵而興，致酢主人之意有辭，主人對之，賓坐取爵適洗南，北面，將遂洗。主人辭，賓不許，坐奠爵于篚，興對以必洗之意。主人復阼階東，西面而立。

賓東北面盥，坐取爵，卒洗，揖讓如初，升。主人拜洗，賓答拜，興，降盥，如主人禮。

賓盥而取爵，卒洗，一揖一讓，如初升時，如主人禮。賈氏公彦曰：謂賓降，主人亦降。賓辭降，主人對。

賓實爵主人之席前，東南面酢主人。主人阼階上拜，賓少退。主人進受爵，復位。賓西階上拜送爵，薦脯醢。主人升席自北方，設折俎，祭如賓禮，不告旨。

酢，報也。此禮皆如主人獻賓。賓答禮之事，惟不告旨，以酒本主人設也。

自席前適阼階上，北面坐卒爵，興，坐奠爵，遂拜，執爵興。賓西階上答拜。

主人卒爵，受賓之酢矣。奠爵遂拜，興，賓亦答拜，如主人獻賓禮。

主人坐奠爵于序端，阼階上北面再拜崇酒，賓西階上答拜。

主人奠爵于東西頭，阼階上，北面，再拜，乃更加酒將以酬賓，拜賓，答拜。崇，加也。以上賓酢主人。

主人坐取觶于篚，降洗。賓降，主人辭降。賓不辭洗，立當西序，東面。

觶，支義反。

御案：獻酢以爵酬用觶者，爵以明敬觶以爲勸也。主人取觶降洗，賓亦降，主人辭，其降，賓立，當西序，東面，以俟其洗。不辭洗者，以主人將自飲而後飲己也。

卒洗，揖讓升。賓西階上疑立。主人實觶酬賓，阼階上北面坐奠觶，遂拜，執觶興。賓西階上答拜。坐祭，遂飲，卒觶，興。坐奠觶，遂拜，執觶興。賓西階上答拜。

主人酌以飲，賓曰：獻賓酌以飲。主人曰：酢主人又先自飲而後獻。賓曰：酬。故朱子以酬爲導飲也。卒觶，主人飲卒之也。賓未飲而答拜者，以主人飲以導己也。

主人降洗，賓降辭，如獻禮。升，不拜洗。賓西階上立。

主人降洗，以此觶己。先飲病其汙也。賓故降，辭之，升，不拜洗以其將自飲也。

主人實觶賓之席前，北面。賓西階上拜，主人少退，卒拜，進，坐奠觶于薦西。賓辭，坐取觶，復位。主人阼階上拜送，賓北面坐奠觶于薦東，復位。

主人實酒于觶，置賓之席前，北面。賓拜其奠觶，主人少退，避，示不敢當拜，卒拜而進之。坐奠觶于薦西，賓辭其奠。蓋凡敵體之禮必親授。卑者于尊者不授，此主人奠觶，不親授賓，尊之也。故賓辭，拜迄，主人卒奠而不授，則坐取觶，復位，主人又拜而送酒，賓北面坐，奠觶於薦東。此觶不舉也。鄭康成曰：酬酒不舉，君子不盡人之歡。以上主人酬賓。

主人揖，降。賓降，立于階西，當序，東面。主人以介揖讓升，拜如賓禮。主人坐取爵于東序端，降洗。介降，主人辭降，介辭洗，如賓禮。升，不拜洗。介西階上立，主人實爵介之席前，西南面獻介。介西階上北面拜，主人少退。介進，北面受爵，復位。主人介右北面拜送爵，介少退。主人立于西階東。

主人將與介爲禮，故揖，賓降。賓降立于階西而主人乃揖，介讓，升，及降洗、辭洗、獻介等禮，皆與獻賓同。惟拜于其右與拜賓于阼異。

薦脯醢，介升席自北方，設折俎。祭如賓禮，不嚌肺，不啐酒，不告旨。自南方降席，北面坐卒爵，興，坐奠爵，遂拜，執爵興，主人介右答拜。

禮亦如賓，惟不嚌肺，不啐酒，不告旨異。畧降于賓也。以上主人獻介。

介降洗，主人復阼階，降辭如初。卒洗，主人盥。介揖讓升，授主人爵于兩楹之間。

降洗，將酢主人也。如初，如賓酢主人，降以下至坐取爵，卒洗之禮。介下于賓，不敢親酢主人，而主人自酌以飲，故主人盥，而介授主人爵于兩楹之間。

介西階上立。主人實爵，酢于西階上，介右坐奠爵，遂拜，執爵興。介答拜。主人坐祭，遂飲，卒爵，興，坐奠爵，遂拜，執爵興。介答拜。主人坐奠爵于西楹南，介右再拜崇酒。介答拜。

主人實爵，介乃於西階上酢主人也。介右坐奠爵拜，主人執爵而興，示受介之酢，介答其受已酢意，而拜主人，遂坐祭飲，卒爵，興。坐奠爵，拜又執爵興，示已受酢之意，介答拜，主人坐奠爵于西楹南，介右再拜，主人復加酒，將以酬介，介不敢當，則答拜。主人亦不復酬，介以此爲異于賓也。以上介酢主人而主人自飲。

主人復阼階，揖降，介降立于賓南。主人西南面三拜衆賓，衆賓皆答壹拜。

主人向與介行禮于西階上，事訖，故復阼階。而介降立于賓南，以主人將與衆賓爲禮也。

主人揖升，坐取爵于西楹下，降洗，升實爵，于西階上獻衆賓。衆賓之長升，拜受者三人，主人拜送。坐祭，立飲，不拜既爵。授主人爵，降復位。

長，知丈反。

主人揖衆賓而升，坐取爵。降洗爵，復升，實于西階上，獻衆賓。衆賓之年長者三人升，拜受，以人衆尊者統之也。主人拜送爵，三人坐而祭，立而飲，卒爵不拜，異于賓、介也。授主人爵，降，復位，既卒也。

衆賓獻，則不拜受爵，坐祭，立飲。每一人獻，則薦諸其席。衆賓辯有脯醢。

三人以下之衆賓，獻時則不拜，受爵者以拜受，則主人將與爲禮也。但坐祭、立飲尊主人，自别于賓與介，其主人獻衆賓，亦不親各獻之，但有司進諸其席而已。然衆賓皆有脯醢，蓋衆賓降于賓、介者，揖讓周旋之禮，而酒脯皆同也。

主人以爵降，奠于篚。揖讓升，賓厭介升，介厭衆賓升，衆賓序升，既席。

此下補記獻衆賓之事也。主人與衆賓之長者三人爲禮。而厭衆賓又奈何，則此下是也。前人未分明主人以爵降奠于篚，一揖一讓而先升。賓厭介升，介厭衆賓升，衆賓以序而升皆卽席。

一人洗，升，舉觶于賓。實觶，西階上坐奠觶，遂拜，執觶興。賓席末答拜。坐祭，遂飲，卒觶興，坐奠觶，遂拜，執觶興，賓答拜。

一人洗爵升，举觶于賓，不必主人之降洗也。既洗而實酒于觶，亦不必主人之實觶，皆禮之殺也。執觶者，西階上坐而奠觶遂拜。執觶興，示獻賓之意，賓各于席末答拜，執觶者坐而祭，遂飲以導飲。卒觶興，又坐而奠觶，遂拜。執觶興，示將遂獻賓，賓答拜。

降洗，升實觶，立于西階上，賓拜。進，坐奠觶于薦西。賓辭，坐受以興。舉觶者西階上拜送，賓坐奠觶于其所。舉觶者降。

舉觶者，降而洗爵以已導飲。恐汙，故又洗爵，升實觶立于西階上，將以獻賓，賓拜其洗也。進，舉觶者進也。進于薦西坐奠觶，賓辭其坐，授亦坐而受之，受爵而興，舉觶者，西階上拜送，賓既受爵而飲，仍坐奠其觶于薦西。舉觶者，降其事已畢也。以上主人獻衆賓而不自洗爵，拜爵，不特異于賓與介，亦異于衆賓之長者。三人别尊卑，故禮有隆殺也。

設席于堂廉，東上。

鄭康成曰：爲工，布席也。賈氏公彦曰：堂廉，堂基南畔，廉，稜之上。御案：樂正在西階，東工席，又在其東。

工四人，二瑟，瑟先。相者二人，皆左何瑟，後首，挎越，内弦，右手相。

相，息亮反。下同。何，胡可反。挎，口孤反。

工四人者，鼓瑟者二人，歌者亦二人也。瑟先者，入序在前。相者，蓋學中肄業年少者爲之。左肩荷瑟，後首，瑟之首在後。越，瑟下孔，所以發越其聲，故名挎，以左手四指入瑟底空穴内提之。内弦，弦向身也。右手相，樂工便也。

樂正，先升，立于西階東。工入，升自西階。北面坐。相者東面坐，遂授瑟，乃降。

樂正，樂師之長，故先升以别於工。工次入坐定。相者，坐授以瑟而降。

工歌《鹿鳴》《四牡》《皇皇者華》。

華，呼瓜反。

升歌三詩所以教忠也。君燕臣，遣勞使臣，恩遇優隆，臣當竭忠以事。《學記》謂宵、雅、肄三，即習此三詩也。平日以此教士，此日以此燕賓，無二理也。此爲升歌三終。

卒歌，主人獻工。工左瑟，一人拜，不興，受爵。主人阼階上拜送爵。薦脯醢，使人相祭。工飲，不拜，既爵，授主人爵。

鄭康成曰：工左瑟，便其右且拜主人授爵也。一人歌者拜，拜于其位。不興，受爵，瞽者不能如禮也。主人拜送爵者，不以其無目而廢敬。不洗爵者，别于大師。相祭，相其祭酒，薦酒。工飲，不拜，既爵，皆以其無目優之也。坐授主人爵，以主人將獻次賓、次工之故。

衆工則不拜，受爵，祭飲。辯有脯醢，不祭。大師，則爲之洗。賓、介降，主人辭降。工不辭洗。

辯，音徧，下同。大，音泰。爲，于僞反。

不拜，受，不祭，衆工又次于工長也。不拜，受爵，則主人亦不拜送。飲畢授主人爵，主人奠爵于篚，至獻笙者乃復取諸其篚，大師則爲之洗爵，尊之也。賓、介降，以升歌禮成，辭讓而降，主人辭降，則不果降矣。工不辭洗，以其瞽優之。

笙入堂下，磬南，北面立，樂《南陔》《白華》《華黍》。

入，入于堂下。笙，吹笙者，以笙吹此詩。敖氏繼公曰：磬南，阼階西南北面立，蓋亦如立于磬南，近其所應之樂。《詩》曰：笙、磬同音。磬既南面，其南當有擊磬者。不言者統于上文眾工之内。《南陔》《白華》教孝也。《華黍》以言乎時物順成，可將孝養。此爲笙入三終。

主人獻之于西階上，一人拜，盡階，不升堂，受爵。主人拜送爵。階前坐祭，立飲，不拜，既爵，升授主人爵。

一人，笙師之長者。笙師下于瑟者，故不升堂。主人拜送爵，此一人亦拜受爵，其拜也亦相者告之或謂笙者非瞽，恐不然也。

眾笙則不拜，受爵，坐祭，立飲。辯有脯醢，不祭。

瑟者一人祭薦，餘則祭飲，而已笙者則皆不祭，下于工也。

乃間歌《魚麗》，笙《由庚》；歌《南有嘉魚》，笙《崇丘》；歌《南山有臺》，笙《由儀》。

間，記莧反。麗，力移反，或又作離。

間，代也，一歌一吹，相間而成樂。此乃正燕，賓以致其樂，而美其德音、壽考，勗其爲邦家之光，所謂間歌三終也。其《由庚》《崇丘》《由儀》詩失其傳，先儒多謂有聲無辭，然《小雅》明存其篇名，若無辭，篇名何由而名詩，何以猶存其目？古人詩多以爲樂章，况《鄉飲酒》爲賓賢之典，升歌間歌合樂各有取義，不應以無意義之樂混入其中，《詩序》云：《由庚》萬物得由其道，《崇丘》萬物得極其高大，《由儀》萬物之生各得其宜，核其所言第就篇名，擬議立説，殆不免失之傅會，所以前人不信其説，而三詩之必有辭則可信者，既爲間歌一唱一和，必其辭義相足，必不能以虚聲相答也，且笙管諸樂雖俗人吹之，亦必有字，其字卽辭也。無其辭而但有聲，謂止如今工尺等字，反復成音，用之爲禮，了無意義，聖人何乃爲此乎？明者察之。

乃合樂：《周南》：《關雎》《葛覃》《卷耳》；《召南》：《鵲巢》《采蘩》《采蘋》。

合，如字。雎，七徐反。覃，大南反。卷，九轉反。召，音邵。蘋，毘人反。

合樂，謂歌與眾樂聲同作，皆用此六詩也。聖人治平之道，本于修齊，文王后妃起化閨門，遂暨于天下，以成王治。周公制禮，使人人皆爲聖賢，以佐太平，以全人道，故《關雎》爲房中之樂，無貴賤，皆用之。蓋自天子至于庶人，皆以修身爲本，則所以養成德性而致于中和者，不以貴賤殊也。《鄉飲酒》賓興賢能之事，故其合樂，以此六詩明王化，起于閨門，感應捷於桴鼓，所以使人修德業而襄聖治者，切矣。後世不知道貴人倫，盡性、盡倫之人然後可爲忠臣、孝子，而徒以名禄相誘，謂聖人惟天子可爲。下此但循分供職而已，是以人自外于聖賢遠求功名，不從家庭之内實踐倫紀，此世風所以日卑而學者所以負罪名教也。

工告于樂正曰：正歌備。樂正告于賓，乃降。

工，衆之長者。正歌，凡禮有所當歌者，樂以人聲爲主，故不言樂備而言正歌備。樂正告于賓而自降立西階。以上樂賓。

主人降席自南方，側降。作相爲司正。司正禮辭，許諾。主人拜，司正答拜。主人升，復席。

相，息亮反，下竝同。

御案：上降降席，下降降階也。側，特也。作，使也。主人降階使相者爲司正，云作者必擇其賢者而使爲司正監酒。上文樂賓之禮已成，主人更留賓恐有懈惰，故作司正以糾惰。必降階者，禮重之也。

司正洗觶，升自西階，阼階上，北面受命于主人。主人曰：請安于賓。司正告于賓，賓禮辭，許。司正告于主人，主人阼階上再拜，賓西階上答拜。司正立于楹閒以相拜，皆揖，復席。

主人因欲留賓，故作司正。司正洗觶而受命于主人，主人告以安賓。司正以主人意告賓，而賓果辭，再三留賓，賓乃許。司正告主人以賓留矣。主人拜賓之留，賓亦答拜，司正相拜皆揖復席。

司正實觶，降自西階，階閒北面坐奠觶。退共少立，坐取觶，不祭，遂飲，卒觶興，坐奠觶，遂拜，執觶興，洗①。北面坐奠觶于其所，退立于觶南。

共，九勇反。

司正實觶，降自西階，于階閒北面坐奠觶，退而拱立，自正其位，乃坐觶自飲。不祭者自飲以爲令耳，既飲而興，坐而奠觶，遂拜者，拜以謝主人也。復執觶洗觶者，此觶將以罰酒，故潔之也。北面坐，奠觶退立于觶南，以察衆之惰否。以上立司正。

賓北面坐，取俎西之觶，阼階上北面酬主人。主人降席，立于賓東。賓坐奠觶，遂拜，執觶興，主人答拜。不祭，立飲，不拜，卒觶，不洗，實觶，東南面授主人。主人阼階上拜，賓少退。主人受觶，賓拜送于主人之西。賓揖，復席。

此賓酬主人也。賈氏公彦曰：俎西之觶，卽前一人所舉觶奠于薦右者，今爲旅酬而舉之。前主人酬賓奠于薦東者，不舉，故言俎西以別之。賓奠酬拜執觶而興，主人答拜，賓導飲不祭，立飲。不拜卒觶，不洗，復實酒于觶東，南面，授主人，主人拜。賓少退，避。主人受觶，賓拜送觶于主人，揖而復席。

① 洗，阮元《十三經注疏》作盥洗。

主人西階上酬介。介降席自南方，立于主人之西，如賓酬主人之禮。主人揖，復席。

此主人酬介，而介酬主人也。

司正升相旅，曰：某子受酬。受酬者降席。司正退立于序端，東面。

相旅，相旅酬之禮也。司正聲明其禮。某，衆賓之字，言某人受酬，則必降席。既聲明之，則退立于序端，以辟衆旅酬者行禮。

受酬者自介右，衆受酬者受自左、拜、興、飲，皆如賓酬主人之禮。

鄭康成曰：自介右，由介東也。尊介，使不失故位。後將受酬者皆由西變于受介也。蓋旅酬之禮，介酬衆賓，衆賓又以次序相酬。御案：酬有主道而西爲賓，方其爲介。所酬者受于介右，將使介仍居西方也。其受酬于衆賓者，則受于酬者之左，將使酬者得修主道。

辯，卒受者以觶降，坐奠于篚。司正降，復位。

辯，音徧。

迨旅酬既徧，以後末受酬之一人無所復酬矣，乃以觶降坐奠于篚。禮畢，司正降，復其位。以上旅酬。

使二人舉觶于賓、介洗，升實觶于西階上，皆坐奠觶，遂拜，執觶興。賓、介席末答拜。皆坐祭，遂飲，卒觶興，坐奠觶，遂拜，執觶興。賓、介席末答拜。

李氏如圭曰：二人舉觶爲無算爵始也。二人，主人之贊者。御案：鄉飲主于賓，其次介，故一人舉觶，惟于賓至，二人舉觶，始兼及介。

逆降，洗，升實觶，皆立于西階上，賓、介皆拜。

御案：逆降，謂先升者後降。鄭康成曰：賓、介皆于席末拜。

皆進，薦西奠之，賓辭，坐取觶以興。介則薦南奠之，介坐受以興。退，皆拜送，降。賓、介奠于其所。

賈氏公彦曰：皆進者，一人之賓所，一人之介所。敖氏繼公曰：賓言取，介言受，錯綜以見其同也。介亦辭，文不具耳。奠于其所者，賓則少南而當俎西，介則少東而當俎南，如于一人舉觶者之爲也。既奠于其所則興。不言者，亦文不具耳。以上二人舉觶。

司正升自西階，受命于主人。主人曰：請坐于賓。賓辭以俎。主人請徹俎，賓[①]許。

賈氏公彦曰：自此以上皆立行禮，人皆勞倦，故請坐于賓。司正升自西階阼階

---

① 賓，阮元《十三經注疏》作賔。

上，受命于主人，主人告司正，請賓坐。司正傳主人之命，而賓辭以俎。不即坐，蓋俎乃殺之貴者，燕坐則禮殺矣。賓不敢褻俎，故辭主人乃請徹俎，賓許之。

司正降階前，命弟子俟徹俎。司正升，立于席端。

弟子，賓之少者。衆賓皆當俟徹俎，而後坐。必命弟子者，恐其未諳禮也。司正升，立于席端以待。

賓降席，北面。主人降席，阼階上北面。介降席，西階上北面。遵者降席，席東、南面。

遵，將氤反。

遵者，此鄉之人仕至卿、大夫者。其爵尊而云遵者，蓋以其可爲人所遵或有其人與否。此但言其禮也，皆降席，近其席而立以徹俎。

賓取俎，還授司正，司正以降，賓從之。主人取俎，還授弟子。弟子以降自西階，主人降自阼階。介取俎，還授弟子。弟子以降，介從之。若有諸公、大夫，則使人受俎，如賓禮。衆賓皆降。

賓取俎，還轉授司正。司正以降，賓亦降。主人與介則取俎還授弟子。若有遵者，則使弟子受其所徹之俎，如賓禮。衆賓皆降，以其將燕也。以上徹俎。

說屨，揖讓如初，升，坐。

說，吐活反。今文說爲稅。

說屨，賓主一揖一讓而升坐席。凡說屨之法，惟尊者說屨于堂上，餘則說于階下。

乃羞。無算爵，無算樂。

羞，庶羞，進羞，以案酒也。無算，無數也。舊說羞爲狗胾醢，衆賓亦當祭薦。愚按：前此主于行禮，此主于樂賓，以致其愛敬，則旣旨且有，蓋不必止狗胾醢而已，且前此行禮勞倦以此息賓，亦不必更祭矣。云無算，則務盡其歡，但不及亂耳。以上脱屨，升，坐。無算爵，無算樂以燕。

賓出，奏《陔》。主人送于門外，再拜。

陔，古才反。後記同。

《陔》，《陔夏》也。陔夏，九夏之一，有鐘鼓。旣燕，賓主皆當著屨，文不具。賓出金，奏《陔夏》送賓。主人拜送于門外。以上賓出禮成。

賓若有遵者，諸公、大夫則旣一人舉觶，乃入。席于賓東，公三重，大夫再重。

重，直容反。賓字上當有記字。

以下補記禮節，而此則記遵者之禮也。賓謂在賓之列者，非三賓也。以其不與賓、介之事，而爵又尊則緩入，俟一人舉觶乃入。若者，不定之辭。諸者，不一人之辭，侯國卿、大夫耳，而云公者，鄉飲酒之禮。王國亦行之，則或有天子孤卿致仕而居鄉者。大國亦有孤，亦可通名爲公，席于賓東。賈氏公彦曰：賓在户牖之間，酒尊又在户東席，此二者又在酒尊之東。敖氏繼公曰：尊之不與正賓齒，亦不加尊于其正賓。貴貴、尊賢、尚齒三者竝行不悖。三重、再重皆蒲筵。緇布，純也。

公如大夫人，主人降，賓、介降，衆賓皆降，復初位。主人迎，揖讓升。公升如賓禮，辭一席，使一人去之。大夫則如介禮，有諸公，則辭加席，委于席端，主人不徹。無諸公，則大夫辭加席，主人對，不去加席。

去，起吕反。

如，若也，猶言或也。公與大夫或兼有或有一其入也。主人降，賓、介與衆賓皆降，復西階下，東面，位以尊之。惟主人迎之，一揖一讓而升，如正賓獻禮，辭一席。敖氏繼公曰：不敢當也，諸侯之加席與其下席而二，此席雖非加而數則過于二，故辭之。而主人亦許而徹之也。遵者辭席之節見《鄉射禮》《如介禮》，亦如其《獻禮》委卷而置之席端，席北端不徹，不使人徹之。主人對，不許其辭。不去，不使人去之。大夫辭加席，謙也。有諸公則大夫自去其席者，公惟三重己當遜之，所以主人聽之。無諸公則不去者，士席一重，大夫宜别于士也。此記遵者之禮。

明日，賓服鄉服以拜賜，主人如賓服以拜辱。

敖氏繼公曰：鄉服，鄉飲酒之服，即朝服也。介不拜賜者禮主于賓。拜賜，拜其賜飲。拜辱，拜其屈辱。賓主皆各拜于門外而退，例不相見。此記拜賜拜辱。

主人釋服。乃息司正。無介，不殺，薦脯醢，羞唯所有。徵唯所欲，以告于先生、君子可也。賓、介不與。鄉樂唯欲。

殺，如字。與，音預。

鄭康成曰：釋朝服更服玄端。息，勞也，勞其贊禮之勞。無介，禮畧也。不殺則無俎，唯所有不求備。徵，召也，召之同飲者爲其所欲，即先生、君子亦可。先生，長者；君子，有德者。蓋言鄉黨中有是人樂與此息。燕，唯所欲而告之，聽其自來與否，以鄉飲禮。昨日既成彼此樂相閒，燕不嫌其褻也。賓、介不與，鄉樂唯欲，皆樂其禮文以致燕樂之意。以上息司正。

記

鄉朝服而謀賓、介，皆使能，不宿戒。

此記字當在上文賓若有三字上，錯簡入此。朝服，冠玄冠，緇帶，素韠，白屨。朝服所以朝也，而今鄉飲酒用之，故云鄉朝服，重其事也。皆謂賓、介也，擇賢者而使之。不宿戒者，禮將有事。先介而復宿戒。此知其能，故不宿戒也。此記謀賓介。

蒲筵，緇布純。尊，綌冪，賓至，徹之。

鄭康成曰：筵，席也。純，緣也。綌，葛也。冪，覆尊巾。此記筵與尊冪。

其牲，狗也，亨于堂東北。獻用爵，其他用觶。

敖氏繼公曰：用狗者，用燕禮之牲也。燕與大射皆用狗。御案：燕射輕于饗食也。鄉飲不可有加于燕射，鄉射不可有加于大射，故用狗。孔氏穎達曰：犬有三種：守犬，守禦宅舍；田犬以獵；食犬充君子庖厨爵尊，故惟獻酢用之不言酢者，統于獻也。

薦脯，五挺，横祭于其上，出自左房。俎由東壁，自西階升。賓俎，脊、脅、肩、肺。主人俎，脊、脅、臂、肺。介俎，脊、脅、胳、肺。肺皆離。皆右體，進腠。

挺，直也，同膱，長尺有二寸。盛于籩上以爲祭。左房，東房也。俎以盛狗，狗亨于東，故由東壁而來。其升則自西階也。凡爲俎者，以骨爲主，骨有貴賤，前貴後賤。凡解牲體連骨肉解之，以骨爲本，故以骨名肉。賓用肩，尊賓也。脊背，心脅兩膀胳，後頸骨肺皆離割之。周人尚右，故肩臂胳皆用右體。腠，腠理，皮膚之閒。進腠，現其肉，示可食也。此記籩脯與俎實。

以爵拜者，不徒作。坐卒爵者拜既爵，立卒爵者不拜既爵。

鄭康成曰：徒，猶空也。作，起也。言拜既爵者，不徒起，起必酢主人。御案：坐而卒爵，謂賓、主人、介立卒爵，謂眾賓以下鄉飲酒，所謂隆殺之義辨也。

凡奠者于左，將舉于右。眾賓之長，一人辭洗，如賓禮。

長，知丈反。

凡奠爵，奠而不飲者則于左，將舉者則于右，取其便。主人獻眾賓，惟賓之長者。一人辭洗，如賓禮，謂此一人亦當稍進南行而後東北面辭洗。以上記拜爵、奠爵、辭洗皆鄉飲酒禮，他不然。

立者東面北上。若有北面者，則東上。樂正與立者，皆薦以齒。

東上之東，當作西。與，音預。敖氏繼公曰：立者謂在門内位之時，賓入門左，位近庭南。介以下又居其南，眾賓若多，則容有北面者與東面者，相繼當西上。御案：樂正既不序于工，故以齒於鄉人薦飲之時，以齒爲序而進之。

凡舉爵，三作而不徒爵。樂作，大夫不入。

鄭康成曰：不徒作，謂獻賓、獻大夫、獻工皆有薦也。上文言一人舉觶，大夫入，迨樂作，則大夫不入以樂作不可亂之，且其至太遲，言大夫且不入，則凡眾賓此時來者俱不入矣。鄉飲重事怠緩從事，雖不令入而非過。此記舉爵及入之節。

獻工與笙，取爵于上篚。既獻，奠于下篚。其笙，則獻諸西階上。

獻工在前，獻笙在後。御案：獻工取爵於上篚，獻畢仍奠其爵於上篚。迨笙入，三終後乃取以獻笙。經於眾工之未飲者，授主人爵，不言其爵所奠處。故記明之經已言，主人獻於西階上矣！復言之者，明獻工時未得于西階上也。蓋獻而拜送于阼者，惟賓，而工與之同，非尊工也，位實使之然耳。此記工與笙之獻。

磬，階閒縮霤，北面鼓之。

縮，所六反。霤，力又反。古文縮爲蹙。

鄭康成曰：鼓，猶擊也。敖氏繼公曰：縮霤，縮于霤也。此禮特懸，則有磬鐘鎛及鼓鼙。惟言磬者，以其爲懸之主而居首也。北面鼓之，明磬南面設也，磬在阼階西，鼓在西階東。御案：大射東西兩懸皆自磬而鐘而鎛，以次陳之。鼓鼙則稍離之。彼西懸，懸之正也。東懸之鼓、鼙別陳，有爲爲之耳。此在兩階間，則磬東上而鐘鎛以次而西。鼓在東階，東鼙又在其東，皆南鼓，但只一肆耳。此記設磬之所。

主人、介，凡升席自北方，降自南方。

《曲禮》曰：席東鄉、西鄉，以南方爲上。主人與介席，東西以南方爲上。升自下，降由上者，便也。此記主人與介升席、降席之儀。

司正，既舉觶而薦諸其位。

此補記司正所舉之觶，主人必薦之也。經第云：司正洗觶受命于主人，主人告司正請安于賓，賓既許留。此時，主人以司正所舉之觶進諸其位。司正乃實觶也。鄭康成曰：司正，主人之屬也。無獻因其舉觶而薦之。敖氏繼公曰：不獻者，異于眾賓，有薦者，別于其黨。

凡旅，不洗。不洗者，不祭。

凡旅酬之爵不洗，禮稍殺也。不洗則不潔，故不祭。此記旅酬不洗不祭。

既旅，士不入。

上文言樂作大夫不入，士賤于大夫，未旅猶可以入。此記士入之節。

徹俎，賓、介、遵者之俎，受者以降，遂出授從者。主人之俎，以東。

從，才用反。

賈氏公彥曰：上經賓、介、遵者之俎，無出之文，主人俎不言以東，故記之。敖氏繼公曰：授從者云出，則是鄉飲酒禮。他人無事者，皆不入門。此記徹俎之節。

樂正命奏《陔》，賓出，至于階，《陔》作。

此記奏《陔》一節，以見樂正、司樂，凡工歌等樂皆司正司之也。

若有諸公，則大夫于主人之北，西面。

賈氏公彦曰：若無諸公，則大夫南面，西上。此記遵者之位。

主人之贊者西面，北上，不與。無算爵，然後與。

與，音預。

贊者之位，西面，北上，統于堂也。不與獻酒。旅酬遠下于賓黨也。無算爵，主于交歡，贊者然後與。此記贊者位及飲酒。

總　論

成周之禮，本于修身、齊家。修身，必先誠意、正心。誠意、正心而後仁義之事克，造于純粹。由是推於治術，仁育天下，義正萬民不越乎此。其取士之法，先以六德：知仁聖義中和，皆後世所謂萬難企及之事，而當時以爲取士之科條，蓋人人服習仁義，以之修身即以之教人。而比有長，閭有胥，旅有師，黨有正，州有長，所以教其子弟人民者，皆德行道藝之事。又有飲射讀法諸禮，以時訓導整齊之，故其民習而安焉。造就人才于斯爲盛，此篇《鄉飲酒》乃約之以威儀、禮節，考其德行、道藝優劣爲賓興之地。其揖讓拜坐及獻酬等事，皆平日所常習而此更考驗之。觀其外之所爲，用以徵其中之所得，非未嘗從事心性、倫常而徒講求于威儀周旋也。程子曰：有《關雎》麟趾之意，然後可以行《周官》周禮之法。後世大學之道不興，故禮樂難行，雖使彷彿此經而爲，亦必無以爲齊家治國之用，又況詞章記問以誇其才，名利奔競以榮其身。而欲講求此篇微論，言龐事雜，必不可貌爲古人，且必益之瞀亂，徒貽口實耳。然近人親友聚會，詩酒盤桓亦未嘗無從容言歡之日。誠參以齒讓謙敬之道，進退有度，威儀可則，未始無裨于人心風俗。特非有道之士不行，非賢司牧倡率之不可，讀者固當求諸己身，存養心性，以幾中和，檢察言行，以符禮度，不泥古，亦不背古，乃可耳。

儀禮恒解卷五

鄉射禮

《周官》：州長之職，春秋以禮會民，而射於州序。蓋鄉大夫、州長皆以時行鄉飲酒禮及鄉射禮，教民習禮教，知齒讓。及三年大比，則仍以鄉飲酒禮、鄉射禮，賓興之獻賢能之書於王，故《周官》曰：鄉老及鄉大夫三年獻賢能之書於王，退而以鄉射之禮五物詢衆庶。蓋既獻其賢能者而又勉其未逮者，其平日鄉飲酒禮與鄉射禮竝行訓習，士子可知此經載《鄉飲酒禮》及此篇《鄉射禮》皆記其禮儀，以爲後法，非但謂鄉大夫第行鄉飲酒禮而不行鄉射禮，州長第行鄉射禮而不行鄉飲酒禮，亦非謂鄉飲酒、鄉射第指貢士時言也。先儒紛紛曲説，大都拘於章句而不諳當時情事，今悉正之。

鄉射之禮。

聖人制禮樂，以養人之德性，使其心正身修，而又恐其文弱不堪任事也，於是以射禮教之，使其强固兼備武事，爲國家有用之材。其射也，必内志正，外體直，比禮比樂而中節，非素有以養其中正和平之性者不能，故可以觀德，後世既無存養德性之學，又無禮樂進退之節，則射，第一武事而已。讀此篇者，固當求其本原所在。

主人戒賓，賓出迎，再拜。主人答，再拜，乃請。賓禮辭，許。

主人再拜，賓答再拜。主人退，賓送，再拜。無介。

主人，州長或鄉大夫。門，賓家之門。無介者，主人戒賓行射禮。既與賓耦不可更耦於介，且射禮義主於射，雖先飲酒，序賓之禮從畧，故不用介也。以上戒賓。

乃席賓，南面，東上。衆賓之席，繼而西。席主人於阼階上，西面。

席，亦在户牖之間，《鄉飲酒》席與此同，而不言其面位，此獨詳之。賓席南面，主人位，在東，故東上。衆賓亦擇其長者三人而席之。繼，繼賓席也，以次而西，皆不屬。而東上。西面，面賓也。

尊于賓席之東，兩壺，斯禁。左玄酒，皆加勺。篚在其南，東肆。

勺，上灼反。篚，音匪。

敖氏繼公曰：賓席之東，即房户之間也。此亦與前篇互見其文。御案：玄酒亦加勺，故曰皆。

設洗于阼階東南，南北以堂深，東西當東榮。水在洗東，篚在洗西，南肆。縣于洗東北，西面。

深，式蔭反。縣，音懸。

鄭康成曰：縣於東方，辟射位也。以上陳席器。

乃張侯，下綱不及地武，不繫左下綱，中掩束之。乏參侯道，居侯黨之一，西五步。

許氏愼曰：侯本作矦，從人，從厂，象張布之狀，矢在其下。侯，以布爲之。綱，繩也，所以繫侯於植者也。武，迹也。下綱不及地，武不太低也。繫右下綱，而不繫左下綱，侯射時，乃繫之中侯。中掩束，其中亦爲不即射也。乏，即容也。待獲者，所以蔽身。黨，傍也。參谓三分之設。乏參，分侯道，居侯傍之一，西五步。此記張侯。

羹定。主人朝服，乃速賓。賓朝服出迎，再拜，主人答再拜，退，賓送，再拜。賓及衆賓遂從之。

定，多侫反。朝，直遙反。

羹，肉也。定，熟也。肉熟，主人乃朝服。速賓，主人旣退，賓及衆賓遂從之。此記速賓。

及門，主人一相出迎于門外，再拜，賓答再拜。揖衆賓。主人以賓揖，先入。賓厭衆賓，衆賓皆入門左，東面北上，賓少進。主人以賓三揖，皆行。及階，三讓，主人升一等，賓升。主人阼階上當楣北面再拜，賓西階上當楣，北面答再拜。

相，息亮反。厭，於葉反。楣，密夷反。

及學門，主人出迎。旣迎正賓入，亦揖衆賓入。賓先入，衆賓皆入。正賓較衆賓少，進與主人行禮，主人與正賓三揖三讓而升。賓主相拜，其衆賓從，正賓後行禮。可知此记迎賓拜至。

主人坐取爵于上篚，以降。賓降。主人阼階前西面坐奠爵，興辭降。賓對。

今文無阼階。

主人取爵於篚，將洗爵，以獻賓。主人降，賓亦降，主人見賓，降，奠爵而興辭。其降，賓對之，其賓主之辭未聞。

主人坐取爵，興，適洗，南面坐奠爵于篚下，盥洗。賓進，東北面辭洗。主人坐奠爵于篚，興對，賓反位。

盥洗，盥手，又洗爵致其潔，敬。進，去其所降之位而辭洗。反位，亦反其所降之位也。

主人卒洗，壹揖，壹讓，以賓升。賓西階上北面拜洗，主人阼階上北面奠爵，遂答拜。

主人因賓之辭，卒洗爵而不盥。故下文又降盥也。洗爵，有沃洗者，主人不親。

乃降。賓降，主人辭降，賓對。主人卒盥，壹揖壹讓升。賓升，西階上疑立。

疑，魚乙反。

主人又降，將盥。賓亦從之，降。主人辭，其降，賓對以必降之意。主人卒自盥，一揖一讓升。賓升西階上，矜莊正立。

主人坐取爵，實之賓席之前，西北面獻賓。賓西階上北面拜，主人少退。賓進受爵于席前，復位。主人阼階上拜送爵，賓少退。

主人取爵獻賓，賓拜，主人少退。主人拜，賓少退，皆辭讓之意。

薦脯醢。賓升席，自西方，乃設折俎。主人阼階東疑立。賓坐，左執爵，右祭脯醢，奠爵于薦西，興取肺，坐絶祭。尚左手，嚌之。興加于俎。

折，之設反，後放此。嚌，才計反。

鄭康成曰：絶祭，左手執肺本，右手絶末以祭。肺，離上爲本，下爲末。嚌，嘗也。右手在下，绝以授口嘗之。

坐捝手，執爵，遂祭酒，興，席末坐啐酒。降席，坐奠爵，拜。告旨，執爵興，主人阼階上答賓。賓西階上北面坐，卒爵，興。坐奠爵，遂拜，執爵興。主人阼階上答拜。

捝，始鋭反。啐，七内反。古文捝作説。

鄭康成曰：捝，拭也。啐，嘗也。御案：《鄉飲酒禮》捝手不言執爵，此詳之。以上主人獻賓。

賓以虚爵降。主人降。賓西階前東面坐奠爵，興，辭降。主人對。賓坐取爵，適洗，北面坐奠爵于篚下，興，盥洗。主人阼階之東，南面辭洗。賓坐奠爵于篚，興對。主人反位。賓卒洗，揖讓如初，升。主人拜洗，賓答拜，興，降盥，如主人之禮。

賓以虚爵降，將酢主人。主人亦降，賓辭之，而主人對。待賓盥洗，主人辭洗，賓對。主人乃反其所降之位，賓卒洗。揖讓，升。賓復降，盥，如主人之禮。

賓升，實爵主人之席前，東南面酢主人。主人阼階上拜，賓少退。主人進受爵，復位。賓西階上拜送爵，薦脯醢。主人升席自北方，乃設折俎。祭如賓禮，不告旨。自席前適阼階上，北面坐卒爵，興，坐奠爵，遂拜，執爵興。賓西階上北面答拜。主人坐奠爵于序端，阼階上再拜崇酒，賓西階上答再拜。

《鄉飲酒》無升字。然上既能言降盥，則此宜有升字，此詳之。奠於序端以下，獻衆賓以上，賓酢主人。

主人坐取觶于篚，以降。

觶，支義反。

鄭康成曰：將酬賓。

賓降。主人奠觶，辭降。賓對，東面立。主人坐取觶，洗，賓不辭洗。卒洗，揖讓升。賓西階上疑立。主人實觶，酬之。阼階上北面坐奠觶，遂拜，執觶興。賓西階上北面答拜。主人坐祭，遂飲，卒觶，興。坐奠觶，遂拜，執觶興。賓西階上北面答拜。主人降洗。賓降辭，如獻禮。升，不拜洗。賓西階上立。主人實觶賓之席前，北面。賓西階上拜。主人坐奠觶于薦西。賓辭，坐取觶以興，反位。主人阼階上拜送。賓北面坐奠觶于薦東，反位。主人揖降。賓降，東面立于西階西，當西序。

此與《鄉飲酒》文大同小異，彼此互詳也。鄭康成曰：賓辭，辭主人，復親酌己。賓降，立當西序。主人將與衆賓爲禮，賓謙，不敢獨居堂。以上主人酬賓。

主人西南面三拜衆賓，衆賓皆答一拜。主人揖升，坐取爵于序端，降洗，升，實爵，西階上獻衆賓。衆賓之長升，拜受者三人。

長，知丈反。

獻賓畢，先與衆賓拜，乃揖衆賓之長三人升其堂下，衆賓不升。　御案：《鄉飲酒禮》獻衆賓取爵於西楹，南。此取於序端者。《鄉飲酒》有介，主人於介右，受介酢訖，其爵即奠於西楹，南。此禮無介，主人於阼階受賓酢訖。其爵本奠於序端，故也。

主人拜送，坐祭，立飲。不拜既爵，授主人爵，降復位。

賈氏公彦曰：此還據堂上三人言，位堂下之位，賓之南也。

衆賓皆不拜，受爵，坐祭，立飲。每一人獻，則薦諸其席。衆賓辯有脯醢。

主人以虚爵降，奠于篚。揖讓升，賓厭衆賓升，衆賓皆升，就席。

辯，音徧。

衆賓宜皆有席，但與主人行禮，則其長者三人耳。舊謂三人有席，衆賓無席，非。以上主人獻衆賓。

一人洗，舉觶于賓。升，實觶，西階上坐奠觶，拜，執觶興。賓席末答拜。舉觶者坐祭，遂飲，卒觶，興。坐奠觶，拜，執觶興。賓答拜。降洗，升實之，西階上北面。賓拜。舉觶者進，坐奠觶于薦西。賓辭，坐取以興，舉觶者西階上拜送。賓反奠于其所，舉觶者降。

此一人舉觶之禮。

大夫若有遵者，則入門左。主人降，賓及衆賓皆降，復初位。

遵，將氤反。

若有，不定之辭，言大夫以該諸公遵者，義見《鄉飲酒禮》。主人降迎衆賓，皆降立於初來當序之位。《鄉飲酒禮》惟於篇末略言遵者之禮，此詳記之，蓋彼此互相發也。

主人揖讓，以大夫升，拜至。大夫答拜。主人以爵降，大夫降。主人辭降，大夫辭洗，如賓禮。席于尊東。

拜至，與席，于尊東爲異，餘皆如賓禮。

升，不拜洗。主人實爵，席前獻于大夫。大夫西階上拜，進受爵，反位。主人大夫之右拜送。大夫辭加席。主人對，不去加席。

去，起吕反。

敖氏繼公曰：此與薦脯醢以下皆如《鄉飲酒》之介禮。辭加席，謙也。不去者，大夫再重席，正也。然有諸公則大夫當辭，加席委于席端。

乃薦脯醢。大夫升席，設折俎。祭如賓禮，不嚌肺，不啐酒，不告旨，西階上卒爵，拜。主人答拜。

鄭康成曰：凡所不者，殺於賓也。大夫升席由東方。敖氏繼公曰：主人答拜，亦於大夫之右。

大夫降洗，主人復阼階，降辭如初。卒洗，主人盥，揖讓升。大夫授主人爵于兩楹間，復位。主人實爵，以酢于西階上，坐奠爵，拜，大夫答拜。坐祭，卒爵，拜，大夫答拜。

鄭康成曰：降洗，將酢主人也。大夫若衆則辯獻之長乃酢。御案：酢之爲言報也，敵者之禮也。故惟賓、介、大夫得酢主人，餘則否。敖氏繼公曰：大夫雖尊與飲射之禮，則屈於正賓，其禮但比於介。故此授受之節，亦惟與公同。

主人坐奠爵於西楹南，再拜崇酒。大夫答拜。主人復阼階，揖降。大夫降，立于賓南。主人揖讓，以賓升，大夫及衆賓皆升，就席。

鄭康成曰：降立於賓南，雖尊不奪人之正禮。敖氏繼公曰：必降者，宜與賓序升也。立於賓南，下之也。《鄉射禮》大夫下於賓。《鄉飲酒禮》公與大夫皆下於介。以賓升，賓獻大夫，大夫獻衆賓乃升也。以上遵者之禮。

席工于西階上，少東。樂正先升，北面立于其西。

御案：此席工之法與鄉飲無異，俱自西階之東始，而放於東。敖氏繼公曰：少東，據工之下席而言也。

工四人，二瑟，瑟先。相者皆左何瑟，面鼓，執越，内弦，右手相。入，升自西階，北面東上。工坐，相者坐授瑟，乃降。

相，息亮反。何，胡可反。越，胡末反。

鄭康成曰：瑟先，賤者先就事也。面，前也。鼓在前，變於君也。越，言執者近尾處持之，手入深也。此較《鄉飲禮》文略，當互參之。

笙入，立于縣中，西面。

縣，音懸。

御案：《鄉飲禮》升歌既畢，始言笙入，彼樂備四節，其歌笙二節，工與笙迭爲之，故得序入。此只有合樂一節，須工與笙竝爲之，故笙從工而竝入也。在縣西而西面者，以須鄉歌者且不可與賓、主人行禮者，背也。

乃合樂：《周南·關雎》《葛覃》《卷耳》，《召南·鵲巢》《采蘩》《采蘋》。

合，如字。

不歌、不笙，不閒，惟合樂者，以射爲主，略於樂也。不廢合樂者，二《南》正樂不可略也。

工不興，告于樂正，曰：正歌備。樂正告于賓，乃降。

不興者，以其瞽也。陳氏陽曰：樂以人聲爲主，故合樂，亦谓之歌。《鄉飲酒禮》樂備四節，先獻工至末而後告備，此僅合樂一節，故先告備而後獻工。

主人取爵于上篚，獻工。大師，則爲之洗。賓降，主人辭降。工不辭洗，卒洗，升實爵。

大，音泰。爲，于僞反。

獻工爲大師，則爲之洗。賓即大師也，餘不爲洗。

工不興，左瑟。一人拜受爵。主人阼階上拜送爵。

鄭康成曰：左瑟辟主人，授爵也。一人，工之長者。

薦脯醢。使人相祭，工飲，不拜既爵，授主人爵。衆工不拜，受爵，祭飲。辯有脯醢，不祭。

相，息亮反。辯，音徧。下竝同。

工瞽，故使人相其祭，惟一人祭，眾工不祭。

不洗。遂獻笙于西階上。

不洗，笙次於工也。郝氏敬曰：不笙亦獻笙者，合樂有笙，但不獨奏耳。

笙一人拜于下，盡階，不升堂。受爵，主人拜送爵。階前坐祭，立飲，不拜既爵。升，授主人爵。眾笙不拜，受爵，坐祭，立飲，辯有脯醢，不祭。

笙之長者，一人拜祭。不升堂，眾笙則不祭。

主人以爵降，奠于篚。反升，就席。

獻工畢，主人降，奠爵於篚，反，而升堂。就席，則大師亦升矣。以上合樂獻工。

主人降席自南方，側降。作相爲司正。司正禮辭，許諾。主人再拜，司正答拜。主人升就席。

相，息亮反。

爵備樂畢，將留賓。恐有懈倦，立司正以糾儀，降自南方，禮殺於酢，從其便也。側降，賓不從降也。

司正洗觶，升自西階。由楹內適阼階上，北面受命于主人。

鄭康成曰：洗觶者，當酌以表其位，顯其事也。楹內，楹北。賈氏公彥曰：受命，受主人安賓之命。

西階上北面請安于賓。賓禮辭，許。

傳主人命，安賓，賓辭讓，而後許。

司正告于主人，遂立于楹間以相拜。

相，息亮反。

鄭康成曰：相謂贊主人及賓相拜之辭。

主人阼階上再拜，賓西階上答再拜，皆揖就席。

今文揖爲升。

主人拜賓，肯留。賓答拜皆揖而就席。

司正實觶，降自西階，中庭北面坐奠觶，興，退，少立。進，坐取觶，興，反坐，不祭，遂卒觶，興。坐奠觶，拜，執觶興，洗，北面坐奠于其所，興，少退，北面立于觶南。

中庭，阼階前，南北之中。退，少立，立於觶南之位。其所，即奠觶之所。以上立司正。

未旅。三耦俟于堂西，南面，東上。

未旅，未旅酬也。旅酬則禮終且醉不能射，故未旅而行射禮。射法，二人相對以決勝負，名之曰耦。三耦用六人，長幼序而立於堂下。雖有三耦之人，尚未定同耦之人，立於此以待司射此耦。御案：必南面者，射位在南也。必東上者，射耦尚左也。

司射適堂西，袒、決、遂，取弓于階西，兼挾乘矢，升自西階。階上北面告于賓，曰：弓矢既具，有司請射。

袒，徒旱反。決，古穴反。挾，子協反，又音協。乘，繩證反。下竝同。

司射，學中有司給射事者。袒，左袒。決，以骨爲之，著右大指以鉤弦。遂，射鞲也，以韋爲之，著左臂，所以遂弦者也。乘矢，四矢也。射則搢三，挾一，此方請射，故兼挾四矢。

賓對曰：某不能，爲二三子許諾。司射適阼階上，東，北面告于主人，曰：請射于賓，賓許。

爲，于僞反。

二三子，衆賓也。御案：司射，兼司賓主二黨之射，故東面以鄉主人，猶北面以鄉賓，蓋兩鄉之故，云東北面告。以上請射。

司射降自西階，階前西面，命弟子納射器。

鄭康成曰：弟子，賓黨之年少者。納，猶入也。射器，弓矢、決、拾、旌、中、籌、楅、豐也。賓黨東面，主人之黨西面。御案：弟子卽學中肄業之年少者，擇其尤者充三耦，次者以備衆耦，其餘則命納器張侯。贊工遷樂於下焉，其初射畢也，命設楅焉，取矢焉。其再射畢也，取矢而外又命設豐焉。其三射畢也，取矢設豐而外，又命退楅焉。贊工遷樂於下焉，逮乎將燕又命侯徹焉。凡皆使之習於禮而嫻其儀，相觀而善其有過也，則司射以扑撻之是其射也，卽其所以爲教也。以其非主人之贊者，故謂之賓黨。

乃納射器，皆在堂西。賓與大夫之弓倚于西序，矢在弓下，北括。衆弓倚于堂西，矢在其上。主人之弓矢在東序東。

倚，於綺反。括，古活反。

初納時，總置於堂西，未見分別。既則各陳其弓矢，以弓矢之上下見尊卑。賓與大夫之弓，倚於西序西上。主人之弓矢在東序東，皆北括。括，箭末順射時，矢南行也。以上納射器。

司射不釋弓矢，遂以比三耦于堂西。三耦之南，北面，命上射曰：某御于子。命下射曰：子與某子射。

比，毗志反，又箄倚反，下同。

比，猶合也。合之而爲耦。上射，賓與大夫。御，侍也。上射，謙言，御下射，不然示尊卑也。此言比耦。

司正爲司馬。

御案：此一人耳。始爲相，繼爲司正，又爲司馬，其旅也還爲司正，司正以正酒禮，司馬以正射禮。

司馬命張侯，弟子說束，遂繫左下綱。司馬又命獲者倚旌于侯中。獲者由西方，坐取旌，倚于侯中，乃退。

說，吐活反。繫，吉詣反，又胡計反。今文說皆作稅。

脫束，先未繫左綱，繫繩於身。今脫束繫左下綱，以終張侯之事。獲者，唱獲者也。射必有一人執旌以唱獲。侯中，侯之中央，此言繫綱倚旌。

樂正適西方，命弟子贊工，遷樂于下。

鄭康成曰：當辟射也。贊，左也。遷，徙也。適西方，自西階東而往西階前。

弟子相工，如初入。降自西階，阼階下之東南，堂前三笴，西面北上坐。

相，息亮反。笴，古我反，又古老反。今文無南。

敖氏繼公曰：如初入，謂何瑟之儀與後先之序也。堂，東堂也。必空三笴者，辟主人往來堂東之路。位於堂下而坐，惟工耳。笴，矢幹也。御案：遷工於阼階東南者，奏射節，宜就主人之方且其位，亦得與縣相近也。

樂正北面立于其南。

鄭康成曰：北面鄉堂，不與工序。敖氏繼公曰：北面者，變於堂上之位。堂上則樂正與工同面。以上遷樂。

司射猶挾乘矢，以命三耦：各與其耦讓取弓矢，拾。

拾，其劫反。除決拾外，皆同。

司射誘射，以身爲教，故必挾矢。猶之云者，承上不釋弓矢之文，言仍於三耦之南，北面命之也。讓者，下讓其上。拾，更也，言更迭而取之。

三耦皆袒、決、遂。有司左執弣，右執弦，而授弓，遂授矢。三耦皆執弓，搢三而挾一个。

搢，音晉。

有司，即前納射器之弟子。搢，插也，插於紳帶之間。个，猶枚也。

司射先立于所設中之西南，東面。三耦皆進，由司射之西，立于其西南，東面北上而俟。

楊氏復曰：此時未設中，但立於將設中處之西南。三耦，每耦竝行立於西南。以司射立處爲節。以上三耦就射位。

司射東面立于三耦之北，搢三而挾一个，

御案：司射位在三耦之東北。至是卻射右旋北面，乃少向西行，復左旋東面。而在三耦之直北。搢三挾一，如三耦之儀，以誘射且示三耦，以揖進之節。

揖進，當階，北面，揖。及階，揖。升堂，揖。豫則鉤楹內，堂則由楹外。當左物，北面，揖。及物，揖。

今文豫作序。

鄭康成曰：鉤楹，繞楹而東也。左物，下物也。賈氏公彥曰：升堂揖訖東行，向楹，序所鉤楹內過，以物當棟近北，故過由楹北也。堂則由楹外過而東行以物當楣近南，故過由楹南也。物以南面爲正，東爲左物。敖氏繼公曰：序，州黨之學，堂即庠，鄉學也。州屬於鄉，黨屬於學，其大小深淺有差。射者必履物，而物有深淺，故其過之不同。此篇以鄉射爲名而乃及於鄉黨之學者，蓋因其事而別言之以明其禮。愚按：物即射者所立之位也。畫地以爲記，射者所履不過乎物，故位謂之物。

左足履物，不方足，還，視侯中，俯正足。

還，音旋。

方，併也。左足履物，且不併足而正立還視。侯，足乃俯正其足而俟。

不去旌。

去，起呂反。

旌，倚於侯中，射中則竝中於旌矣。而不去旌者，明不責誘射者，以必中。

誘射，將乘矢。執弓不挾，右執弦。

誘，引導也。執弓，左執弣也。不挾矢，但執以爲誘而已。

南面揖，揖如升射。降，出于其位南，適堂西，改取一个，挾之。

南面揖，揖而退也。司射升時，堂上三揖，退亦當然，但升時之揖北面，此則南面，出于其位南，又揖如升時之有當階揖也。御案：三耦本立于其位之西南，司射至此，乃轉而西行，至上耦前，又轉而北行，以適堂西。言改者，改乘爲一也。不搢三者，以將搢扑也。

遂適階西，取扑，搢之，以反位。

扑，普卜反。

鄭康成曰：扑，所以撻犯教者。《書》云：扑，作教刑。御案：反位，反中西南面之位。以上司射誘射。

司馬命獲者執旌以負侯。獲者適侯，執旌負侯而俟。

今文俟爲立。

使俟獲者執旌於侯中，以示射者令，知中侯則當舉旌也，云俟者俟司馬命去侯。

司射還，當上耦，西面作上耦射。

還，音旋。

鄭康成曰：還，左還也。作，使也。

司射反位。上耦揖，進，上射在左，竝行，當階，北面揖。及階，揖。上射先升三等，下射從之，中等。上射升堂，少左。下射升，上射揖，竝行。皆當其物，北面揖；及物揖，皆左足履物，還，視侯中，合足而俟。

賈氏公彦曰：反位，反中西南東面位也。上射升堂少左，辟下射升階也。敖氏繼公曰：上射在左，以當就上物也。上射差尊，故先升，中等，空一等也。同階升者，前後相當，宜空一等，以相遠爲敬。與異階升者，不同其降，亦然。少左者，爲下射升堂，當在右也。不云不方足者，省文耳。合足，左右竝立於橫畫，即上文所謂正足也。御案：此儀一如誘射之儀，但於其行也。言左，言竝於其升也。言先，言從以誘射止一人而射。耦，二人故也。俟，俟司射之命。

司馬適堂西，不決、遂，袒，執弓。出于司射之南，升自西階，鉤楹，由上射之後，西南面立于物間。右執簫，南揚弓，命去侯。

先適堂西，不决、遂而袒，執弓，乃出于司射之南，升自西階，鉤楹，而過由上射之後，西南面立於物間。簫，弓末也。去，離也。南揚弓，以弓之上端南鄉而舉之，命獲者去侯。蓋未射時，獲者負侯而俟，故射時則令其去侯，而居於乏，以辟矢。

獲者執旌許諾，聲不絕，以至于乏，坐，東面偃旌，興而俟。

大射，獲者許諾以宫、商，此不然，但聲不絶而已。俟，俟中者則唱獲也。

司馬出于下射之南，還其後，降自西階，反由司射之南適堂西，釋弓，襲，反位，立于司射之南。

還，音環，一音患。

御案：司馬立于物間，既命去侯，即由物間南出且未西行鄉階，卻由下射之南而東，又由下射之東而北還，自其物間之位，仍由上射之後，而西鉤西楹之內，然後由西楹之南而適西階。蓋圍繞下射而降也。襲，復衣也，對袒而言。立於司射之南，北上也。以司射主射事，尊之。

司射進，與司馬交于階前，相左，由堂下西階之東，北面視上射，命曰：無射獲，無獵獲。上射揖。司射退，反位。

無射之射，食亦反。

敖氏繼公曰：交於階前，著其進之節相左，著其行之方也。司馬南行，司射北行，故謂之交。司馬在西，司射在東，故謂之相左，蓋南行以東爲左，北行以西爲左也。下放此由堂下者自堂下而少東，行西階之東，當上物之南也。於堂中爲少西，故取節於西階也。惟命上射者，以其先發而下射，從之，且下射共聞之矣。揖，受其戒也。矢中人爲獲，從旁爲獵。

乃射。上射既發，挾弓矢，而后下射射，拾發，以將乘矢。

矢，其劫反。

拾發，上射既發而后下射射，下射亦既發，而后上射射，更番射完，四矢也。

獲者坐而獲。舉旌以宫，偃旌以商。獲而未釋獲。

獲者，唱獲者也。射者中，則唱獲者坐而唱獲。宮、商，其唱獲之聲也。舉，唱獲之初。偃，則其將旣也。未釋獲，未釋其算。

卒射，皆執弓，不挾，南面揖，揖如升射。

鄭康成曰：不挾，亦右執弦，如司射。《大射儀》卒射，右挾之，北面，揖，此不挾。

上射降三等，下射少右，從之，中等，竝行，上射于左。

敖氏繼公曰：堂上竝行，下射在左，今降階必少右，乃當上射之後也，上射先降，下射乃竝行，而上射於左。上射必於左者，進時在左，退亦宜然。不於右，便反其位者，以有釋弓等事而未卽反故也。

與升射者相左，交于階前，相揖。由司馬之南適堂西，釋弓，說決拾，襲而俟于堂西，南面，東上。三耦卒射，亦如之。

說，吐活反。三耦，敖云，當作二。

前耦，射事已畢，降由階之外方，後耦將射。升由階之內方，故交於階前，相揖。司馬總射政，如命負侯命去侯之類。初耦由司馬之南適堂西。釋弓，脫決拾，襲衣而俟司射之命，以已射事已畢也。三，當作二，下二耦卒射，其降釋堂西、釋脫等，皆如初耦之儀。

司射去扑，倚于西階之西，升堂，北面告于賓，曰：三耦卒射。賓揖。

去，起呂反。

司射專主射事，如請射、作射之類。今三耦卒射，故升堂北面而告於賓。士射禮，賓主之，故告賓也，必去扑者，不敢佩刑器以卽尊者也。以上初射。

司射降，搢扑，反位。司馬適堂西，袒，執弓，由其位南進，與司射交于階前，相左，升自西階，鉤楹，自右物之後，立于物間，西南面揖弓，命取矢。

御案：司馬適堂西，當在司射未降之前，及司射將降，司馬已進，由其位南，故得交於階前也。嗣是司馬升，而後司射反位，自右物之後，卽上文所謂由上射之後也。司射誘射之矢與三耦所射之矢，此時皆棲於侯下，故命取之。揖弓者，招獲者，負侯也。

獲者執旌許諾，聲不絕，以旌負侯而俟。

敖氏繼公曰：獲者，許諾者，取矢之事，己主之也。聲不絕以至於侯。鄭康成曰：俟弟子取矢，以旌指敎之。

司馬出于左物之南，還其後，降自西階，遂適堂前，北面立于所設楅之南，命弟子設福。乃設楅于中庭，南當洗，東肆。

還，音環，一音患。楅，音楅。①

御案：出於左物之南，還其後，即上所謂出於下射之南，還其後也，亦圍左物者，禮無不肅，不敢以射畢而略也。立於所設楅之南，命弟子以設處而弟子乃設之也。楅，所以承笴齊矢者。敖氏繼公曰：中庭，東西節也，必東肆者。以上射在西也。

司馬由司射之南，退，釋弓于堂西，襲，反位。

敖氏繼公曰：司馬所由者，亦其位南也。是時司射在其位之北，故以司射爲節。

弟子取矢，北面坐委于楅，北括，乃退。司馬襲進，當楅南，北面坐，左右撫矢而乘之。

乘，繩證反。

鄭康成曰：上既言襲矣，復言之者，嫌有事即袒也。撫，拊之也。就委矢左右，手撫而四四數分之。

若矢不備，則司馬又袒，執弓如初，升，命曰：取矢不索。弟子自西方應曰：諾。乃復求矢，加于楅。司射倚扑于階西，升，請射于賓，如初。賓許諾。

不備者，不足四四之數。索，盡也。取矢不盡，謂有遺於地。請射，請三耦之外皆射也。如初者升自西階階上北面告。以上取矢再請射。

賓、主人、大夫若皆與射，則遂告于賓，適阼階上告于主人，主人與賓爲耦。

與射之與，音預。

云若者或射或否，以其爲尊者任所欲耳。主人與三賓爲耦，異於眾也。

遂告于大夫，大夫雖眾，皆與士爲耦。以耦告于大夫曰：某御于子。

大夫與士爲耦者，謙也。士不敢遽抗於大夫，故謙言。御於子，御，侍也。

西階上，北面作眾賓射。司射降，搢扑，由司馬之南適堂西，立，比眾耦。

作眾賓射，使降而爲射事。作，起也，引起之意。前作三耦射在堂西，此在階上者，眾賓內有三賓也。

眾賓將與射者皆降，由司馬之南適堂西，繼三耦而立，東上。大夫之耦爲上，若有東面者，則北上。

與，音預。

云將與射，容有來觀禮而不與射者。云大夫之耦爲上，見大夫亦爲耦，但爲上耦耳。若有東面者，或賓多堂西、南面之位，不足以容，則東面於西壁而北上也。

① 楅，恐当为偪。

賓、主人與大夫皆未降。

御案：凡降者，以俟比也。賓、主人、大夫不與衆耦同比，故未降。

司射乃比衆耦辯。

辯，言徧。

比耦，比衆賓之耦也。其賓、主人、大夫之耦存其位而已。辯，徧衆賓也。以上比耦。

遂命三耦拾取矢，司射反位。

拾，其劫反。

郝氏敬曰：三耦與司射共矢。二十八个皆收委於福，故命就福。取之反位，以俟其袒、決、遂。

三耦拾取矢，皆袒、決、遂，執弓，進立于司馬之西南。

三耦之拾取矢也，皆袒、決、遂，執弓，而進立于司馬之西南。

司射作上耦取矢，司射反位。

上耦，大夫也，故司射復作之，取矢。

上耦揖進，當福北面揖，及福揖。上射東面，下射西面。

賈氏公彦曰：上耦發位東行時，一南一北竝行，及將至福南，下射在南稍進，當福南，俱北面揖。其時上射稍西，下射稍東，東西相當。御案：升、射時凡六揖，此不升堂，故止三揖。

上射揖進，坐，横弓，卻手自弓下取一个，兼諸弣，順羽，且興；執弦而左還，退反位，東面揖。

卻，去約反。弣，音撫。還，音旋。下竝同。

鄭康成曰：横弓者，踣弓也。卻手由弓下取矢者，以左手在弓表，右手從裏取之便也。兼，並也。並矢於弣，當順羽，且於此時即興，順羽者，手放而下備，不整理也。執弦，明不挾矢也。於福前左還者，以福東肆宜順之也。東面揖者，揖下射取矢也。

下射進，坐，横弓；覆手自弓上取一个，興；其他如上射。

覆，芳伏反。

鄭康成曰：覆手由弓上取矢者，以左手在弓裏，右手從表取之亦便。

既拾取乘矢，揖，皆左還，南面揖，皆少進，當福南，皆左還，北面，搢三挾一个。揖，皆左還，上射于右。與進者相左，相揖，反位。

還，音旋。

每人既各拾取乘矢，相揖，皆左旋，自東西還而南面一揖，皆少進，當福之南，自南而還而北面。一揖北面，搢三挾一个。揖自北面還而西面。上射本居右，復言之者，恐人以爲當如卒射而退轉，居左也。

三耦拾取矢，亦如之。後者遂取誘射之矢，兼乘矢而取之，以授有司于西方，而後反位。

拾，其劫反。

敖氏繼公曰：三當作二。後，最後者。二耦拾取矢，亦如前耦。最後一人則遂取誘射之矢，兼乘矢而取之，以授有司。有司卽弟子之納射器者。西方，堂西也。

衆賓未拾取矢，皆袒、決、遂，執弓，搢三挾一个；由堂西進，繼三耦之南而立，東面，北上。大夫之耦爲上。

拾，其劫反。

惟三耦拾取矢，衆賓雖未拾取矢，皆袒、決、遂，執弓，搢三挾一个，由堂西而進，繼三耦之南而立，以射事已至也。東面，北上，以俟司射之作射。御案：大夫之耦爲上。上經既言之矣，此復言者，上爲堂西比耦之位。此則司馬西南之射位。以上取矢及衆耦就射位。

司射作射如初。一耦揖升如初。司馬命去侯，獲者許諾，司馬降，釋弓反位。

司射作射，一耦揖升，司馬命去侯，皆如初。

司射猶挾一介，去扑，與司馬交于階前，升，請釋獲于賓。

去，起呂反。

敖氏繼公曰：司射於誘射之後，改挾一矢至。此時猶然官以司射爲名，故執弓必挾矢，先去扑乃進，與司馬交於階前。不言相左，不言升及堂上所立處，省文也。御案：言猶挾一个者，以衆耦既就射位嫌當釋之。

賓許。降，搢扑，西面立于所設中之東；北面命釋獲者設中，遂視之。

敖氏繼公曰：西面立於所設中之東，亦示以設之之處，如前設楅之爲也。釋獲者在堂西，故北面命之。既則復西面視之。中，實算之器也。方氏慤曰：謂之中者，射以中爲善，故盛算之器謂之中。賈氏公彦曰：視之，教其釋算，安置左右及數算告勝負之事。御案：司馬命設楅，司射命設中，皆北面面賓，以命尊賓也。然楅本南面，故司馬北面賓，面楅所設處也。中，則東面。司射先西面者，面中所設處也。既而中所設處而後面賓，以命釋獲者。

釋獲者執鹿中，一人執算以從之。

敖氏繼公曰：鹿中者以主人士也。記曰：士鹿中，釋獲者自執中而不執算，亦變於君禮。

釋獲者坐設中，南當楅西，當西序，東面；興，受算，坐實八算于中，橫委其餘于中西，南末；興，共而俟。

共，九勇反。

賈氏公彦曰：當楅，南北節。當西序，東西節。八算者，人四矢，一耦八矢。雖不必皆中要，須一矢則一算。敖氏曰：南末者，象矢之北括而南鏃也。俟，待其將射乃執算。御案：南末則算縱矣，而曰横委者，據實者東面而言也。蓋算於庭，則縱於實者爲横。

司射遂進，由堂下，北面命曰：不貫不釋！上射揖。司射退反位。

貫，古玩反。古文貫作關。

鄭康成曰：貫，猶中也。不中正，不釋算也。

釋獲者坐取中之八算，改實八算于中，興，執而俟。

取八算執之，以俟射中而釋算，另實八算於中，以俟後取。

乃射，若中，則釋獲者坐而釋獲，每一个釋一算。上射于右，下射于左，若有餘算，則反委之。

中，竹用反。

乃射，堂上拾發矢也。釋，置算于地也。獲，則用算以記之，故名算曰獲。每中一矢，則釋一算。上射之算置于右，下射置于左，若不盡中而有餘算，則反委於地。

又取中之八算，改實八算于中，興，執而俟。

上耦射畢，又取中之八算執之，以俟次耦。改實八算，爲下耦，射時取執也。

三耦卒射。

以上三耦初卒射。

賓、主人、大夫揖，皆由其階降揖。主人堂東袒、決、遂，執弓，搢三挾一个。賓于堂西亦如之。皆由其階，階下揖，升堂揖。主人爲下射，皆當其物，北面揖，及物揖，乃射；卒，南面揖，皆由其階，階上揖，降階揖。賓序西，主人序東，皆釋弓，說決拾，襲，反位，升，及階揖，升堂揖，皆就席。

說，吐活反。

賓、主人、大夫揖，皆將射也。賓、主人射則大夫降，立于堂西，以俟。皆由其階，主東階，賓、大夫西階也。堂東、堂西、東堂、西堂之下，賓主之弓皆各倚于其序，矢在其上，而乃于堂下執弓挾矢者，蓋有司取以授之也。復言皆由其階者，明主人不從賓西階升降也。主人爲下射，尊賓也。凡耦之升降，皆上射先，下射後。此賓、主分階而行。主先，賓後，如常禮。與他爲耦者不同，序西、序東，賓、主各自釋弓于故處也。反位升，謂反位而後升位。賓、主階東階西當序之位。反位於此，相待而升揖，揖就席也。

大夫袒、決、遂，執弓，搢三挾一个，由堂西出于司射之西，就其耦。大夫爲下射，揖進；耦少退。揖如三耦。及階，耦先升。卒射，揖如升射，耦先降。降階，耦少退。皆釋弓于堂西，襲。耦遂止于堂西，大夫升就席。

敖氏繼公曰：大夫與賓同降，止于堂西。至是，乃袒、決、遂，執弓、矢，尊者事至而後爲之也。大夫執弓亦有司授之於堂西，其耦與大夫爲耦者，大夫尊而爲下射者，以貴下賤讓也。耦少退者，尊大夫而讓也。升堂三揖，卒射，揖亦如升時。耦先降，少退，俟大夫降而先行。乃行降階不言揖，可知皆釋弓於堂西。過司馬之南而適堂西，大夫亦與耦竝行也。此言士與大夫爲耦之儀，其異於三耦者，惟於庭少退耳。其他皆同。可知以上賓、主人、大夫射。

衆賓繼射，釋獲皆如初。

繼，繼大夫也。若無大夫，則繼賓與主人矣。

司射所作，唯上耦。

鄭康成曰：言唯上耦者，嫌賓、主人射亦作之。敖氏繼公曰：嫌作射，亦在如初中，故以明之。郝氏敬曰：自二三耦至賓、主，衆耦皆以次進，不更作也。

卒射，釋獲者遂以所執餘獲，升自西階，盡階，不升堂。告于賓曰：左右卒射。降，反位，坐，委餘獲于中西；興，共而俟。

共，九勇反。

賓、主人、衆賓皆卒射，釋獲者遂以所執餘算，升自西階，不升堂而告，卒射。降，反其位，坐，委餘算于中西，興，拱而俟司射之數算。以上初射事畢。

司馬袒、決，執弓，升命取矢如初。獲者許諾，以旌負侯如初。司馬降，釋弓，反位。

決，敖氏作衍文。

敖氏繼公曰：禮無決而不遂者。此決字當爲衍文。上經云司馬適堂西不決、遂、袒，執弓，此宜如之。司馬降亦由司射之南釋弓于堂西，襲乃反位。

弟子委矢，如初。大夫之矢，則兼束之以茅，上握焉。司馬乘矢如初。

唯以大夫之矢兼束之以茅，上于手握之處，優大夫也。司馬乘矢則如初，不束。以上再取矢爲下再射地也。

司射遂適西階西，釋弓，去扑，襲；進由中東，立于中南，北面視算。

去，起呂反。

初射事畢，故司射釋弓去扑，不執弓則不宜袒，故襲，由中東而進立于中南北面視算。

釋獲者東面于中西坐，先數右獲。二算爲純，一純以取，實于左手；十純則縮而委之，每委異之；有餘純，則横于下。一算爲奇，奇則又縮諸純下。

數，疏羽反。奇，居宜反，下竝同。古文縮皆爲蹙。

先就右獲數之尊，上射也。二算成偶故名爲純。純，全也，言其全陰陽也。每取一純實于左手，以便右手數之。至十雙，則縮而委之于地。縮，直也。東西爲縮，南北爲横。每委各別異之，有餘純則横委於下。一算爲奇，如有奇算則又縮置諸純下。

興，自前適左，東面；坐，兼斂算，實于左手；一純以委，十則異之，其餘如右獲。

起身自前適左數，左獲兼斂前所數右獲之算，實于左手以右手數之。二算則委之于地，滿十純則總爲一委。此蓋綜左右算而計其勝負也。

司射復位。釋獲者遂進取賢獲，執以升，自西階，盡階，不升堂。告于賓。若右勝，則曰：右賢于左。若左勝，則曰：左賢于右。以純數告，若有奇者，亦曰奇。若左右鈞，則左右皆執一算以告，曰：左右鈞。

釋獲者取算時，司射視之。已知其孰勝孰負矣。至是復位，釋獲者遂進，取其勝者之算執之，以升西階不升堂。賢，猶勝也。如右勝，則告曰右賢于左，若干純、若干奇，左勝亦然。若左右鈞則亦以實告。

降復位，坐、兼斂算，實八算于中，委其餘于中西；興，共而俟。

共，九勇反。

司射告畢，降，復位，兼前左右算而斂之。另實八算于中，以備復射，委其餘算于中西，供而俟。以上告獲。

司射適堂西，命弟子設豐。弟子奉豐升，設于西楹之西，乃降。

鄭康成曰：將飲不勝者，設豐所以承其爵也。豐，形蓋似豆而卑。

勝者之弟子洗觶，升酌，南面坐奠于豐上；降，袒，執弓，反位。

敖云：袒、執弓三字衍。

勝者之子弟，爲長者洗觶，升酌，南面坐奠于豐上。降，反位。

司射遂、袒執弓，挾一个，搢扑，北面于三耦之南，命三耦及衆賓，勝者皆袒、決、遂，執張弓。不勝者皆襲，說決拾，卻左手，右加弛弓于其上，遂以執弣。

說，吐活反。弛，陕倚反。弣，音府。

司射，司射事，故袒、執弓，挾一个，以示其事。搢扑，以示罰之意，命三耦及衆賓勝者及不勝者飲觶之事，執張弓者示其能射，襲者示不能射，則不復射矣。執弛弓而又横執之，明其無能以示罰。

司射先反位。三耦及衆射者皆與其耦，進，立于射位，北上。

進立于射位，以俟司射之命。

司射作升飲者，如作射。一耦進，揖如升射，及階，勝者先升堂，少右。

作升飲者，命之使升也。敖氏繼公曰：上下射在庭，如初儀。至階，乃以勝負分先後。勝者先升，賢之也。不勝者，從之。而升勝者少右，避飲者，不敢以勝自矜也。

不勝者進，北面坐取豐上之觶；興，少退，立卒觶；進，坐奠于豐下；興，揖。不勝者先降，與升飲者相左，交于階前，相揖；出于司馬之南，遂適堂西；釋弓，襲而俟。

不勝者進取觶，立飲少退，不即于豐飲也。升飲者，他耦之不勝者。相揖，揖之使升，俟司射之後命。

有執爵者。執爵者坐取觶，實之，反奠于豐上。升飲者如初。三耦卒飲。

前勝者之子弟洗觶，升酌，以示代長者意。比卽反位，繼升飲者，則執爵者代弟子爲之，如是三耦之不勝者皆卒飲。其降而適堂西之儀皆然。

賓、主人、大夫不勝，則不執弓，執爵者取觶，降洗，升實之。以授于席前，受觶，以適西階上，北面立飲；卒觶，授執爵者，反就席。

賓、主人、大夫，尊者，故不勝亦不執弓，但飲而已。執爵者洗觶，升實之。以授，不勝者受觶，以適西階上，立飲。授觶于執爵者，反位，蓋射雖以課賢能而不廢尊長之意也。

大夫飲，則耦不升。若大夫之耦不勝，則亦執弛弓，特升飲。

大夫尊，故獨飲于上。其耦不同升，不敢以一時之長遽抗禮而飲大夫也。若大夫之耦不勝則亦執弛弓，以示罰。特升飲，大夫亦不與同升也。

眾賓繼飲，射爵者辯，乃徹豐與觶。

眾賓皆如儀繼飲，周徧之後乃徹豐與觶。以上飲不勝者。

司馬洗爵，升實之以降，獻獲者于侯。薦脯醢，設折俎，俎與薦皆三祭。

獲者主計算，告獲受命于司馬。今事畢，賞其能，故司馬就侯飲之。薦脯醢，設折俎與薦爵，皆設于侯中。先三祭侯三祭，明設脯醢等之故也。下文乃詳之。

獲者負侯，北面拜受爵，司馬西面拜送爵。獲者執爵使人執其薦與俎從之；適右个，設薦俎。獲者南面坐，左執爵，祭脯醢，執爵興；取肺，坐祭，遂祭酒。

个，如字。

獲者不敢自以爲功，故獻侯焉。人主，人之贊者，使人執其薦于俎。適右个，設之。獲者亦適右个，坐而執爵，祭脯醢，執爵興，取肺，復坐祭，祭肺畢，乃祭酒。

興；適左个，中亦如之。

興，又適左个。祭侯、祭中亦如是禮。

左个之西北三步，東面設薦俎。獲者薦右東面立飲，不拜既爵。司馬受爵，奠于篚，復位。獲者執其薦，使人執俎從之，辟設于乏南。獲者負侯而俟。

左个之西北三步，東面，獲者受，獻之正位，設薦俎。司馬使人設之，獲者于薦右東面立飲，不拜既爵者，獲者既祭侯，則以爲享侯之餘也。敖氏繼公曰：司馬于此方言復位，則是既獻獲者于侯之後，卽北面立于侯之西北，以俟獲者之來矣。獲者自執其薦者，以受爵則不敢徒手而勞人也。辟，如辟奠之辟，謂離於故處，改設于乏南，故云辟。設必就乏者，宜近其位也。負侯而俟事未畢而受獻，故反而卒之。俟，俟命去侯。以上獻獲者。

司射適階西，釋弓矢，去扑，說決拾，襲，適洗，洗爵；升實之，以降，獻釋獲者于其位，少南。薦脯醢，折俎，有祭。

敖氏繼公曰：釋獲者，聽命于司射，故司射主獻之。去扑者獻，則不可佩刑器矣，不執弓矢則當襲矣。說決拾，當于堂西，不言者，省文也。賈氏公彦曰：亦薦有祭脯俎，有祭肺，與獲者同，但彼三祭，此一祭爲異。

釋獲者薦右東面拜受爵，司射北面拜送爵。

東面在釋獲者之右，與中同面也。

釋獲者就其薦坐，左執爵，祭脯醢；興，取肺，坐祭，遂祭酒。興，司射之西，北面立飲，不拜既爵。司射受爵，奠于篚。

敖氏繼公曰：就其薦，謂于薦西。司射之西，則又少南于薦右之位矣。御案：獲者，北面受爵，則東面既爵，釋獲者東面受爵，則北面既爵，互相變也。

釋獲者少西辟薦，反位。

辟，音闢。

鄭康成曰：辟薦少西之者，爲復射妨司射視算，亦辟俎。敖氏繼公曰：惟云辟薦，據釋獲者所執而言也。辟俎，則有司爲之。

司射適堂西，袒、決、遂，取弓于階西，挾一个，搢扑，以反位。

爲將復射，故袒、決、遂，執弓矢。爲獻事畢，故反位。郝氏敬曰：獲與釋獲者分卑而獻。薦均者射，以侯爲主，以中爲賢。獲者，司侯釋獲者，司中敬其事，因重其人也。御案：射有侯、有旌、有乏，獲者主之；有中、有籌，釋獲者主之；設楅者主楅；設豐者主豐；納射器者，主弓、矢。決拾而所獻，惟獲者與釋獲者，蓋他器物設之則已，惟獲與釋獲者始終射事，其勞尤甚，故獨加禮焉。以上獻釋獲者。

司射去扑，立于階西，升請射于賓，如初。賓許。

去，起呂反。

司射先請賓復射。去扑者，敬賓也。

司射降，搢扑，由司馬之南適堂西，命三耦及眾賓皆袒、決、遂，執弓，就位。司射先反位。

司射次命三耦及眾賓復射位。先，先三耦及眾賓也。

三耦及眾賓皆袒、決、遂，執弓，各以其耦進，反于射位。

鄭康成曰：以，猶與也。敖氏繼公曰：以其耦進上射先，而下射，從之。

司射作拾取矢。三耦拾取矢如初，反位。賓、主人、大夫降揖如初，主人堂東，賓堂西，皆袒、決、遂，執弓；皆進，階前揖，及楅揖，拾取矢如三耦。

拾，其劫反。

敖氏繼公曰：司射亦惟作上耦位，亦射位，云揖如初，是亦兼堂上之揖言也。皆進至階前相俟，乃南面而揖行也。及楅揖，亦南面揖。既揖，主人乃西面，賓乃東面，拾取矢。郝氏敬曰：前射委福，惟二十八矢，故三耦拾取，餘皆取諸堂西。今賓、主、大夫、眾耦矢皆委楅，故皆取矢于楅，三耦先拾。

卒，北面搢三挾一个，揖退。賓堂西，主人堂東，皆釋弓矢，襲；及階揖，升堂揖，就席。

取矢畢，司射北面搢三挾一个，揖退，以導眾人。于是賓、主人皆退，釋弓矢，升堂就席。

大夫袒、決、遂，執弓，就其耦；揖皆進，如三耦。耦東面，大夫西面。大夫進坐說矢束，興，反位。而後耦揖進坐，兼取乘矢，順羽而興，反位，揖。大夫進坐，亦兼取乘矢，如其耦。

說，吐活反。

上文惟言三耦各以其耦進，反于射位，未言大夫。此乃申言之其進也亦袒、決、遂，執弓就其耦，揖進，亦如三耦。惟耦東面及脱矢束不同。脱矢束者，大夫爲下射，當脱矢束，今先進脱矢束，興，反位，以俟耦進取矢，反位矣。大夫乃後進坐，兼取乘矢如其耦。

北面，搢三挾一个，揖退。耦反位。大夫遂適序西，釋弓矢，襲，升卽席。

大夫取矢雖在後，而其退則先，蓋耦雖以取矢猶俟大夫之退而後退，及大夫既取矢北面，搢三挾一个以揖退。耦及反位，大夫遂適序西，釋弓矢，襲，升卽席。

眾賓繼拾取矢，皆如三耦，以反位。

御案：眾賓曰，皆如三耦，以反位，明賓、主人、大夫與三耦之反位異也。以上取矢于楅。

司射猶挾一个以進，作上射如初。一耦揖升如初。

今文或言作升射。

作上射，作上耦射也。凡言進退以有事而前，爲進卒事而反爲退。

司馬升，命去侯。獲者許諾。司馬降，釋弓反位。司射與司馬交于階前，去扑，襲；升，請以樂，樂于賓。賓許諾。

去，起吕反。樂，樂下字，音洛，下同。

敖氏繼公曰：司射爲去扑耳，其决、遂，執弓，挾矢自若也，似不宜襲，言襲，蓋衍文。以樂樂者，用樂爲歡樂也。以此請于賓，賓諾。御案：去扑亦倚于階西，請亦北面，可知。

司射降，搢扑，東面命樂正，曰：請以樂，樂于賓，賓許。司射遂適階閒，堂下北面命曰：不鼓不釋！上射揖。司射退反位。

司射傳司馬之命以命樂正，言賓已許作樂矣。既命樂正遂適階閒，堂下，北面告射者曰：凡射不與鼓節，相應不釋算，蓋射者以樂爲節必比于樂，而能中乃爲賢也。上射揖而諾之，司射退反其位。

樂正東面命大師，曰：奏《騶虞》，閒若一。大師不興，許諾。樂正退反位。

大，竝音泰。

東面進，還向大師而言也。《騶虞》，《召南》之詩。閒若一，謂一人射畢又一人射相閒之時。其音節皆當如一也。大師尊且瞽，故不興而但許諾。愚按：天子以《騶虞》爲節，而士射亦以此者射，以觀德將教之以進于天子，故以此明天子亦重射，示之的也，而采蘩、采蘋之必用可知矣。

乃奏《騶虞》以射。三耦卒射，賓、主人、大夫、衆賓繼射，釋獲如初。卒射，降。釋獲者執餘獲，升告左右，卒射，如初。

卒射，降，衆射者以次降，畢也。如初，如初射告獲之禮。以上三射。

司馬升，命取矢，獲者許諾。司馬降，釋弓反位。弟子委矢，司馬乘之，皆如初。司射釋弓視算，如初；釋獲者以賢獲與鈞，告如初。降復位。

視算，今文曰視數。

敖氏繼公曰：言如初，又言降復位爲司射命設豐之節也，亦以見所如者止于此，無復實算于中之事矣，以不復射故也。右取矢，告獲如初。

司射命設豐，設豐，實觶如初；遂命勝者執張弓，不勝者執弛弓，升飲如初。

此飲不勝者如初。

司射猶袒、决、遂，左執弓，右執一个，兼諸弦，面鏃；適堂西，以命拾取矢，如初。

鄭康成曰：側持曰執。左手執弓，右手乃執一矢而並諸弦，尙其鏃，以示弗用。面，猶尙也。命，命衆皆如此。

司射反位。三耦及賓、主人、大夫，衆賓皆袒、决、遂，拾取矢，如初；矢不挾，兼諸弦弣以退，不反位，遂授有司于堂西。

拾，其劫反。

賈氏公彦曰：執之如司射，兼諸弦弣，則異以司射。直執一个，無三矢兼于弣，三耦以下則執一个，竝于弦，又以三矢竝于弣也。不反位，不反射位，授有司弓矢者，射事畢宜反于所受之人也。此止言三耦，及衆賓、大夫與其耦亦然。若賓則自階下以授有司于堂西，主人則以授有司于堂東也。

辯拾取矢，揖，皆升就席。

辯，音徧。拾，其劫反。

凡射者皆徧拾取矢。主人乃揖賓，升就席。

司射乃適堂西，釋弓，去扑，說決拾，襲，反位。

去，起吕反。說，吐活反。

釋弓矢，去扑，襲而反位，以不復射也。不言釋矢，省文。

司馬命弟子說侯之左下綱而釋之。

鄭康成曰：說，猶解也。釋，不束之也。

命獲者以旌退，命弟子退楅。司射，命釋獲者退中與算而俟。

敖氏繼公曰：旌退于西方，楅與中算退于堂西。愚按：俟者恐主人與賓或又命射，敬事之意，若再射則爲燕射，在旅酬之後也。

司馬反爲司正，退復觶南而立。

司馬復其故位，爲司正以監旅酬。

樂正命弟子贊工卽位。弟子相工，如其降也，升自西階反坐。

相，息亮反。

鄭康成曰：贊工，遷樂也。降時如初入。樂正反于西階東北面。反坐，反其故位而坐。工既坐，弟子仍降立于西方。以上射事畢。

賓北面坐，取俎西之觶，興，阼階上北面酬主人。主人降席，立于賓東。賓坐奠觶，拜；執觶興；主人答拜。賓不祭，卒觶，不拜，不洗；實之，進東南面。主人阼階上北面拜，賓少退。主人進受觶，賓、主人之西北面拜送。賓揖，就席。

賈氏公彦曰：俎西之觶上，一人舉觶于賓，賓奠于薦西者也。不祭不拜，洗酬而禮殺也。

主人以觶適西階上酬大夫，大夫降席，立于主人之西，如賓酬主人之禮。主人揖，就席。

賈氏公彦曰：上賓酬主人實觶進東南面立，則主人酬大夫實觶而進西南面也。云以觶者旅酬，恒執此觶以相酬。

若無大夫，則長受酬，亦如之。

長，知丈反。

若有大夫則先酬。大夫若無，則酬其長。長，眾賓之長也。眾賓謂三賓。

司正升自西階，相旅，作受酬者曰：某酬某子。受酬者降席。

相，息亮反。

鄭康成曰：某者，字也。某子者，氏也。稱酬者之字，受酬者曰某子，尊之也，《春秋傳》曰：字不若子。

司正退立于西序端，東面。

鄭康成曰：退立，俟後酬者也。始升，相立階西，北面。

眾受酬者拜、興、飲，皆如賓酬主人之禮。辯，遂酬在下者；皆升，受酬于西階上。卒受者以觶降，奠于篚。司正降，復位，

辯，音徧。

鄭康成曰：在下謂賓黨也。敖氏繼公曰：在下者迭升受酬，亦如上禮。可知以上旅酬。

使二人舉觶于賓與大夫。

敖氏繼公曰：至是乃並舉觶于大夫者，異之也。

舉觶者皆洗觶，升實之；西階上北面，皆坐奠觶，拜，執觶興。賓與大夫皆席末答拜。舉觶者皆坐祭，遂飲，卒觶，興；坐奠觶，拜，執觶興。賓與大夫皆答拜。

此舉觶者，先導飲也。席末，席東端。

舉觶者逆降，洗，升實觶，皆立于西階上，北面，東上。賓與大夫拜。舉觶者皆進，坐奠于薦右。賓與大夫辭，坐受觶以興。舉觶者退反位，皆拜送，乃降。賓與大夫坐反，奠于其所①，興。

坐反，古文曰反坐。

坐奠，不敢直授之也。辭，辭其坐。奠觶坐，蓋卒飲既飲而反奠于其所也。

若無大夫，則唯賓。

言此以明舉觶之禮，唯行于尊者，不及眾賓。以上舉觶于尊者。

司正升自西階，阼階上受命于主人，適西階上，北面請坐于賓，賓辭以俎。反命于主人，主人曰：請徹俎。賓許。司正降自西階，階前命弟子俟徹俎。

司正請命于主人，以主人命請賓坐。賓辭以未徹俎，司正反命于主人。主人請徹俎，賓許。司正降階，命弟子徹俎。

司正升立于序端。賓降席，北面。主人降席自南方，阼階上北面。大夫降席，席東南面。

① 通行本斷作：與大夫坐，反奠于其所，興。

鄭康成曰：俟弟子升，徹俎。

賓取俎，還授司正。司正以降自西階，賓從之降，遂立于階西，東面。司正以俎出，授從者。

還，音旋，下同。從者，才用反。

從者，賓之從者。飲食所以盡主人之歡，以俎歸，重主人賜也，不特賓厚主人。

主人取俎，還授弟子。弟子受俎，降自西階，以東。主人降自阼階，西面立。

主人亦取俎，授其弟子，重與賓歡，分其惠也。

大夫取俎，還授弟子；弟子以降自西階，遂出授從者；大夫從之降，立于賓南。

鄭康成曰：凡言還者，明取俎各自鄉其席。御案：燕禮，賓卿大夫皆自以俎出者，尊君也。此敵體，故使司正及弟子代爲出俎。賓、大夫惟降階下而已。

衆賓皆降，立于大夫之南，少退，北上。主人以賓揖，讓，說屨，乃升。大夫及衆賓皆說屨，升，坐。

說，吐活反。

古人席地而坐，故說屨，以禁污褻。以上徹俎升坐。

乃羞。無算爵。使二人舉觶。賓與大夫不興，取奠觶飲，卒觶，不拜。

鄭康成曰：燕設啗具，所以案酒。二人即鄉者二人，使之，亦司正也，使升立于西階上，舉觶取而酌之，即下文執觶遂實之事。此無算爵，所以終向者舉觶之禮。不拜，禮殺。

執觶者受觶，遂實之。賓觶以之主人，大夫之觶長受而錯，皆不拜。

長，知丈反。錯，倉各反。

執觶者實觶以授主人，主人以奉大夫，大夫以次授賓長，賓長以次相授迭飲，斯爲錯也。其觶皆實之不待言也。

辯，卒受者興，以旅在下者于西階上。

辯，音徧。

鄭康成曰：辯堂上賓皆已受爵也。卒受者，衆賓長之末者。執觶者既徧酌堂上賓，則降復位。其在堂下之賓亦當旅觶。卒受者以觶授其長者以次而酬，蓋自向尊前實觶，不須執觶者授之矣。

長受酬，酬者不拜，乃飲，卒觶，以實之。受酬者不拜受。

堂下賓之長者受酬，亦不拜，乃飲，卒飲而實其觶，以待次者。凡受酬者不以其代己先實觶而拜之，皆禮之殺也。

辯旅，皆不拜。執觶者皆與旅。

辯，音徧。與，音預。

又明辯旅皆不拜，執觶者皆與旅，所以爲無算爵也。

卒受者以虛觶降奠于篚；執觶者洗，升實觶，反奠于賓與大夫。

堂下之卒受者，既飲訖以虛爵奠于篚，執觶者又取此爵洗，而升實之，反奠于賓與大夫。酒行終而復始，醉賓以致其愛敬。

無算樂。

樂或閒或合或否爲無算，蓋行禮既久慮其勞倦，以此爲閒樂之意云爾。以上無算爵。

賓興，樂正命奏《陔》。賓降及階，《陔》作。賓出，衆賓皆出，主人送于門外，再拜。

陔，古才反。

賓興，將辭去，樂正命奏《陔夏》，賓降堂及階而《陔》作，主人拜送賓于門外。此賓出之儀。

明日，賓朝服以拜賜于門外，主人不見。如賓服，遂從之，拜辱于門外。乃退。

朝，音潮。

明日，賓來拜賜，主人不見，主人隨卽往謝賓之辱。賓亦不見。此拜賜拜辱之儀。

主人釋服，乃息司正。無介。不殺。

息司正酬其昨日之勞，特飲之也。言無介者嫌不射而飲。或用介也，不殺，亦以賓禮待之也。

使人速。迎于門外，不拜。入，升，不拜。至，不拜。洗，薦脯醢，無俎。

亦使人戒之、宿之，但迎于門外，不拜。入，升，亦不拜。至，不拜。洗，薦脯醢而無俎，異于正禮。

賓酢主人，主人不崇酒，不拜衆賓；既獻衆賓，一人舉觶，遂無算爵。

主人亦獻賓，賓亦酢主人，但主人不崇酒，不拜衆賓者，以其專爲禮司正也。主人亦獻衆賓，但既獻之後，惟一人舉觶，遂脱屨，升，坐取此觶而飲。

無司正。賓不與。

與，音預。

此賓昨日之正賓也。不與，尊之不褻，蓋此禮本爲司正勞倦而禮之，故禮多從簡，正賓不可與也。

徵唯所欲，以告于鄉先生、君子可也。羞唯所有。鄉樂唯欲。

徵，謂司正有所求，唯其所欲告于鄉先生、君子，禮雖簡而主盡歡也。又言羞唯所有，明非恣其所求鄉樂，亦唯所欲皆息之之意。此息司正之儀。

記

記者，雜記射禮所有，補經文之所未備。

大夫與，則公士爲賓。使能，不宿戒。

與，音預。

若無大夫，則處士無爵命者皆可爲賓。若有大夫則必使公士爲賓，亦主人請之，但不宿之，戒之耳。此記賓。

其牲，狗也。亨于堂東北。尊，綌冪。賓至，徹之。蒲筵，緇布純。

亨，普庚反。純，之閏反，又章允反。

敖氏繼公曰：用狗者，因大射之牲也。其義與鄉飲同。此下有不釋者，見《鄉飲酒記》。鄭康成曰：以綌爲冪，取其堅潔，此記牲與尊冪。

西序之席，北上。

衆賓統于三賓，三賓以下有不立于堂下者，亦設此席，以非禮之正，故記之。

獻用爵，其他用觶。以爵拜者，不徒作。

此記爵觶之用，及以爵拜者。

薦脯用籩，五膱，祭半膱，横于上。醢以豆，出自東房。膱長尺二寸。

膱，音職，古文職爲胾，今文或作植。

籩宜乾物，故盛脯。豆宜濡物，故盛醢。膱，脡也。長尺二寸而中屈之，故曰半。此記脯醢。

俎由東壁，自西階升。賓俎：脊、脅、肩、肺。主人俎：脊、脅、臂、肺。肺皆離。皆右體也。進腠。

腠，七奏反。

鄭康成曰：以骨名肉，貴骨也。賓俎用肩，主人用臂，尊賓也。右體，周所貴也。若有尊者，則俎其餘體也。此記俎。

凡舉爵，三作而不徒爵。凡奠者于左，將舉者于右。衆賓之長；一人辭洗，如賓禮。

長，知丈反。

如賓禮，尊賓黨也。此記舉爵諸儀。

若有諸公，則如賓禮，大夫如介禮。無諸公，則大夫如賓禮。

此記尊卑之差。或有或不有記以備禮。

樂作，大夫不入。樂正，與立者齒。

此記大夫入之節及樂正所立之位。

三笙一和而成聲。

和，戶臥反。

鄭康成曰：三人吹笙，一人吹和，凡四人也。笙，小者謂之和。陳氏祥道曰：古者造笙以匏爲主，列管匏中，施簧管端，其制法鳳皇以象其鳴。大者十九簧而以巢名之，以其管在匏有鳳巢之象。小者十三簧而以和名之，以其大者唱則小者和也。此記笙。

獻工與笙，取爵于上篚。既獻，奠于下篚。其笙，則獻諸西階上。

鄭康成曰：奠于下篚不復用也。此記獻工與笙。

立者，東面，北上。

北當作西，若有北面者則東上。此記立者之位。

司正既舉觶，而薦諸其位。

鄭康成曰：薦于觶南。此記司正薦儀。御案：以上多有與《鄉飲酒》相出入，今但釋其異者。

三耦者，使弟子。司射前戒之。

射以觀德，習之之義主于育才、興賢，故設司射。司正誘教之三耦，必用少年，主黨、賓黨弟子皆前期戒之。此記三耦。

司射之弓矢與扑，倚于西階之西。

鄭康成曰：便其事也。御案：大射儀，司射之弓矢在次。此無次，故記者明之。此記司射弓矢扑倚處。

司射既袒、決、遂而升，司馬階前命張侯，遂命倚旌。

古文曰遂命，獲者倚旌。

此記司射、司馬同時行事，非相繼爲之。

凡侯：天子熊侯、白質；諸侯麋侯、赤質；大夫布侯，畫以虎豹；士布侯，畫以鹿豕。

麋，密夷反。

天子燕射亦用鄉射之法，故並明之。侯皆以布而畫，其上爲熊麋等獸，示服猛除害之意，但天子、諸侯則畫其地爲白赤，大夫以下不畫，其畫皆于正鵠之處。

凡畫者，丹質。

上文已言布與質矣，此又云丹質者謂畫獸五色兼施而以丹爲質。周尚赤之意，赤不可以加五色而丹則可也。此記侯。

射自楹閒，物長如笴。其閒容弓，距隨長武。

笴，古我反，又古老反。

楹閒，中央東西之節。物，射時所立處物，物有拘定之意。畫地爲物，縱畫長如矢幹，長三尺，其閒容弓，上下射相去六尺，横畫之距隨長武二寸。武，跡也。射者先以左足履物之東頭，乃以右足履物之西頭而合之。東頭爲距，西頭爲隨。距，至也。隨，從也，謂左足先至而右足隨之也。

序則物當棟，堂則物當楣。

序，五架之物。當棟、當楣以庭之深淺而異，正中曰棟，次曰楣，前曰扆。堂之庭深于序，故物之處不同以合侯道之數。侯道五十弓。以上記物。

命負侯者，由其位。

賈氏公彦曰：司馬自己位遥命之。位，䡅南也。鄭康成曰：于賤者禮略。此記司馬命負侯之位。

凡適堂西，皆出入于司馬之南。唯賓與大夫降階，遂西取弓矢。

凡司射、司馬衆耦皆出入于司馬位之南，賓與主人耦，主人降階遂（東）［西］取弓矢，賓亦然，而大夫視之。此記衆耦與賓大夫所由。

旌，各以其物。

旌，獲者執之，時而舉，時而偃。大夫、士平日所建之旌不同此旌，亦肖其形而稍輕便之，乃易舉耳。謂三等之士旌不同者臆説。

無物，則以白羽與朱羽糅，杠長三仞，以鴻脰韜上，二尋。

糅，人酉反。杠，音江。脰，音豆。韜，吐刀反。今文糅爲縮，韜爲翿。

無物謂士之未仕者。糅，雜也。杠，橦也，以白羽與朱羽雜而成采，繫之于杠。杠長二丈四尺，以綃籠杠，如雁之頭頸。除不韜者八尺，韜者一丈六尺。仞、尋皆八尺也。以上記旌。

凡挾矢，于二指之間横之。

挾矢，或多或寡皆于食指、將指之間。此記挾矢。

司射在司馬之北。司馬無事不執弓。

郝氏敬曰：司射常執弓挾矢，司馬惟有事升堂乃執弓。此記司射之位，司馬執弓之節。

始射、獲而未釋獲；復，釋獲；復，用樂行之。

復，扶又反。

始射，第一番三耦射時，雖有中者且待再射而後較勝負，故雖獲而未釋獲。至二番復射，則賓主而下皆射，可以釋獲。至三番復射，則通較其勝負，而以樂行之。此記一射、再射、三射之序。

上射于右。

獨上射于右物射，則餘皆左矣。此記射位。

楅，長如笴，博三寸，厚寸有半，龍首，其中蛇交，韋當。楅髤，横而奉之，南面坐而奠之，南北當洗。

髤，虚求反。奉，芳勇反。

博，廣也。龍首，刻其上端爲龍首。蛇交，以兩木屈曲爲蛇交之狀。韋當，以韋束楅之中央，而分其左右。髤，地黑漆也。奉者以兩手執其兩端取矢北面，故南面奠之。此記楅。

射者有過則撻之。

撻，他達反。

有過，違教令也。撻之者司射，此司射所以搢扑。尊者不在此例。

眾賓不與射者，不降。

與，音預。

凡射者皆降，或不與射，則不降，蓋眾賓中有觀禮之人也。此記不與射者。

取誘射之矢者，既拾取矢，而后兼誘射之乘矢而取之。

拾，其劫反。

敖氏繼公曰：經云，後者遂取誘射之矢，此則記其既拾取己矢乃更爲之。此記取誘射之矢。

賓、主人射，則司射擯升降、卒射卽席，而反位卒事。

獨擯賓、主人者，尊之也。御案：賓、主人降取矢而後升。射是射前一升降也。既降，釋弓而升，卽席是射後又一升降也。司射皆擯之，不擯大夫者，大夫有耦也。此記司射擯賓、主。

鹿中，髤，前足跪，鑿背容八算。釋獲者奉之，先首。

奉，芳勇反。

中爲鹿形，屈其前足如跪而受然。此記中。

大夫降，立于堂西以俟射。大夫與士射，袒纁襦。耦少退于物。

襦，人于反。

大夫尊，不久立于射位。其與士射，但袒其纁襦不現體。與大夫耦者，每發矢輒少退于物，以辟尊者。纁，赤色。襦，裹衣也。此記大夫立位與袒。

司射釋弓矢，視算與獻釋獲者釋弓矢。

此記司射惟此二事，釋弓矢。

禮射不主皮。主皮之射者，勝者又射，不勝者降。

鄭康成曰：禮射，以禮樂射也，大射、賓射、燕射是矣。主皮者，無侯張獸皮而射之，不勝者降，不復升射也。天子大射張皮侯，賓射張五采之侯，燕射張獸侯。敖氏繼公曰：主皮之皮與皮侯之皮不同，蓋以中甲之革爲之。《周官》云射甲革，《樂記》云貫革，皆指此。中甲之革，犀兕，若牛之皮也，爲物堅厚，强者乃能貫之，故禮射不主皮，爲力不同科也。主皮之射，以又射與不射示榮辱，亦異于禮射。此記主皮與否。

主人亦飲于西階上。

主人射，若不勝，亦就射。爵而飲示公也。此記主人飲處。

獲者之俎：折脊、脅、肺、臑。東方謂之右个。釋獲者之俎：折脊、脅、肺。皆有祭。

敖云：臑字衍。

敖氏繼公曰：折謂折分其牲體，不用全體也。無大夫則臑折，有大夫則其餘體。肺，離肺也。侯以鄉堂爲面，故東方爲右个。皆有祭，獲者、釋獲者皆祭肺。此記獲者、釋獲者俎實。

大夫說矢束，坐說之。

說，吐活反。

此記大夫說矢束，必坐說。不自尊異。

歌《騶虞》，若《采蘋》，皆五終。

鄭康成曰：每一耦射，歌五終。此記歌之終數。

射無算。

鄭康成曰：謂衆賓繼射者。愚按：三耦及衆、主人、大夫皆射，禮已成矣。其有喜射者，則無算。蓋先之以禮，繼則聽人習射故也。此記射無算。

古者于旅也語。凡旅，不洗。不洗者，不祭。既旅，士不入。

語，樂語，既歌而語以成之也。文王、世子合語之禮，皆小樂正詔之于東序。大樂正則斆而說之以言父子、君臣、長幼之道。蓋既旅酬之後，則語以禮樂之道。經無其文，故記者補記之。古謂周盛時記者，周後人故云。又言凡旅，不洗，禮已殺矣。若未旅以以前必洗不洗者，不祭。既旅，士不入，以其禮既成也。言此以見于旅也語，乃當然而然。

大夫後出，主人送于門外，再拜。

敖氏繼公曰：大夫後出與其後入之意同，欲使主人于賓各盡其禮，而賓與大夫亦各得伸其尊也。鄭康成曰：主人送賓還，入門揖，大夫乃出，拜送之。此記大夫出節。

鄉侯，上个五尋，中十尺。侯道五十弓，弓二寸以爲侯中。倍中以爲躬，倍躬以爲左右舌。下舌半上舌。

个，如字。今文弓爲肱。

上个，最上幅也。八尺曰尋。弓，射器也。弓長六尺，以此推廣爲侯制。陳祥道曰：古者制度取于身，五十弓者，侯道之所始也。故五十弓之侯，其上象人之臂，下象人之足。中，其身也；上下，其躬也。左右出者，舌也。下綱其足也。鄭氏鍔曰：弓二寸以爲侯中，則九十弓之侯中丈八尺，鵠六尺；七十弓之侯中丈四尺，鵠四尺六寸有奇；五十弓之侯中一丈，鵠三尺三寸有奇。侯之制上闊下狹，以布爲之。兩旁有植，植之下有鐏，扱于地旁更有繩繫之而築于地。此約言侯之制如此，然古今不必相同，惟取其適用而已。此記鄉侯之度。

箭籌八十。長尺有握，握素。

鄭康成曰：箭，篠也。籌，算也。八十者，略以十耦爲正，貴全數。敖氏繼公曰：尺有握，猶尺有四寸也。云握者，見爲所握處，素，刋之也。御案：其本四寸處，刋之使白，不刋者外長一尺。此記箭籌。

楚扑長如笴。刋本尺。

刋，苦千反。

鄭康成曰：刋其可持處。御案：持籌以手，故所刋。惟握扑搢于要，故所刋倍于握而强。此記扑。

君射，則爲下射。上射退于物一笴，既發，則答君而俟。

此下雜記諸儀，蓋通《大射》，《燕射》言之爲下射，卑之分也。上射謂上階而射，物長如笴。退于物一笴，遠離于物，不敢與君併也。答，對也。面君，以致其恭而俟君之射。

君樂作而後就物。君袒朱襦以射。小臣以巾執矢以授。

君尊故不搢矢、挾矢。小臣授之又不可徒執，故藉以巾，必樂作而後就物，亦優尊以異于卑也。

若飲君、如燕，則夾爵。

飲，于禁反。夾，古浹反。

射不勝者當飲，而君不可罰也。或君謙欲自飲，則其禮如燕禮。先自飲而後奉觶于君，君既卒飲，復自酌之，爲夾爵。以上記君射諸儀。

君國中射，則皮樹中，以翿旌獲，白羽與朱羽糅；于郊，則閭中，以旌獲；于竟，則虎中，龍旜。

翿，徒刀反。竟，音景。旜，之然反。

鄭康成曰：國中、城中，燕射也。于郊，大射也。大射于學于竟，與鄰國君射也。皮樹，獸名，人面。閭中，獸名，如驢。郭璞曰：卽羭也，角如麢羊，一名山驢。龍旜，畫虎于旜，尚文章也。通帛爲旜。

大夫，兕中，各以其物獲。士，鹿中，翿旌以獲。

敖氏繼公曰：大夫有上中下之異，故物亦有差三等之士。雖有物而不妨通用。翿旌，司常職之大夫。建物翿旌，蓋上下可以通用者。

唯君有射于國中，其餘否。君在，大夫射，則肉袒。

鄭康成曰：臣不習武于君側也。君在，大夫射，則肉袒。不在則否，降于君也。

總 論

古人射以觀德，而鄉射禮尤造士之本，然其射也以習禮儀、敦齒讓而已。尤要者，在比禮、比樂而能內志、正外、體直，故爲難事。此篇所記于進退周旋之儀略備矣。而比禮、比樂之事未詳，蓋漢儒纂輯遺文之書，非孔孟門牆傳習之書，特以古制所存，猶彷佛見其一二，姑撮要詮之後世有不行者矣。

儀禮恒解卷六

燕禮

先王視天下如一家，視羣臣、子姓如一體，故班朝涖政之餘制爲燕禮，以通上下之情，而諸侯以下概可知矣。《禮經》亡缺，此書所載惟此篇及公食大夫禮詳其義類。君上略分言情，臣下敬恭將事，和而不流、樂而不淫，猶想見聖王明良之概焉，但其儀後世多不可行，聊以志古制之一二焉耳。

小臣戒與者。

與，音預。

戒，留之也。按：燕禮非一，或燕異國之賓及燕勞使臣當早爲前定，此但言尋常留燕耳，而其他禮儀亦彷此可知。

膳宰具官饌于寢東。

饗食在廟，故陳鼎于門外，燕在寢故具饌于寢東。寢，路寢也。官饌，諸官所當饌之物，酒牲脯醢之屬。此但言其陳饌羞之處，非一時而卽竝陳之。

樂人縣。

縣，胡淵反，音懸。

天子諸侯無，故不徹懸。此因燕羣臣而更加新耳。

設洗篚于阼階東南，當東霤，罍水在東，篚在洗西，南肆。設膳篚在其北，西面。

霤，力又反。罍，音雷。

設洗篚之篚，盛君食器者也。膳篚，盛臣食器者也。美食曰膳，君寵臣以美食而別設之。君之洗篚皆在阼階東南，而篚在洗西向南陳之。膳篚亦南陳但西面。臣雖不敢當客禮而君則待以賓禮，故西向賓耳。

司宮樽于東楹之西，兩方壺，左玄酒，南上。公尊瓦大兩，有豐，冪用綌若錫，在尊南，南上。尊士旅食于門西，兩圜壺。

大，音泰。綌，去逆反。錫，屑益反。圜，音圓。今文錫爲緆。

司宮，宫人之屬尊，用方壺，卿、大夫也。公尊用瓦甒。兩豐所以承尊，形似豆，卑而大冪以覆尊，夏用綌，冬用錫。綌，葛之粗者，錫麻十五升去其半而加灰之布也。南上，面君也。若士則旅食于門西，人各兩圜壺旅眾也。

司宮筵賓于戶西，東上，無加席也。

筵，席也。司宮設席于戶西，若賓之者，然無加席以其爲本國之臣，燕禮又輕于饗食也。以上戒與燕者及設器饌。

射人告具。

燕或射或否，而射人必預具射之事，故告其于君。

小臣設公席于阼階上，西鄉，設加席。公升卽位于席，西鄉。

鄉，許亮反。下同。本又作嚮。

司宮先設賓席，而小臣乃設公席，君優臣之意。前人謂公席先設，賓席後設，謂尊卑之義必倒轉。經文以就其說不知尊卑之分，平日必嚴而燕則略，分言情不當自大也。阼階，主位，臣無加席，而君加席。公先卽席而後納賓，此尊卑之義。位阼階而西鄉，禮臣之意。固兩不相悖也。

小臣納卿大夫。卿大夫皆入門右，北面，東上。士立于西方，東面，北上。祝史立于門東，北面，東上。小臣師一人在東堂下，南面。士旅食者立于門西，東上。

納，以君命引而入也。君燕臣，客或有卿或大夫或士，不必皆備。此大概言若卿、大夫、士等皆在，則其位如此耳。小臣師，小臣之長，羣小臣奉事而其長一人監之也。天子五門：皋、庫、雉、應、路；其朝三：外朝在庫門外，治朝在路門外，燕朝在路門內。此所言燕朝之位也。

公降立于阼階之東南，南鄉爾卿，卿西面，北上，爾大夫，大夫皆少進。

爾，通邇。

爾，近也。揖而近之，親之也。不言士，蓋不爾之也。以上言卽位。

射人請賓。公曰：命某爲賓。

公燕卿、大夫、士或人眾，則其儀如下文所云。燕本國臣子無擯介，卽以射人爲擯，故射人請賓。請賓，請問以何人爲賓也。君不能徧爲羣臣禮，故以一人爲賓與之行禮。

射人命賓，賓少進，禮辭，反命。又命之，賓再拜稽首，許諾，射人反命。

初命爲賓，辭不敢當，射人反命，君又命之，乃再拜，許諾。射人以許諾，復命於君。

賓出，立于門外，東面。

此一人獨出，立于門外。俟射人納之，乃入。燕禮不必如大射儀，或謂東當作北，非也。

公揖卿、大夫，乃升就席。小臣自阼階下，北面請執冪者與羞膳者。乃命執冪者，執冪者升自西階，立于尊南，北面，東上。膳宰請羞于諸公卿者。

卿、大夫未出門，俟于下。公揖之而乃先升，就席。小臣北面請于君命，何人執冪，何人羞膳。公命之，小臣乃以公命執冪者升階，立于尊南，膳宰亦于時請致羞于諸公卿者，公卿尊，故別有致羞者。

射人納賓，賓入及庭，公降一等揖之。公升就席。賓升自西階，主人亦升自西階，賓右，北面，至再拜。賓答再拜。

射人以公命納賓，賓入及庭，公降揖之，仍升席，賓升自西階，宰夫代君爲主人亦升自西階，立于賓右，北面，拜賓之至，賓亦再拜答之。至再拜，文倒裝文法。以上賓至。

主人降洗，洗南，西北面。賓降階西，東面。主人辭降，賓對。主人北面盥，坐取觚洗。賓少進，辭洗。主人坐奠觚于篚，興，對。賓反位。主人卒洗，賓揖乃升。主人升，賓拜洗，主人賓右奠觚，答拜。

觚，音孤，古文觚皆爲觶。

主人卽宰夫，降洗而賓亦降，主人辭，其降，賓對以當降之，故主人盥手而後洗觚。賓又辭其洗，主人坐奠觚于篚，興，對。蓋言必洗之意。賓反位，主人卒洗，賓揖，乃升，申上文反位必揖而後升也。主人洗後乃升，賓拜其洗，主人于賓右奠觚，答賓之拜。

降盥，賓降，主人辭，賓對。卒盥，賓揖，升。主人升，坐取觚。執冪者舉冪，主人酌膳，執冪者反冪。主人筵前獻賓，賓西階上拜，筵前受爵，反位，主人賓右拜送爵。

降復盥者，將酌酒，竝酌膳也。賓亦降，主辭，賓對，賓揖升，主人升，竝如初坐取觚而酌酒。執冪者舉冪以便其取酒，其酌膳亦然。旣酌而筵前獻賓，賓拜而受爵，反位。主人乃拜送爵。御案：公席于阼，主人不敢在阼階，故與賓同階，而在賓右。

膳宰薦脯醢。賓升筵，膳宰設折俎。賓坐，左執爵，右祭脯醢，奠爵于薦右，興，取肺，坐，絕祭，嚌之，興，加于俎，坐挩手，執爵，遂祭酒，興，席末坐，啐酒，降席，坐奠爵，拜，告旨，執爵，興。主人答拜。

嚌，才計反。挩，舒銳反。啐，七內反。

膳宰獻脯醢，賓升席，既又設折俎，賓乃坐，左執爵，右祭脯醢，奠爵，乃便于祭也。取肺絕之以祭，嘗之，興，仍置肺于俎，坐而拭，手乃執爵，祭酒，興，于席末坐，嘗酒，降席，坐奠爵而拜，言酒殽之美，執爵以興。主人答拜以謝其告旨，賓于西階上，北面，坐取爵而興，將酢主人也。坐奠爵而拜，拜主人之惠已飫意，主人答拜謝不敏。以上主人獻賓。

賓西階上北面坐卒爵，興，坐奠爵，遂拜。主人答拜。賓以虛爵降，主人降。賓洗南坐奠觚，少進，辭降。主人東面對。賓坐取觚，奠于篚下，盥洗。主人辭洗。賓坐奠觚于篚，興，對。卒洗，及階揖，升。拜洗，如賓禮。

爵，卽觚，凡觚、觶、角散皆可通言爵。賓以虛爵降，將洗而酢主人，其降及奠觚。卒洗，揖升，皆如主人獻賓，賓答主人之禮。

賓降盥，主人降，賓辭降。卒盥，揖，升，酌膳，執冪如初。以酢主人于西階上，主人北面拜受爵。賓主人之左拜送爵。主人坐祭，不啐酒，不拜酒，不告旨，遂卒爵，興，坐奠爵，拜。執爵興。賓答拜。主人不崇酒，以虛爵降，奠于篚。

賓降盥，卒盥，揖升等皆如主人獻賓之儀，惟主人不啐酒、不拜酒、不告旨異于賓。卒爵，興，奠爵，拜。執爵、興等亦略，如獻時主人不崇酒，以酒非己物也。

賓降，立于西階西。射人升賓。賓升，立于序內，東面。

賓降者，酢禮既畢，宰夫將獻公，故不敢居堂也。射人奉公之意升，賓辭其降也。賓立常在序端，此時入序稍深，故曰序內。以上賓酢主人。

主人盥，洗象觚，升，實之，東北面獻于公。公拜受爵。主人降自西階，阼階下，北面，拜送爵。

象觚，觚以象骨爲飾。酒本君物，而曰獻者，以宰夫爲獻主也。公拜受爵者，以宰夫代己爲主人，既獻賓又獻己勞之。主人降，北面拜，送爵，不敢當君之拜也。

士薦脯醢，膳宰設折俎，升自西階。公祭如賓禮。膳宰贊授肺。不拜酒，立卒爵坐奠爵，拜，執爵興。主人答拜，升，受爵以降，奠于膳篚。

賈氏公彥曰：前獻賓薦俎皆使膳宰，今君尊故使士薦俎，升自西階，若賓之獻君者然。祭，祭薦、祭肺、祭酒也。君尊不親取肺，士授之。而膳宰，贊也。不拜酒者，以酒爲己物。立卒爵，坐奠爵，而拜執爵，以興，若將授人奠之者。然主人答拜，遂升，受爵以降奠于篚。以上主人獻公。

更爵，洗，升，酌膳酒以降，酢于阼階下，北面坐奠爵，再拜稽首。公答再拜。主人坐祭，遂卒爵，再拜稽首。公答再拜。主人奠爵于篚。

更爵，更易一爵，不敢用君之爵。下文有奠爵，則酌酒與膳是也。敖氏謂酒字衍者，非公當酢主人，不敢當君之酢而自酢如此。

主人盥洗，升，媵觚于賓，酌散，西階上坐奠爵，拜①。

媵，異證反。散，思旦反，下同。今文媵作騰。

主人因自酢，原在階下將酬賓而盥洗，故賓不降，媵送也。送觚于賓而自酌，散爵將以導飲，乃于西階上奠爵拜。

賓降筵，北面答拜。主人坐祭，遂飲，賓辭。卒爵，拜，賓答拜。

筵，蓋賓原坐之席也。前因主人獻公，賓退立于序內，今主將酬賓，賓自當出就筵。經不言，省文也。前人因經無明文謂筵字衍者非。答拜，答其奠爵之拜也。主人坐祭，遂自飲。賓辭者，辭其導飲，主人卒自飲而拜以導賓，賓答拜。

主人降洗，賓降。主人辭，降，賓辭洗。卒洗，揖，升，不拜洗。主人酌膳。賓西階上拜，受爵于筵前，反位。主人拜送爵。

主人降洗，爲將酌膳也，賓故降。主人辭其降，而賓不許，主人遂洗。卒洗，揖賓，升。賓不拜洗者，必主人酌膳，賓乃拜之，省其禮也。受爵，即前主人所奠之觚。主人拜以致其送爵之意，非旣送觚今又送爵也。

賓升席坐，祭酒，遂奠于薦東。主人降，復位。賓降筵西，東南面立。

賓升席坐而祭酒者，尊君之賜，雖重賜，如新受賜也。奠而不舉，酬之禮也。主人旣酬，復位，賓旣受酬，則降筵立于筵西東南，面君而立。以上主人酬賓。

小臣自阼階下請媵爵者，公命長。小臣作下大夫二人媵爵。媵爵者阼階下皆北面，再拜稽首，公答再拜。

長，知丈反，下并同。

小臣請于公，以何人媵爵，公命擇侍席諸臣之長者。長，官較尊者，即下大夫是也。此媵爵者，公將以酬賓，賓以旅酬也。作，使也。二人，所謂長者。北面，再拜稽首，重其事也。公答拜，亦重之也。御案：燕示慈惠，主于盡醉極歡，故一獻之禮雖略，而旅酬之儀則盛。主人于賓，一獻、一酢，一酬正禮已成矣。又行旅酬使衆人共飲，而酬必賓始，然賓不敢始也，故于賓奠酬觶之後，乃使二人媵觶于公，以此媵觶成獻公之禮，而因以之酬賓，即爲賓舉旅而遂以辯酬乎。公卿大夫以爲此賓之旅也，皆君之賜云爾，情文相生，恩義浹洽。下文三舉旅，皆以是觀之。

---

① 拜，阮元《十三經注疏》作拜賓。

媵爵者立于洗南，西面，北上，序進盥，洗角觶，升自西階，序進酌散，交于楹北。降，阼階下皆奠觶，再拜稽首。

敖氏繼公曰：序進，先者既洗，後者乃進也。先者既洗即升立于西階上，以俟後洗者。酌散，更言序進，明其復發于西階上也。交于楹北，交相右也。奠觶，再拜，此爲媵角觶于公也。

執觶興。公答再拜。媵爵者皆坐祭，遂卒觶，興，坐奠觶，再拜稽首，執觶興。公答再拜。媵爵者執觶待于洗南。

既奠角觶，即執以興而自飲以導賓，公先答拜其奠觶，又答拜其卒觶，而奠觶，既奠觶又執以興者，將以舉旅也。待于洗南，待君之命。

小臣請致命[①]。

致，致爵于公也。請于君或命一人或命二人。

若君命皆致，則序進，奠觶于篚，阼階下皆再拜稽首。公答再拜。媵爵者洗象觶，升，實之。序進，坐奠于薦南，北上，降，阼階下皆再拜稽首，送觶，公答再拜。

若者，不定之辭，或有時止命一人致也。奠觶，奠角觶又再拜稽首，將致象觶也。角觶臣飲，象觶君飲者。以上媵爵于公。

公坐取大夫所媵觶，興，以酬賓。賓降，西階下再拜稽首。公命小臣辭，賓升，成拜。公坐奠觶，答再拜，執觶興，立卒觶。賓下拜，小臣辭。賓升，再拜稽首。公坐奠觶，答再拜，執觶興。賓進，受虛爵。降奠于篚，易觶洗。

前宰夫代公爲主人行獻酢之禮。此則公自導飲酬賓，其情益親矣。取下大夫所媵之爵以酬賓，賓不敢當，故降而再拜。公命小臣辭之，乃升，成拜。公亦答其再拜賓之也。公遂執觶立飲以導賓，賓下拜，公亦命小臣辭，賓升，成拜。公既飲則坐而奠觶，不親酌也，答其再拜，執觶以興，示命賓飲意，賓受君之虛爵，降奠于篚，不敢以君之爵飲也。以上公爲賓舉旅。

公有命，則不易不洗。反升，酌膳觶，下拜。小臣辭。賓升，再拜稽首。公答再拜。

易，更換也。更取角觶而洗之，公命仍用象觶，則不易，尊君命也。不洗者，嫌以公爵爲不潔也。反，反其位而後升。酌膳觶者，備君或命用此。下拜，君命小臣辭，乃升成拜。公答再拜，拜其爲已酬眾人也。

賓以旅酬于西階上。

---

① 命，阮元《十三經注疏》作者。

此句總冒下文。

射人作大夫長升受旅。

鄭康成曰：旅，序也，以次序勸卿大夫飲酒，言使大夫長一人升。受旅，先尊而後卑也。

賓，大夫之右坐奠觶，拜，執觶興。大夫答拜。賓坐祭，立飲，卒觶，不拜。

賓于大夫之右，坐奠觶而拜，執觶以興，大夫答拜。賓坐祭者，以此酒爲公所賜，重之也。卒觶以導飲不拜者，亦以公之惠下非已物也。

若膳觶也，則降更觶，洗，升，實散。大夫拜受，賓拜送。

若公優所酬者或使得用膳觶，則此一人得用膳觶，餘人不得用之，故更觶洗之，升，實散爵。大夫拜受榮君之賜，賓以其拜亦拜送之。

大夫辯受酬，如受賓酬之禮，不祭。卒受者以虛觶降，奠于篚。

辯，音徧。下同。

上言大夫之長受旅，故此推言衆大夫受酬皆如此禮。卒受者，末受酬之一人。以上賓受酬。

主人洗，升，實散，獻卿于西階上。

此句總冒下文，卿尊于大夫而後獻者，既命大夫爲賓，故先獻賓而後獻公。此卿當在獻大夫之後，而記于旅酬後者，公卿容不與燕，故繼而備言其禮。

司宮兼卷重席，設于賓左，東上。

卷，居遠反。重，直容反。下同。

鄭康成曰：言兼卷，則每卿異席也。重席，重蒲筵，緇布純。兼卷之自房而出，兼布之，無論大小卿皆席于賓東，而以次而西，東上，統于君也。

卿升，拜，受觚。主人拜送觚。卿辭重席，司宮徹之。

卿不待君命，而卽升，拜受觚，不敢煩君也。君拜送觚賓之也，卿重席分也。辟君而辭之，司宮遂徹之。

乃薦脯醢。卿升席坐，左執爵，右祭脯醢，遂祭酒，不啐酒。降席，西階上北面坐卒爵，興，坐奠爵，拜，執爵興。主人答拜，受爵。卿降，復位。

不啐酒，公卿常近于君，非若大夫受燕爲新恩，不啐者以明醉飽君德已久矣。

辯獻卿，主人以虛爵降，奠于篚。射人乃升卿，卿皆升就席。

主人、宰夫既奠爵復位于西方，射人乃升卿，卿升就席。

若有諸公，則先卿獻之，如獻卿之禮。席于阼階西，北面，東上，無加席。

先，席薦反。

諸公，大國之孤也。上公之國乃有四命之孤，侯伯以下則無，故云。若先卿獻之，先獻公而後獻卿。其儀亦與上獻卿同，但公席在阼階西，北面，亦東上，統于君，無加席，以在公左太近君。設席時，卽不敢與君同，不待其辭而後徹也。以上主人獻公卿。

小臣又請媵爵者，二大夫媵爵如初。請致者，若命長致，則媵爵者奠觶于篚，一人待于洗南。長致，致者阼階下再拜稽首，公答再拜。洗象觶，升，實之，坐奠于薦南，降，與立于洗南者二人皆再拜稽首送觶，公答再拜。

此乃因既獻公卿，而又媵觶于君也，故仍以大夫媵爵如初。長，二人中之尊者。惟一人致之，故無序進，交兩楹等事。象觶卽所媵之爵也。致之于君以俟君舉旅。

公又行一爵，若賓若長，唯公所酬。以旅于西階上，如初。大夫卒受者以虛觶降，奠于篚。

行爵飲之以導飲。又行者，公一卒爵而又行也，若賓若長，惟公所酬，或辯酬，或否，惟公以此次之旅，因獻公卿而酬至大夫，止尊公卿以異于大夫，故不盡酬。其旅于西階上如大夫禮，大夫卒受者，以虛觶奠于篚。以上爲公卿畢旅。按，此篇記獻公卿于獻大夫後，于是解者謂大夫旅酬內亦有卿，而經文無公卿字。此記獻公卿後，旅酬仍以爲再酬大夫，而無解于又命致者及若賓、若長惟公所酬，不知公卿尊于大夫。既獻公卿當媵爵以行酬，既獻大夫亦媵爵以行酬，大夫之酬不及公卿，公卿之酬則及大夫，優公卿也。至又行一爵酬當三舉爵，而大夫但二舉爵，酬公卿一次而再舉爵，公卿日與君近，情較親于大夫，故燕公卿之禮略。大夫與君較遠，故燕大夫禮詳于公卿，公卿之與燕時多大夫之與，燕時少記者先記大夫，次記公卿，繼又記大夫。說者以爲大夫爲賓，賓優于公卿，不知燕羣臣皆賓之，特舉其長以行禮，非若鄉飲酒特設之，賓優于衆人，由未詳考情事而迷誤于經文也。

主人洗，升，獻大夫于西階上。大夫升，拜受觚。主人拜送觚。大夫坐祭，立卒爵，不拜既爵。主人受爵。大夫降，復位。

主人復洗，升，獻大夫，將使之就席，大夫拜受，坐祭，立而卒爵，既盡也。不拜者，禮殺也。

胥薦主人于洗北，西面，脯醢無脅。

脅，之承反。

主人再獻大夫，大夫亦當獻主人，胥代之薦主人于洗北，西面。脅俎實，猶言無俎也。胥，胥吏。

辯獻大夫，遂薦之，繼賓以西，東上。卒，射人乃升大夫，大夫皆升，就席。

敖氏繼公曰：辯獻大夫，乃布席，布席然后薦之，繼賓以西，東上。言其薦之次也。其席亦如之，卒謂薦畢也。以上主人獻大夫。

席工于西階上少東。樂正先升，北面，立于其西。小臣納工。工四人，二瑟。小臣左何瑟，面鼓，執越，内弦，右手相。入，升自西階，北面，東上坐。小臣坐授瑟，乃降。

何、相，並去聲。

樂正，于天子爲樂師，諸侯有大小樂正，此蓋其小者。工四人者，燕禮輕，樂不備也。面鼓，面其可鼓者于前。越，瑟下孔。内絃，使便于鼓，以右手相樂工，待其坐定，小臣授瑟，乃皆降也。

工歌《鹿鳴》《四牡》《皇皇者華》。

三詩皆周公所制，以燕臣下。合樂曰歌，詩歌義見《鄉飲酒禮》。

卒歌，主人洗，升，獻工。工不興，左瑟，一人拜受爵，主人西階上拜送爵。薦脯醢。使人相祭，卒爵不拜。主人受爵。眾工不拜受爵，坐祭，遂卒爵，辯有脯醢，不祭。主人受爵，降奠于篚。

洗爵以致其潔，工不興，惟一人拜受爵。一人，其長者。工祭脯醢，使人相之。卒爵不拜，不拜受爵以其瞽略之。

公又舉奠觶，唯公所賜，以旅于西階上，如初。卒，

燕禮主于盡歡，工既鼓瑟而歌，則樂賓之意已著，冀眾臣皆歡飲而又恐不盡然也，故公又舉奠觶賜一二人，以見其端如初，如前旅大夫禮。卒，事畢也。

笙入，立于縣中，奏《南陔》《白華》《華黍》。

縣，同懸。陔，工才反。白華，音花。

縣，中懸，磬之中央也。

主人洗，升，獻笙于西階上。一人拜，盡階，不升堂，受爵，降。主人拜送爵。階前坐祭，立卒爵，不拜既爵，升，授主。眾笙不拜受爵，降，坐祭，立卒爵，辯有脯醢，不祭。

洗，別洗爵。獻笙者一人，其長者先獻之而後始笙。

乃間歌《魚麗》，笙《由庚》，歌《南有嘉魚》，笙《崇丘》，歌《南山有臺》，笙《由儀》。遂歌鄉樂：《周南·關雎》《葛覃》《卷耳》，《召南·鵲巢》《採蘩》《采蘋》。

間，古莧反。麗，力移反。雎，七徐反。覃，大南反。卷，九轉反。召，上照反。蘋，音頻。

御案：合樂而云歌者，眾音竝作，究以人聲爲主也。

大師告于樂正曰：正歌備。樂正由楹内東楹之東告于公，乃降，復位。

大師，樂官之長，故告樂正以正歌備，使告于公。樂正初入，即位于西階東，北面，由楹内行以告于公，仍復本位。以上以樂樂賓。

射人自阼階下，請立司正，公許，射人遂爲司正。

君將留羣臣飲，竝下及士，故立司正以相其禮。燕禮不主于射，故射人爲擯，又爲司正。

司正洗角觶，南面，坐奠于中庭。升，東楹之東受命，西階上，北面命卿大夫，君曰：以我安卿、大夫。皆對曰：諾，敢不安。

司正洗觶，坐奠于中庭者，明君留飲之意。東楹之東，受命于君，乃述于卿、大夫，言君命已安。賓皆對以不敢不安。

司正降自西階，南面坐取觶，升，酌散，降，南面坐奠觶，右還，北面少立，坐取觶，興，坐，不祭，卒觶奠之，興，再拜稽首。左還，南面坐取觶，洗，南面反奠于其所。

司正先飲以導賓，故降階，南面取觶，升，酌散爵而奠之，右還，少立以致嚴慎，乃坐取觶而飲，又左還，南面取觶，洗之，仍南面奠于其所。以上立司正。

升自西階，東楹之東請徹俎，降。公許。告于賓。降賓北面取俎以出。膳宰徹公俎，降自阼階以東。卿、大夫皆①，東面，北上。

從。御案：降字，在告于賓下。

御案：凡請于君者，皆自阼階下，此司正請安賓與請徹俎。皆于東楹之東者，既受賓之命，當以辯命于堂，既承徹俎之許，亦當以告于賓。二者皆將有事于堂上，故與他禮異也。徹俎下降字，當在告于賓下，傳寫者誤耳。司正降，賓自徹俎以出，膳宰徹公俎，降自阼階，君物別于諸臣，且賓已親徹，此亦若君親徹也。此記徹俎。

賓反入，及卿、大夫皆說屨，升，就席。公以賓及卿、大夫皆坐，乃安。

說，吐活反。

乃安者，君留賓而賓皆就席，公乃安坐，然則未說屨升席。以前公雖未離席而猶有未安之形，以俟賓也。御案：《詩》曰：邪幅在下。先以邪幅纏足而後納屨，雖脱屨，未爲跣矣。然《少儀》云：凡祭于室中，堂上無跣，燕則有之，不跣者，敬也。燕則有跣，爲歡疑采菽所稱侯禮，故詩歌之以爲榮，若卿、大夫則不爾，故褚師聲子韤而登席，乃爲君所怒也。

羞庶羞。大夫祭薦。

鄭康成曰：羞，進也。庶羞，衆珍味可進者。御案：祭薦之法，常在祭酒之先，故左執爵，右祭脯醢，其常也。此禮大夫獻時未有席，故祭酒于西階上。卒爵而降，逮乎辯獻而席，席而薦，薦而升，席則已無復執爵之事矣。故至此乃祭之。敖氏繼公曰：獻時不得祭薦，故至是乃爲之，必祭之者，宜終此禮，然後可以食庶羞也。

① 皆，阮元《十三經注疏》作皆降。

司正升受命，皆命。君曰：無不醉。賓及卿大夫皆興，對曰：諾，敢不醉。皆反坐。

郝氏敬曰：受命，受君命。皆命，以君命徧命之。君曰：無不醉，命辭也。御案：安賓時，對不言興，又下不言反坐，其時賓諸公卿、大夫皆立也。至此，則皆坐矣。無坐而受君命之理，故興降席而對，君彌仁而臣彌恭也。司正于是降而復位。以上説屨升坐。

主人洗，升，獻士于西階上。士長升，拜，受觶。主人拜送觶。士坐祭，立飲，不拜既爵。其他不拜，坐祭，立飲。

今文觶作觚。

李氏如圭曰：士，堂上無位，故燕坐乃獻之。郝氏敬曰：士長，士尊者，他謂長以下。

乃薦司正與射人一人，司士一人，執冪二人，立于觶南，東上。

上文射人遂爲司正，則司正卽射人矣。此又言射人者，蓋射人不止一人，以其與司士執冪者皆爲士，而有執事，故當將獻士時均先薦之。此但言薦耳，若獻之則仍與士序。

辯獻士。士既獻者立于東方，西面，北上，乃薦士。

辯獻士，則司正等亦在其中。既畢獻之，乃薦于其位，立于東方，卿位本東方，西面，今卿升堂，位空，故士得卽東方位。卿、大夫既獻皆變而位于上，故士亦既獻而變其位于東，東方稍近于君，立于此所以優之。

祝史、小臣師，亦就其位而薦之。

祝史、小臣亦士也，次士獻之。祝史位在門東，小臣師在東堂下，故不變也。

主人既[1]。旅食之尊而獻之。旅食不拜，受爵，坐祭，立飲。

士賤，故就旅舍之爵不洗而獻之。不拜，受爵，以其未洗，亦使之得略其禮也。以上主人獻士。

若射，則大射正爲司射，如鄉射之禮。

或射或不射，惟君所命，故云君也。如鄉射之禮，言其大概相同，亦有不同者，蓋燕以樂賓爲主，非如鄉飲之必謹而詳也。此記射。

賓降，洗，升，媵觚于公，酌散，下拜。公降一等，小臣辭。賓升，再拜稽首，公答再拜。賓坐祭，卒爵，再拜稽首，公答再拜。賓降，洗象觶，升，酌膳，坐奠于薦南，降拜，小臣辭。賓升，成拜，公答再拜。賓反位。

公既惠羣臣，則臣亦當報君，故賓降，洗爵，而媵于公。爵無飾曰散。觚，君所

① 既，阮元《十三經注疏》作就。

用也，散以自飲。賓拜稽首而送爵，公亦降等拜，皆賓之也。賓升則公亦升，可知賓坐祭，卒爵而洗象觶，升，酌位，酌膳降，拜，小臣辭，賓升，成拜，公答拜而賓反位。

公坐取賓所媵觶，興，唯公所賜。受者如初受酬之禮，降，更爵洗，升，酌膳，下拜，小臣辭，升，成拜，公答拜，乃就席，坐行之。有執爵者。唯受于公者拜。

觶，卽觚也。公取賓所媵之觶以酬羣臣，示崇禮不倦之意，唯公所賜則不辯及矣。受賜者如初受酬之禮降者，蓋大夫公坐而勸酒。受賜者則必降更爵洗升而酌膳，成拜，乃坐而飲酒，惟受于公者拜，其餘不拜也。坐而行酒，故必有執爵者代酌授之。

司正命執爵者爵辯，卒，受者興，以酬士。大夫卒受者以爵興，西階上酬士。士升，大夫奠爵拜，士答拜。大夫立卒爵，不拜，實之。士拜受，大夫拜送。士旅于西階上，辯。士旅酌，卒。

公坐勸酒惟及大夫，不及士，以士在堂下也。既酌大夫，司正乃命執爵者辯及士。大夫之卒受爵者執爵，以興，于西階上酬士。士升堂，大夫奠爵拜，大夫卒爵，飲不拜者，自以導飲也。既飲又實爵，士拜受，大夫拜而送爵。凡士皆旅于西階上，辯。士以次自酌相酬，卒事。以上公爲士舉旅。

主人洗，升自西階，獻庶子于阼階上，如獻士之禮。辯，降洗，遂獻左右正與內小臣，皆于阼階上，如獻庶子之禮。

庶子，卿、大夫、士之子。張氏養浩曰：以其衆謂之庶，以其爲父之副貳謂之倅，以其受教于國學謂之國子，以其未仕謂之游倅。庶子未受爵，故後士君臣燕飲以洽情也。今日之庶子卽他日之卿、大夫、士，故凡屬于庶子官居者，皆得與以觀禮焉。左右正與內小臣皆內官也。獻庶子于阼階上，變于其父所飲之處。降洗而後獻左右正小臣者，以其尊于庶子，故更新之也。于阼階者，從君之黨，以別內外。以上獻庶子以下。

無算爵。士也，有執膳爵者，有執散爵者。執膳爵者酌以進公，公不拜受。執散爵者酌之，以公命所賜。

獻酬已畢，羣盡歡飲。爲無算爵則士執爵或執膳爵或執散爵，執膳爵者進于公，公不拜受，士賤于大夫也。執散爵者酌之，以公命所賜而授之。

所賜者興，受爵，降席下，奠爵，再拜稽首，公答拜。受賜爵者以爵就席坐，公卒爵然後飲。執膳爵者受公爵，酌，反奠之。受賜爵者興，授執散爵。執散爵者乃酌行之。

所賜者興，受爵，降席，奠爵，再拜。君賜，公亦答拜。受賜爵者受爵不卽飲，必俟公卒爵，然後飲，執膳爵者受公爵，酌而反奠之，俟公命賜何人。受賜爵者既飲興，授執散者，以爵執散爵者，乃酌飲公所未賜者。

唯受爵于公者拜。卒受爵者興，以酬士于西階上。士升，大夫不拜，乃飲，實爵，士不拜，受爵，大夫就席。士旅酌亦如之。

唯受爵于君者拜，餘相酬皆不拜。士飲，大夫然，相旅酌亦然，禮殺也。

公有命徹冪，則卿、大夫皆降，西階下，北面，東上，再拜稽首。公命小臣辭。公答再拜，大夫皆辟。遂升，反坐。士終旅于上，如初。

辟，音避。

公如命人徹兩甒之冪，是欲與羣臣同飲此酒，則卿、大夫皆降西階下，再拜，謝君之意。公命小臣辭，亦必終降下拜者，人衆且守臣子拜下之禮，雖醉而益恭也。士不拜者，賤不敢與君爲禮，然公命盡歡則不敢不從也。故大夫下拜而升反坐，士亦升而飲旅。

無算，樂。

于此時也，爵無算，樂亦無算，君臣略分同歡之意。

宵，則庶子執燭于阼階上，司宮執燭于西階上，甸人執大燭于庭，閽人爲大燭于門外。

甸，大練反。閽，音昏。

或宵未燕畢，則設燭。御案：阼階上者，爲公燭也。庶子時入直宿衛，故主之。西階者，爲賓燭也，司宮掌寢，故主之。庭者，爲士若旅食燭也。甸人掌薪蒸，故主之。門外者，爲賓出燭也，司閽掌出入，故主之。門外之燭，曰爲蓋樹，而不執燭，以荊燋爲燭。未爇曰燋，在地曰燎，執之曰燭。范氏處義曰：《湛露》有厭厭夜飲，不醉無歸之語，則燕不嫌于久。愚按：陳公子完辭，夜飲，蓋爲一人，非行燕禮。以上無算爵。

賓醉，北面坐取其薦脯以降，奏《陔》。賓所執脯以賜鍾人于門内霤，遂出。卿、大夫皆出。公不送。

賓醉則不敢留取所薦之脯以降，而出賜鍾人。賓至于階，奏《陔夏》。鄭康成謂鍾人掌以鍾鼓，奏《九夏》，今奏《陔》以節己用賜脯以報之是也。燕禮輕于饗，故不歸俎，不送君。燕臣，始不迎，故亦不送也。此言賓出。

公與客燕，曰：寡君有不腆之酒，以請吾子之與寡君須臾焉，使某也以請。對曰：寡君，君之私也。君無所辱賜于使臣，臣敢辭。寡君固曰不腆，使某固以請。寡君，君之私也。君無所辱賜于使臣，臣敢固辭。寡君固曰不腆，使某固以請。某固辭不得命，敢不從。致命曰：寡君使某，有不腆之酒，以請吾子之與寡君須臾焉。君貺寡君多矣，又辱賜于使臣，臣敢拜賜命。

腆，天典反。使臣之使，師異反。

鄭康成曰：客，四方之使者。禮，使人各以其爵。寡，寡德，謙辭。腆，善也。上介出，請事，客對辭，以不敢當。私，私屬之臣。再辭不可至三次，則許而拜賜命。此言公與客燕。

記

後儒雜記經文之所未備。

燕朝服于寢。其牲，狗也，亨于門外東方。

朝，直遥反。亨，普庚反。

朝服，冠玄端，緇帶。素韠，白舄也。臣白屨，大夫惟以雜帶玄黄爲異。敖氏繼公曰：門外東方，爨所在也，故于焉亨之。古者寢廟之門外皆有爨。吉則在東，凶則在西。此記服與燕所及牲。

若與四方之賓燕，則公迎之于大門內，揖讓，升。賓爲苟敬，席于阼階之西，北面。有脀，不嚌肺，不啐酒。其介爲賓。無膳尊，無膳爵。

燕四方來聘之臣，亦膳宰爲主人，但公迎之于大門內，以别于己臣。不于門外，别于朝賓迎者，迎其正，使賓爲苟敬，則其上介也。君既命膳宰爲主人，則亦以賓之上介爲賓。相與行禮，蓋優賓無使僕，僕亟拜也。介非正賓，故云苟敬，苟且也，以其暫爲賓而以敬，將事名之。脀，折俎也。不嚌肺，不啐酒亦如賓然，所以優之。膳尊，瓦缶。膳爵，象觶非與君行禮，故殺之。此記燕四方之賓。

與卿燕，則大夫爲賓，與大夫燕，亦大夫爲賓。

不以所與燕者爲賓，而别立賓者，燕客主于盡歡心，優賓不使同于己臣，公父文伯飲南宫敬叔酒以路堵父爲客，即此意不以卿者，以其太尊不便于獻士庶子以下也。與大夫燕，亦以大夫者，以士不得有席于堂也。此記爲賓者。

羞膳者與執冪者皆士也。羞卿者，小膳宰也。

賈氏公彦曰：經直云：執冪者與羞膳者，不辨其人，故記者記之。

若以樂納賓，則賓及庭，奏《肆夏》。賓拜酒，主人答拜而樂闋。公拜受爵而奏《肆夏》。公卒爵，主人升受爵以下而樂闋。升，歌《鹿鳴》，下管《新宫》，笙入三成，遂合鄉樂。若舞則《勺》。

闋，曲雪反。勺，音灼。

若者，不定之辭，或以樂或不以樂也。《肆夏》，樂章，今亡，及庭而奏，尊賓也。拜酒，答拜時而樂。闋，以其爲獻禮一節之終也。公受爵而又奏《肆夏》以樂賓，且爲賓主之節，升受爵以下而樂闋，獻禮之終也。升歌《鹿鳴》，下管吹《新宫》以和之，《新宫》詩亦亡。三成，三終也。鄉樂，《周南》《召南》。言遂者，不間也。或有舞則舞《勺》，《勺》詩亦亡，燕賓之樂與鄉射禮大同小異，要以燕主于樂賓，故以禮節稍略也。此記燕之樂舞。

惟公與賓有俎。

敖氏繼公曰：經文已明記復言之者，嫌所與燕者或當有俎，如異國之賓也。此記俎。

獻公曰：臣敢奏爵以聽命。

敖氏繼公曰：奏，進也。命，君受與否之命。鄭康成曰：不敢必君受之也。此記授公爵之辭。

凡公所辭，皆栗階。凡栗階，不過二等。

栗，越也。公賜下拜，臣急趨，君命其始升也。聚足連步，前足躡，一等；而後足從之，至階之上，二等。則左右足各一發而升堂越等而上曰栗階。諸侯之堂七尺，凡一尺爲一階。此記栗階之節。

凡公所酬，既拜，請旅侍臣。

鄭康成曰：既拜謂自酌，升拜時，擯者阼階下告于公，退西階下告公許請旅，請行酒于羣臣，必請者不專惠也。侍臣，侍飲之臣。此記受公酬者請旅之節。

凡薦與羞者，小膳宰也。有内羞。

御案：薦君使士，薦賓使膳宰，經有明文。羞，膳羞。卿上既言之，此爲大夫以下發也。薦賓者，膳宰，則羞賓者，亦膳宰。與經惟言請羞于諸公卿者，未言其人又不言薦卿及薦大夫羞大夫之人，故記之。内羞，房中之羞，庶羞之外又有房中之羞，猶無算樂之外又有房中之樂。此記薦與羞者及内羞。

君與射，則爲下射，袒朱襦，樂作而後就物，小臣以巾授矢，稍屬，不以樂志。既發，則小臣受弓，以授弓人。上射退于物一笴，既發，則荅君而俟。若飲君，燕則夾爵。君在，大夫射則肉袒。

與，音預。襦，人于反。屬，章欲反。笴，古我反，又古老反。

敖氏繼公曰：言與射，則君于燕射或時有不與矣。稍屬者，稍與發矢相連屬，説又見《鄉射禮》。志、識通。不以樂之節爲識，而必欲應之亦優君也。受弓，以授弓人，蓋卒射之事也。上射退于物，以下皆見《鄉射禮》。此記公射之事。

若與四方之賓燕，媵爵曰：臣受賜矣，臣請贊執爵者。相者對曰：吾子無自辱焉。有房中之樂。

相，息亮反。

鄭康成曰：受賜，謂公鄉者酬之也。至燕射後賓降，洗，升，媵觶于公，贊佐也。相者，告公以公命辭之。二南爲房中之樂，亦奏之于房，别于堂上、堂下之樂。陳氏暘曰：《漢書》云：漢有房中祠樂。《梁書》曰：周備六代之樂，至秦，餘《韶》《武》房中而已。由是推之，房中之樂自周至于秦漢，蓋未嘗廢其所異者，特秦更爲壽人，漢更爲安世，魏更爲正世，至晉復爲房中也。此記與四方賓燕之辭及樂。

總　論

燕以示慈惠，而君臣尊卑之分未嘗不嚴爲分别，所以不失之疎，而亦不失之褻。然升降羞俎等儀，有不可通行于後世者，必拘拘泥視以古例，今亦見其惑矣。讀者宜善會之。

儀禮恒解卷七

大射儀

天子諸侯無事而習射，别于賓射、燕射、鄉射，故曰：大射。《戴記·射義》云：天子將祭必先習射于澤宫。澤宫，養士之所。將祭士得以觀禮，如後世天子臨雍許士人觀禮，故習射于此中，多者始得與于祭耳，非謂諸侯、公卿、大夫必以此繩之，且祭祀自太宰贊大司徒奉牛牲以下皆有常職，不容臨時而易，畿外諸侯來朝，因得助祭，西雝之客亦得觀禮，豈以其射不中而斥之乎。意天子、諸侯之射則名大射，而將祭亦有時習射，大夫、士亦或有之。此篇特記天子之射也。

大射之儀。

古人造士之法，首重六德六行，其次六藝。射，特六藝之一耳。然必内志、正外、體直、比禮、比樂，而能命中者乃爲賢。蓋必平日服習於禮樂涵養，其中和而後能之，非可以臨時猝辦。自大夫以下或儀容命中皆不如法，或亦不許與祭耳。此篇之儀特其器具及揖讓周旋之文焉。

君有命戒射。宰戒百官，有事于射者，射人戒諸公、卿、大夫射，司士戒士射與贊者。前射三日，宰夫戒宰及司馬、射人，宿視滌。

滌，第繹反。

云君有命戒射，則有時祭亦不射，而天子諸侯習射則爲大射，不必盡因祭而始射也。戒射，先戒以將射，而冢宰乃遍百官下及于士，云有事于射則容有不與于射者。

贊者，佐禮之人。司馬、射人皆執事于射者。滌，溉器，掃除射宫也。此戒百官。

司馬命量人量侯道與所設乏以貍步，大侯九十，參七十，干五十。設乏，各去其侯西十，北十。

量人之量，音亮。下同。貍，力之反。參，如字，思感反。干，音豻，五翰反，下竝同。

量人，掌丈量者。敖氏繼公曰：侯道，侯去物之步數，所畫物在兩楹間，正當楣，此時未有物當以楣間爲節。步，量器，長六尺者之名，如丈、尺、尋、引之類。刻畫貓形于上，故曰貍步。大侯，天子之侯。參侯，臣之侯。臣何敢與君參而射，則必設侯等于君，故名參侯。九十、七十、五十，其步數也。臣卑于君，故步亦遜之。干，豻，侯、乏一名容獲者，所以容身而禦矢。西十、北十，或西或北，皆去侯十步也。

遂命量人，巾車張三侯。大侯之崇見鵠于參，參見鵠于干，干不及地武，不繫左下綱。設乏，西十，北十。凡乏用革。

見，賢徧反。鵠，姑沃反。繫，吉詣反，又胡計反。

巾車于天子爲宗伯之屬，使張侯者，侯亦巾類。崇，高也。量人，先計其尺寸及張之，則遠侯皆見其鵠于近侯之上。射必中鵠，故見其鵠于外乃便于射。及，至也。武，迹也。中人之足長尺二寸，干侯不及地步，則干侯方三尺三寸少半寸也。大射去地二丈二尺五寸少半寸。參侯去地一丈五寸少半寸。大概侯大而遠者，則高小而近者，則下乃自然之勢，亦以此別尊卑。三侯皆以左爲尊，不繫左綱者以事未至也。乏，去侯西北皆六丈，又云然者，前特量人，量之而此則設之也。前射三日，張侯設乏，欲使射者豫識焉。以上張侯。

樂人宿縣于阼階東，笙磬西面，其南笙鍾，其南鑮，皆南陳。建鼓在阼階西，南鼓，應鼙在其東，南鼓。西階之西，頌磬東面，其南鍾，其南鑮，皆南陳。一建鼓在其南，東鼓，朔鼙在其北。一建鼓在西階之東，南面。簜在建鼓之間，鼗倚于頌磬，西紘。

縣，音懸。鑮，音博。鼙，貧倪反。頌，如字，古文頌爲庸。簜，惰朗反，音蕩。鼗，音桃。紘，戸耕反。

宿縣，前一日縣之也。鄭康成曰：凡縣鍾磬。半爲堵，全爲肆。有鍾有磬爲全。鑮，如鍾而大，奏樂以鼓鑮爲節。御案：編鍾磬之法，用木爲虡，以紘繫于鍾磬，而綴于虡。凡十六枚爲一肆，蓋以十二應律，別加四清以備短律爲宫之用也。鍾磬之外有鑮，有鼙，有鼓，鑮鼓亦皆有虡而縣之，但縣一而已。而鼓又載之于跗以其體大徒綴于虡，慮不能任也。磬外面爲股，内面爲鼓，西面者，鼓在西面，擊者東面也。鍾、鑮面有二，故不言西面。擊之者亦與磬同。建，猶樹也。以本貫而載之，樹之于跗南、鼓南，其所伐之，面鼙、小鼓應鼙，應朔鼙也。先擊朔鼙，應鼙應之。敖氏繼公曰：此鼓鼙乃在東，縣南者也。以君于阼階東，南揖大夫，且主人之位亦在洗北，皆當鑮之南，故移于此，以辟之。賈氏公彦曰：下西面北面建鼓，皆在本方，故言一見其無他鼓也。此鼓本東方而移來北方，故不言一。頌之言誦也，與鼓相應故曰頌，亦有頌鍾。朔鼙，一名𪔛鼓，以其先鼓故曰朔，以其引鼓故曰𪔛。國君合有三面陳于東方、西方，與階閒因避射之，故去其階閒之縣，但設其鼓于故位而已。蓋此處無縣，故不擊此鼓。簜，竹也，謂笙、簫之屬，所謂管也，倚于堂，故在建鼓之閒。鼗，小鼓兩旁有耳，持其柄而搖之以奏樂。紘，編磬鍾者，設鼗于磬西，倚于紘也。此記縣。

厥明，司宫尊于東楹之西，兩方壺、膳尊兩甒在南，有豐。冪用錫若絺，綴諸箭，蓋冪，加勺，又反之。皆玄尊，酒在北。

甒，音武。冪，迷繹反。綴，竹衛反。今文錫或作緆，絺或作綌，古文箭作晉。

鄭康成曰：膳尊，君尊也，後陳之，尊之也。豐，以承尊似豆大而卑。冪，覆尊巾也。錫，細布。絺，細葛。箭，篠也，爲冪蓋卷辟，綴于篠，横之也，又反之爲覆勺也。皆玄尊，二者皆有玄酒之尊，酒在北，尊統于君，南爲上也。唯君面尊言專惠也。敖氏繼公曰：冪横綴于箭，而從蓋于甒、勺，亦從加于冪上。西枋與箭而午，乃以餘冪反蓋于勺，亦爲塵之著于勺也。蓋以君飲此酒，故愼重之如是。

尊士旅食于西鑮之南，北面，兩圜壺。又尊于大侯之乏東北，兩壺獻酒。

圜，音圓。獻，如字。

鄭康成曰：圜壺，變于方也。鑮南有建鼓，不曰鼓南而曰鑮南者，圜壺在地，取節于其下者。大侯之乏東北壺，所以獻車隸僕人之酒。此尊俟時而設，經因文而連及之。壺亦圜壺。

設洗于阼階東南，罍水在東，篚在洗西，南陳，設膳篚在其北，西面。又設洗于獲者之尊西北，水在洗北，篚在南，東陳。

罍，音雷。

在東，當東霤也。餘竝與燕禮同。獲者之尊亦俟時而設，經亦因上文連及之。獲者服不之屬爲獲者亦設洗，雖于賤者必潔，敬也。

小臣設公席于阼階上，西鄉。司宫設賓席于戶西，南面，有加席。卿席賓東，東上。小卿賓西，東上。大夫繼而東上。若有東面者，則北上。席工于西階之東，東上。諸公阼階西，北面，東上。

鄉，許亮反。下同。

賓有加席，則公可知加席蒲筵、加莞席，公與賓之席先布之，餘俟時乃設之，此特因公與賓席而連及之耳。若有東面者，容或人多也。按：此有公有卿，則天子之禮，而諸侯亦以是而差諸侯，則卿卽上中大夫也。大夫與卿竝東上者，統于君之尊也。

官饌。

官各具其饌。賈氏公彦曰：燕禮膳宰饌。此言官見非獨膳宰。以上陳設。

羹定。射人告具于公。公升，卽位于席，西鄉。小臣師納諸公、卿、大夫，諸公、卿、大夫皆入門右，北面，東上。士西方，東面，北上。大史在干侯之東北，北面，東上。士旅食者在士南，北面，東上。小臣師從者在東堂下，南面，西上。

大史，音泰。從，才用反。

射必先行燕禮，故羹熟射人告具公，乃卽位，而小臣師乃納羣臣，服不氏主獲，大史主釋獲。此時事未至，故立于干侯東北。士旅食者在士南，爲有侯，故入庭深也。小臣師，正之佐。

公降，立于阼階之東南，南鄉。小臣師詔揖諸公、卿、大夫，諸公、卿、大夫西面，北上，揖大夫，大夫皆少進。

詔揖諸公、卿、大夫，總言小臣師相禮之事。言諸亦統詞，言公、卿、諸大夫皆揖，皆西面，北上，而下文言惟君揖大夫，則大夫少進必待諸公、卿上而後上，此亦統言其禮，其實卿、大夫皆未上也。以上卽位。

大射正擯。

羣臣旣上之後，則大射正爲擯言。大射正別于司射。御案：《周官》射人以下，大夫爲上，上士次之，諸侯之官降等，則大射正其上士歟。

擯者請賓，公曰：命某爲賓。擯者命賓，賓少進，禮辭。反命，又命之。賓再拜稽首，受命。擯者反命。賓出，立于門外，北面。

擯者請命一人爲賓，公命某賓，禮辭，又命之，則稽首，受命，出，立于門外，北面以俟。

公揖卿、大夫，升，就席。小臣自阼階下，北面，請執冪者與羞膳者，乃命執冪者。執冪者升自西階，立于尊南，北面，東上。膳宰請羞于諸公卿者。

公揖卿、大夫，公亦在其中，至此乃升，就席。小臣請命何人執冪與羞膳，而公命之執冪者，乃升自西階，立于尊南。膳宰又請羞于諸公卿者，而公亦命之。以上命賓及執事者。

擯者納賓。賓及庭，公降一等揖賓，賓辟。公升，卽席。

辟，音避。

凡受公禮者，皆辟。經不盡言，文略也。辟不敢當公禮也。

奏《肆夏》。

敖氏繼公曰：晉侯享穆叔，金奏《肆夏》之三，穆叔曰：天子所以享元侯也。此蓋惟奏《肆夏》而不及繁遏渠辟天子之禮。孔氏穎達曰：此禮以臣爲賓，故及庭始奏《肆夏》，皆鄰國君來入門卽金奏也。以上賓入。

賓升自西階。主人從之，賓右北面至再拜，賓答再拜。

鄭康成曰：主人，宰夫也。御案：《燕禮》云，主人亦升自西階，明代主不敢由阼。此云主人從之，明代主不敢先升義相備也。此拜至。

主人降洗，洗南，西北面。賓降階西，東面。主人辭降，賓對。主人北面盥，坐取觚，洗。賓少進，辭洗。主人坐奠觚于篚，興，對。賓反位。主人卒洗，賓揖，升。主人升，賓拜洗，主人賓右奠觚，答拜。降盥，賓降，主人辭降，賓對。卒盥，賓揖，升，主人升，坐取觚。執冪者舉冪，主人酌膳，執冪者蓋冪，酌者加勺，又反之。

此與《燕禮》略同。敖氏繼公曰：主人取觚適尊，所執冪者則進而發其冪之反者，主人取勺，執冪者乃舉冪。又反之，亦執冪者爲之反之覆勺也。

筵前獻賓。賓西階上拜，受爵于筵前，反位。主人賓右拜送爵。

鄭康成曰：賓既拜于筵前，受爵，退，復位。

宰胥薦脯醢。賓升筵，庶子設折俎。

鄭康成曰：宰胥，宰官之吏。不使膳宰薦，不主于飲酒，不使膳宰設俎，皆變于燕也。

賓坐，左執觚，右祭脯醢，奠爵于薦右，興，取肺，坐，絕祭，嚌之，興，加于俎，坐挩手，執爵，遂祭酒，興，席末坐，啐酒，降席，坐奠爵，拜，告旨，執爵興。主人答拜。樂闋。賓西階上北面坐，卒爵，興，坐奠爵，拜，執爵興。主人答拜。

闋，曲雪反。

樂以樂賓，賓嚌肺，啐酒，告旨，而後樂闋。此時歌工未入，則樂止金奏耳。賓既受獻，執爵以興，將酢主人。以上主人獻賓。

賓以虛爵降，主人降，賓洗南西北面，坐奠觚，少進，辭降。主人西階西東面，少進，對。

賓以虛爵降，將盥洗，主人亦降，賓辭其降，而主人對以當降，遂反位。敖氏繼公曰：西階西，非主人堂下之正位，以從降，暫立于此，不言反位，文省。賓必西北面者，以主人在西階西，宜鄉之也。

賓坐取觚，奠于篚下，盥洗，主人辭洗。賓坐奠觚于篚，興，對。卒洗，及階揖，升。主人升，拜洗如賓禮。賓降盥，主人降，賓辭降。卒盥，揖，升，酌膳，執冪如初，以酢主人于西階上。主人北面拜受爵。賓主人之左拜送爵。

鄭康成曰：賓南面授爵，乃于左拜。凡授爵，鄉所受者。

主人坐祭，不啐酒，不拜酒，遂卒爵。興，坐奠爵，拜，執爵興。賓答拜。主人不崇酒，以虛爵降，奠于篚。

鄭康成曰：不崇酒，辟正主也。

賓降，立于西階西，東面。擯者以命升賓，賓升立于西序東面。

御案：西階西者，賓降階之正位，宰夫爲獻主不可由阼，故其降階亦立于是。鄭康成曰：命，公命也。以上賓酢主人。

主人盥，洗象觚，升，酌膳，東北面獻于公。公拜受爵，乃奏《肆夏》。主人降自西階，阼階下北面拜送爵。宰胥薦脯醢，由左房。庶子設折俎，升自西階。公祭，如賓禮。庶子贊授肺，不拜酒，立卒爵。坐奠爵，拜，執爵興。主人答拜，樂闋。升，受爵，降，奠于篚。

主人盥，洗象觚，升，酌膳，東北面獻。公拜受爵，奏《肆夏》以侑爵，主人降，拜送爵。薦脯醢，設折俎，公祭，卒爵。坐奠爵，拜，以謝。賓執爵，興，主人升，受爵，奠于篚。此主人獻公。

更爵，洗，升，酌散以降，酢于阼階下，北面坐奠爵，再拜稽首。公答拜。主人坐祭，遂卒爵，興，坐奠爵，再拜稽首。公答拜。主人奠爵于篚。

更爵，不敢徑用公爵。散，即所更之爵也。此主人自酢。

主人盥洗，升，媵觚于賓，酌散，西階上坐奠爵，拜。賓西階上北面答拜。主人坐祭，遂飲。賓辭。卒爵，興。坐奠爵，拜，執爵興。賓答拜。主人降洗，賓降，主人辭降，賓辭洗。卒洗，賓揖，升，不拜洗。主人酌膳。賓西階上拜，受爵于筵前，反位。主人拜送爵。賓升席，坐祭酒，遂奠于薦東。主人降，復位。賓降筵西，東南面立。

媵，異證反。

媵觚于賓禮，以君之爵也。賓不用之，故又酌。散爵，即散也，其義見《燕禮》。此主人酬賓。

小臣自阼階下請媵爵者，公命長。小臣作下大夫二人媵爵。

長，知丈反。

賈氏公彦曰：取下大夫尊卑處中者。

媵爵者阼階下，皆北面再拜稽首。公答拜。媵爵者立于洗南，西面，北上，序進，盥，洗角觶，升自西階，序進，酌散，交于楹北，降，適阼階下，皆奠觶，再拜稽首，執觶興。公答拜。媵爵者皆坐祭，遂卒觶，興，坐奠觶，再拜稽首，執觶興。公答再拜。媵爵者執觶待于洗南。

御案：言降適阼階下，謂降自西階乃東行而適阼階下也。餘見《燕禮》。

小臣請致者，若命皆致，則序進，奠觶于篚，阼階下皆北面再拜稽首。公答拜。媵爵者洗象觶，升實之，序進，坐奠于薦南，北上。降，適阼階下，皆再拜稽首，送觶。公答拜。

說見《燕禮》。

媵爵者皆退，反位。

鄭康成曰：反門右北面位。以上媵觶于公。

公坐取大夫所媵觶，興，以酬賓。賓降，西階下再拜稽首。小臣正辭，賓升，成拜。公坐奠觶，答拜，執觶興，公卒觶。賓下拜，小臣正辭，賓升，再拜稽首。公坐奠觶，答拜，執觶興。賓進受虚觶，降奠于篚。

正，長也。燕直使小臣，此使小臣之長，公自飲乃旅羣臣而賓主其禮。

易觶興，洗。公有命，則不易不洗。反升，酌膳，下拜，小臣正辭，賓升，再拜稽首。公答拜。賓告于擯者，請旅諸臣。擯者告于公，公許。

賓坐而奠篚，故易觶而興。賓以君所賜徧飲諸臣，廣君之賜，故告擯以請于公而公許之。

賓以旅大夫于西階上。擯者作大夫長升受旅。賓，大夫之右坐奠觶，拜，執觶興。大夫答拜。賓坐祭，立卒觶，不拜。若膳觶也，則降更觶洗，升，實散，大夫拜受，賓拜送，遂就席。

御案：賓就席者旣以其觶酬人則已無事矣。此詳《燕禮》之所未及。

大夫辯受酬，如受賓酬之禮，不祭酒。卒受者以虚觶降，奠于篚，復位。

辯，音徧。下同。

御案：《燕禮》不言復位，此詳之。卿復西面，北上之位。大夫復庭中，北面之位。以上公爲賓舉旅。

主人洗觚，升，實散，獻卿于西階上。司宫兼卷重席，設于賓左，東上。卿升，拜受觚，主人拜送觚。卿辭重席，司宫徹之，乃薦脯醢。卿升席，庶子設折俎。卿坐，左執爵，右祭脯醢，奠爵于薦右，興，取肺，坐，絕祭，不嚌肺，興，加于俎。坐捝手，取爵，遂祭酒，執爵興，降席，西階上北面坐卒爵，興，坐奠爵，拜，執爵興。主人答拜，受爵。卿降，復位。

卷，舉遠反。重，直容反。

大射，燕卿有俎，蓋重于燕。敖氏繼公曰：不嚌肺，自貶于賓，復位，復西面位。

辯獻卿，主人以虚爵降，奠于篚。擯者升卿，卿皆升，就席。若有諸公，則先卿獻之，如獻卿之禮。席于阼階西，北面，東上，無加席。

先，細宴反。

御案：卿以次受獻，不以次就席者，以其同班，故相需而後就席也。大夫之就席也，亦然。以上主人獻公卿。

小臣又請媵爵者二，大夫媵爵如初。請致者。若命長致，則媵爵者奠觶于篚，一人待于洗南。長致者阼階下再拜稽首。公答拜。洗象觶，升，實之，坐奠于薦南。降，與立于洗南者二人皆再拜稽首，送觶。公答拜。

長，知丈反。下竝同。

此再媵觶于公。

公又行一爵，若賓，若長，唯公所賜，以旅于西階上如初。大夫卒受者以虎觶降，奠于篚。

君又爲公卿舉旅，唯公所賜，則或及大夫，故言大夫卒受者，以虚觶降奠于篚，若無大夫則卿亦虚觶奠于篚可知矣。

主人洗觚，升，獻大夫于西階上。大夫升，拜受觚。主人拜送觚。大夫坐祭，立卒爵，不拜既爵。主人受爵。大夫降，復位。

公又爲大夫舉旅。復位，復庭中北面，東上之位。

胥薦主人于洗北，西面，脯醢，無脀。辯獻大夫，遂薦之。繼賓以西，東上。若有東面者則北上。卒，擯者升大夫，大夫皆升，就席。

脀，支膺反。

胥宰，胥也。胥薦主人，主人乃辯獻大夫。卒，獻畢也。擯者乃總升之就席。就席乃薦之。此主人獻大夫。

乃席工于西階上少東。小臣納工。工六人，四瑟。

鄭康成曰：六人，大師、少師各一人，上工四人。敖氏繼公曰：大射差，重于燕，加瑟者二人。

僕人正徒相大師，僕人師相少師，僕人士相上工。相者皆左何瑟，後首，内弦，挎越，右手相。

相，息亮反。下同。大，音泰。少，詩召反。下大師、少師同。何，胡可反。挎，口孤反。

鄭康成曰：徒，空手也。僕人正，僕人之長，師，其佐也，士，其吏也。上工卽上瞽，《周官》：上瞽四十人，相上工者，則何瑟等事不徒手也。

後者徒相。入，小樂正從之，升自西階，北面東上，坐授瑟，乃降。

入時工在前，大師、少師在後，故云後者。相工者授之以瑟乃降。

小樂正立于西階東。乃歌《鹿鳴》三終。

敖氏繼公曰：《鹿鳴》三終，《鹿鳴》之什三篇，篇各一終也。

主人洗，升，實爵，獻工。工不興，左瑟，一人拜受爵。主人西階上拜送爵。薦脯醢。使人相祭，卒爵不拜。主人受虛爵。眾工不拜受爵，坐祭，遂卒爵，辯有脯醢，不祭。主人受爵，降，奠于篚，復位。

惟獻太師洗爵一人，即大師也。相祭及不拜以其瞽也。

大師及少師、上工皆降，立于鼓北，羣工陪于後。

敖氏繼公曰：鼓北，鑮南也。羣工，眾樂。御案：縣時鼓鑮之間稍離之，自足爲位，且縣亦不東偪堂塗，則雖取節于鼓而立者，猶當鼓之東北也，相者各立于所相者之側，同面而稍後。

乃管《新宮》三終。卒管、大師及少師、上工皆東坫之東南，西面，北上坐。

管吹《新宮》三終，其實不傳矣。禮主于射故樂略。卒管、大師、少師及眾工皆之東坫之東南、西面、北上坐。以上樂工及管歌事。

擯者自阼階下請立司正，公許，擯者遂爲司正。

御案：時方將射，未有酒事即立司正者，以當安賓故也。

司正適洗，洗角觶，南面，坐奠于中庭。升東楹之東受命于公，西階上北面命賓、諸公、卿、大夫，公曰：以我安賓。諸公、卿、大夫皆對曰：諾，敢不安。司正降自西階，南面，坐取觶，升，酌散，降，南面坐奠觶。興，右還，北面少立坐取觶，興，坐，不祭，卒觶，奠之，興，再拜稽首，左還，南面，坐取觶，洗南面反奠于其所，北面立。

還，音旋。

君将射而安賓，谦也。以我安，以我之故久留诸臣慰以安位也。司射洗觶、奠觶、卒觶，蓋以公命安賓之意。以上立司正。

司射適次，袒、決、遂，執弓，挾乘矢，于弓外見鏃于弣，右巨指鉤弦。自阼階前曰：爲政請射。遂告曰：大夫與大夫、士御于大夫。

挾，子協反。乘，繩證反。見，賢偏反。鏃，子木反。弣，音撫。

司射，大射正也。次，若今更衣處，張幃席爲之。弣，弓杷。敖氏繼公曰：次，耦次也。射則張耦次。執弓，左手執弣也。挾乘矢于弓外，挾四矢而矢在弦弣之外也。見鏃于弣，明其指閒前後之節。右巨指鉤弦，所謂挾弓也。爲政者，司馬也。司馬主射禮。階前北面白于公曰：請爲政者請射。若己不敢專其事也。御，侍也。大夫與大夫爲耦，大夫不足于耦，則士足之，士賤故言侍。此請射。

遂適西階前，東面右顧，命有司納射器。

司馬正適次，袒、決、遂，執弓，右挾之，出。升自西階，適下物，立于物閒，左執弣，右執蕭，南揚弓，命去侯。

敖氏繼公曰：右挾之，以右巨指鈎弦也。適下物，由上射後而少南行。南揚弓，鄉負侯者也。《鄉射禮》曰：西南面立于物閒揚弓。鄭康成曰：命去侯者，將射當獲也。

負侯皆許諾，以宮趨，直西，及乏南，又諾以商，至乏聲止，授獲者，退立于西方。獲者興，共而俟。

鄭康成曰：《鄉射禮》曰獲者執旌許諾。敖氏繼公曰：宮、商皆謂諾聲也。宮大商小趨直西至乏南，乃折而北。不自侯西北行者，不敢由便也。古人步趨有法，司馬正授獲者以旌，退立于西方。獲者旣偃旌于地，乃興。

司馬正出于下射之南，還其後，降自西階，遂適次，釋弓，說決、拾，襲，反位。

還，音環，一音患。說，吐活反。下同。

此司馬不立位，當如鄉射立於司射之南。

司射進，與司馬正交于階前，相左。由堂下西階之東，北面視上射，命曰：毋射獲，毋獵獲。上射揖。司射退，反位。乃射。上射旣發，挾矢。而后下射射，拾發以將乘矢。獲者坐而獲。舉旌以宮，偃旌以商，獲而未釋獲。

毋射，食亦反。拾，其刼反。古文釋爲舍。

司射旣命而反位，上射、下射乃以次而射，中則舉旌，不中偃旌。

卒射，右挾之，北面揖，揖如升射。上射降三等，下射少右從之，中等，竝行，上射于左，與升射者相左，交于階前，相揖，適次，釋弓，說決、拾，襲，反位。三耦卒射，亦如之。司射去扑，倚于階西，適阼階下，北面告于公曰：三耦卒射。反，搢扑，反位。

鄭康成曰：右挾之，右手挾弦。御案：無矢可挾，故知挾弦。北面揖，亦指在物之揖。其稍南及西行，及階之揖，則南面。一耦射訖降，則次耦升，其降也竝行，但下射稍右。適次而釋弓，說決，拾乃襲。凡射者皆袒，射畢故襲，位次中之位。三耦卒射皆然，三耦皆卒射，司射告于公，去扑而後告者。敖氏繼公曰：與尊者言，不敢佩刑器也。以上初射。

司馬正袒、決、遂，執弓，右挾之，出與司射交于階前，相左。升自西階，自右物之後立于物閒，西南面，揖弓，命取矢。負侯許諾，如初去侯，皆執旌以負其侯而俟。

出，出于次也。凡袒襲皆于次。上不言司馬正適次，此言出則可以知矣。弓命，以弓指命之取矢負侯，卽獲者如初，如前諾，以商至乏聲止。俟，俟小臣取矢。

司馬正降自西階，北面命設楅。小臣師設楅。司馬正東面，以弓爲畢。既設楅，司馬正適次，釋弓，說決、拾、襲，反位。

司馬正又降階，命小臣設楅。敖氏繼公曰：畢所以指畫處，置之器，以木爲之，長三尺。此以弓代畢，指當設楅之處，故曰以弓爲畢。

小臣坐，委矢于楅，北括。司馬師坐乘之，卒。若矢不備，則司馬正又袒，執弓升，命取矢如初，曰：取矢不索。乃復求矢，加于楅，卒。司馬正進坐，左右撫之，興，反位。

乘，繩證反。索，悉各反。復，扶又反。

小臣取矢而委于楅，司馬師坐而四四數之告于司馬正。若矢不備則又命取之。矢備矣，司馬正乃左右撫之，審定其數而興，復位，索盡也。以上設楅取矢。

司射適西階西，倚扑，升自西階，東面請射于公，公許，

此再請射。

遂適西階上，命賓御于公，諸公卿則以耦告于上，大夫則降，即位而后告。

命賓御于公，主人與賓爲耦，告公卿耦于堂上，告大夫耦于堂下，尊卑別也。

司射自西階上，北面告于大夫曰：請降。司射先降，搢扑，反位。大夫從之降，適次，立于三耦之南，西面，北上。

賈氏公彦曰：以諸公卿在上，故請大夫降。《鄉射》大夫不降，彼臣禮與此異也。敖氏繼公曰：三耦，士也，而在大夫之上者，以其先射殊之。御案：云適以立于三耦之南，則三耦先適，次而立于次内之北，偏明矣。

司射東面于大夫之西比①，耦大夫與大夫。命上射曰：某御于子。命下射曰：子與某子射。卒，遂比衆耦。衆耦立于大夫之南，西面，北上。若有士與大夫爲耦，則以大夫之耦爲上。命大夫之耦曰：子與某子射。告于大夫曰：某御于子。命衆耦如命三耦之辭。諸公卿皆未降。

比，毘志反。又筆倚反。

公卿尊，須事至乃降，上文以耦告公卿于上，則公卿之耦已定。此則比大夫、士，衆耦士也。以上比耦。

遂命三耦各與其耦拾取矢，皆袒、決、遂，執弓，右挾之。一耦出，西面揖，當楅北面揖，及楅揖。上射東面，下射西面。

敖氏繼公曰：拾取矢謂取之于楅者也。司射既于次中、東面，以次命之，即反西方之位。

御案：耦自次出西方，又北行而後及楅。則次在楅之東南也。其折而北行處，則

① 比，阮元《十三經注疏》作北。

南直碑，而遠北直楅而近。

上射揖，進，坐横弓，卻手自弓下取一个，兼諸弣，興，順羽，且左還，毋周，反面揖。

還，音旋，下竝同。覆，芳伏反。

上射既取矢，左還，反位。下射乃進，取矢。横弓，南踣弓也。踣弓，以左手仰執弓裏，以覆右手于弓表，向下取矢，便也。興不即揖，左還不周，至東面而後揖。順羽者，取矢時鏃在右手，則羽逆轉，括之一端于右手而以鏃鄉位，則羽順。賈氏公彦曰：左還，反其位。右還而反東面，是還不周也。

下射進，坐横弓，覆手自弓上取一个，兼諸弣，興，順羽，且左還，毋周，反面揖。既拾取矢，捆之。

拾，其劫反。捆，苦穩反。

捆，各人齊等其矢。

兼挾乘矢，皆内還，南面揖。適楅南，皆左還，北面揖。搢三，挾一个。

上射左還，下射右還，皆向内，故曰：内還。内還，南面揖而後適楅南，又皆左還，北面揖，而後搢三，挾一个，如射之形。

揖，以耦左還，上射于左。退者與進者相左，相揖。退，釋弓矢于次，說決、拾，襲，反位。

以耦、上射，以其耦左還也。揖而以耦左還，又相揖而後退，釋弓矢于次。

二耦拾取矢，亦如之。後者遂取誘射之矢，兼乘矢而取之，以授有司于次中，皆襲，反位。

凡耦取矢之儀皆同。最後者取誘射之矢，竝乘矢取之，以授有司，乃反位。以上三耦取矢于楅。

司射作射如初。一耦揖升如初。司馬命去侯，負侯許諾如初。司馬降，釋弓，反位。

敖氏繼公曰：如初，亦適次，作上耦也。其異者，三耦于既作，乃袒、決、遂取弓矢。司射既作，即反位，不俟之司馬，司馬正也。下放此。不言脱、決、拾與襲，文省。去侯，去大侯、參侯，士不得射故也。

司射猶挾一个，去扑，與司馬交于階前，適阼階下，北面請釋獲于公，公許，反，搢扑，遂命釋獲者設中，以弓爲畢，北面。

設中，南當楅，西當西序。以弓爲畢，以弓代畢，而指畫其處。釋獲者，大史。

大史釋獲。小臣師執中，先首，坐設之，東面，退。大史實八算于中，横委其餘于中西，興，共而俟。

共，九勇反。

大史雖主釋獲，設中而小臣師代設之，執算亦有人。

司射西面命曰：中離維綱，揚觸，捆復。公則釋獲，眾則不與。唯公所中，中三侯皆獲。

中，竹用反。與，音預。

離，過也。維，所以維持。侯謂躬與舌也。綱，所以繫侯。揚觸，矢遠揚而觸他物。捆復，矢不至侯而復反。此皆射不中鵠之弊。君雖有此，亦釋獲所以然者，優君不與臣下同也。若眾人，則不得如此。有此弊則不釋獲，又申之，曰：惟公所中，中三侯皆獲，以明眾不可如是。

釋獲者命小史，小史命獲者。司射遂進由堂下，北面視上射，命曰：不貫，不釋。上射揖。司射退反位。

貫，古玩反。

以司射之命徧告之，命上射以不貫不釋，則自君而外，凡射者皆然。

釋獲者坐取中之八算，改實八算，興，執而俟。

取八算執之以釋獲，又實八算于中，以俟再取。

乃射，若中，則釋獲者每一个獲一算，上射于右，下射于左，若有餘算，則反委之，又取中之八算，改實八算于中，興，執而俟。三耦卒射。

若中之中，竹用反。

若有中者，則坐而釋獲。御案：三耦卒射，釋次，反位。

賓降，取弓矢于堂西。諸公卿則適次，繼三耦以南。

公將射，賓則不俟，告而即下堂取弓矢以升，公卿則適次至三耦之南，以次西面立。

公將射，則司馬師命負侯，皆執其旌以負其侯而俟。司馬師反位，隸僕人埽侯道。

尊君，故命負侯執旌埽道，若始之者然。

司射去扑，適阼階下，告射于公。公許，適西階東，告于賓，遂搢扑，反位。小射正一人取公之決、拾于東坫上，一小射正授弓、拂弓，皆以俟于東堂。

去，起吕反。

告君故去扑，公旣許射，則適西階東，告于賓，仍搢扑，反位。小射正不一人取公之決、拾于東坫上者，一人授弓者，又一人受弓而拂之者，又一人東堂，蓋卽東廂。

公將射，則賓降，適堂西，袒、決、遂，執弓，搢三，挾一个，升自西階，先待于物北，北[1]一笴，東面立。

前賓降，取弓矢而升，至此又降，袒、決、遂，執弓，搢三，挾一个，而升，先待于物北，北空一笴之地。蓋賓與公爲耦，公將射，故先如此以待。

司馬升，命去侯如初，還右，乃降，釋弓，反位。

還，音環。又音患。

去侯，去參侯、干侯也。敖氏繼公曰：既命去侯，則由右物之南適其右，乃降，來由物北去適物右，是還之也。御案：右物，賓所立，此時賓待于物北、一笴，故但云還右。

公就物，小射正奉決、拾以笥。大射正執弓，皆以從于物。小射正坐奠笥于物南，遂拂以巾，取決，興。贊設決，朱極三。

決、拾盛于笥，小射正奉之，大射正本司正而今爲君執弓，重其事也。拂以巾，以巾拂決、拾令潔，取決而興。奉君贊相其禮而聲言之。極卽韘也，以韋爲之而朱其色。三，食、將指、無名指，以朱極韜，此三指便于放絃。

小臣正贊袒，公袒朱襦。卒袒，小臣正退，俟于東堂。小射正又坐取拾，興，贊設拾，以笥退，奠于坫上，復位。

鄭康成曰：既袒乃設拾，拾以韝襦上。御案：他耦皆袒、決、遂，然後執弓而就物。公則就物，然後袒、決、遂而執弓，異于臣也。

大射正執弓，以袂順左右隈，上再，下壹，左執弣，右執簫，以授公。公親揉之。

隈，烏回反。揉，日酉反。今文順爲循，古文揉爲紐。

執弓以袂，蓋執握處，敬君之所執也。隈，弓之曲處。順，以手循之，審其厚薄強弱。上再，下壹，上尤要也。揉，公受弓而親揉和之。

小臣師以巾內拂矢，而授矢于公，稍屬。

屬，之欲反。

以內拂矢去其塵。稍屬，公不搢矢，發一矢後連屬授矢。

大射正立于公後，以矢行告于公。下曰留，上曰揚，左右曰方。

矢行，以行矢之法告公也。下上左右皆謂射法，弓不可太高，欲其下也，則告曰留；亦不可太下，欲其高也，則曰揚。方，平正也。

公既發，大射正受弓而俟，拾發以將乘矢。

拾，其劫反。

俟者公復射，又將授之，公與賓爲耦，賓先射，公次射。

---

① 阮元《十三經注疏》無北字。

公卒射，小臣師以巾退，反位。大射正受弓，小射正以笥受決、拾，退，奠于坫上，復位。大射正退反司正之位。小臣正贊襲。

鄭康成曰：受弓，以授有司于東堂。贊襲，佐爲之襲。

公還而後賓降，釋弓于堂西，反位于階西，東面。

御案：蓋左還由東楹北，而復阼階上之位。未射則先待己射，則後降耦于君之禮也。敖氏繼公曰：不言說決，拾襲，省文。

公卽席，司正以命升賓。賓升復筵，而后卿、大夫繼射。

賓降者以諸公、卿、大夫在下也。今公卽席，則命司正升賓，賓復筵，而後公、卿、大夫升。

諸公、卿取弓矢于次中，袒、決、遂，執弓，搢三，挾一个，出西面揖，揖如三耦，升射，卒射，降如三耦。適次，釋弓，說決、拾，襲反位。眾皆繼射。釋獲皆如初。

說，吐活反。

公卿以下入次，取公矢，皆自取之，屈于君也。皆如初，該上一切。

卒射，釋獲者遂以所執餘獲適阼階下，北面告于公曰：左右卒射。反位，坐，委餘獲于中西，興，共而俟。

共，九勇反。餘獲，古文曰餘算。

御案：此與《鄉射》異者，不升西階而適阼階下，不告于賓，而告于公。以上再射。

司馬袒，執弓，升，命取矢如初。負侯許諾，以旌負侯如初。司馬降，釋弓如初。小臣委矢于楅如初。

賈氏公彦曰：自此至就席，論射訖取矢委于楅之事。

賓、諸公、卿、大夫之矢皆異束之以茅，卒，正坐，左右撫之。進束，反位。賓之矢則以授矢人于西堂下。

異束，各人矢各束之。卒束，畢也。束之以俟再取。賓與公耦，殊于眾人，故獨以授矢人西堂下，仍其納時之故處。

司馬釋弓，反位，而后卿、大夫升，就席。

御案：司馬釋弓句，乃復述上事，以明卿、大夫升之節。以上射訖委矢。

司射適階西，釋弓，去扑，襲，進，由中東，立于中南，北面，視算。釋獲者東面于中西坐。先數右獲，二算爲純，一純以取，實于左手，十純則縮而委之，每委異之，有餘純則橫諸下。一算爲奇，奇則又縮諸純下。興，自前適左，東面坐，坐兼斂算，實于左手，一純以委，十則異之。其餘如右獲。

數，疏羽反。奇，居宜反。下同。古文縮皆作蹙。

司射視算而釋獲者數之。

司射復位，釋獲者遂進取賢獲執之，由阼階下北面告于公。若右勝，則曰右賢于左。若左勝，則曰左賢于右，以純數告。若有奇者，亦曰奇。若左右鈞，則左右各執一算以告，曰左右鈞。還，復位，坐兼斂算，實八算于中，委其餘于中西，興，共而俟。

共，九勇反。

以上告獲。

司射命設豐。司宫士奉豐由西階升，北面坐設于西楹西，降，復位。

奉，芳勇反。

將飲不勝者酒，司射命設豐，而司宫設豐于西楹西。

勝者之弟子洗觶，升，酌散，南面坐奠于豐上，降，反位。司射遂袒，執弓，挾一个，搢扑，東面于三耦之西，命三耦及衆射者：勝者皆袒、決、遂，執張弓；不勝者皆襲，說決、拾，卻左手，右加弛弓于其上，遂以執弣。

說，吐活反。卻，去約反。弛，陝倚反。弣，音撫。

勝者之子弟升，酌爵而奠于豐上，即降，司射命衆射者以既奠爵，于是勝者皆袒、決、遂，執張弓，以示將復射。不勝者皆襲，脱決、執弛弓，以示不復射。執弣，無所挾也。

司射先反位。三耦及衆射者皆升，飲射爵于西階上。

此總冒下文之事。

小射正作升飲射爵者，如作射。一耦出，揖，如升射。及階，勝者先升，升堂，少右。不勝者進，北面坐取豐上之觶，興，少退，立卒觶，進，坐奠于豐下，興，揖。不勝者先降，與升飲者相左，交于階前，相揖，適次，釋弓，襲，反位。

作升，告使升也。一耦之中或皆勝或皆不勝，未可知。此第言一耦以明其義。

儀人師既[1]酌射爵，取觶實之，反奠于豐上，退，俟于序端。升飲者如初。三耦卒飲。

始則勝者之子弟升，酌。既有飲者卒其爵矣，則儀人師繼酌之以卒三耦，蓋僕人師執爵，其常職也。前用子弟酌散，特以明優勝者之意。

若賓、諸公、卿、大夫不勝，則不降，不執弓，耦不升。

公、卿、大夫尊，雖不勝而亦優之。士之耦在堂下，容有與大夫爲耦者亦不

① 既，阮元《十三經注疏》作繼。

升也。

僕人師洗，升，實觶以授。賓、諸公、卿、大夫受觶于席，以降，適西階上北面立飲，卒觶，授執爵者，反，就席。

此飲諸公、卿、大夫之儀。洗觶致潔，授爵而不奠爵，亦皆優其尊。

若飲公，則侍射者降，洗角觶，升，酌散，降拜。

君不釋獲，則無飲君之禮，而賓或不勝應亦罰爵，但賓既與君爲耦，亦不便罰之，則賓與公皆飲，如致爵于君之禮。若者，不定之辭也。侍射者，賓也。角觶，以兕角爲之。

公降一等。小臣正辭。賓升，再拜稽首，公答再拜。賓坐祭，卒爵，再拜稽首，公答再拜。賓降，洗象觶，升，酌膳以致，下拜，小臣正辭，升，再拜稽首，公答再拜。公卒觶，賓進受觶，降，洗散觶，升，實散，下拜，小臣正辭，升，再拜稽首，公答再拜。賓坐，不祭。卒觶，降，奠于篚，階西東面立。擯者以命升賓，賓升，就席。

賓先自飲後，洗象觶奉公，公卒爵，賓又自飲，則侍射者飲二爵。公一爵，其爲賓不勝而飲，射爵明矣。容有賓勝而不飲者，故上文言若擯者，司正也。

若諸公、卿、大夫之偶不勝，則亦執弛弓，特升飲。

士之三耦不勝者皆飲，公、卿、大夫之耦有不勝者亦執弛弓，升，飲，但其耦不俱升，以别于士。必飲者以别于公。

衆皆繼飲射爵，如三耦。射爵辯，乃徹豐與觶。

辯，音徧。

束上文之辭，以上飲不勝者。

司宫尊侯于服不之東北，兩獻酒，東面，南上，皆加勺。設洗于尊西北。篚在南，東肆，實一散于篚。

獻，如字。

獲者及隷、僕人、巾車等皆主侯事，爲此等人别設。尊，故云尊侯，因尊侯而設之之謂。兩，兩壺也，司馬正所酌一壺，司馬師所酌一壺。南上者，蓋司馬正所酌，酌非一人，故加勺以聽其各自酌。實一散于篚，以便司馬正之洗。御案：此設尊洗之處，近于侯乏之閒，獲者執旌時往來于此。若早設之，虞窒礙，故俟時而設之。

司馬正洗散，遂實爵，獻服不。服不俟西北三步北面拜，受爵。司馬正西面拜送爵，反位。

服不氏爲大侯之獲者，故先獻而司馬正主之。御案：乏去侯西十、北十，則此之侯西北三步爲乏，東南七步矣。司馬正拜送爵而卽反位，不俟卒爵，略賤也。是後則司馬師代之行事。

宰夫有司薦，庶子設折俎。卒錯，獲者適右个，薦俎從之。獲者左執爵，右祭薦俎，二手祭酒。適左个祭如右个，中亦如之。卒祭，左个之西北三步东面，设薦俎，立卒爵。

有司，宰夫之吏，有司與庶子既錯薦俎于地，獲者則以爵適右个，而二人復執薦俎從之。獲者于右个左執爵，右祭薦俎，至酒則二人祭之，以散大酒，多二手乃能正也。獲者又適左祭亦如之，祭中亦如之，卒祭仍還西北三步東面，有司庶子仍爲設薦俎，獲者立而卒爵。

司馬師受虛爵，洗，獻隸僕人與巾車，獲者皆如大侯之禮。卒，司馬師受虛爵，奠于篚。獲者皆執其薦，庶子執俎從之，設于乏少南。服不復負侯而俟。

復，扶又反。

虛爵，服不氏所飲之爵，司馬師受而洗之，獻隸、僕巾車，獲者皆如司馬正獻服不氏之禮。獲者，三侯之獲者，乏亦三侯之乏也。服不負大侯而俟，則參侯、干侯亦有負者。可知以上獻獲者之屬。

司射適階西，去扑，適堂西，釋弓，說決、拾，襲，適洗，洗觚，升，實之，降，獻釋獲者于其位少南。薦脯醢折俎，皆有祭。

去，起呂反。說，吐活反。

司射將獻釋者，而適堂西，去扑、釋弓矢乃洗觚，升。實觚獻之有司，薦脯醢折俎，皆祭，見下文。敖氏繼公曰：釋獲者無事于侯且尊于獲者，故獻之，不酌獲者之尊而酌上尊。鄭康成曰：去扑，扑不上堂也。

釋獲者薦右東面拜，受爵。司射北面拜送爵。釋獲者就其薦坐，左執爵，右祭脯醢，興，取肺，坐祭，遂祭酒，興，司射之西，北面立卒爵，不拜既爵。司射受虛爵，奠于篚。釋獲者少西辟薦，反位。司射適堂西，袒、決、遂，取弓，挾一个，適階西，搢扑，以反位。

以上獻釋獲者。

司射倚扑于階西，適阼階下，北面請射于公，如初。

御案：初請射時，本自阼階前。云如初者，如其初，不如其再也。此三請射。

反，搢扑，適次，命三耦皆袒、決、遂，執弓，序出取矢。司射先反位。

鄭康成曰：序出，以次而出。言先，先三耦也。司射既命三耦卽反位。

三耦拾取矢如初。小射正作取矢如初。

拾，其劫反。

三耦取矢如初，蓋司射命之，小射正又作之。

三耦既可拾取矢，諸公、卿、大夫皆降如初位，與耦入于次，皆袒、決、遂，執弓，皆進當楅，進坐說矢束，上射東面，下射西面，拾取矢如三耦。

拾，其劫反。說，吐活反。下同。

三耦先拾取矢，諸、公、卿大夫次取矢，上射下射亦公卿大夫之耦。此取矢亦當有三揖。

若士與大夫爲耦，士東面，大夫西面。大夫進，坐說矢束，退，反位。耦揖，進，坐，兼取乘矢，興，順羽，且左還，毋周，反面揖。大夫進坐，亦兼取乘矢，如其耦。

公卿大夫取矢之儀已見上。此特爲士與大夫爲耦者明之。言若者，容或大夫足于耦，不必士與也。士既與大夫耦，則大夫說矢束亦如士，不以其賤而自異。其士之爲耦者，揖，進，坐，兼取乘矢，順羽，左還，毋周，反面而揖，不敢略其儀。大夫亦兼取乘矢如其耦，不自異。

北面，搢三，挾一个，揖，進。

敖氏繼公曰：進當作退。御案：此儀于既適楅南，皆左還時爲之。

大夫與其耦皆適次，釋弓，說決、拾，襲反位。諸公、卿升，就席。衆射者繼拾取矢，皆如三耦。遂入于次，釋弓矢，說決、拾，襲，反位。

拾，取之。拾，其劫反。

大夫取矢訖，適次，釋弓矢，諸公、卿乃升，就席。衆射者繼拾衆矢及反位，皆如三耦之儀。以上取矢于楅。

司射猶挾一个以作射如初。一耦揖升如初。司馬升，命去侯，負侯許諾。司馬降，釋弓，反位。

作射，所作，唯上耦既作則反位。

司射與司馬交于階前，倚扑于階西，適阼階下，北面請以樂于公，公許。司射反，搢扑，東面命樂正，曰：命用樂。樂正曰：諾。

請以樂，奏樂以爲節也。孔子曰：射者，何以射，何以聽，循聲而發，發而不失正鵠者，其唯賢者乎。

司射遂適堂下，北面視上射，命曰：不鼓不釋。上射揖。司射退，反位。樂正命大師曰：奏《貍首》，閒若一。大師不興，許諾。樂正反位，奏《貍首》以射。

大，音泰。貍，力之反。

《記》曰：天子以《騶虞》爲節，諸侯《貍首》，大夫《采蘋》，士《采蘩》，而此獨言《貍首》者，蓋公卿在焉，以諸侯之樂節通，該上下優之也。《貍首》詩亡，不必鑿求其說。

三耦卒射。賓待于物如初。公樂作而后就物，稍屬，不以樂志，其他如初儀。卒射，如初。

屬，之欲反。

不以樂志，君射不必定應樂，優尊也。御案：其他：贊決、贊袒、贊拾及授弓、受弓等。敖氏繼公曰：卒射如初謂公卒射以至賓反位于階西之儀。

賓就席。諸公、卿、大夫衆射者皆繼射，釋獲如初。卒射，降，反位。釋獲者執餘獲進告左右卒射如初。

敖氏繼公曰：就席、繼射、釋獲三事，皆如初也。以上三射。

司馬升，命取矢，負侯許諾。司馬降，釋弓，反位。小臣委矢，司馬師乘之，皆如初。司射釋弓。視算如初。釋獲者以賢獲與鈞告如初，復位。

此取矢反位，告獲皆如初。

司射命設豐，實觶如初。遂命勝者執張弓，不勝者執弛弓，升飲如初。卒，退豐與觶如初。

此飲不勝者如初。

司射猶袒、決、遂，左執弓，右執一个，兼諸弦，面鏃，適次，命拾取矢如初。司射反位。三耦及諸公、卿大夫衆射者皆袒、決、遂，以拾取矢如初，矢不挾，兼諸弦，面鏃，退適次，皆授有司弓矢，襲，反位。卿大夫升，就席。

拾，其劫反。

義皆見上。御案：前大夫拾取，反位後，公卿升，就席。大夫不敢與之同升者，射事未已，大夫未得遽離射位也。此時射事已終，將行旅酬，故大夫與公卿俱升。此取矢反位。

司射適次，釋弓，說決、拾，去扑，襲，反位。司馬正命退楅、解綱。小臣師退楅，巾車、量人解左下綱。司馬師命獲者以旌與薦俎退。司射命釋獲者退中與算而俟。

解左下綱，三侯以次而解之俟者，備君復射，右射事畢。

公又舉奠觶，唯公所賜，若賓，若長，以旅于西階上如初。大夫卒受者，以虛觶降，奠于篚，反位。

陳氏暘曰：燕則工歌之後，笙奏之前，爲大夫舉旅，大射射畢，乃爲大夫舉旅者，主于射故也。此公爲大夫舉旅。

司馬正升自西階，東楹之東，北面告于公，請徹俎，公許。遂適西階上，北面告于賓。賓北面取俎以出，諸公卿取俎，如賓禮，遂出，授從者于門外。

從，才用反。

敖氏繼公曰：此下經文舉《燕禮》同者，不重釋之，如賓禮謂各鄉其席取之也。

諸公南面，卿北面射，賓而下皆自執俎以出者臣也，亦以其從者不得入之故。

大夫降，復位。庶子正徹公俎，降自阼階以東。

敖氏繼公曰：大夫降者欲與賓同説屨而升也。復位于門東者，以諸公卿亦以俎出故也。正，庶子之長也。此徹俎。

賓、諸公、卿皆入門，東面北上。司正升賓。賓、諸公、卿、大夫皆説屨，升，就席。公以賓及卿大夫皆坐，乃安。

鄭康成曰：諸公、卿不入門而右，亦因從賓。乃安，各坐定司正乃以安告公也。前司正以公命命安。此乃終其安之事。

羞庶羞。大夫祭薦。司正升受命，皆命。公曰：衆無不醉。賓及諸公、卿、大夫皆興，對曰：諾，敢不醉。皆反位，坐。

庶羞，珍饌。衆無不醉，卽命之之詞。以上升，坐，安賓與公卿大夫。

主人洗，酌，獻士于西階上。士長升，拜，受觶，主人拜送。士坐祭，立飲，不拜既爵，其他不拜，坐祭，立飲。

長，知丈反。

士之尊者一人，升，拜，受觶皆坐祭立飲。

乃薦司正與射人于觶南，北面，東上，司正爲上。辯獻士。士既獻者立于東方，西面，北上，乃薦士。祝史、小臣師，亦就其位而薦之。主人就士旅食之尊而獻之。旅食不拜受爵，坐祭，立飲。主人執虛爵，奠于篚，復位。

辯，音徧，下竝同。

唯司正與射人同薦，以其執事異之。既薦，司正與射人乃徧獻士。士既獻者，卽上文所云既獻乃薦士衆非一類，故申明之。亦者，亦獻乃薦也。射事既畢，史祝俱各復其門東之位，故就其位而薦之，獻薦既畢，主人奠爵于篚，復位。以上主人獻士。

賓降，洗，升，媵觶于公，酌散，下拜。公降一等，小臣正辭。賓升，再拜稽首，公答再拜。賓坐祭，卒爵，再拜稽首，公答再拜。賓降，洗象觚，升，酌膳，坐奠于薦南，降拜，小臣正辭。賓升成拜，公答拜。賓反位。

鄭康成曰：象觚，當爲觶。此賓媵觶于公。

公坐取賓所媵觚，興，唯公所賜。受者如初受酬之禮。降，更爵洗，升，酌膳，下，再拜稽首，小臣正辭，升，成拜，公答拜。乃就席，坐行之。有執爵者，唯受于公者拜。

觚，亦當作觶。

公以賓所媵觶以賜，唯其所賜不徧，受賜者如初受酬之禮。更爵洗者，潔之，以俟旅酌也。

司正命執爵者爵辯，卒受者興，以酬士。大夫卒受者以爵興，西階上酬士。

士升，大夫奠爵，拜，士答拜。大夫立卒爵，不拜，實之。士拜受，大夫拜送。士旅于西階上辯。士旅酌。

司正承公之意，命執爵者徧爵。大夫，卒受爵者，興，以酬士。以上旅酌。

若命曰復射，則不獻庶子。司射命射，唯欲。卿、大夫皆降，再拜稽首，公答拜。壹發中三侯，皆獲。

復，扶又反。

言若者，或然或不然也。如公不命復射，則卽獻庶子，若命復射則亦唯人所欲，不强以必射。此命射乃君與羣臣盡歡之意，故或射或不射皆降，拜，公亦答拜，以其知己之意，謝之也。其射也，唯一發以順君鳴歡之意耳。三侯皆獲，唯其所欲射不復區三侯也。此復射。

主人洗，升自西階，獻庶子于阼階下①，如獻士之禮。辯獻，降洗，遂獻左右正與内小臣，皆于阼階上，如獻庶子之禮。

右主人獻庶子以下。

無算爵。士也有執膳爵者，有執散爵者。執膳爵者酌以進公，公不拜受。執散爵者酌以之公，命所賜。命所賜者興，受爵，降席下，奠爵，再拜稽首，公答再拜。受賜爵者以爵就席坐，公卒爵然後飲。

膳爵以進公，散爵以賜臣，君臣交歡而必再答拜，禮不懈于終也。

執膳爵者受公爵，酌，反奠之。受賜者興，授執散爵者，執散爵者乃酌行之。唯受于公者拜。

公不盡賜爵，故唯受于公者拜。

卒爵者興，以酬士于西階上，士升，大夫不拜，乃飲，實爵，士不拜，受爵，大夫就席，士旅酌亦如之。

大夫、士均不拜，禮殺。

公有命徹冪，則賓及諸公、卿、大夫皆降，西階下北面，東上，再拜稽首，公命小臣正辭，公答拜，大夫皆辟，升，反位。士終旅于上，如初。無算樂。

辟，音避。

徹冪欲其盡歡也。

宵則庶子執燭于阼階上，司宮執燭于西階上，甸人執大燭于庭，閽人爲燭于門外。

以上無算爵。

---

① 下，阮元《十三經注疏》作上。

賓醉，北面坐取其薦脯以降，奏《陔》。賓所執脯以賜鍾人于門内霤，遂出。卿大夫皆出。公不送。公入，《驁》。

賓入奏《肆夏》，出奏《陔夏》。公入奏《驁》，《驁》亦九夏之一，其詩皆亡。此賓出公入。

總論

古人射以觀德，故自天子至于士庶，無不習之。而《燕射》《賓射》《大射》《鄉射》則尤禮之大者，然其射也，必比禮、比樂而能命中，乃爲可貴。此篇所記，詳于射飲諸儀而略于比禮、比樂之事。蓋漢儒掇拾遺文，非周公當日所頒行于天下者。且篇中明云："諸公卿則其爲天子之大射無疑"，而又無天子字樣。君止言公，所以前人俱主諸侯説，然諸侯安得而有公乎。其謂大射不必在澤宫而在君所，亦屬一偏之論。射之義，《戴記》已詳，其書出于孔孟門人所傳，確有義理，而前人以漢儒所編多不信之。愚已有《禮記恒解》，兹不悉贅。要之，平日無誠正、修齊之學，則雖工于射，亦爲末技。儒者于聖王中和建極之道，不詳爲推究，而第拘拘此書一切儀文，辨説愈多，彌生聚訟，眞如畫餅，何益于事？故當分别觀之可也。

儀禮恒解卷八

聘禮

《周官》：凡諸侯之邦交，歲相問也，殷相聘也，世相朝也。蓋使之親睦以共守王章。然亦大概言之，若彼此相好，常使聘問，固所不禁。此書所載，則有事而相聘之禮。

君與卿圖事，遂命使者。使者再拜稽首辭，君不許，乃退。

使，師異反。下使者竝同。

卿，執政者。圖事，國事。有當聘者命使者擇能而使，使者辭不敏，而君不許，乃諾而反位。圖，謀也。

既圖事，戒上介，亦如之。宰命司馬戒衆介，衆介皆逆命，不辭。

既擇使者，又擇能者，以爲之介。介，副也。古使者或有所不逮，則上介代之，或使者有故，亦上介攝之。故獨戒上介，其衆介則宰命司馬戒之。宰，卽與君圖事者。逆，受也。以上命使介。

宰書幣，命宰夫官具。

宰制國用，故書其所當用之幣。數命宰夫，各使其官具之。此具聘物。

及期，夕幣。使者朝服，帥衆介夕。管人布幕于寢門外。官陳幣，皮北首，西上，加其奉于左皮上，馬則北面，奠幣于其前。使者北面，衆介立于其左，東上。卿、大夫在幕東，西面，北上。宰入，告具于君。君朝服出門左，南鄉。史讀書，展幣。宰執書，告備具于君，授使者。使者受書，授上介。公揖入，官載其幣，舍于朝。上介視載者，所受書，以行。

朝，直遙反。下竝同。幕，音莫。舍，試夜反。下同。

期，將行之先一日。午後爲夕。陳幣而視之。朝服，重其事。管，猶館也。館人，掌次舍帷幕者。寢門外，路門之外，正朝也。館人布幕于地官，陳幣于其上，皮、馬各視其國之所有，不兼用奉。奉以致命者，束帛玄纁之屬。陳者北面，鄉君也。君親臨視，重其事也。書，書幣者，旣讀書，展幣。宰告備具于君，授使者。使者授上介。君揖而入，從賓行之，官以車載幣舍于朝。上介視所受之書，以驗其數相符否行出也。以上視幣。

厥明，賓朝服，釋幣于禰。有司筵几于室中。祝先入，主人從入。主人在右，再拜，祝告，又再拜。釋幣，制玄纁束，奠于几下，出。主人立于戶東，祝立于牖西。又入，取幣，降，卷幣，實于笲，埋于西階東。又釋幣于行，遂受命。上介釋幣，亦如之。

笲，音煩。

厥明，受書幣之明晨。釋幣于禰，用幣告于己之禰廟也。主人卽使者君禮之謂。賓入廟，則稱主人。釋幣，祝釋之玄纁，束明幣之實也。出，祝奠幣于神几下，與主人俱出也，立于戶東及牖西少頃，若有俟于神命也。又入，乃取幣，卷而實于笲以埋之。又釋幣于行，以告將行時，遂受命。言此後卽當受命而行也。上介亦釋幣于禰與行笲，見《士昏禮》。此釋幣。

上介及眾介俟于使者之門外。使者載旜，帥以受命于朝。君朝服，南鄉。卿、大夫西面，北上。君使卿進使者。使者入，及眾介隨入，北面，東上。君揖使者，進之，上介立于其左，接聞命。

旜，之然反。古文旜皆爲膳。

及行期，上介及眾介皆俟于使者之門。旜，旃旗之屬，載之以表其事。君朝服，命進使者。入，入雉門也。君揖使者進之，命以使事，上介立于其左，亦與聞之，恐使者有故，則上介必攝其事故也。

賈人西面坐啟櫝，取圭，垂繅，不起而授宰。宰執圭，屈繅，自公左授使者。使者受圭，同面，垂繅以受命。旣述命，同面授上介。上介受圭，屈繅，出，授賈人。眾介不從。受享束帛加璧。受夫人之聘璋，享玄纁束帛加琮，皆如初。

賈，音嫁。繅，音早。下竝同。古文繅作璪。

賈人，掌圭者。圭，瑑圭也。繅，以帛爲之，表玄裏纁，所以藉而又拚其上。賈人開櫝取圭，但露圭面，而不出諸匣，未拚其上，故繅垂。不起，不出匣。授宰，宰乃屈繅以拚圭。自公左授使者，使者受圭，又露圭面，垂繅以受命。同，面謂同。賈人啟櫝時，面圭垂繅也。迄上介受圭，然後屈繅拚圭面，出授賈人，此賈人蓋將從使者而行者。圭所以爲信，束帛加璧則至彼國而君享之，用以將敬者，故云受享禮。用之束帛加璧也，或所使之國係甥舅宗姓，有竝問夫人之禮，則其聘以璋，享用玄纁、束帛、加琮，使者皆受之如初，謂其禮與受君者同。此受命。

遂行，舍于郊，斂旜。

鄭康成曰：《曲禮》曰：凡爲君使，已受命君，言不宿于家。斂，藏也。此使者行。

若過邦，至于竟，使次介假道，束帛加命于朝，曰請帥，奠幣。下大夫取以入告，出許，遂受幣。餼之以其禮，上賓大牢，積唯芻禾，介皆有餼。士帥沒其竟。

竟，音境。下同。大，音泰。下大牢竝同。積，子賜反。

凡所過之國至其竟，使次介假道，束帛將命以請帥，導也。請帥，請使人導之，出疆。其國下大夫取其幣以入告君，許，乃受幣。其國皆有餼，上賓以大牢，則其次少牢也。米禾芻薪皆謂之積，唯芻禾則無薪米矣。士，蓋候人。沒之盡其竟而止。

誓于其竟，賓南面，上介西面，衆介北面，東上，史讀書，司馬執策，立于其後。

策，或作筴。

誓，誓其從者所過無侵擾也。史、司馬皆從行之官。史掌文書，司馬主軍法執策以示罰。以上過國假道誓衆。

未入竟，壹肄。爲壝壇，畫階，帷其北，無宮。朝服，無主，無執也。介皆與，北面，西上。習享，士執庭實，習夫人之聘享亦如之。習公事，不習私事。

肄，逸利反。壝，喻水反。壇，大丹反。畫，胡麥反。與，音預。

將至所聘之國于未入竟時，齊一其從者習禮焉。肄，習也。築壇而卑曰壝壇。卑故無階，畫階以習升降之儀，帷其北，以象堂。使者亦朝服以重其事，但無主人，亦無執玉帛等事。介皆與焉。賈氏公彥曰：但習入廟聘、享、揖讓、升降、布幣、受玉之禮，是以直云：北面西上之位，其大門外及廟門內外之禮，威儀少而易行，故略之。習享禮，則執庭實。庭實，皮與馬也，對堂上之幣而言，故謂之庭實。習夫人之聘享亦如之，公事，使事此習儀。

及竟，張旜，誓。乃謁關人。關人問：從者幾人？以介對。君使士請事，遂以入竟。

從，才用反。下從者皆同。幾，居豈反。

張旜以表其事。誓如初，問從者幾人，以便供具，以介對。該眾從者請事，請其來之。故此及竟入竟。

入竟，斂旜，乃展。布幕，賓朝服立于幕東，西面。介皆北面，東上。賈人北面，坐拭圭，遂執展之。上介北面視之，退，復位。退圭。陳皮，北首，西上。又拭璧，展之。會諸其幣加于左皮上，上介視之，退。馬則幕南北面奠幣于其前，展夫人之聘享亦如之。賈人告于上介，上介告于賓。有司展羣幣，以告。及郊，又展如初。及館，展幣于賈人之館如初。

拭，音式。

展，展視幣物。先展視圭，次展視皮與幣，拭圭欲其潔。會，合也。郊，遠郊館舍也。玉幣皆在賈人之館，故就而展之。此展幣。

賓至于近郊，張旜。君使下大夫請行，反。君使卿朝服，用束帛勞。上介出請，入告。賓禮辭，迎于舍門之外，再拜。勞者不答拜。賓揖，先入，受于舍門內。勞者奉幣入，東面致命。賓北面聽命，還，少退，再拜稽首，受幣。勞者出，授老幣。出迎勞者。勞者禮辭，賓揖，先入，勞者從之。乘皮設，賓用束錦儐勞者。勞者再拜稽首，受，賓再拜稽首送幣。勞者揖皮，出，乃退。賓送，再拜。

勞，力報反。下竝同。還，音旋。乘，繩正反。下同。儐，臂印反。

請行，速之也。既速而反，君又使卿以束帛往勞。出請，請所以來之事，入告，賓辭讓，而勞者不許，則拜迎于舍門之外，不答拜，以其拜君非拜己也。賓揖，勞者入，勞者致君命，賓拜受。勞者出，賓授其臣以幣，又出迎勞者。物四曰乘。皮麋，鹿皮也。賓以乘皮束錦儐勞者，勞者拜，受，賓送幣。勞者執幣而出，手已執幣，不可以復執皮，故揖。執皮者欲其爲已執之以出。賓再拜送之。儐者，賓以勞者爲賓也。

夫人使下大夫勞以二竹簠方，玄被纁裏，有蓋。其實棗蒸栗擇，兼執之以進。賓受棗，大夫二手授栗，賓之受如初禮。儐之如初。

簠，音甫。或作簋。蒸或作烝。

容有宗姻之國。聘使兼問夫人者，夫人亦勞之，非聘者皆然也。蒸，熟之。擇，選其佳者。賓先受棗，既亦以二手受栗，如初禮，如鄉勞之儀。以上郊勞。

下大夫勞者遂以賓入。至于朝，主人曰：不腆先君之祧，既拚以俟矣。賓曰：俟閒。

祧，吐條反。拚，方問反。閒，如字，亦音閑。

下大夫若賓兼問夫人，則夫人使勞賓者，否則與卿俱出。勞者、卿先返而下大夫遂導賓以入也。至于朝，賓至，先詣朝而後就館，不即見君，但下大夫致君之命，言當受聘于廟。祧，凡廟之通稱。拚，埽除之名。賓曰：俟閒，言俟君閒乃見，謙詞也。

大夫帥至于館。卿致館，賓迎，再拜。卿致命，賓再拜稽首。卿退，賓送，再拜。

大夫導賓至館，卿以君命往致館安賓。賓迎再拜，卿致君命而退，賓拜送之。以上入國致館。

宰夫朝服設飧：飪一牢在西，鼎九，羞鼎三；腥一牢在東，鼎七；堂上之饌八，西夾六；門外，米禾皆二十車，薪芻倍禾。上介飪一牢在西，鼎七，羞鼎三；堂上之饌六，門外米禾皆十車，薪芻倍禾。衆介皆少牢。

飧，音孫。飪，日審反。下同。

敖氏繼公曰：宰夫，士也，奉君命，故亦朝服。徒食而無他饌謂之飧。此禮用太牢，其上有簠、簋、豆、鉶之屬，乃示飧者，主人之謙詞。御案：若曰僅可共席食云爾。飪，熟也。牢，太牢，牛、羊、豕各一。飪鼎九，腥鼎七，乃云牢者，主于牛、羊、豕也，羞鼎三。下云膷臐，膮也。八六者，豆數也。凡饌以豆爲本，倍禾四十車。此設飧。

厥明，訝賓于館。賓皮弁，聘，至于朝，賓入于次。乃陳幣。

訝，吾嫁反。

訝，掌訝以君命迎賓。賓皮弁以行聘。次在大門外之西，以帷爲之，以布幕陳幣于廟門外。惟陳幣圭璋璧琮者在櫝。事至乃出之。習此至朝門外。

卿爲上擯，大夫爲承擯，士爲紹擯。擯者出請事。公皮弁，迎賓于大門內。大夫納賓。賓入門左，公再拜，賓辟，不答拜。

辟，音避。

擯，主國之君所使出接賓者。侯國擯者三人，公不出大門迎賓，降于待其君也。賓入門左，介亦隨入，公尊賓，故再拜，賓辟，不答拜，不敢以敵體禮當君之拜也。

公揖，入，每門、每曲揖。及廟門，公揖入，立于中庭。賓立接西塾。

由朝門而至廟門，不一門，故公揖，賓入，每門、曲揖，及廟門，公揖，先入，立于中庭，以俟賓。門側堂謂之塾。以上迎賓至廟。

几筵既設，擯者出請命。賈人東面坐，啟櫝，取圭，垂繅，不起而授上介。上介不襲執圭，屈繅授賓。賓襲，執圭。擯者入告，出辭玉，納賓。賓入門左。介皆入門左，北面，西上。三揖，至于階，三讓。公升二等，賓升，西楹西，東面。擯者退中庭。賓致命。公左還，北鄉。擯者進。公當楣再拜。賓三退，負序。

還，音旋。鄉，許亮反。

設几筵者，廟受，若神憑依之也。請命，請致君命。賈人啟櫝取圭，但垂繅，不起圭，授上介。上介乃執圭，屈繅拚圭而授。賓襲，襲，上衣，不見裼衣也。上介不襲以己不行聘。擯者以賓執圭入告又以主命出辭玉，不敢當盛禮意，賓對擯者又入告，乃納賓，賓入門左，由闑西也。介止于門左。公與賓各三揖三讓而升，公升二等，賓乃升，立于西楹之西，東面。擯者退于中庭，便賓致其君命，公左還，北鄉。擯者進而相公，再拜，拜其君之命，非拜賓也。故賓三退負序而立。

公側襲，受玉于中堂與東楹之閒。擯者退，負東塾而立。賓降，介逆出。

側襲，不當賓而襲也。君在中堂受玉，賓在東楹授玉，故云受玉于中堂與東楹之閒，蓋賓主兩相就也。受玉訖，擯者退，反其位，賓出，介迎之以出。

賓出，公側授宰玉，裼，降立。

宰夫在側，故公側授以玉，免上衣見裼衣。凡行禮以裼爲常有，獨致敬則襲。以上行聘禮。

擯者出請。賓裼，奉束帛加璧享。擯者入告，出許。庭實，皮則攝之，毛在內，內攝之，入設也。賓入門左，揖讓如初，升，致命，張皮。公再拜，受幣。士受皮者自後右客。賓出，當之坐攝之。公側授宰幣，皮如入，右首而東。

攝，之涉反。下同。

請，請賓入也。賓乃奉束帛加幣以享。擯者入告而公許之。不辭者不敢拂賓意也。皮，虎豹之皮。攝，收斂也。《詩》曰：朋友攸攝。攝之而入設之。毛在內，入門升堂乃張之。公拜受皮幣。士受皮者乃自公後而來于客之右。受皮，賓降而當皮坐而攝之，以授士。公授宰幣，如以皮入，則右其首而東。此行享禮。

聘于夫人用璋，享用琮，如初禮。

敖氏繼公曰：夫人不可以親受，君代受之。其受之之禮皆與己之所受者同，以夫妻一體也。不言束帛加琮，省文。

若有言，則以束帛，如享禮。

鄭康成曰：有言，有所告請。敖氏曰：如秦伯使西乞術來聘，且言將伐晉之類。以上聘夫人及有言。

擯者出請事，賓告事畢。賓奉束錦以請覿。擯者入告出辭。

覿，第七反，又杜斛反。

請事，恐猶有君事。告事畢，告將命之事畢也。賓奉束錦，請私覿，以盡其私情。擯者入告出而辭，蓋君事既畢，公當先行醴賓之禮也。

請禮賓，賓禮辭，聽命。擯者入告。宰夫徹几，改筵。公出，迎賓以入，揖讓如初。

禮賓，禮于賓，即謂醴禮也。賓辭讓而不可，則許之。擯者入告。宰夫徹從前几，改布其筵，公出迎賓以入，如初亦三揖三讓。

公升，側受几于序端。宰夫内拂几三，奉兩端以進。公東南鄉，外拂几三，卒，振袂，中攝之，進，西鄉。擯者告。賓進，訝受几于筵前，東面俟。公壹拜送，賓以几辟，北面設几，不降，階上答再拜稽首。

几，漆几也。宰夫拂几之裏三，奉其兩端以進公。公外拂几之外三，乃振袂，以二手攝几之中央以進，西鄉于筵前。擯者告賓，以公授几，賓進，迎，受几于筵前，東面而俟。公乃一拜，送几。賓以几辟，示不敢當。于是宰夫乃北面設几，賓不降，于階上答拜稽首。

宰夫實觶以醴，加柶于觶，面枋。公側受醴。賓不降，壹拜，進筵前受醴，復位。公拜送醴。

宰夫實觶以醴，加柶于觶，面其枋，以授君。柶之大端爲葉，小端爲枋。公受醴而飲賓，賓不降，一拜，進筵前受醴，公拜送醴。

宰夫薦籩豆脯醢，賓升筵。擯者退，負東塾。賓祭脯醢，以柶祭醴三。庭實設。降筵，北面，以柶兼諸觶，尚擸。坐啐醴。

擸，音獵。

庭實設，賓設庭實也。兼諸觶，以右手執柶竝執觶。擸，即葉也。尚擸，以擸鄉上。啐醴，以示受賜。

公用束帛。建柶，北面，奠于薦東。擯者進相幣。賓降，辭幣。公降一等辭。栗階升，聽命，降拜，公辭，升，再拜稽首，受幣，當東楹，北面，退，東面俟。公壹拜，賓降也，公再拜。賓執左馬以出。上介受賓幣，從者訝受馬。

相，息亮反。

因賓致庭實，公亦用束帛陳之。建，立也。立柶而北面，奠觶于薦東。以賓既啐醴不復用之。擯者進贊以用幣之意。賓降辭，公亦降等，不許其辭，賓乃栗階而升，疾進，不連步，復降，受拜。公辭其降，乃升，再拜，受幣，受于東楹，北面，乃退，東面俟者，謙若不敢當階也。公一拜而賓即降，亦不敢俟公之再拜也。然公卒再拜，賓執其左馬以出，餘三馬，主人之牽者從出。凡幣必以皮或馬儷之。上介受幣于賓，訝受其馬，以上醴賓。

賓覿，奉束錦，總乘馬，二人贊，入門右，北面奠幣，再拜稽首。擯者辭。賓出。

鄭康成曰：覿用束錦，辟享幣也，總者，總八轡牽之，贊者，居馬間扣馬。入門而右，私事自闑西。奠幣，再拜。以臣禮見也。賓不自居于客，故公使擯者辭之，而賓乃出，于是以客禮見。如下文。

擯者坐取幣，出，有司二人牽馬以從，出門，西面于東塾南。擯者請受，賓禮辭，聽命。牽馬右之，入設。賓奉幣入門左。介皆入門左，西上。公揖讓如初，升。公北面再拜。賓三退，反還，負序。振幣，進授，當東楹，北面。士受馬者自前還牽者後，適其右，受。牽馬者自前西，乃出。賓降階東拜送，君辭。拜也，君降一等辭。擯者曰：寡君從子，雖將拜，起也。栗階升。公西鄉，賓階上再拜稽首，公少退。賓降出。公側授宰幣，馬出。公降立。

擯者取其幣馬以出，請于賓，使以客禮，致則受。賓辭讓，既而許之，仍使贊者牽馬入左。馬右入而設之。賓以客禮入，故介從之。公拜其先用臣禮尊己。賓退讓負序，拂拭其幣，進授君以示敬。受馬者自牽馬者之前還，遶牽馬者之後而受之。牽馬者稍進而前，乃西行，又南行，乃出。賓降階，拜送。君辭其拜，賓猶必拜，故君降一等而辭擯者曰：寡君從子之意，雖禮固將拜，然不敢當起也。賓乃栗階而升，成拜，公少退，以敬之。賓降而出，公授宰幣，馬出而皮入，公降，立，降受介覿故。以上賓私覿。

擯者出請，上介奉束錦，士介四人皆奉玉錦束，請覿。擯者入告，出許。上介奉幣、儷皮，二人贊，皆入門右，東上，奠幣，皆再拜稽首。擯者辭，介逆出。

儷，力移反，音麗。

鄭康成曰：玉錦，錦之文纖縟而白者。敖氏繼公曰：士介之錦，反文于賓，與上介者以無庭實故也。儷皮，以兩皮助幣。二人贊，二人從介、贊禮，皆入門右。奠幣即二人爲之，再拜稽首。此亦如賓之以臣禮見君，故擯者辭而介退出。

擯者執上幣，士執眾幣，有司二人舉皮從其幣出，請受，委皮南面，執幣者西面，北上。擯者請受。介禮辭，聽命，皆進，訝受其幣。

上幣，上所奠之幣。擯者與有司執介之皮幣以出。委皮，當門。執幣者西面，北上而立。請介以客禮行之則受。介辭讓，不許，則聽命，進而訝受其幣。

上介奉幣，皮先，入門左，奠皮。公再拜。介振幣，自皮西進，北面授幣，退復位，再拜稽首，送幣。介出。宰自公左受幣，有司二人坐，舉皮以東。

執皮者先，上介奉幣從之入，奠皮。公于中庭再拜，介振幣而後授。公再拜稽首，送幣。介出。宰受幣于公，有司二人皆舉皮以東。

擯者又納士介。士介入門右，奠幣，再拜稽首。擯者辭，介逆出。

擯者納士介。士介亦以臣禮見。擯者以公命辭，介退出。

擯者執上幣以出，禮請受。賓固辭，公答再拜。擯者出，立于門中以相拜，士介皆辟。

相，息亮反。辟，音避。

擯者執幣以出，請以客禮見而受。賓固辭，以己卑終不敢爲客禮也。賓卽士介，公答其意，遙拜之。擯者出，立于門中相拜，以公拜告介，士介皆辟不敢當。

士三人東上，坐取幣，立。擯者進。宰夫受幣于中庭，以東執幣者序從之。

士，主國之士，因士介終不敢與君爲客禮，故士三人東上，坐取其幣而立。擯者進內，告公。公乃使宰夫受幣于中庭，執幣者以次序行，從而授宰夫也。以上介私覿。

擯者出請，賓告事畢。擯者入告，公出送賓。及大門內，公問君，賓對，公再拜。公問大夫，賓對。公勞賓，賓再拜稽首，公答拜。公勞介，介皆再拜稽首，公答拜。賓出，公再拜送，賓不顧。

勞，力報反。下同。

賓告事畢，公乃出。送賓至大門內。公問其君及大夫安否，賓對，公乃勞賓與介，皆拜其勞。公亦答拜，賓出。公送，賓不顧。

賓請有事于大夫，公禮辭，許。

蓋擯者送賓，而賓請問其大夫。公辭讓，旣而許之。人臣無私交，故必請也。以上賓出。

賓卽館。卿、大夫勞賓，賓不見。大夫奠鴈，再拜，上介受。勞上介，亦如之。

賓就館，卿、大夫勞賓，而賓不見者，禮當先施賓，猶未問卿、大夫也。然主人之意不可卻，故使上介受其弊，其勞上介亦然。此卿、大夫勞賓。

君使卿韋弁，歸饔餼五牢。上介請事，賓朝服，禮辭。有司入陳。

饔，音雍。

今文歸或作饋。韋弁，卽皮弁。以熟皮爲之曰韋。牲殺曰饔，生曰餼。卿至賓館，上介請問其來事。卿對，介入告。賓乃朝服，禮辭，而卿不許。有司乃入，陳之。

饔。

御案：饔對飧而言，飧薄則饔爲盛禮矣。

飪一牢，鼎九，設于西階前。陪鼎當內廉，東面，北上，上當碑，南陳。牛、羊、豕、魚、腊、腸、胃同鼎，膚、鮮魚、鮮腊設扃鼏；膷、臐、膮，蓋陪牛、羊、豕。

扃，古螢反。鼏，迷翼反。膷，音香。臐，許云反。膮，許堯反。

飪，熟食也。一牢九鼎，正數，故設于西階前。陪鼎所加以備不足，故設當內廉。內廉，西階之東廉也。古者宮必有碑石爲之，以識淺深。牛羊以下七者皆可同鼎，外有膚、魚、腊及膷、臐、膮等皆別以鼎盛之。膚、豕、皮、扃，蓋也。鼏所以覆鼎，蓋語詞。又言膷、臐、膮，所以陪牛、羊、豕，則必設于陪鼎矣。按：鼎有九而外更有陪鼎，則所盛諸品惟所陳之。上言同鼎明可以同鼎而非必同鼎也。

腥二牢，鼎二七，無鮮魚、鮮腊，設于阼階前，西面，南陳，如飪鼎，二列。

腥，生也。二七，十四也。二列，二行設之。

堂上八豆，設于戶西，西陳，皆二以竝，東上。韭菹，其南醓醢，屈。

醓，他感反。今文竝皆爲併。

鄭康成曰：戶，室戶。醓，肉汁也。醓醢，醢有醓也。敖氏繼公曰：二以竝者，八豆皆兩兩而設也。東上者，每列以東爲尊也。韭菹，其南醓醢，見其爲二以竝之位也。八豆惟言韭菹、醓醢，則爲朝事之豆。可知文省耳。屈者，言設餘豆之法也。醓醢西昌本，昌、本北[1]麋臡，臡[2]西菁菹，菁菹南[3]鹿臡，臡西茆菹，茆菹北麋臡。曲折而下所謂屈也。

八簋繼之，黍，其南稷，錯。六鉶繼之，牛以西羊、豕，豕南牛，以東羊、豕。兩簠繼之，粱在北。

賈氏公彥曰：簋，繼八豆以西陳之。八豆言屈，八簋言錯，以八豆之實各別，故次第屈陳之，黍、稷唯二，雖屈陳之，使當行閒錯，不並陳設。鉶，羹器也。六鉶又繼八簋兩簠以盛稻粱，又繼六鉶陳之，不次于簋者，加饌也。

八壺設于西序，北上，二以竝，南陳。西夾六豆，設于西墉下，北上。韭菹，其東醓醢，屈。六簋繼之，黍，其東稷，錯。四鉶繼之，牛以南，羊，羊東，豕，豕以北，牛。兩簠繼之，粱在西，皆二以竝，南陳。六壺，西上，二以竝，東陳。饌于東方，亦如之，西北上。壺東上，西陳。醓醢百罋，夾碑，十以爲列。醓在東。

罋，烏弄反。

壺，酒尊也。酒不一，故分盛八壺，設于西序。東西夾室，雜陳腥牢，備賓平日所用。東方，東夾室醓醢亦然。夾碑在鼎之中央，醓醢各半，醓用較醢爲寡。故在東。

餼二牢，陳于門西，北面，東上，牛以西，羊、豕，豕西，牛、羊、豕。米百筥，筥半斛，設于中庭，十以爲列，北上，黍、粱、稻皆二行，稷四行。

① 北，阮元《十三經注疏》作西。
② 臡臡，阮元《十三經注疏》作麋臡。
③ 南，阮元《十三經注疏》作北。

門外，米三十車。車秉有五籔，設于門東。爲三列，東陳。禾三十車，車三秅，設于門西，西陳。薪芻倍禾。

筥，居吕反。行，竝戶卽反。籔，疏五反。秅，篤誤反。今文籔或爲逾。

牲，生曰餼。二牢，爲一列米從餼者也，故同陳于門內，東西爲列。秉、籔、秅，數名也。十斗曰斛，十六斗曰籔，十籔曰秉，二百秉曰秅。薪芻倍禾，以其用多也。

賓皮弁，迎大夫于外門外，再拜，大夫不答拜。揖，入，及廟門，賓揖，入。大夫奉束帛，入。三揖，皆行。至于階，讓。大夫先升一等，賓從，升堂，北面聽命。大夫東面致命。賓降，階西再拜稽首，拜餼亦如之。大夫辭，升成拜。受幣堂中西，北面。大夫降，出。賓降，授老幣。

大夫，使者。賓迎拜，大夫不答拜者，以其尚未致君命也。廟門，鄭康成曰：古者天子適諸侯，必舍其祖廟。諸侯行，舍于諸公廟。大夫行，舍于大夫廟。奉束帛執其所以將命者，皆猶竝也。至階賓讓大夫先升一等。致命，致君命。賓降階西拜，君命之辱，大夫以君命辭之，乃升，成拜。幣卽束帛。堂中西，中央之西。大夫降，出。賓降，授幣于其老。

出迎大夫。大夫禮辭，許。入，揖讓如初，賓升一等，大夫從，升堂。庭實設馬乘。賓降堂，受老束錦。大夫止。賓奉幣西面，大夫東面。賓致幣，大夫對，北面當楣再拜稽首，受幣于楹間，南面，退，東面俟。賓再拜稽首送幣。大夫降，執左馬以出，賓送于外門外，再拜。

賓出，迎大夫。入，奉庭實及幣于君。大夫先辭讓而後許。賓設四馬，賓之老授賓束錦。大夫止，而不降。賓致幣，大夫謙對，再拜。賓卒致之，大夫受幣，賓拜送幣。大夫降，執左馬以出。賓之士執三馬從之。賓拜送于門外。

明日，賓拜于朝，拜饔與餼，皆再拜稽首。

敖氏繼公曰：此所謂拜賜也。賈氏公彥曰：拜于朝在外，朝大門之外。以上歸賓饔餼。

上介饔餼三牢。飪一牢在西，鼎七，羞，鼎三。腥一牢在東，鼎七。堂上之饌六。西夾亦如之筥及饔如上賓。

賓、介異館，故別歸之。上介之牢與鼎饌皆殺于賓，筥及饔則否。

餼一牢，門外米、禾視死牢，牢十車。薪芻倍禾。凡其實與陳，如上賓。下大夫韋弁，用束帛致之。上介韋弁以受，如賓禮。擯[①]之兩馬束錦。

敖氏繼公曰：死牢，飪與腥也。牢十車，則二十車也。擯之兩馬束錦，下于賓之乘馬也。擯相介，奉馬幣，謙，亦若助賓而然。以上歸上介饔餼。

---

① 擯，阮元《十三經注疏》作儐。

士介四人皆餼大牢，米百筥，設于門外。宰夫朝服，牽牛以致之。士介朝服，北面再拜稽首受。無儐。

皆四人同禮數也，亦以君命致之而用。宰夫無束帛，殺也。士介不奉馬、幣。此餼士、介。

賓朝服問卿，卿受于祖廟，下大夫擯。擯者出請事。大夫朝服迎于外門外，再拜，賓不答拜。揖，大夫先入，每門每曲揖。及廟門，大夫揖，入。

前賓請有事于大夫，君已許之矣。故賓問時卿不復辭，而受于祖廟以重之。下大夫擯，蓋請于君而使大夫朝服及揖入之。大夫卽卿也。按周制，國有命卿及自置之，卿命于天子者最尊已。自置者卽上大夫爲之。此經言問卿而又云大夫，固知此書爲春秋後儒者掇拾之文，抑兼卿、大夫而言也。

擯者請命。庭實設，四皮。賓奉束帛，入。三揖，皆行，至于階，讓賓。升一等，大夫從，升堂，北面聽命。賓東面致命，大夫降，階西再拜稽首，賓辭，升，成拜，受幣堂中西，北面。賓降，出。大夫降，受老幣。無儐。

請命，請賓致君命，蓋大夫無私交聘，而問外臣亦奉君命爲之。皮，蓋麋鹿之皮。無儐，卿不酬以幣。以上問卿。

擯者出請事，賓面，如覿幣。賓奉幣、庭實從，入門右，大夫辭。賓遂左。庭實設。揖讓如初。大夫升一等，賓從之。大夫西面，賓稱面。大夫對，北面當楣再拜，受幣于楹閒，南面，退，西面立。賓當楣再拜送幣，降，出。大夫降，授老幣。

面，亦見也。敖氏繼公曰：聘，使私見于主。君曰覿，大夫曰面，蓋異其稱，以別尊卑也。《周官》以私覿爲私面，則又通而言之。賓奉幣及四馬入門右，謙不敢自同于奉幣之禮。大夫辭，賓乃左。稱面，致所以私面之意。其授馬幣如覿之儀。此賓私面。

擯者出請事。上介特面，幣如覿。介奉幣、皮，二人贊，入門右，奠幣，再拜。大夫辭，擯者反幣。庭實設，介奉幣入，大夫揖讓如初。介升，大夫再拜受。介降拜，大夫降辭。介升，再拜送幣。

特面，唯行面禮，不先行問禮。二人贊，儷皮，而入拜。奠幣，大夫辭，使擯者還其幣，介不許，設庭實又奉幣入。大夫揖讓如賓面禮，介升，大夫拜，受其幣。介降而拜送幣，大夫降辭，其降，介乃升，拜也。此上介私面。

擯者出請。眾介面，如覿幣。入門右，奠幣，皆再拜，大夫辭。介逆出。擯者執上幣出，禮請受。賓辭，大夫答再拜。擯者執上幣，立于門中以相拜，士介皆辟。老受擯者幣于中庭，士三人坐取羣幣以從之。

相，息亮反。辟，音避。

衆介皆各有幣。上幣，則其長者之幣。執上幣出，舉此以該羣幣也。衆介私而不敢同于賓。與上介奠幣卽辭出。擯者執上幣出，請以客禮受。賓辭，大夫答其敬己，則固受其幣矣。故擯者執上幣，立而相拜。士介避，不敢當其老受擯者幣于中庭，士三人坐取羣幣以從。其禮視上介殺矣。此衆介私面。

擯者出請事，賓出，大夫送于外門外，再拜，賓不顧。擯者退，大夫拜辱。

擯者奉君命而爲相，故大夫拜其爲己屈辱。此賓退。

下大夫嘗使至者，幣及之。上介朝服。三介，問下大夫。下大夫如卿受幣之禮。其面，如賓面于卿之禮。

使，師異反。

嘗使至者，嘗奉使。至于賓國與賓有舊者，則以幣問之。使上介朝服而問，三介從之，若非舊交而問者卽下大夫，亦如卿受幣之禮。其面也，亦如賓面。于卿之禮尊。主國之臣不以其下于卿而殺禮。此問嘗使者及下大夫。

大夫若不見，君使大夫各以其爵爲之受，如主人受幣禮，不拜。

見，賢遍反。爲，于僞反。

御案：不見謂疾病或有喪或奉使在外者，皆是賓與其人有舊，雖不可見而亦問之。君不虛賓之意，故使大夫各以其爵相等者代爲受之，如主人受幣禮，但不拜耳。此代受問。

夕，夫人使下大夫韋弁歸禮。堂上籩、豆六，設于戶東，西上，二以竝，東陳。壺設于東序，北上，二以竝，南陳，醙、黍，清，皆兩壺。大夫以束帛致之。賓如受饔之禮，儐之乘馬束錦。上介四豆、四籩、四壺，受之如賓禮，儐之兩馬、束錦。明日，賓拜禮于朝。

醙，所九反。

君問卿日之夕，夫人乃使下大夫韋弁歸，賓其日其時，其禮皆下於君。二以竝，籩、豆兩行陳之。醙，白酒。凡酒，稻爲上，黍次之，粱次之，皆有淸白。其陳也淸白相閒。大夫以束帛致夫人之命，賓如受君饔之禮。蓋夫人不敢自同于君，而賓則當敬之如君也，故儐之以乘馬束錦。其上介則所歸更殺，而介亦儐之，兩馬束錦亦敬夫人如君也。明日，賓拜夫人之禮于朝，介亦從拜。可知此夫人歸禮于賓介。

大夫餼賓大牢，米八筐。賓迎再拜。老牽牛以致之，賓再拜稽首受。老退，賓再拜送。上介亦如之，衆介皆少牢，米六筐，皆士牽羊以致之。

大夫亦致餼于賓與介，其禮尤殺。老，大夫家臣之長。八筐，鄭康成曰：黍、粱各一筐，稷四筐，無稻，介六筐，則黍、稷、粱各二筐矣。此大夫餼賓、介。

公于賓，壹食，再饗。燕與羞，俶獻無常數，賓介皆明日拜于朝。上介壹食，壹饗。

食，音嗣。下同。古文壹皆爲一。今文饗皆作鄉。

食、饗禮略同，但食禮無酒。一食，再鄉，食居二饗之閒，其燕與禽羞以時新物。獻無常數，俶，始也，新獻也。上介則一食一饗，明日賓與介皆拜賜于朝，上介句宜在賓介句上。此言饗食燕羞。

若不親食，使大夫各以其爵，朝服致之以侑幣，如致饔，無儐。致饗以酬幣，亦如之。

鄭康成曰：君不親食，謂有疾及他故也。必致之，不廢其禮也。致之必使同班以敵者，易相親敬也。酬幣，饗禮酬賓勸酒之幣。此致饗食。

大夫干賓，壹饗壹食，上介若食若饗。若不親饗，則公使大夫致之以酬幣，致食以侑幣。

大夫自饗食，賓則唯各一。上介或食或饗，不並舉。若大夫有故不親饗，則公使他大夫致食以酬幣。致幣以侑食，蓋敬賓者禮也。故雖大夫之事，君亦必曲全之。此大夫饗食賓。

君使卿皮弁還玉于館。賓皮弁，襲，迎于外門外，不拜，帥大夫以入。大夫升自西階，鉤楹。賓自碑內聽命，升自西階，自左，南面受圭，退，負右房而立。大夫降中庭，賓降，自碑內東面授上介于阼階東。

還玉，還其所贄之圭。皮弁使卿重其事，賓迎而不拜，以還玉于君，非爲己也。鉤楹，由楹內也。大夫升自西階，賓聽命，下乃升階，自左，南面受圭。碑內，庭少北也。大夫士家亦有左右房。敖氏繼公曰：大夫降而至于中庭，賓乃發于負右房之位，而降自碑內者，反其鄉者，所由之塗也。既授上介，則復立于中庭。

上介出請，賓迎。大夫還璋，如初入。賓裼，迎。大夫賄用束紡。

賄，虎腿反。紡，敷罔反。

上介出請事，而大夫又將爲夫人還璋。上介入告，則賓迎大夫如初入。賓裼而迎大夫。大夫致君命，賄，賓以束紡賄予人以財也。紡，紡絲爲之。

禮玉束帛乘皮，皆如還玉禮。大夫出，賓送，不拜。

禮玉，主君報聘君以玉帛。其致之也，皆如還玉禮。大夫事畢而出，賓不拜送，與不拜迎同。以上還玉及賄賓。

公館賓，賓辟，上介聽命。聘享、夫人之聘享，問大夫送賓，公皆再拜。公退，賓從請命于朝。公辭，賓退。

館賓，公就賓館而謝賓也。賓辟不敢見，使上介聽命。公謝其聘享己及夫人之聘享，問大夫且送賓。以上四事，公皆再拜。公退，賓即從君後請命于朝。恐君別有所命，公辭以無事，而賓退。此公就館拜賓。

賓三拜乘禽于朝，訝聽之。

主君日致賓，乘禽五雙，今賓將去則乘禽之賜止此。故賓三拜謝于朝，君使人訝聽之。此賓拜賜。

遂行，舍于郊。公使卿贈，如覿幣。受于舍門外，如受勞禮，無儐。使下大夫贈上介，亦如之。使士贈眾介，如其覿幣。

今文，公，爲君。勞，力報反。下同。

郊，近郊。舍于，此爲將與主國爲禮也。覿幣，亦束錦有庭實也。賓受于舍門外，如受勞禮，無儐。以君報己之覿也。贈上介、眾介亦如覿幣。

大夫親贈，如其面幣，無儐，贈上介亦如之。使人贈眾介，如其面幣。士送至于竟。

竟，音境。下同。

大夫親送賓而贈之，如其面幣，士送沒其竟。以上送賓贈幣。

使者歸，及郊，請反命，朝服，載旜，禳，乃入。

禳，如羊反。

敖氏繼公曰：不敢徑入，恭也。請反命，其亦使次介與出時受命。至郊而斂旜，歸時反命。至郊而載旜入國，當斂之，使臣宜先見君而後反私室。敖謂入己門外斂之，非也。禳，祭行也。出祭之歸，當報祭也。

乃入，陳幣于朝，西上。上賓之公幣私幣皆陳，上介公幣陳，他介皆否。束帛各加其庭實，皮左。

入，入公門也。陳幣，陳其聘君所得之幣。賈氏公彦曰：賓之公幣，則主君。郊勞幣、醴賓幣、致饔餼幣、夫人歸禮幣、食侑幣、饗酬幣、再饗酬幣，郊贈幣也。賓之私幣，則主國，三卿皆一。食有侑幣，饗有酬幣，又皆有郊贈幣也。其上介、公幣，則致饔餼幣，夫人致禮幣，食侑幣、饗酬幣、郊贈幣也。其私幣，則主國三卿或饗、或食皆有幣，又三卿郊贈幣也。束帛各加其庭實。皮則重累陳之上左。

公南鄉。卿進使者。使者執圭垂繅，北面。上介執璋屈繅，立于其左。反命曰：以君命聘于某君，某君受幣于某宮，某君再拜；以享某君，某君再拜。宰自公左受玉。受上介璋，致命，亦如之。

鄉，許亮反。

鄭康成曰：宰告于君，君朝服，出門左，南鄉。君使卿進使者，使者執圭入，北面。上介執璋而入，立于其左，士介亦隨入門右。某君，所聘國之君。某宮，其國祖廟。受，受玉也。受上介璋，上介致命亦如之。

執賄幣以告，曰：某君使某子賄。授宰。禮玉，亦如之。執禮幣以盡言賜禮。

盡，子忍反。

賄幣亦告君，授宰不自私也。某子賄，謂卿大夫玉亦聘國所賜，亦以告而授宰。執聘國所禮之幣，盡言其所賜禮之事。

公曰：然，而不善乎。授上介幣，再拜稽首，公答再拜。私幣不告。君勞之，再拜稽首，君答再拜。若有獻，則曰：某君之賜也，君其以賜乎。

然其言而汝也，汝之爲使不亦善乎。獎之也，公仍以幣還使者，使者授上介，再拜稽首，若君新賜也。公答再拜，優其使也。私幣不告，不同告賄幣也。君勞之必有賜焉，文不具使者所得之物，不敢獨私而以獻君，則曰：此某君之賜也，君其以賜人乎。

上介徒以公賜告，如上賓之禮。君勞之，再拜稽首，君答拜。勞士介亦如之。

徒，空手，不執其幣也。他如正使之禮，君勞上介，士介皆如正使。

君使宰賜使者幣，使者再拜稽首。賜介，介皆再拜稽首。乃退。介皆送至于使者之門，乃退，揖。使者拜其辱。

君又別賜使者以幣，使者再拜稽首而受。賜介亦然。反命而退，上介、眾介皆送至于使者之門乃退，揖。別使者拜介等之辱。以上歸反命。

釋幣于門，乃至于禰。筵几于室，薦脯醢。觴酒陳，席于阼，薦脯醢，三獻。一人舉爵，獻從者，行酬，乃出。上介至亦如之。

門，使者之門。釋幣于門，至于禰而告反。筵几，薦脯醢，陳觴酒以祭，乃設酢席于阼，薦脯醢。敖氏繼公曰：設酢席于阼，變于祭且爲將與從者爲禮于堂上也。主人既獻則酌而自酢與祭而有尸者，亦異酢，而有薦亦異于祭也。三獻于禰，每獻奠亦輒取爵自酢。三獻禮成。一人舉爵獻從行之家臣。行酬，行酬酒也。徧酬，乃徹主人與從者，闔牖戶而出，出時告禰祭行，歸但告反于禰，而行則及郊卽禳之者，行主于道，禰主于室也。上介至其家亦然。

聘遭喪，入竟則遂也。不郊勞，不筵几，不禮賓。主人畢歸禮，賓唯饔餼之受。不賄，不禮玉，不贈。

遭喪，主國君薨也。已入其國之竟，則遂將事。不郊勞，子未成君，賓亦至禮于廟，而主人不筵几，無君以告廟也。不以醴酒禮，賓其飧饔餼食諸禮，主人畢歸之，以賓飲食所需不可廢也。賓唯受饔餼，不缺于供而已。不賄，不禮玉，不贈，一切皆殺。

遭夫人、世子之喪，君不受，使大夫受于廟，其他如遭君喪。

鄭康成曰：夫人，世子死，君爲喪主，使大夫受聘禮，不以凶接吉也。其他，謂禮所降。

遭喪，將命于大夫，主人長衣、練冠以受。

承上三喪，皆將命于大夫。主人卽大夫。鄭康成曰：長衣，素純布衣。去衰易冠，不以純凶接純吉也。以上遭喪。

聘，君若薨于後，入竟則遂。赴者未至，則哭于巷，衰于館，受禮，不受饗食。赴者至，則衰而出。唯稍受之。歸，執圭復命于殯，升自西階，不升堂。子卽位不哭。辯復命，如聘，子、臣皆哭。與介入，北鄉哭。出，袒，括髮。入門右，卽位，踊。

衰，七回反。今文赴作訃。稍，所教反。辯，音徧。

後使者既行之後，入竟則遂，未入竟則反而奔喪。可知在外聞君薨而赴者，未至則哭于巷門，衰于館，唯受饔餼之禮，以贍朝夕，不受饗食。告喪者已至其國，則衰而出稍稟食也。按：聘禮之行在至國之數日間，則此經言哭與衰必在既行聘禮之後，若但入竟未行聘禮而卽聞君薨，其不終聘事明矣。執圭復命如君生時升階，不升堂，不行反命之禮也。子，諸侯在喪之稱。先子、臣皆不哭，及辯復命，則子、臣皆哭。辯，復命，復命于子。既復命出，復與介更入行奔喪禮，北鄉而哭，出而袒，括髮。入門右，卽位，踊。此聘出後而君薨。

若有私喪，則哭于館，衰而居，不饗食。歸，使衆介先，衰而從之。

鄭康成曰：私喪，謂其父母也。衰而居，不敢以私服干君之吉使。其在道路，使介居前，己隨之歸，請反命，君納之乃朝服。既反命，出公門，釋服，哭而歸。此私喪。

賓入竟而死，遂也。主人爲之具而殯。介攝其命。君弔，介爲主人。主人歸禮幣，必以用。介受賓禮，無辭也。不饗食。歸，介復命，柩止于門外。介卒復命，出，奉柩送之。君弔，卒殯。

遂，已。遂，其正聘之事具。始死至殯，所當用攝其命，致聘享及問禮等。介與賓俱受命于君以出。故可攝命及爲主人受弔，必以用必可爲喪用。介受賓禮，無所辭，以其當受之，以反命于君也。不饗食，不往也。致則受之與私喪同。以柩造朝止于門外，以達其忠信。介復命訖出，奉柩送于其家，君臨弔之，卒其殯事，以其沒于外恐有不周，故優之也。

若大夫介卒，亦如之。士介死，爲之棺，斂之，君不弔焉。

斂，吏驗反。下同。

大夫介，上介也。其卒亦如正使之禮。士介卒，亦爲棺斂之具，但君不弔，異于正使。

若賓死，未將命，則既斂于棺，造于朝，介將命。若介死，歸復命，唯上介造于朝。若介死，雖士介，賓既復命，往，卒殯乃歸。

若賓未將命而死，則既斂于館，以柩造朝，達君命。介攝賓將命，若介死則賓復命。唯上介之柩造于朝，他介不然。若衆介有死者，雖士介，賓既復命，亦往送柩至其家，卒殯乃歸。以同行事當盡禮也。以上賓介卒。

小聘曰問。不享，有獻，不及夫人，主人不筵几，不禮，面不升，不郊勞。其禮如爲介，三介。

小聘異于大聘，不行享禮，亦不問及夫人，主人不禮之禮，當作醴。凡受禮而設筵乃醴賓。此雖受于廟而不筵几，故不醴賓。面，私覿也。私覿庭中受之，不升堂，不郊勞。其致饔餼之禮如致上介，問賓但以三介從。此小聘。

記

久無事，則聘焉。若有故，則卒聘，束帛加書將命。百名以上書于策，不及百名書于方。主人使人與客讀諸門外。客將歸，使大夫以其束帛反命于館。明日，君館之。

無事，無兩國要事，則聘焉，以達情好。若有事則卒其聘事。上文所言聘禮皆行之，故曰：卒外。束帛加書，以致其事。百名，約言其事多則書于策，少則書于方，其致書也。主人使人與客讀諸廟門外，蓋所致之事，聘者必與聞之同讀，以示信也。不于內讀之者，賓成禮而出，乃讀之也。反命亦束帛加書復其命。明日君就館，蓋有事不便久稽也。此記無事有事之别。

既受行，出，遂見宰，問幾月之資。使者既受行日，朝同位。出祖，釋軷，祭酒脯，乃飲酒于其側。

幾，居豈反。古文資作齎。軷，蒲未反。古文作祓。

出聘者，既受君命而行出，遂見宰，問行資多寡。出國門、祖道，陳車馬、釋酒脯之奠祭行道之神，與同行者飲酒于其側，按日朝同位，謂已受命後，未即行，每日朝，則使者、介皆同位。然此義殊非。此記受命始行諸事。

所以朝天子，圭與繅皆九寸，剡上寸半，厚半寸，博三寸，繅三采六等，朱、白、蒼①，問諸侯，朱綠繅，八寸，皆玄纁繫，長尺，絢組。

朝，音潮。繅，音早。《雜記》作藻，同。剡，以冉反。厚，胡耦反。蒼，石經作倉。長，直亮反。絢，呼縣反。

諸侯朝天子，皆執命圭，而此云皆九寸，蓋謂諸侯使人朝于天子。所執亦瑑圭，而制特異也。繅所以藉玉剡上三角而銳。三采六等，朱、白、蒼每采以兩相併而爲一就也。朱在上，白在中，蒼在下。問諸侯，瑑圭、繅皆二采一，就朱綠繅之采也。繅

① 蒼，阮元《十三經注疏》作仓。

以帛爲之表玄，而裏纁表裏皆絢以采。采成文曰絢。此記圭、繅。

問大夫之幣俟于郊，爲肆，又齎皮馬。

齎，子兮反。

鄭康成曰：肆，猶陳列也。齎，猶付也。使者既受命，有司載問大夫之禮，待于郊，陳之爲行列，至則以付之。使者初行，舍于郊，不于朝付之者，與聘君不同。此記問大夫之幣。

辭無常，孫而說。辭多則史，少則不達。辭苟足以達，義之至也。辭曰：非禮也，敢。對曰：非禮也，敢[1]。

孫，音遜。說，音悅。

辭無一定，總以和順爲妙，多則嫌于太文，少則嫌于太略。辭苟足以達，則或多或少皆宜，故曰義之至也。若主人禮逾分則辭之曰非禮，或主人强已以非分則對之以非禮。敢，不敢也。此記聘之辭。

卿館于大夫，大夫館于士，士館于工商。管人爲客三日具沐，五日具浴。

鄭康成曰：館者必于廟。不館于敵者之廟，爲太尊也。自官師以上有廟有寢，工商則寢而已。管者，掌客館者。客，使者，下及士介也。此記所館並管人所共。

飧不致，賓不拜，沐浴而食之。

食，如字。

不致，主人不以束帛致君命，則賓亦不拜。然必沐浴而後食者，重君賜也。此記食。

卿，大夫，訝。大夫，士訝。士，皆有訝。賓卽館，訝將公命，又見之以其贄。賓既將公事，復見之以其贄。

訝，主國君所使迎待賓者，卿則使大夫訝。大夫使士，士亦有訝。賓初卽館，訝將公命已迎待之意，又以私禮贄見，以訝常與賓親也。以其贄如大夫執雁，士執雉之類。賓既將公事，復見之而還其贄。此記訝者。

凡四器者，唯其所寳以聘可也。

唯其所寳以聘公、侯、伯之使者。圭、璋，以行聘；璧、琮，以行享。子、男使者，聘用璧琮，享用琥璜，不相假也。云四器者，唯以公、侯、伯言之。此記聘玉。

宗人授次，次以帷，少退于君之次。

掌次設而宗人授賓以帷爲之。少，遜于君之次。退，遜也。此記次。

上介執圭如重，授賓，賓入門，皇。升堂，讓。將授，志趨。授如爭承，下如送。君還而后退。下階，發氣，怡焉。再三舉足，又趨。及門，正焉。

---

[1] 敢，阮元《十三經注疏》作敢辭。

還，音旋。

如重，所謂執圭器，如不克也，上介執以受賓，賓入門，皇，自莊敬也。升堂，讓。主君升二等而後升，將授圭時，志必在于趨，恐失容也。如爭承，如與人爭接物，恐失墜也。下如送。御案：玉已授而手在下，猶若有所送也。下階而發氣則前此屏氣。可知怡和悦。再三舉足，又趨，餘敬不忘也。及門，正焉，容色復故。此記授圭之容。

執圭入門，鞠躬焉，如恐失之。及享，發氣焉，盈容。衆介北面，蹌焉。私覿，愉愉焉。出，如舒雁。

賓執圭，方入門，即鞠躬，如恐失之。享禮則有容色。衆介亦容貌舒揚。私覿，和樂而敬，又舒于盈容矣。舒雁，鵝也。威儀、從容、持重。此記賓執圭，享覿之容。

皇且行，入門，主敬。升堂，主慎。

總記行聘儀容。宜皇且行，謂莊重、大方、行步安詳也。蓋聘必爲國之光，毋卑靡失禮。入門，升堂主于敬。慎則不失禮。

凡庭實隨入，左先，皮馬相間可也。賓之幣唯馬出，其餘皆東。

間，記莧反。

隨入，不竝行。北面以西爲上，故左者先入，皮馬相間而設，馬當入廐，故帷幣出。此記庭實。

多貨，則傷于德。幣美，則沒禮。賄，在聘于賄。

貨，指聘物。聘物有常數，多則重貨而害于德。美，謂奇巧也。若貨多幣美，是爲賄在矣。賄在是聘于賄，非以禮行。此句反言以明之。此記貨幣之度。

凡執玉，無藉者襲。

藉，若璧以帛，琮以錦之類，無藉若圭、璋，特達是也。襲以執之，敬也。此記執玉襲。

禮，不拜至。醴尊于東箱，瓦大一，有豐。薦脯五膱，祭半膱横之。祭醴再扱，始扱一祭，卒再祭。

禮，今文作醴。大，音泰。膱，音職。扱，初洽反。

醴，賓不拜至，以聘者臣也，下于君也。尊于東箱，則勺、觶、籩、豆之屬，亦近之。五膱，半膱，義見《鄉射記》。扱、醴，見《士昏禮》。此記醴賓之事。

主人之庭實，則主人遂以出，賓之士訝受之。

主人醴賓有庭實，賓執左馬以出。餘主人遂命人出，授賓之從者。

既覿，賓若私獻，奉獻將命。擯者入告，出禮辭。賓東面坐奠獻，再拜稽首。擯者東面坐取獻，舉以入告，出，禮請受。賓固辭，公答再拜。擯者立于闑外以相拜，賓辟。擯者授宰夫于中庭。若兄弟之國，則問夫人。

既覿，賓若私有獻于主君，亦稱君命以奉之，不敢自專也。君使擯者出，辭其獻，而賓不許，奠獻于外，再拜稽首，不敢以客禮自居。擯者取其所獻之物入告，出，而請以客禮受。賓固辭，公乃答拜之，賓在外，故擯者立于闑外，相拜。告賓以公拜，賓辟不敢當擯者，乃以所獻授宰夫藏之。若兄弟之國亦可私獻于夫人。此記私獻。

若君不見，使大夫受，自下聽命，自西階升受，負右房而立，賓降亦降，不禮。

見，賢徧反。禮，作醴。

不見，鄭康成曰：君有疾，若他故也。受，受聘享，不行醴賓之禮。此記君不見大夫受聘之禮。

幣之所及皆勞，不釋服。

勞，力報反。

凡賓以幣問者，其受幣者皆當勞之報施之禮。當然不釋服，亦皮弁以禮賓。此記凡受幣者皆勞。

賜饔，唯羹飪，筮一尸，若昭若穆。僕爲祝，祝曰：孝孫某，孝子某，薦嘉禮于皇祖某甫，皇考某子。如饋食之禮。假器于大夫。肦肉及廋車。

祝曰之祝，之又反。肦，音班。廋，所求反。

主君賜饔，賓以祭其先榮君之賜，且以示奉使猶不忘其先也。唯羹飪，取其禮之盛者，筮一尸，若昭若穆者，如父在，則祭其祖；父卒則祭其父；若祖父俱卒，則亦唯祭父；祖父俱存則祭其曾祖。唯祭一人，以在外禮不備也。如饋食之禮，大概如之不備。假祭于大夫，頒胙徧及其下，卽廋人、巾車皆及之。此記饔祭。

聘日致饔。明日，問大夫。夕，夫人歸禮。既致饔，旬而稍。

問大夫，古文曰問夫人。

行聘之日致饔于賓。明日，問大夫，不言問夫人，或問或不問也。如問夫人，則其夕夫人饋賓禮。御案：十日而稍，恐其米禾薪芻或不繼也。牢則無之。

宰夫始歸乘禽，日如其饔餼之數。士中日則二雙。凡獻，執一雙，委其餘于面。禽羞、俶獻比。

古文餼爲既。比，筆倚反。

鄭康成曰：乘禽，乘行之禽也。謂雁鶩之屬，其歸之也，以雙爲數。其，賓與上介也。中，猶閒也。不一日一雙。太寡，不敬也。執一雙以將命。面，前也。其受之也，上介受之，以入告，士舉其餘從之。比，放也。其致之禮如乘禽。以上記主國禮賓之節與羞獻。

歸大禮之日，既受饔餼，請觀。訝帥之，自下門入。

大禮卽饔餼，既受饔餼，餘禮亦以次行之。既行之後，乃請觀其國典禮，如韓宣子觀易象與春秋，吳季札請觀于周樂，非謂致饔餼日卽請觀也。下門，凡觀所之門。此記請觀之候。

各以其爵，朝服。

鄭康成曰：此句宜在凡致禮下。

士無饔，無饔者無儐[1]。

鄭康成曰：謂歸餼也。此上記致禮爵服及士無儐。

大夫不敢辭，君初爲之辭矣。

此記賓問大夫，大夫不敢辭，以君先爲之辭也。

凡致禮，皆用其饗之加籩、豆。

君不親饗賓，及上介，而但以酬幣致其禮，必使卿大夫亦用饗禮之加籩、豆。記此者嫌不親饗，則不用加籩、豆也。此記加籩、豆。

無饔者無饗禮。

士介則無之。此記無饔無饗。

凡餼，大夫黍、粱、稷，筐五斛。

餼賓與介也。云黍、粱、稷，則無稻，有筐盛五斛。此記餼禮之米。

既將公事，賓請歸。

既將公事，則賓請歸。示不敢久留，而主君亦留之。上文云請觀是也。此記必請歸以盡使臣之禮。

凡賓拜于朝，訝聽之。

賓拜賜于朝，必訝聽之。不可無人傳受其禮也。此記訝受拜賜。

燕，則上介爲賓，賓爲苟敬，宰夫獻。

君于使臣致饔餼外，亦或燕賓，則上介爲賓，不欲重勞賓也。然賓亦必篤敬，苟誠篤意，使宰夫爲獻君，亦不親之。此記燕。

無行，則重賄，反幣。

無行，謂不歷聘也。因其衹聘于此國，故重其賄而反幣。此記無行之聘。

曰：子以君命在寡君，寡君拜君命之辱。君以社稷故在寡小君，拜。君貺寡君，延及二三老，拜。又拜送。

在，念在之也。擯者于君拜賓時爲此辭。君代夫人拜受亦然。延及二三老，拜，賓問大夫也。拜送，于賓將行時。此記拜受之辭及拜送。

① 儐，阮元《十三經注疏》作擯。

賓于館堂楹間釋四皮，束帛，賓不致，主人不拜。

賓館于大夫之廟，將去留四皮，束弊，以謝之。釋于堂楹閒，賓不致，主人亦不拜，以其爲賓主之常禮也。此記賓釋皮帛于館。

大夫來使，無罪，饗之，過，則餼之。其介爲介。

罪、過皆失誤，罪大而過小，罪如孫子，君登亦登若成叔傲之類。過但不嫺于禮，若行聘時無罪，則饗之，有過則但餼之。其介爲介，謂饗時，饗賓之時，仍以聘之。上介爲介，别當饗介也。此記罪、過及饗賓不易介。

有大客後至，則先客不饗食，致之。

前有卿、大夫來聘，而卽有他國之君後至，則先客不親饗食，但致其禮而已。卑不與尊齊，禮也。疏云：大客爲大國之卿、大夫非。此記聘有大客。

唯大聘有几筵。

經已云小聘不几筵，此記複。

十斗曰斛，十六斗曰籔，十籔曰秉，二百四十斗。四秉曰筥。十筥曰稯，十稯曰秅，四百秉爲一秅。

今文籔爲逾。稯，祖孔反，音總。秅，音妒，古文稯作緵。

包咸云：十六斗曰庾，庾、逾、籔，其數同也。二百四十斗，鄭康成曰：一車之米，秉有五籔。四秉之秉，刈禾盈手之秉也。筥，穧名，刈稻聚把爲筥。《詩》曰：彼有遺秉。此有不斂穧。一車之禾三秅，爲十①二百秉，三百筥，三十稯也。此記米禾之量。

總　論

古者諸侯各君其國，各子其民。先王制爲聘禮，使之通情悃，商治忽，平日情誼交孚，無事，則各安疆宇；有事，則相爲捍禦，而守王章、謹侯度皆寓其中。春秋之衰，其禮猶存。然不朝聘天子而第朝聘諸侯，又其所以聘者，私相要結而已。故夫子多弗取之。此篇記聘禮特詳，其情文曲至信爲周初之禮。而自秦以後，則不可復行。先儒容有誤解，悉正而疏之。

① 十，阮元《十三經注疏》作千。

儀禮恒解卷九

公食大夫禮

此因聘而食之也。食禮有飯有殽，雖設酒，祇以漱口。以飯爲主，故曰食饗、燕食相類。饗食于廟，燕于寢，則食禮次于饗。食禮通乎上下，其等差則視乎食之之人與所食之人，以爲隆殺。此篇則諸侯食聘大夫之禮，而並及主國大夫食聘者之禮。

公食大夫之禮。使大夫戒，各以其爵。上介出請，入告。三辭，賓出，拜辱。大夫不答拜，將命，賓再拜稽首。大夫還。賓不拜送，遂從之。

食，音嗣。三，如字。

使大夫朝服，往戒賓，各以其爵。爵同，易相親敬。上介出請，其來之故入以告賓。三辭不許，則出，拜君命之辱。大夫不答拜，以其拜君非拜己。致君之命，賓拜受命。大夫還，賓隨後踵至，不拜送以未終事也。此戒賓。

賓朝服即位于大門外，如聘。

如聘禮。賓入于次，乃即位也。

即位，具。羹定，甸人陳鼎七，當門，南面，西上。設扃鼏，鼏若束若編。設洗如饗。小臣具槃匜，在東堂下。宰夫設筵，加席几。無尊，飲酒、漿飲，俟于東房。凡宰夫之具，饌于東房。

定，多佞反。編，必緜反。匜，逸離反，音移。

賓至，乃具陳設，如下文所云。定，熟也。鼎七，大牢去鮮魚、鮮腊也。饗禮亡，設洗如饗，未知其處。槃匜爲公設，盥匜，盛盥水。槃，盛盥，棄水盥必有簞巾，不言文不具設。筵又加席几，安賓之意，無尊主于食，不獻酬也。飲有六，此但有漿、酒、飲三者，先言飲，明其爲飲也。漿飲之飲，蓋水也。酒、漿、飲皆觶，但俟時而設之。飲食之具，宰夫所掌，凡非一也。此陳設。

公如賓服，迎賓于大門內。大夫納賓。賓入門左，公再拜，賓辟，再拜稽首。公揖入，賓從。及廟門，公揖入，賓入三揖，至于階，三讓。公升二等，賓升。

辟，音避。

既具而後公朝服，迎賓，不出大門。使大夫納賓，公拜，賓避，不敢當公。先賓從公升二等，而後賓升，因其聘而禮之，賓則守臣下之禮。此迎賓。

大夫立于東夾南，西面，北上。士立于門東，北面，西上。小臣東堂下，南面，西上。宰東夾北，西面，南上。內官之士在宰東北，西面，南上。介門西，北面，西上。

先言主國之大夫、士等所立之位，而後言從賓之介立于門西，北面，西上。按：主國諸臣之位，宜先立，而後公出迎賓。此乃補記之辭，唯介則賓入而始立于門西耳。此羣臣及介之位。

公當楣，北鄉，至再拜，賓降也，公再拜。賓西階東，北面答拜，擯者辭。拜也，公降一等，辭曰：寡君從子，雖將拜興也。賓栗階升，不拜，命之成拜，階上北面再拜稽首。

承上，言賓升時，公當楣拜其至。賓降，辟，而公卒再拜，賓乃于西階東，答拜，擯者雖辭，賓卒拜。公降等而辭曰：雖禮將拜，然不敢當，請升也。賓拜而後疾趨栗階以升。既升，公以其拜下非所當，仍命之成拜，示已不敢當階下之拜，于是賓乃再拜稽首。此拜至。

士舉鼎，去鼏[①]于外，次入，陳鼎于碑南，南[②]面，西上。右人抽扃，坐奠于鼎西，南順，出自鼎西。左人待載。雍人以俎入，陳于鼎南。旅人南面加匕于鼎，退。大夫長盥，洗東南，西面，北上，序進盥，退者與進者交于前。卒盥，序進，南面匕。載者西面。魚腊飪。載體，進奏。魚七，縮俎，寢右。腸胃七，同俎。倫膚七。腸、胃、膚皆橫諸俎，垂之。大夫既匕，匕奠于鼎，逆退，復位。

鼎西南之南，衍文。今文奠爲委。長，知丈反。奏，千豆反。

---

① 鼏，阮元《十三經注疏》作冪。
② 阮元《十三經注疏》无南字。

賈氏公彦曰：去鼏于外者，以入當載于俎，故去之。敖氏繼公曰：次入，鼎在西者先，在東者後也。朝位，君南面，故陳鼎于外，内皆順之。鼎西，每鼎之西也。順出，以次而出。左人待載，蓋各立于其鼎之東南面。雍人，掌割亨之事者。旅人，雍人之屬。長盥，大夫之長者。先盥其洗，以序就盥。卒盥，序進而執事面其匕于南。載俎者，西面。飪，熟也。魚、腊皆熟食，禮宜熟也。載體，載牲體。奏，皮膚之理，進其奏，本在前。魚有七。縮俎者，順陳于俎也。寢，其首，首多骨鯁也。腸、胃亦七，與魚數配同一俎。倫，理也。膚之滑脆者，腸、胃、膚皆横諸俎，使出于俎外。大夫既加匕于鼎，逆退，復其東，夾南之位。此鼎入載俎。

公降盥。賓降，公辭。卒盥，公壹揖壹讓，公升，賓升。宰夫自東房授醯醬，公設之。賓辭，北面坐、遷而東遷所。公立于序内，西鄉。賓立于階西，疑立。

古文壹皆作一。疑，魚乙反。

公將親設醬，而降盥。賓降，辭，公辭。卒盥，一揖一讓，而升。賓讓公先升。宰夫授公醯醬，公親設之。醯醬，以醯和醬也。東遷所，東遷于其所也，亦宰夫遷之。公臨，卽爲親設。公立于序内，以俟宰夫等執事。賓端凝立于階西。

宰夫自東房薦豆六，設于醬東，西上，韭菹，以東醓醢、昌本。昌本南麋臡，以西菁菹、鹿臡。士設俎于豆南，西上，牛、羊、豕，魚在牛南，腊、腸、胃亞之，膚以爲特，旅人取匕，甸人舉鼎，順出，奠于其所。宰夫設黍稷六簋于俎西，二以竝，東北上。黍當牛俎，其西稷，錯以終，南陳。大羹湆不和，實于鐙。宰右執鐙，左執蓋，由門入，升自阼階，盡階，不升堂，授公，以蓋降，出，入，反位。公設之于醬西。賓辭，坐遷之。宰夫設鉶四于豆西，東上，牛以西羊，羊南豕，豕以東牛。飲酒實于觶，加于豐。宰夫右執觶，左執豐，進設于豆東。宰夫東面坐，啟簋會，各卻于其西。

醓，他感反。臡，奴兮反。菁，子丁反。今文臡皆作麋。錯七各反。大，音泰。和，戶臥反。鐙，音登。今文湆爲汁。會如字。

鄭康成曰：醓醢，醢有醓。醓，肉汁。昌本，昌蒲本菹。醢，有骨謂之臡。菁蔓，菁菹也。《周官·醢人》：朝事之豆。八，此用其六，殺也。敖氏繼公曰：六豆爲二列：内列，自西而東；外列，自東而西。惟云西上者，外列統于内列也。郝氏敬曰：俎七設于六豆南，南北二列，始西北牛俎，牛俎東，羊俎，羊俎東，豕俎。北一列也。又西南魚俎，當牛俎之南。魚俎東，腊、腊東，腸、胃北與豕對。此南一列也。二三並六，惟膚俎在東。獨設無並曰特。士既設俎，復其門東之位。甸人乃入，舉鼎以出。旅人取匕先鼎出。順出，順其入之次。竝，併也。錯，相閒。大羹之汁，不致五味。瓦豆曰鐙，有蓋者以避塵。湆在爨門外，東方，故由門入。鉶，菜和羹之器。飲以漱口之酒，早實于觶，加于豐。宰夫進設之。會簠，蓋也。卻，仰也。簠，蓋有六，兩兩相重而仰之。以上設正饌。

贊者負東房，南面告具于公。公再拜，揖食。賓降拜，公辭，賓升，再拜稽首。賓升席，坐取韭菹，以辯擩于醢，上豆之閒祭。贊者東面坐取黍，實于左手，辯，又取稷，辯，反于右手，興，以授賓，賓祭之。三牲之肺不離，贊者辯取之，壹以授賓。賓興受，坐祭，捝手，扱上鉶以柶，辯擩之，上鉶之閒祭。祭飲酒于上豆之閒，魚、腊、醬、湆不祭。

食，如字。辯，音徧。擩，人悅反，又而懸反。捝，始銳反。扱，初洽反。

贊者在東房，戶外之東，若負之然告具于公。公拜揖賓，就食。賓降，拜。公辭，乃升，成拜。擩，染也。醢不可取擩之，若取之也，贊者坐取黍、稷授賓，賓祭之。兩言辯者，黍稷各三，簠各三取之，故不總言辯也。肺不離者，切肺也。三牲之肺，皆不離。贊者辯取之，一一授賓，興而受坐，以祭。扱，扱鉶中之菜也。辯擩之，以柶擩三鉶于上鉶之間祭。鉶飲與酒皆祭，唯不祭魚、腊、湆，略其細也。此賓祭正饌。

宰夫授公飯粱，公設之于湆西。賓北面辭，坐遷之。公與賓皆復初位。宰夫膳稻于粱西。士羞庶皆有大蓋，執豆如宰。先者反之，由門入，升自西階。先者，一人升，設于稻南，簠西，閒容人。旁四列，西北上。

大，如字。

鄭康成曰：既告具矣，而又設者，加也。遷之，遷而西之，以其東上也。粱，今高粱，炊以爲飯。初位，公序內，賓階西。膳稻，以稻爲膳而進之。士進眾珍味皆有大者，以便賓祭。皆有蓋，如宰。如進大羹湆，右執豆，左執蓋也。先者，先設粱者。反之，卻入門外取三牲與魚，由門入，升階，授前設稻之人。設于稻南，簠西，其間可以容人，便賓于此閒往來。旁，正饌中席，而此在旁也。

膷，以東臐、膮、牛炙。炙南醢，以西，牛胾、醢、牛鮨。鮨南羊炙，以東羊胾、醢、豕炙。炙南醢，以西豕胾、芥醬、魚膾。眾人騰羞者盡階不升堂，授以蓋，降，出。

膷，音香。臐，許云反。膮，許堯反。炙，之繹反。又章夜反。胾，側吏反。鮨，巨之反。

牛曰膷，羊曰臐，豕曰膮，皆肉羹炙。炙，肉胾，切肉。鮨，《內則》爲膾。芥醬，芥實醬也，菹。御案：正豆一菹、一醢相間，此品多，故以一醢從牛炙，而一醢居牛胾、牛鮨之間，一醢居豕炙、豕胾之間，惟芥醬在魚膾之上，蓋縱横四列而設之，又欲使四醢與芥醬相間而成文也。騰，升也。眾人自下進羞不升堂以授先者一人。蓋羞多必眾人雜沓而進，反嫌不敬。下者不升而卒致羞。如自下而騰上，故云賸。賸，羞者授羞以蓋，降出。以上設加饌。

贊者負東房，告備于公。贊升賓。賓坐席末，取粱卽稻，祭于醬湆閒。贊者北面坐，辯取庶羞之大，興，一以授賓。賓受，兼壹祭之。

前公已再拜，揖，食，故此惟贊者升賓。賓取粱與稻祭于公所設醬湆之閒。坐席末，便取稻粱也。贊者取庶羞之大者，一以授賓。賓兼一祭之。此賓祭加饌。

賓降拜，公辭，賓升，再拜稽首，公答再拜。賓北面自閒坐，左擁簠粱，右執湆以降。公辭。賓西面坐奠于階西，東面對，西面坐取之，栗階升，北面反奠于其所。降辭公。公許。賓升，公揖，退于箱。擯者退，負東塾而立。

賓拜賜將食，公辭，其降而升拜。公答拜，賓北面自兩饌之閒坐，擁抱也。擁之者，重公所設。右執湆以降，示將食于階下。公辭其降，賓坐奠簠湆于階西，東面對，以當降之意。公不許乃西面坐，取之栗階而升，北面，反奠于故處。降辭，公之親視食，公許退，賓乃升，公揖退于東夾之前，俟賓食。擯者亦退。

賓坐，遂卷加席，公不辭。賓三飯，以湆醬。宰夫執觶漿飮與其豐以進。賓捝手，興，受。宰夫設其豐于稻西。庭實設。賓坐祭，遂飮，奠于豐上。

卷，几阮反。下同。飮，父晚反。

賓坐，卷其加席。飯，飯稻粱也。以湆醬，不遍食。唯三飯者以公俟于箱，欲速成禮，不欲久于食。既食，宰夫執漱之漿飲以進。賓捝手而興受觶。宰夫設豐于稻西。有司設庭實，賓坐祭，漿遂飲，既飲奠觶于豐上。此賓食。

公受宰夫束帛以侑，西鄉立。賓降筵，北面。擯者進相幣。賓降辭幣，升，聽命，降拜。公辭。賓升，再拜稽首，受幣，當東楹。北面，退，西楹西，東面立。公壹拜，賓降也，公再拜。介逆出。賓北面揖，執庭實以出，公降立。上介受賓幣，從者訝受皮。

相，息亮反。訝，吾駕反。

鄭康成曰：侑，猶勸也。主君以爲食賓殷勤之意未至，復以幣勸之，擯者相進幣，賓降，辭，不許，則升。聽命，降拜，公辭，乃升成拜。受幣之時，賓當東楹。北面，退，而西楹西，東面立。公拜，送幣。賓卽降，不俟公拜而後降也。介逆出，先賓出也。北面揖，執庭實以出。公降立，送幣。上介受幣于門外，賓之從者受皮。此侑幣。

賓入門左，沒霤，北面再拜稽首。公辭，揖讓如初。升，賓再拜稽首，公答再拜。

霤，門內。霤，沒霤，卽拜。公辭之，揖讓而升如初。既升，復再拜稽首，公答拜。此賓拜侑幣。

賓降辭公，如初。賓升。公揖，退于箱。賓卒食會飯，三飮，不以醬湆。捝手，興，北面坐取粱與醬以降，西面坐奠于階西，東面再拜稽首。公降，再拜。

食飯，皆如字。

賓降，復食，降，辭公，如初。將食時賓升，公揖，退于箱。賓遂食會飯，合黍、稷而並食之。三飲酒漿，飲以漱日，不以醬湆，不用正饌也。賓既食而興，取粱與醬以降，坐奠于階西，示親徹也。東面再拜，面君拜謝。公亦降，拜。此卒食。

介逆出。賓出，公送于大門内，再拜。賓不顧。

鄭康成曰：擯者以賓不顧告公，公還，入内寢。按：饗食皆宜有金奏，而此無之。蓋兩君則然抑或于聘，則饗有樂而食無樂，以此爲差也。此賓出。

有司卷三牲之俎，歸于賓館。魚、腊不與。

與，音預。

鄭康成曰：卷，收也，無遺之辭也。三牲之俎，正饌尤尊，盡以歸賓，敬之至也。御案：魚、腊，賓所不祭，故不與此，但以俎實言之。若豆鉶庶羞，則不與不必言矣。此歸賓俎。

明日，賓朝服拜賜于朝，拜食與侑幣，皆再拜稽首。訝聽之。

食，音嗣。

鄭康成曰：朝大門外。聽之士訝受其言，入告出報。此賓拜賜。

上大夫八豆、八簋、六鉶、九俎，魚、腊皆二俎。魚、腸、胃、倫膚，若九，若十有一；下大夫則若七，若九。

上文食禮已畢，此下當云記。而記字乃在下文，簡篇误也。八豆：非韭菹、醓醢、昌本、麋臡、菁菹、鹿臡、茆菹也，九俎。八簋：黍、稷、稻、粱各二；六鉶：牛、羊、豕各二；九俎：牛、羊、豕、鲜、鱼，又有鱼、腊，鱼、腊皆二俎。若九，若十有一，卿、大夫不同也，下大夫次之也。

庶羞，西东毋过四列。上大夫庶羞二十，加于下大夫以雉、兔、鶉、駕。

鶉，音淳。駕，音如。

御案：四列谓如臐、臐、膮、炙。四豆爲列也。如過此或六或八，則東偪簋，而西亦不當席矣。言此謂東西有定而南可加也。雉、兔、鶉、駕之次當曰魚膾。南雉以東，兔鶉駕。按：《月令》田鼠化爲駕，駕卽鶉也。此云鶉，蓋鴿也。此上致食之禮。

若不親食。使大夫各以其爵，朝服，以侑幣致之。豆實實于罋，陳于楹外，二以竝，北陳。簋實實于筐，陳于楹内兩楹間，二以竝，南陳。庶羞陳于碑内。庭實陳于碑外。牛、羊、豕陳于門内西方，東上。賓朝服以受，如受饔禮。無儐。明日，賓朝服以拜賜于朝，訝聽命。

罋，烏送反。儐，本作擯。

若君不親食，使大夫致食，則陳食品、庶羞及庭實，如此賓必朝服者，以君有故，非不欲親食而不能親食也。無儐，以君不在也。明日亦拜賜。此君不親食而致食之禮。

大夫相食，親戒，速。迎賓于門外，拜至，皆如饗拜。降盥。受醬、湆、侑幣束錦也，皆自阼階降堂受，授者升一等。賓止也。賓執粱與湆之西序端。主人辭，賓反之。卷加席，主人辭，賓反之。辭幣，降一等，主人從。受侑幣，再拜稽首。主人送幣亦然。辭于主人，降一等。主人從。卒食，徹于西序端。東面再拜，降出。其他皆如公食大夫之禮。

鄭康成曰：速，召也。先就告之，歸具，既具，復自召之。異于君，皆者，謂受醬、受湆、受幣也。降堂止階上，主人三降，賓不從，賓執粱湆之西序端，不敢食于尊處。主人辭，則反之。卷加席，亦謙也。辭則反之，敬也。辭幣，降一等，主人亦降一等，受侑幣。及送幣，賓主皆再拜稽首，辭。主人親視，臨時降一等。主人亦降一等，不退于箱。卒食亦親徹，東面拜謝而出。主人亦當答拜。他謂此節所不言而見于上文者。此大夫相食。

若不親食，則公作大夫朝服以侑幣致之。賓受于堂，無儐。

若大夫有故，不得親致食，則公使大夫代致。不言其禮，與大夫親致同也。

記

不宿戒。戒不速。不授几。無阼席。亨于門外東方。

亨，音烹。記字衍文。

記字當在上文上大夫上，說已見上。此承上大夫代致食而記。不先期戒之，即日戒而不速、不授几不設主席，烹于門外東方。此上大夫不親致食，公使大夫代致。

司宮具几與蒲筵常，緇布純。加萑席尋，玄帛純，皆卷自末。宰夫筵，出自東房。

純，諸閏反，又諸允反。萑，音丸。

賈氏公彦曰：天子具官，別有司几筵諸侯兼官，故司宮兼司几筵，丈六尺曰常，半常曰尋。蒲筵，用緇布緣之，加席則用萑席，以玄帛緣之。萑，小蒲，不惡于蒲。皆卷自末，謂從末卷作束而設之，其卷亦自末也。筵本在東房，司宮具之，宰夫敷之。此記筵席。

賓之乘車在大門外西方，北面立。

乘，如字。

賓所乘之車不入門，敬也。此記賓車。

鉶芼，牛藿，羊苦，豕薇，皆有滑。

芼，莫傲反。

鄭康成曰：芼，菜也。藿，豆葉。苦，苦菜。薇，草名。蘇軾名之曰元修菜。滑，堇、荁之屬。此記鉶芼。

贊者盥，從俎升。

敖氏繼公曰：贊者，所有事于賓者，簋俎、庶羞之祭也。而俎先二者而設，故從之以升。此記贊者升節。

簠有蓋、冪。

蓋、冪，以冪爲蓋，異于簋。此記簠。

凡炙無醬。

炙先以鹽或醬和之，而後炙，故無醬。此記炙。

上大夫薄筵，加萑席，其純皆如下大夫純。

如下大夫。純，加繅布畫純。嫌上大夫筵席或異，故明之。此記上大夫筵。

卿擯由下。上贊，下大夫也。

卿爲擯，不上堂。惟上贊者以其佐賓食于堂上也。贊者以下大夫爲之。此記賓贊者。

上大夫庶羞，酒飲、漿飲。庶羞可也。拜食與侑幣，皆再拜稽首。

上大夫于食庶羞時，兼酒飲漿而飲之。每食庶羞皆漱可也。至君不親食而使大夫致食，其拜食與侑幣皆再拜稽首。此上大夫飲酒漿飲及拜賜。

總　論

主君于聘者，既饗之，又食之，燕之，皆所以致其愛敬。或云饗主敬，食主愛，夫愛敬豈可析爲二哉。食禮當較饗禮爲殺，以饗禮已亡遂無所考。夫食主于食，燕主于酒，酒食竝致何以必分爲二。蓋酒主于盡歡，食主于饜飫，且具物不侔，儀文亦異。先王制饗、食、燕之禮亦欲再三致其情，文以爲睦鄰之義也。至陳設及器數隆殺，必辨揖讓周旋尊卑，共飭固綦詳焉。然饗禮較隆，若諸侯朝天子，諸侯之臣及四裔使來，天子皆饗之，又饗宿衛及耆老、孤子今皆無考。至食禮、燕禮，則天子諸侯于其臣、大夫、士與賓客，蓋無不有之，要無非以洽情誼而敦相好也，又豈可以此書所記刻舟求劍哉。

儀禮恒解卷十

覲禮

覲，見也。《周官・宗伯》大行人之職，春朝、夏宗、秋覲、冬遇各因其時而名之，其實皆朝也。《曲禮》曰：天子當扆而立，諸侯北面而見天子曰覲；天子當宁而立，諸公東面，諸侯西面曰朝，則謂特覲。旅見異名，然君臣尊卑之分早定，其相見禮，文不能大有所損益，則二書所言未可泥。視此篇云覲禮者，以朝可通于諸侯，覲則唯天子得而專之，以爲諸侯見天子之常儀焉耳。

覲禮。

覲，以下見上之名。

至于郊。

天子畿内千里，遠郊百里，近郊半之。諸侯由其國戒幣、設守、告廟及山川而後行，若從者及于過國，假道道中，一切諸事皆不言者，以見天子爲主，略之也。

王使人皮弁用璧勞。侯氏亦皮弁，迎于帷門之外，再拜。使者不答拜，遂執玉，三揖，至于階。使者不讓先升。侯氏升，聽命，降，再拜稽首，遂升受玉。使者左還而立。侯氏還璧，使者受。侯氏降，再拜稽首，使者乃出。

勞，力報反。使，師異反。下使者竝同。左還，音旋。

王使人皮弁用璧以爲信，郊勞之。侯氏，某侯，某氏來見天子之辭。帷舍爲壇與帷門也。侯氏迎拜，使者不答拜者，以其拜王命，非拜己。不讓先升，奉王命，尊也。左還，東面以俟之。侯氏還璧，使者受之。侯氏降拜辱，使者出。

侯氏乃止使者，使者乃入，侯氏與之讓升。侯氏先升，授几，侯氏拜送几。使者設几，答拜。侯氏用束帛、乘馬儐使者，使者再拜受。侯氏再拜送幣。使者降，以左驂出。侯氏送于門外，再拜，侯氏遂從之。

乘，繩證反。儐，臂印反。下同。驂，差庵反。

侯氏使有司布席出止使者，使者入，侯氏與之讓升。而使者固辭，以其來爲客，不敢先之。此則以賓主禮行之者也。侯氏先升，授几，以安使者。拜送几，使者自設几，侯氏以束帛乘馬進使者。使者不辭而受，以其敬王命，故敬己不敢輕君命也。侯氏拜送幣，使者降，以左驂出餘馬。侯氏之士送出授使者從人，侯氏拜送，隨即從使者後而入。以上郊勞。

天子賜舍。曰：伯父，女順命于王所，賜伯父舍。侯氏再拜稽首。儐之束帛乘馬。

女，音汝。

天子賜之館舍。若有朝宿之邑者，天子亦必賜命之。使者致舍之辭，謂其順王命而來。同姓曰伯父、叔父，異姓曰伯舅、叔舅，舉一可知。侯氏拜賜，儐使者以束帛乘馬，尊王命也。此賜舍。

天子使大夫戒曰：某日，伯父帥乃初事。侯氏再拜稽首。

天子使戒以覲日。初，故也。侯氏拜受命，此戒覲日。

諸侯前朝，皆受舍于朝。同姓西面，北上。異姓東面，北上。

朝，直遥反。餘竝同。

舍，次舍也，覲時待事之處，以帷幕掌次所張。前朝，先覲之一日。此受舍于朝。

侯氏裨冕，釋幣于禰。

裨，貧醫反，音脾。禰，乃禮反。裨冕，冕服之次者。上公衮無升龍，侯伯鷩，子男毳，孤希，卿大夫玄，其餘皆裨。裨之言卑也。天子非大祭不服十二章之上服。諸侯非助祭于天子，雖朝覲亦祇服其次服也。禰，考也，蓋爲位筵几，以告將覲而釋幣焉。此釋幣于禰。

乘墨車，載龍旂、弧、韣，乃朝，以瑞玉，有繅。天子設斧依于戶牖之間，左右几。天子衮冕，負斧依。嗇夫承命，告于天子。

韣，音獨。繅，音早。依，于豈反。

墨車，大夫所乘。敖氏繼公曰：墨車，屈也。龍旂，不没其實也。弓衣曰韣。瑞玉，五品圭，所當執者繅，所以藉玉。依，如今屏風上繡斧文，示斷制之意。几，玉几，左右皆有，優至尊也。衮冕，九章，其龍天子有升龍有降龍。負斧依，南面而立。周制無嗇夫，而此云嗇夫，蓋末擯之屬自外承命以告。末擯，次擯。至上擯告天子。

天子曰：非他，伯父實來，予一人嘉之。伯父其入，予一人將受之。侯氏入門右，坐奠圭，再拜稽首。擯者謁。侯氏坐取圭，升，致命，王受之玉。侯氏降，階東北面再拜稽首。擯者延之曰：升。升，成拜，乃出。

鄭康成曰：言非他者，親之辭。嘉之，美之辭。上擯又傳此而下至嗇夫，侯氏之下介受之。傳而上，以告其君。入門右，執臣道，不敢由賓客位也。卑者見尊，奠贄而不授。謁，猶告也。告天子而天子辭之，欲親受之。如賓客，侯氏乃坐取圭，升。致命，述職也，致王所以命己，受士之命當有策以載之。王受玉之猶其也。侯降，拜。王受玉，擯者以王命延之，升，升，成拜，乃出。以上行覲禮。

四享皆束帛加璧，庭實唯國所有。奉束帛，匹馬卓上，九馬隨之，中庭西上，奠幣，再拜稽首。擯者曰：予一人將受之。侯氏升，致命。王撫玉。侯氏降自西階，東面授宰幣，西階前再拜稽首，以馬出授人，九馬隨之。事畢。

鄭康成曰：四當爲三。古書四作三，蓋相似而誤。大行人職曰：諸侯廟中將幣，皆三享。初享或用馬，或用虎豹之皮。其次享龜也，金也，丹漆、絲纊、竹箭也，其餘無常貨。唯其國之所有分爲三度，致之皆以幣帛、匹馬。卓上，以一馬卓然前行，而九馬以次而入，不雜沓竝行。中庭，西方南北之中。庭實用十馬至尊禮，異也。擯者傳王命將親受，蓋辭其奠于下也。王不執玉但撫之，以示親受。以馬出，隨侯氏出授王人于外。畢，三享事畢。此三享。

乃右肉袒于廟門之東，乃入門右，北面立，告聽事。擯者謁諸天子。天子辭于侯氏曰：伯父無事，歸寧乃邦。侯氏再拜稽首。

袒，音但。

孟子曰：諸侯朝于天子曰述職，上文致命是也。旣述其職于天子，恐有應得罪者，故肉袒于廟門之外，示恐懼之意，乃入門右，北面立，告擯以己于此聽事。擯者告天子，天子乃致辭于侯氏，言無事且歸寧爾邦，然則有事必有黜罰之典矣。故曰：懷諸侯，則天下畏之。

出。自屏南適門西，遂入門左，北面立。王勞之。再拜稽首。擯者延之，曰：升。升，成拜，降出。

勞，力報反。屏，皮盈反，又彼郢反。

侯氏出。自屏南入門左，襲而西面立，恐天子有後命。王勞其守土治民及道路之苦，則降，拜擯者以王命延之，乃升，成拜而出。此侯氏述職。

天子賜侯氏以車服，迎于外門外，再拜。路先設，西上。路下四，亞之。重賜無數，在車南。諸公奉篋服，加命書于其上，升自西階，東面，大史是右。侯氏升，西面立。大史述命。侯氏降兩階之閒，北面再拜稽首，升成拜。大史加書于服上。侯氏受。使者出，侯氏送，再拜。儐使者，諸公賜服者束帛四馬，儐大史亦如之。

篋，古協反。大，音泰。下大史同。古文是爲氏。

鄭康成曰：賜車，同姓以金路，異姓以象路，服各以其命服。凡君所乘車曰路，路下四乘馬也。亞之，次車而東。重賜多少唯君。諸公一人以篋盛服而加命書于其上，所以爲命服。大史居公之右述命，讀王命。受，受篋。服儐使者，起下文之辭。此賜車服。

同姓大國，則曰伯父，其異姓則曰伯舅。同姓小邦則曰叔父，其異姓則曰叔舅。饗、禮，乃歸。

同姓則謂之伯父、叔父；異姓則謂之伯舅、叔舅。《戴記》亦如此云，然周家封建豈必皆同姓姻婭。此亦言其多者耳。若庶姓則當曰某侯。饗禮，該饗食燕之禮。歸，歸饔餼也。此言稱謂與其禮。

諸侯覲于天子，爲宮，方三百步，四門。壇十有二尋，深四尺，加方明于其上。

朝覲會同，諸書所言不一。按：周制，六年五服一朝，又六年王乃時巡，時巡則各于方岳，合其方之諸侯。王不巡狩，大合諸侯，則于東都。若尋常朝覲必無諸侯，不能容而爲壇于郊外之事。然則此所言，蓋巡狩及天子有大事在外，合諸侯之制也。鄭康成曰：八尺曰尋。深，高也。成，重也。三重者，自下差之爲三等，而上有堂焉，堂上方二丈四尺。上等、中等、下等每面十二丈。方明，上下四方神明之象也。

方明者，木也。方四尺，設六色：東方青，南方赤，西方白，北方黑，上玄，下黄。設六玉：上圭，下璧，南方璋，西方琥，北方璜，東方圭。上介皆奉其君之旂，置于宮，尚左。公、侯、伯、子、男皆就其旂而立。四傳儐[①]。

以木爲方，明著六合之神。六色以象其神，六玉以禮之。以是兼柴望諸祭前一日，置旂于宮，臨時諸侯各就其旂而立。敖氏繼公曰：尚左，則五等之位自西而東皆北面，與朝事儀之位異。既入立于位，王乃壇上三揖之。士揖庶姓，時揖異姓，天揖同姓。王既揖，于是諸侯皆升，奠瑞玉，公于上等，侯伯于中等，子男于下等，既則皆拜于下擯者。總延之曰升，乃各升成拜于奠玉之處。降，出，三享奠玉幣亦如之。傳擯，傳其擯辭，使之升拜也。一朝三享，凡四。

① 儐，阮元《十三經注疏》作擯。

天子乘龍，載大旂，象日月、升龍、降龍，出拜日于東門之外，反祀方明。

鄭康成曰：馬八尺以上爲龍。大旂，大常也。縿首畫日月，其下及旒交畫升龍、降龍。日爲百神之首，故先拜之。及其在東方而拜之，見其時之早。反祀，上下四方之神。此將見諸侯而拜祀之也。下文又以其初至言之也。

禮日于南門外，禮月與四瀆于北門外，禮山川丘林于西門外。祭天，燔柴。祭山丘陵，升。祭川，沈。祭地，瘞。

瘞，於列反。

王初至，其方未見。諸侯先祭天地、日月、山川、邱陵。天子爲百神之主，故所至即祭之。門，宮門。南門，離位，日旺之地。北門，坎位，陰旺之地。山川、邱陵，物之所生也。西方，成物之地。燔柴，使陽氣達于天。山川、邱陵雖皆地，而高下不同，故祭山則升；祭川則沈；祭地則瘞，埋其祭物。此朝覲之禮。

記

几俟于東箱。偏駕，不入王門。奠圭于繅上。

凡俟于東箱。至時，乃設之。偏駕，諸侯所乘之路車。奠圭，入門右，坐奠時，開繅而奠于其上。此記几，記偏駕，記奠圭。

總　論

周家封建諸侯，雖各君其國，各子其民，而禮樂征伐統于天子。尤要者，在巡狩、朝覲。孟子曰：巡所守也，述所職也。或有不遵王制，虐用其民，則黜罰隨之，而又有採風之使，方伯運帥之任，是以諸侯無敢違犯。此篇記覲禮而略聘、頫，會同以一該其餘也。《記》曰：考禮正刑一德，以尊于天子，一德，尤其根本。天子修德于上，諸侯遵奉于下，以正身、齊家爲天下法，而禮樂足以陶淑之刑賞，足以齊一，之所以能長治久安。春秋以後，既無有德之君爲之，率而一切禮度日久廢弛，則先王盛時治世本末之故，人多弗明。此書爲漢儒所採葺，所記特其儀文焉耳，而此篇猶爲無幣可卽，是以推其餘焉。

儀禮恒解卷十一

喪服子夏傳

喪，棄亡之辭。言此人棄世而去，其魂爽恍惚不可爲狀。人生不越五倫，倫理本于天理，生則致其愛敬，死則致其哀戚。此天理人情之不容已者。先王制爲喪禮，親疏貴賤各因其恩義而爲之。盡誠服，則其表哀者也。古喪禮多亡，此篇乃漢儒撮拾遺文而存之者，猶可以見一斑。舊傳子夏所作《傳》，非也。敖氏繼公曰：此《傳》不特釋經亦釋記，則是作《傳》者，又在作記者之後。今考《傳》文發明禮意者固多，而違悖經意者亦不少。豈知禮者所爲，其言諒矣。

喪服。斬衰裳，苴絰、杖、絞帶，冠繩纓，菅屨者。

衰，七回反。苴，七于反，又子于反。絰，大結反。絞，戶交反，又吉曉反。菅，古顏反。屨，九具反。

此總言服之概也。鄭康成曰：上曰衰，下曰裳。麻在首、在要皆曰絰、絞。黑黄色冠，緇纓，纓以麻繩爲冠。纓菅屨，以菅爲屨者，者字起下之詞。

《傳》曰：斬者何？不緝也。苴絰者，麻之有蕡者也。苴絰，大搹，左本在下，去五分一以爲帶。

蕡，扶云反。搹，音戹。又音革。去，起日反。下並同。

不緝，不齊之也。蕡，麻子，麻之老而麤惡者，以爲斬衰之絰。搹，姆指與二指一圍也，絰之大如此。左本在下，左其本而居下爲纓。去五分一，五分其絰之大而四去其一以爲帶。要絰較小絞帶，又小于要絰也。

齊衰之絰，斬衰之帶也，去五分一以爲帶。大功之絰，齊衰之帶也，去五分一以爲帶。小功之絰，大功之帶也，去五分一以爲帶。緦麻之絰，小功之帶也。去五分一以爲帶。

齊，側私反。

賈氏公彦曰：齊衰之絰，斬衰之帶也者，大小同也。自齊衰以下，以是漸次而殺。李氏如圭曰：經以絰包，二者別而言之，則首絰曰絰，要絰曰帶。

苴杖，竹也。削杖，桐也。杖各齊其心，皆下本。

齊，如字。

爲父苴杖，無苴則以竹代之。不修治爲母桐杖，削則去其皮而稍澤以當人之心爲節。皆以其本爲下。

杖者何？爵也。無爵而杖者何？擔主也。非主而杖者何？輔病也。童子何以不杖？不能病也。婦人何以不杖？亦不能病也。

擔，都甘反，又侍艷反，音贍。

爵謂有爵者，爲民之表，則居喪必盡其哀，哀則憊，故以杖優之，實責之以盡哀于父母也。其有無爵而杖者以其爲喪主，假之以杖，優其過勞擔假也。其非主而亦杖者，或過哀而病須以此輔之。童子不杖以其幼沖不能病，婦人亦然。然此大概言之耳。古今童子、婦人有至孝者，其病乃或甚于成人與有爵者。則此言豈通論哉。

絞帶者，繩帶也。

絞，糾也。絞麻爲繩作帶，蓋虞祭後所繫。

冠繩纓，條屬，右縫。冠六升，外畢，鍛而勿灰，衰三升。菅屨者，菅菲也，外納。

屬，音燭。升，如字。菲，扶沸反，與扉同。

繩纓，以繩爲纓。惟一條屬于武而右縫之。若吉冠，則纓兩條結于頤下矣。畢，止也。外畢，縫冠于武而畢之，别于吉冠也。其布但鍛治之而不加灰也。凡五服之布皆不加灰，三升斬衰也。菅菲，傳者當時屨名。外納，收其餘緒。敖氏繼公曰：傳釋經文，止此下因言孝子居喪之禮。

居倚廬，寢苫枕塊，哭晝[①]夜無時。歠粥，朝一溢米，夕一溢米，寢不説絰帶。

苫，失占反。枕，之蔭反。塊，苦對反。本又作凷。歠，昌悅反。粥，《士喪禮》作鬻。朱，洧反。溢，音逸。説，音脱。

① 晝，当为晝，底本恐誤。

鄭康成曰：倚廬，倚木爲廬，在中門外，東方，北户。苫，編藁也。塊，塩也。哀至則哭，非必朝夕。賈氏公彦曰：父母之喪，水漿不入口，三日之後乃始食。雖食猶節之，朝夕各一溢米而已。溢與搤同。滿手曰溢。不說絰帶則冠衰，不說可知。此皆誠于哀，故居處、飲食不安也。

既虞，翦屏，柱楣，寢有席，食疏食，水飲，朝一哭，夕一哭而已。

柱，音主。楣，密夷反。食，如字，疏食之食，音嗣。

鄭康成曰：楣，謂之梁柱。楣，所謂梁闇。闇卽廬也。廬有梁者，屏蔽也。既虞翦去户旁屏户之餘草，其廬有柱，有梁，有席，蒲席加于苫上。以麤米爲飯，不止朝一溢、夕一溢矣。

既練，舍外寢，始食菜果，飯素食，哭無時。

始食，如字。飯，父返反。

鄭康成曰：外寢于中門之外，屋下壘墼爲之，不塗塈所謂堊室也。素食，不飲酒食肉。哭無時，哀至則哭。

父。

賈氏公彦曰：此章恩義竝設，而先言父者，義由恩出，忠臣出孝子之門也。

《傳》曰：爲父何以斬衰也？父至尊也。

爲，于僞反。下竝同，其異者別出之。

賈氏公彦曰：父至尊者，天無二日。家無二尊，父一家之尊，故爲服斬也。

諸侯爲天子。《傳》曰：天子至尊也。

下文有君一條，而此另列諸侯爲天子者。御案：以諸侯天子皆君，恐疑于不必如君臣之服。故特著之也。

君。

賈氏公彦曰：君者，臣之天。故同之于父，爲至尊。此義服也。

《傳》曰：君至尊也。

君指天子。前人兼諸侯、卿、大夫、士而言。竊謂周制，諸侯雖各君其國，然皆爲天子守土治民，大夫稱曰陪臣，亦天子之下臣，士以下不待言矣。諸侯之臣爲其君，宜下于天子一等，而經無明文，于是議者紛紛。夫君父皆無二者也。大夫、士各爲其主而忘天子，非聖人之制也。

父爲長子。

長，知丈反，後長子皆同。

適妻所生曰適子，其長者爲適長。若長子死，則其二亦爲適子。若妻無出而妾生子，其長者亦爲長子。凡適皆可爲長，無適則長子如適。故不言適而言長。

《傳》曰：何以三年也？正體于上，又乃將所傳重也。庶子不得爲長子三年，不繼祖也。

傳，重專反。

正體于上，爲適所生，正也，長土也。傳重，傳宗廟之重也。愚按：三年之喪，唯君、父與母，自天子達于庶民。而此謂父爲長子三年，似爲天子、諸侯有社稷宗廟之重者乃然。若大夫以下則不可概論矣。然以天理揆之，家國皆無二尊。父爲子三年，混于臣子爲君父，決非聖人之制。此書本漢儒掇拾見聞，前人奉爲圭臬，如此條亦曲傅會之實，非禮也。今律爲長子，衆子皆期年始爲得之。

爲人後者。

爲，如字。下可爲，以爲同。

雷氏次宗曰：此當云爲人後者，爲所後之父闕。此五字者以其所後之父或早卒或後祖父或後曾高祖所後不定，故闕之也。愚按：爲人後，即今過房爲繼之說。聖人所以制爲此禮者，以祖宗父母無不願其子之有後。而人生秉質特異，或男或女有終身不能生育者，故以其昆弟或本宗之子爲之後，使其祖宗父母欣然于子之皆有後，本一體所分而還，以繼其宗祧。在以子爲人後者，爲大孝，在爲人後者，承先人之遺亦爲至孝。近人不知甚或覬覦產業，互相爭論，又或使過繼而後復有歸。蔑禮傷倫莫甚于斯，至毛大可，則竟謂古無爲人後之禮，何其悖且肆也。

《傳》曰：何以三年也？受重者，必以尊服服之。何如而可爲之後？同宗則可爲之後，何如而可以爲人後，支子可也。

受重，受其先人遺體之重，非必宗廟社稷及產業。尊服，斬衰也。同宗，同先祖者，非嫡子，長子則爲支子。必支子者，己之嫡長承己之重，不可爲人後也。

爲所後者之祖父母、妻，妻之父母、昆弟、昆弟之子，若子。

賈氏公彦曰：《傳》言：爲所後者之祖父母及妻並及外親之等。不言期大功、小功、緦麻之骨肉親者，舉疏以見親，言外以包內也。若子，皆如子以爲之服。愚按：既爲其子則其祖父母、妻等悉以子禮服之。至所生父母則降爲伯叔，父母以父不容有二也。明世宗入繼，大統尊其私親，致啟無數爭議，然其失由武宗，論者多未見及也。興獻王惟一子，武宗不當奪人之子，以爲己父之子。當時廷臣不于其初封還。武宗遺詔而竟立世宗，絕興獻之後，以後孝宗興獻不安，世宗又何以安也。世宗又不力辭，既貪富貴而入繼，令舍其父母而勿念，亦天理人情所不順者，當別爲興獻立後而尊之，以皇伯考亦理之可通者，乃當時後世各執一偏之見，紛紛爭辨實未有當也。此非本章正義，聊附言之。

妻爲夫。

賈氏公彦曰：妻者，齊也，言與夫齊也。上自天子之后下至庶人之妻，皆爲夫斬衰。

《傳》曰：夫至尊也。妾爲君。《傳》曰：君至尊也。

夫者，妻之所天，故至尊服斬。妾者，接也。以其非敵而以時接見于主，故稱主爲君。若臣子然，故亦服斬其妻妾之尊。夫主者以其爲己之綱也，夫必自正其綱，然後可以爲妻妾範。若己無德無禮而虐及妻子，夫綱不正，又何以爲人所尊。古今國家之變起于閨門者不少，豈非讀禮而不達禮意乎。

女子在室爲父，布總、箭笄、髽，衰三年。

總，子孔反。笄，音雞。髽，側瓜反。

女子在室爲父服三年，以布爲總。束其本又束其末。箭，篠也。髽，露紒也，猶男子之括髮，以麻自項而前交于額上，卻繞紒如著幓頭焉。凡服上曰衰，下曰裳。此但言衰不言裳，婦人連裳于衣，故直言衰不言裳也。箭、笄、髽竝，終三年乃除。

《傳》曰：總六升，長六寸。箭笄長尺，吉笄尺二寸。

長，如字。

鄭康成曰：總六升者，首飾象冠數，長六寸。謂出紒後，所垂爲飾也。敖氏繼公曰：總六升，亦但指卒哭以前，其卒哭以後當與男子受冠之布同七升，既練則八升也。

子嫁，反在父之室，爲父三年。

女子已嫁，犯七出而還父母之家者，亦服三年。所以然者未嫁，天父；既嫁夫被出而反，則仍天父也。父子主恩，故雖被出而仍不絶其恩。愚按：七出之條，古人所疑，若無子惡疾皆仁人之所憫者，豈有出之之理乎。惟淫佚不孝則在所當出。然夫爲妻綱，果能正身修德則所以化導而防閑之者，宜豫至不可教訓亦惟衣食之而已，不使得操內政。世所傳孔氏三世出妻，皆後世妄言。愚于《禮記》已詳辨之，幸有三不出之條猶爲可通，世俗不正其身，而苛責其妻，揆以綱常之義，自愧已多，故君子當愼審于其際也。

公、士、大夫之衆臣，爲其君布帶、繩屨。

公兼畿內外之諸侯而言，士大夫亦兼王朝卿大夫與諸侯。卿大夫不曰卿而曰士，蓋天子之元。士視子，男言士，始可以該之。大夫則該卿於其中，則爲君布帶、繩屨，則必不斬衰三年矣。

《傳》曰：公卿大夫室老、士，貴臣，其餘皆衆臣也。君，謂有地者也，衆臣杖，不以卽位。近臣，君服斯服矣。繩屨者，繩菲也。

天無二日，民無二王，公卿大夫雖各有臣，不得等于天子之臣也。《傳》故析之，言公卿大夫之臣室老也、士也，貴臣也，于其君，恩義較隆，其餘皆衆臣也，不得與室老等比也。且所謂君者，謂有地者也。五等諸侯乃有地，下于天子一等，其餘卿大夫之臣則以義制，服如衆臣者，雖亦服而不以杖卽位矣。杖不以卽位，言不杖不卽位，非謂杖而不以之卽位也。若近臣閽寺之屬，從嗣君之服，又不得比于衆臣，是則自天子而下臣之爲君服，固差等不侔矣，而豈皆三年喪哉。貴臣，諸侯之臣室老。士卿大夫之臣，敘貴臣于室老，大夫下正爲諸侯，大夫之臣制略同也，前人何以弗察。繩菲，草屨。漢人名曰：不借以其易具不借于人，人亦不借者也。

右因言君父而並及其餘

疏衰裳，齊，牡麻絰，冠布纓，削杖，布帶，疏屨，三年者。

疏，山烏反。齊，則私反。後立同。

疏，猶麤也，言衰亦麤，但裳齊之耳。牡麻亦疏，冠纓以布，杖用削。布帶疏屨如此三年者，下文是。

《傳》曰：齊者何？緝也。牡麻者，枲麻也。牡麻絰右本在上。冠者沽功也。疏屨者，藨蒯之菲也。

枲，思矣反。沽，音古，又谷烏反。後同。藨，皮表反。蒯，苦怪反。

緝，今人謂之緶。牡麻，無實之麻絰。右本在上，則左本亦在下矣。沽，猶麤也。大功雖用布而麤。藨蒯二草名，皆可以爲菲也。

父卒則爲母。

父母，人子所同尊也。而古人父在爲母期年者，非薄于母也，以父在則朝夕侍養，久而猶服喪服恐觸父之悲，而不得盡其承歡之情。然其私居獨處痛念父母，凡起居飲食必有異于平時者，故朱子曰：必心喪三年，特不令父見其迹耳。若父歿則可自伸其情，故喪三年。然而齊衰者，父旣卒則服母，猶痛念其父，如父在而母必讓于父，故齊以別之也。前人不得禮意，遂使後世有尊父而薄母者，其爲人倫之害豈淺。玩一則字則知父在，不得三年者，不得已也。

繼母如母。

繼母，己母卒而父復娶者也。爲父之妻卽爲己之母，故必三年。

《傳》曰：繼母何以如母，繼母之配父，與因母同，故孝子不敢殊也。

鄭康成曰：因，猶親也。不敢殊，謂情與理必然，不敢不然，非不得已之謂。

慈母如母。

生事死事，皆如己母。

《傳》曰：慈母者何也？《傳》曰：妾之無子者，妾子之無母者，父命妾曰：女以爲子。命子曰：女以爲母。若是，則生養之，終其身如母，死則喪之三年如母，貴父之命也。

女，音汝養，陽尚反。兩如母句絕。

家庭以父母爲尊，而母又統于父。妾之無子者，妾子之無母者，父旣命爲母子，則生養死喪如己之母，尊父命也。慈母即不必慈而孝子之心則終不改。後世或第以爲文而已，可慨也歟。

母爲長子。

長，知丈反。

《傳》曰：何以三年也？父之所不降，母亦不敢降也。

父母皆爲子服期可也。爲長子較隆亦宜也，而必服三年。孔子曰：三年之喪，自天子達父母之喪，無貴賤一也，無爲長子之文也。此篇所言必非聖人之制，以其不合于天理人情，故後世亦無有遵之者也。夫父在子爲母尚期年，而夫在母不敢降必爲子三年。夫妻喪子咸衰麻絰菲而居，何以别于爲父母哉。

疏衰裳，齊，牡麻絰，冠布纓，削杖，布帶，疏屨，期者。

期，音基。下竝同。

賈氏公彦曰：此章疏衰以下與前章不殊，惟一期字與前三年異。而還具列七事者，以期與三年懸絶，恐人以爲服制不同也。

《傳》曰：問者曰：何冠也？曰：齊衰、大功，冠其受也。緦麻、小功，冠其衰也。帶緣各視其冠。

緣，俞絹反。

斬衰惟君父，齊衰不一，有正服，有降服，有義服，其冠有異同，故設爲問答以明之。敖氏繼公曰：齊衰、大功，有受布，故冠其受冠，衰之布異。緦麻、小功，無受布，故但冠其衰冠，衰之布同。帶緣各視其冠者，謂齊衰以至緦麻，其布帶與其冠衰之緣，亦各以其冠布爲之。輕服之冠衰，皆有布緣也。賈氏公彦曰：冠其受者，降服齊衰四升，冠七升，既葬以其冠爲受，受衰七升冠八升；正服，齊衰五升，冠八升，既葬以其冠爲受，衰八升，冠九升；義服齊衰六升，冠九升，既葬以其冠爲受，衰九升，冠十升。降服大功衰七升，冠十升，既葬以其冠爲受，衰十升，冠十一升；正服大功衰八升，冠十升，既葬以其冠爲受，衰十升，冠十一升；義服大功衰九升，冠十一升，既葬以其冠爲受，衰十一升，冠十二升。冠其衰者，降服小功衰十升，正服小功衰十一升，義服小功衰十二升，緦麻十五升，抽其半，其冠皆與其衰升數同也。

父在爲母。

《傳》曰：何以期也？屈也。至尊在，不敢伸其私尊也。父必三年然後娶，達子之志也。

父母竝尊而母統于父，父在則期年除服，然必心喪三年，其義已見上。此傳云屈也，謂子不得伸其服，非竝其孝思而亦屈之。私尊，謂子之私志必欲服三年，是其尊母同父之意。今止期年是謂不敢伸，非母爲己所獨私尊之謂，故申之曰：父必三年而後娶，所以達子之志，明子雖服止期年而心喪則三年，父亦諒子三年之意也。敖氏曰：夫之于妻宜有三年之恩，爲其不可不降于母，故但服期而已，然服雖有限情則可伸，故必三年然後娶，所以終牉合之義焉。御案：待三年，然後娶，喪妻者之通禮。

妻。

《傳》曰：爲妻何以期也？妻至親也。

妻者，齊也。非特以其尊與己同。正身、齊家以暨于國與天下，皆自夫婦始，必夫妻同德而後可以起化。孔子《繫易》曰：夫夫、婦婦而家道正，正家而天下定矣。故其服當三年，因別于母，則止期年，而必三年後娶，亦終服三年之意。此云親也，第以其分而言，未及其本，所以此書非聖人之言也。

出妻之子爲母。

出妻之義已見上文。然七出之外有三不出，容有夫不仁而出，其所不當出者，子無如父，何則必曲致其孝母之念，此書所以有此條歟；夫雖絶妻，子不可以絶母，故爲之期且杖。

《傳》曰：出妻之子爲母期，則爲外祖父母無服。《傳》曰：絶族無施服，親者屬。

施，逸義反。

古人居喪、衰絰、杖屨皆如制實踐，故諸經言喪服皆愼別之。出妻之子爲其母期，蓋不忍絶其母而遂絶其母之父母乎。此則言其服耳。情固许其伸也，夫子删詩，錄《渭陽》以明母族之義，人多忽略，愚于詩解已詳。絶族者母既出，則母之父母與己族不相連綴施旁及之也。親者屬母子至親，無絶道。此所引傳卽今《小戴禮·大傳》，可知以《戴記》爲《儀禮》註疏者誤。

出妻之子爲父後者，則爲出母無服。

《傳》曰：與尊者爲一體，不敢服其私親也。

爲父後者，爲出母無服。前人謂尊祖敬宗，家無二主之義，然嘗論之，父固尊而母亦非不尊，子尊其母不得爲私親也。子身從何而來，與你們一體而卽賤其母，于天理不順。父之出母，賤之也，而子亦可賤其母乎？前人泥宗子之法于解經，過爲分別，不知周家所以重宗子之故也。周制，諸侯世及卿大夫世官不賢，亦世祿。天子、諸侯以下皆傳嫡不傳庶，故以宗子爲重，爲父後者無論大宗小宗皆其嫡長也。承社稷宗廟之重，異于衆子，然此言其世及之常耳，至出母之事，則人倫之變者。夫其父母不諧，子而已冠歟，則所以委曲善全其父母者，必自有道而不得坐視其母之出；子而未冠歟，既而知其母被出，則號泣思慕所以挽救于己。然者，亦必有方，惟母被出而改嫁，則無如何耳，否則不至遠父，亦不至悖母。聖賢處此宜何如得親順親者。此節云與父爲一體，不敢服其私親，夫子爲母之所生非一體乎？身爲母出，而與父一體遂絶其母，目之爲私親，天理人情其有是乎？孔孟未嘗言及此，《易》《書》《詩》《禮》亦無之，惟此書云云，其非聖人之制，明矣。母即得罪于其夫，未得罪于其子，子不能善全父母之歡，抱罪已多而忍爲此歟。

父卒，繼母嫁，從爲之服，報。

《傳》曰：何以期也？貴終也。

婦人從一而終，夫死改嫁，非也。然亦有不得已者，夫亡子幼至貧困無以自存，不嫁則母子俱斃，將斬夫之祀。嫁則可以養育成人，復歸宗祀。若此者母之志苦矣，故此言父卒從母而嫁，則爲其繼父服，所以報也。何報云爾，母非不欲守節，其嫁也爲己也。人子當孝養其母而不能，然今者養其母竝養其子且爲之居室宗廟，是其恩誼隆焉，故以期報之也。今律謂爲同居繼父又未從母嫁者，爲不同居繼父以母，故亦有服而不得比于此矣。終終母之志亦終子養母之志也，若夫可以不嫁而嫁或嫁不擇人，如宣姜、夏姬之流，則聖人所不及料矣，而何服之有？

右齊衰杖期。

不杖，麻屨者。

此亦齊衰，但哀殺而禮亦殺耳。御案：此服有本不應杖者，凡上殺、旁殺、下殺及從服、報服是也。亦有本應杖而不杖者，如適子父在爲妻不杖，則有所爲而屈焉。

祖父母。

《傳》曰：何以期也？至尊也。

父在，孫爲祖父母服期年，父沒則長子當承重三年，諸孫期年。此專爲父在者言，不言繼祖父母，可知父母至尊，則父之父母亦至尊矣。

世父母、叔父母。

《傳》曰：世父、叔父何以期也？與尊者一體也。

世父，伯父也。以其爲嫡長繼世所重，故曰世。此旁殺也，與父一體故服期。

然則昆弟之子何以亦期也？旁尊也，不足以加尊焉，故報之也。

昆弟之子，姪也。世父、叔父爲旁尊，姪爲世父、叔母期，以其爲旁尊也。爲世父、叔父者，雖尊而不足以加于姪之父，則姪爲己期，己亦當服期以報之。《檀弓》曰：兄弟之子，猶子也。蓋引而進之也。

父子一體也，夫妻一體也，昆弟一體也，故父子，首足也。夫妻，胖合也。昆弟，四體也。

胖，普半反。

此申明上文，言一體之義。胖者，半也。凡物半則不成其爲全器，男女不合則不成其爲陰陽。《易》曰：有天地然後有男女，有男女然後有夫婦，有夫婦然後有父子，有父子然後有君臣，有君臣然後有上下，有上下然後禮義有所錯，故夫婦雖異而胖合實爲一體。

故昆弟之義無分。然而有分者，則辟子之私也。子不私其父，則不成爲子。故有東宮，有西宮，有南宮，有北宮，異居而同財，有餘則歸之宗，不足則資之宗。

辟，音避。

昆弟既爲一體，則無分居之義，然而有分者以同居，則其子各誠禮于其父。有不能盡之勢私謂侍養無方，一切禮文施于父者不可施于世父、叔母，故曰：私也。子不私其父則虧子道，故兄弟别居，有東西南北之宫，然雖異居，而同財仍無分也。如昆弟食用之外，財有餘則歸之宗子，以爲睦族之費。如不足者，則取資于宗子。此周家立宗子以爲敬宗睦族之意。不然宗子分尊而但恃其尊，德行不足爲法，恩誼不孚于宗人，豈先王制禮之意。又按周制人各授田百畝，而云有餘財者，蓋受祿之人也。後世宗子之服不可行昆弟之閒，不盡合則異居，而相周恤務全其親，親之義亦權而不失其正者。

世母、叔母何以亦期也？以名服也。

世父、叔父與父同體，則世母、叔母亦與母同尊，名之曰：母安得不服期。

大夫之適子爲妻。

《傳》曰：何以期也？父之所不降，子亦不敢降也。何以不杖也？父在則爲妻不杖。

適，低益反，下不音者竝同。

大夫爲衆子之妻降服，而爲適子之妻則不降，故大夫之適子爲其妻亦不降，而服期其不杖者，父在爲妻不杖也。大夫之上有天子，諸侯下有士、庶人。此專言大夫以包上下。

昆弟。

昆，兄也。爲兄弟期，爲姊妹在室，亦如之。

爲衆子。

衆子，長子以下之子，爲女子子在室，亦如之。

昆弟之子。

《傳》曰：何以期也？報之也。

此條已見上文。

大夫之庶子爲適昆弟。

《傳》曰：何以期也？父之所不降，子亦不敢降也。

適昆弟，適子之長者，爲父後者也。此條義亦欠允，蓋同爲父之子，則同爲兄弟，故兄弟相爲服皆期年。上文所謂一體者也。適子雖重，然爲主家政或國政與祭祀，以示權無旁落。而其在父母前，則皆子也，則己與昆弟皆一體而獨庶子爲適昆弟期乎，且世固有適無所出而庶出反多者，適究不失其尊，庶亦不得逾于適，而其子均一體。如此條所云，將使適賤其庶，至于變生骨肉者，不一而足，解經何可不慎也。

適孫。

《傳》曰：何以期也？不敢降其適也。有適子者無適孫，孫婦亦如之。

鄭康成曰：周之道，適子死，則立適孫爲適，孫服期。若適子在，則與衆孫等耳。孫婦亦如之。適婦在，亦爲庶孫之婦。

爲人後者，爲其父母，報。

《傳》曰：何以期也？不貳斬也。何以不貳斬也？持重於大宗者，降其小宗也。

不貳斬，不貳父也。爲人後則本生父母降爲世父、母叔，父母義已見前。于其本生父母服期。云報者己若死世父、母叔、父母亦當服期，以是爲報也。持，猶主也。所後者爲大宗所生之家，爲小宗何以言之也。無後者必爲之立後者，體祖宗之意，不使此人獨無後也。以其爲祖而繼，故曰：大宗以子爲人後者，不以適而以庶。其本生父母固有子以承祧，則此出繼者，特小宗耳。

爲人後者，孰後？後大宗也。曷爲後大宗？大宗者，尊之統也。禽獸知母而不知父。野人曰：父母何算焉。都邑之士則知尊禰矣。大夫及學士則知尊祖矣。諸侯及其大祖，天子及其始祖之所自出。尊者尊統上，卑者尊統下。大宗者，尊之統也。大宗者，收族者也，不可以絶，故族人以支子後大宗也，適子不得後大宗。

算，素管反。劉，音選。大，音泰。

大宗，始祖也，尊之統。凡子孫皆由是而派衍也。禽獸無人理，野人亦多不知父母之尊。何算，輕視父母之詞。尊禰、尊祖，分別都邑之士與大夫、學士，亦大概言識見之大小耳。勿泥大祖始封之君，若魯周公、齊太公之類。始祖所自出，若殷周之帝嚳。尊統上，天子始祖之所自出。尊統下，諸侯之大祖。歷言大宗之貴，所以子孫有無後者，皆先祖之所恫，必爲之後，不可以絶，以是爲收族之義云爾。故凡族人皆可以支子爲人後，惟適子不可爲人後耳。世人誤解，遂有謂宗子無後當立後，而支子均不爲立後。其不達于禮甚矣。蓋天子諸侯大夫則以繼統爲重耳。

女子子適人者，爲其父母、昆弟之爲父後者。

御案：爲其父母者，以出降也。爲昆弟應降大功而期者，以其爲父後也。

《傳》曰：爲父何以期也？婦人不貳斬也。婦人不貳斬者何也？婦人有三從之義，無專用之道，故未嫁從父，既嫁從夫，夫死從子。故父者，子之天也；夫者，妻之天也。婦人不貳斬者，猶曰不貳天也，婦人不能貳尊也。爲昆弟之爲父後者何以亦期也？婦人雖在外，必有歸宗，曰小宗，故服期也。

此釋上文婦人在家天父，出嫁天夫。天者，取其尊大之義。不貳斬，專指在家之父。既嫁之夫，夫死從子，以婦人無外事。然古今賢媛守節克成其子多矣，又或子不肖而母豈亦從之乎。此但言其常耳。婦人必有歸宗，女雖嫁而必歸寧于父母，且其身固父母之所生。昆弟又其同父母者，昆弟之爲父後者，是父母所重也。重父母，卽重其爲後者，豈可遂視如外人，故服期也。小宗謂其承父之重爲小宗。前人謂婦人被出，必歸于父母，父母不在，歸于昆弟之爲後者，是聖人特爲婦人被出而制此禮，恐聖人以修身齊家，望人不因家庭不幸之事制爲常服。

繼父同居者。

《傳》曰：何以期也？《傳》曰：夫死，妻稺子幼，子無大功之親，與之適人，而所適者亦無大功之親，所適者，以其貨財爲之築宮廟，歲時使之祀焉，妻不敢與焉，若是則繼父之道也。同居則服齊衰期。異居則服齊衰三月，必嘗同居然後爲異居。未嘗同居，則不爲異居。

適，並如字。與，音預。爲異如字。

此條義已見上文。此傳但言繼父同居之恩誼，所以宜服而未言，所以因母及繼父之義。稺、幼皆少小也，無大功之親，概凡可以贍恤而不然者，見其無所依也，古人有託妻寄子者矣，豈必大功之親始當周恤乎。既隨母而適，則朝夕與居所以養且教者，必不能無而又爲之築宮廟，以祀其先，則恩誼愈周矣。妻不敢與，謂其出于繼父之志，而非母自以財爲之。必嘗同居，後不同居爲異居。未嘗同居，則本未同，而何異也。如傳，此言則未嘗同居者無服矣，然于義殊，不全前言齊衰杖期矣。此又云不杖期複而無義，愚于上文繼母嫁從節已詳之。

爲夫之君。

《傳》曰：何以期也？從服也。

御案：諸侯夫人畿内，公卿大夫、士之妻爲天子，侯國公卿大夫、士之妻爲國君。馬氏融曰：夫爲君三年，妻從夫降一等，故服期。御案：臣妻不服君夫人者，以從服直一從而已，不累從也。

姑姊妹、女子子適人無主者，姑姊妹報。

《傳》曰：無主者，謂其無祭主者也。何以期也？爲其無祭主故也。

敖氏繼公曰：爲姑姊妹、女子子出適者，降爲大功。今以其無主乃加于降服一等而爲之期，其姑姊妹於昆弟姪亦以其所加者服之，故云報也。無祭主，無子而又未爲立後也。

爲君之父母、妻、長子、祖父母。

爲，去聲。

此臣爲君之父母等也。前人讀爲如字，其義不順。

《傳》曰：何以期也？從服也。父母、長子，君服斬。妻則小君也。父卒，然後爲祖後者服斬。

從服，從君而服之也。君于其父母、長子服斬，則臣當降一等而服期。君之妻則小君也，爲君斬則爲小君期。父卒，然後爲祖後者斬，釋爲君祖父母期之，故君之父卒，然後君爲祖父母服斬。臣當服期，若非然，則君不服斬，臣子亦不從君服期矣。

妾爲女君。

鄭康成曰：女君，君適妻也。

《傳》曰：何以期也？妾之事女君，與婦之事舅姑等。

妾爲君三年，則服女君。當期而此云與婦事舅姑等，夫舅姑至尊，故女子既嫁則降其父母之服，而重服舅姑。此言與婦事舅姑等非也。詳見下文。

婦爲舅姑。

《傳》曰：何以期也？從服也。

此條與上條俱不合理，據禮，妻既以夫爲天，而舅姑乃夫之父母，婦人內夫家，以夫家爲家，則舅姑卽其父母，故己之父母降服期，而夫之父母則服三年。此爲從服，今乃云爲舅姑不杖期，輕夫之父母卽輕夫矣。子事父母，子婦事舅姑，其禮不聞有二，而其服乃如此。必非聖人之制也。若妾亦爲夫之父母三年，以喪制無以加也。

夫之昆弟之子。

《傳》曰：何以期也？報之也。

姪爲世父、母叔、父母期，故世母、叔母亦報之以期。姪爲猶子，世父、叔父猶父親之故報之也。

公妾、大夫之妾，爲其子。

《傳》曰：何以期也？妾不得體君，爲其子得遂也。

妾之子爲其母三年，則妾爲子期年正也。妾不得體君下于妻也，而爲君亦三年，以禮無可加。若爲其子期則固。凡父母報子之常禮。得遂，二字無謂。

女子子爲其祖父母。

《傳》曰：何以期也？不降其祖也。

無論在室與適人，均然以祖尊不敢降也。然則婦乃降其舅姑乎？益以見上文之謬。

大夫之子，爲世父母、叔父母、子、昆弟之子、姑姊妹女子子無主者，爲大夫命婦者，唯子不報。

爲大夫，爲如字。

大夫之子，子爲大夫者也。嫌其貴當降服故云。世父、母叔、父母及爲其子、昆弟與昆弟之子、姑姊妹女子子無主者，皆爲之期。其爲大夫命婦者，唯爲其女子子不報，以其本應服期也。前人乃謂因貴而降服。夫貴貴之禮，惟天子諸侯至重，其餘則親親之義不可以貴而屈，《周禮》親親其禮，當不如是。

《傳》曰：大夫者，其男子之爲大夫者也。命婦者，其婦人之爲大夫妻者也。無主者，命婦之無祭主者也。何以言唯子不報也？女子子適人者，爲其父母期，故言不報也，言其餘皆報也。何以期也？父之所不降，子亦敢降也。大夫曷爲不降命婦也？夫尊于朝，妻貴于室矣。

爲其父母之爲，去聲。餘，如字。適人之適，如字。朝，直遙反。

恐人以大夫爲子之父，故釋之。命婦爲大夫之妻，無主命婦無祭者，唯子不報。蒙上女子子之文非指男子言，大夫之子于上等皆服期。以其父尚期，子何敢不期也。女子子之無主者，當服期而命婦，不然是爲不降也。以其爲命婦，獨此不報，蓋女子子已嫁，小功本服也。因其無祭主而報服期，命婦則不報也。

大夫爲祖父母、適孫爲士者。

爲士，如字。

《傳》曰：何以期也？大夫不敢降其祖與適也。

御案：祖父母謂父在者，適孫謂父不在者也。言此以明不以大夫之尊而降也。愚按：即此益可見上文之義。

公妾以及士妾爲其父母。

《傳》曰：何以期也？妾不得體君，得爲其父母遂也。

父母，人倫之大，妾亦人子，安得不爲其父母期。固無關于不得體君之義，傳何滯也。

右齊衰不杖期。

齊衰不杖期所異者，但不杖耳。餘皆與杖期同。右所言特其大概，可以類推。

疏衰裳，齊，特麻經，無受者。

受者以輕服受重服也。此齊衰三月之服而不著其月者，凡齊衰之服無受者唯三月。則然故不著而可知也。

寄公爲所寓。

《傳》曰：寄公者何也？失地之君也。何以爲所寓服齊衰三月也？言與民同也。

寓，亦寄也。失國之君寓于他國，爲其所寓之君服，自同于民。然其所寓之君，則以賓禮待之。

丈夫、婦人爲宗子、宗子之母、妻。

《傳》曰：何以服齊衰三月也？尊祖也。尊祖故敬宗。敬宗者，尊祖之義也。

宗子之母在，則不爲宗子之妻服也。

大宗者，繼祖之主也。尊祖故敬宗子以示尊祖之意。雖在五服之外，猶爲宗子及宗子之母與妻。特宗子之母在，則不爲宗子之妻服，統于尊也。

爲舊君、君之母、妻。

《傳》曰：爲舊君者孰謂也？仕焉而已者也。何以服齊衰三月也？言與民同也。君之母、妻，則小君也。

君之母、妻，亦舊君之母、妻。仕焉而已者，曾仕而已，老或廢疾致仕者也。齊衰三月，民服君之服，今亦同之。然爲其母妻亦三月，則深于民矣。按：舊君亦不一，或致仕或廢黜或出奔或國亡，必審其恩義而爲之服。此三言亦祇其大概，若孟子所言，諫行言聽，諸事是其一端。

庶人爲國君。

庶人，凡爲民也，率土之濱，莫非王臣，而民僅爲君服齊衰三月者，别于有位者也。然必三年，遏密八音以致其哀敬耳。

大夫在外，其妻、長子爲舊國君。

長，知丈反。

《傳》曰：何以服齊衰三月也？妻，言與民同也，長子，言未去也。

大夫在外，有故而去國者，君未收其田地，亦不罪其妻子，則其妻與長子猶君之民。故服齊衰三月。未去而云舊君者，據其父言之也。

繼父不同居者。

先嘗同居後異居，則以其同居時之恩誼服齊衰三月。若不隨母嫁而但以己不得養其母，幸母有所歸，推而及之，服緦麻三月可也。此書義未全。

曾祖父母。

《傳》曰：何以齊衰三月也？小功者，兄弟之服也，不敢以兄弟之服服至尊也。

按：父母三年，則祖齊衰期，曾祖齊衰大功，高祖齊衰小功。所謂上殺也，殺其月而不殺其服，以其至親且尊也。若下殺則爲子齊衰期年，爲孫齊衰大功，爲曾孫齊衰小功，爲玄孫緦麻。所謂下殺也，下殺者不得同于上殺，親而不尊也。此云齊衰三月，然則高祖其無服乎。論者謂高祖鮮有及者，然聖人制禮必可爲常，經世豈無及高祖者乎。五服豈可缺其一乎。而傳又以小功兄弟之服，不敢以兄弟之服，服至尊可謂迂窒矣。天子諸侯無及其高曾者，大夫以下則有之。

大夫爲宗子。

《傳》曰：何以服齊衰三月也？大夫不敢降其宗也。

宗子雖未爲大夫亦服三月，而不敢降之敬宗，所以尊祖上文已言矣。

舊君。

《傳》曰：大夫爲舊君，何以服齊衰三月也？大夫去，君埽其宗廟，故服齊衰三月也，言與民同也。何大夫之謂乎？言其以道去君，而猶未絶也。

埽，四奥反。

上文第言大夫之妻長子，此乃言大夫去國爲舊君服之義。埽，拚除之也。

曾祖父母爲士者，如衆人。

爲，如字。

《傳》曰：何以齊衰三月也？大夫不敢降其祖也。

如衆人，竝非士言。曾祖父母或爲士或如衆人，卽大夫亦爲之服齊衰三月，不敢降其祖也。然本支高曾祖皆其至尊且親者，豈可以貴厭之。此書區區于公、卿、大夫，是以其説拘而多窒，惟天子諸侯則可也。

女子子嫁者、未嫁者，爲曾祖父母。

《傳》曰：嫁者，其嫁于大夫者也。未嫁者，其成人而未嫁者也。何以服齊衰三月？不敢降其祖也。

服至三月而止，故女子子無論已嫁未嫁，皆爲曾祖父母服齊衰三月。然則曾孫之不同于嫁女可知矣，而乃僅服三月乎。以此條例，上條其拘礙可見。《傳》云：嫁于大夫明，雖尊猶不降也。

右齊衰三月。

大功布衰裳，牡麻絰，無受者。

大功者，其布鍛治之麤大也。古者布皆以枲苧爲之，今世所用之布則吉貝也，古無之。斬齊皆麤麻，大功則成布矣而猶麤，小功則漸細矣。

子、女子子之長殤、中殤。

長，知丈反。下同。

子，男子。女子，子女子也。男女未冠笄而死者爲殤。

《傳》曰：何以大功也？未成人也。何以無受也？喪成人者其文縟，喪未成人者其文不縟，故殤之絰不樛垂，蓋未成人也。年十九至十六爲長殤，十五至十二爲中殤，十一至八歲爲下殤，不滿八歲以下爲無服之殤。無服之殤，以日易月。以日易月之殤，殤而無服。故子生三月，則父名之，死則哭之，未名則不哭也。

縟，音辱。樛，基幽反。爲，竝如字。

賈氏公彦曰：成人之喪，既葬以輕服，受之變麻。服葛至小祥，又以輕服受之，男子除于首，婦人除于事。殤之喪無此，月滿則除之。縟，數也，謂其禮文多也。敖氏繼公曰：樛當作繆。《檀弓》齊衰而繆絰，正謂此也。繆，絞也。絰，首絰垂者，其纓也。殤絰之有纓者，不繆其纓絰而散之，異于成人，故以證之。以日易月，謂生一月者，則哭之一日。唯于凡有齊斬之親者，自大功之親以下則否，蓋齊斬之長殤、中殤大功，下殤小功，以次言之則七歲以下猶宜有服，但以其不入常服之限，是以略之。然其恩之輕重與殤之在緦麻者相等，故計日而哭之。若滿七歲者哭之八十四日，則亦近于緦麻之日月矣。未名則未三月，殤不哭。不以日易月而哭，亦當有哭也。

叔父之長殤、中殤。姑姊妹之長殤、中殤。昆弟之長殤、中殤。夫之昆弟之子、女子子之長殤、中殤。

賈氏公彦曰：此皆成人齊衰期，長殤、中殤降一等。在大功皆以尊卑爲先後。敖氏繼公曰：小功章云：昆弟之子、女子子、夫之昆弟之子、女子子之下殤，則此服亦夫妻同也。

適孫之長殤、中殤。大夫之庶子爲適昆弟之長殤、中殤。公爲適子之長殤、中殤。大夫爲適子之長殤、中殤。

鄭康成曰：公，君也。諸侯大夫不降適殤者，重適也。天子亦如之。

其長殤皆九月，纓絰。其中殤七月，不纓絰。

纓絰，纓其絰也。纓卽絰之下垂者。自大功以上，絰有纓，小功以下無纓，五服之上無七月之服。惟此大功中殤有之，小記九月七月之喪是也。

右殤大功九月七月。

大功布衰裳，牡麻絰，纓，布帶，三月，受以小功衰，卽葛，九月者。

敖氏繼公曰：齊衰以上，其絰皆不言絰纓，故于此成人大功言之，乃因輕以見重且明有纓者，止于此也。受以小功衰，脱大功布衰裳而以小功布衰裳受之。卽葛，脱麻絰帶卽葛絰帶也。三月而變衰葛，九月而除之。婦人異于男子者，不葛帶耳。小功亦然。此章特著受月者，以承上無受之後嫌與之同，亦且明受衰之止于此也。

《傳》曰：大功布九升，小功布十一升。

此言受服之布也。有正服，有義服，有降服。正服衰八升冠十升；降服衰七升冠亦十升；義服衰九升冠十一升。傳第以義服大功之受者言，以小功，至葬惟有變麻、服葛，無受服之法，故止據義服之大功而言。

姑姊妹、女子子適人者。

適，如字。

《傳》曰：何以大功也，出也。

在室，服不杖期，則出嫁降服大功。

從父昆弟。

從，才用反。

郭氏璞曰：兄之子、弟之子相謂爲從父。昆弟者，從父而别也。其姊妹在室亦如之。

爲人後者，爲其昆弟。

爲人如字。《傳》同。

《傳》曰：何以大功也？爲人後者，降其昆弟也。

其姊妹在室亦如之昆弟及姊妹在室者報亦大功。賈氏公彦曰：爲人後者于兄弟降一等，則本宗餘親皆降一等也。

庶孫。

御案：有適子者無適孫，則適子在者，凡孫皆庶也。陳氏銓曰：自非適孫一人，皆爲庶孫。賈氏公彦曰：女孫在室，與男孫同。

適婦。

適，子之妻。

《傳》曰：何以大功也？不降其適也。

婦從夫，當爲舅姑服三年。而此書云服期則舅姑當服小功，以其爲適加降服大功，然非禮也。

女子子適人者，爲衆昆弟。

昆弟云衆，對爲父後者言也。爲父後者則當服期。若爲天王后，諸侯夫人則無服。

姪丈夫、婦人，報。

御案：此亦女子子適人者爲之也。本與上衆昆弟合爲一條，註家離之耳。章首已見爲姑姊妹適人者之服。此于衆昆弟姪似不必言報，以姑姪兩出或嫌不報，故言報也。姪之適人者不以兩出而兩降也。姊妹亦然。

《傳》曰：姪者何也？謂吾姑者，吾謂之姪。

賈氏公彦曰：姪，名唯對姑，若世叔父，唯言昆弟之子，不得姪名也。按：女謂曰弟弟之子爲姪，見于《左傳》，至兄弟之子則無之。故朱子云：古人不謂兄弟之子爲姪，猶子亦是記禮者之詞。古人無云猶子者，然女于兄弟之子曰姪，男子何以不可名姪。若語人而第曰兄弟之子而已，轉嫌于疎之。古有稱從子者，吕蒙正謂姪夷簡是呼姪，可也。

夫之祖父母、世父母、叔父母。

《傳》曰：何以大功也？從服也。

婦人從夫與爲一體，則夫之所尊、所親不得而貳服。此數者夫皆服期，而妻降一等，則未從其夫也。猶曰從服，何耶？

夫之昆弟何以無服也？其夫屬乎父道者，妻皆母道也；其夫屬乎子道者，妻皆婦道也。謂弟之妻婦者，是嫂亦可謂之母乎？故名者人治之大者也，可無愼乎。

嫂，思襖反，亦作嫂。

古叔嫂不通問，故無服，然從乎夫之親而推，亦可以爲之服。夫服期年者，其妻服大功可也。《傳》申言夫屬乎父道者，妻皆母道，屬乎子道者，妻皆婦道，是釋妻當從夫之義也。而上文祖父母、世父母、叔父母不從夫服期，此昆弟不從夫服大功。理實相戾，至謂兄不可呼弟妻爲婦，自是正論。

大夫爲世父母、叔父母、子昆弟、昆弟之子爲士者。

爲士，如字。

《傳》曰：何以大功也？尊不同也。尊同則得服其親服。

此皆應服期，而以己爲大夫，彼爲士，故降服，尊同皆大夫也。然禮天子、諸侯絶期，以其至尊也。若卿大夫則不過佐君致治，君優賜之，賞其勞耳，而乃使其以貴壓親乎。人倫骨肉宗族，乃恩誼維持之地，導之以厚而民猶偏反，况導之以勢利乎。此决非聖人之制。

公之庶昆弟、大夫之庶子，爲母、妻、昆弟。

《傳》曰：何以大功也？先君餘尊之所厭，不得過大功也。大夫之庶子，則從乎大夫而降也。父之所不降，子亦不敢降也。

厭，于葉反。

君父，至尊也。故服斬而其下不得同，唯三年之喪與人無異。期則絶不爲服以伸其尊，其臣下則當聽其各伸其情。庶子爲其生母當服三年，因君在降爲期，與父在子爲母期同。然心喪三年，不得而禁之也。豈有君殁而猶以餘尊厭之，致令其不得爲母三年者乎。况大夫雖貴，亦臣子耳。何得以其貴，厭之卽適庶之不敵，以其不得主奥衣服禮秩，不得如適而已。至喪服，則親親之誼，除君父母及適子外，當如常服，而不得減薄，以殺人子之情。此條亦不通之論也。

皆爲其從父昆弟之爲大夫者。

從，才用反。爲、大，如字。

從父之昆弟，本當服，大功必大夫而後然亦誤。

爲夫之昆弟之婦人子適人者。

適，如字。

鄭康成曰：婦人子，女子子也。賈氏公彦曰：此謂世叔母爲之服。在室期出嫁大功。

大夫之妾爲君之庶子。

妾爲君之衆子服大功，則爲其長子服期，而鄭康成謂三年，非也。

女子子嫁者、未嫁者，爲世父母、叔父母、姑、姊妹。

《傳》曰：嫁者，其嫁于大夫者也。未嫁者，成人而未嫁者也。何以大功也？妾爲君之黨服，得與女君同。下言爲世父母、叔父母、姑、姊妹者，謂妾自服其私親也。

女子子已嫁者爲世叔、父母、姑姊妹皆大功，未嫁者服期禮也。而云未嫁者皆然，則經誤。《傳》者云嫁于大夫者，明嫁于大夫猶然，他可知妾爲君之黨服得與女君同。似解上文大夫之妾爲庶子。妾自服其私親亦大功，亦禮之可通者，而論者又紛紛辯説，皆誤。

大夫、大夫之妻、大夫之子、公之昆弟，爲姑、姊妹、女子子嫁于大夫者。君爲姑、姊妹、女子子嫁于國君者。

《傳》曰：何以大功也？尊同也，尊同則得服其親服。

云大夫之妻及子、公之昆弟皆然，則他可知嫁于大夫者，義見上。

諸侯之子稱公子，公子不得禰先君，公子之子稱公孫，公孫不得祖諸侯，此自卑别于尊者也。若公子之子孫有封爲國君者，則世世祖是人也，不祖公子，此自尊别于卑者也。

禰，乃禮反。别，彼列反。

鄭康成曰：不得禰不得祖，不得立其廟而祭之。卿大夫以下祭其祖、禰世世祖，是人不祖公子者。祖，此受封之君，不復祀别子。愚按：此謂封君之子孫也。若始封之君，則必立五廟，必無不祭其先者。但其廟久而必遷，不以始封之君爲不祧之廟也。然此等禮當變而通之，不可執一以論，如周公、康叔等出自文王，則由文王而王季、太王以上，皆未爲天子猶可言也。若叔虞及皆天子之子，諸侯不得祖天子，將同以爲五廟。

是故始封之君不臣諸父、昆弟，封君之子，不臣諸父，而臣昆弟，封君之孫，盡臣諸父、昆弟。故君之所爲服，子亦不敢不服也；君之所不服，子亦不敢服也。

朱子曰：始封君之諸父、昆弟，始封君之父，未嘗臣之，故始封君不敢臣之。封君之子，所謂諸父者即始封君之昆弟而未嘗臣之者也，故封君之子亦不敢臣之。封君之子，所謂昆弟者即始封君之子，始封君嘗臣之者也，故封君之子亦臣之封君之孫。所謂諸父昆弟者，即始封君之子所臣之昆弟及其子也，故封君之孫亦臣之，故繼之以君之所不服子，亦不敢服君之所爲服，子亦不敢不服也。敖氏繼公曰：此因上云公子之子孫有封爲國君者而言之。

右大功九月。

繐衰裳，牡麻絰，既葬，除之者。

繐，音歲。

《傳》曰：繐衰者何？以小功之繐也。

布細而疏者謂之繐，治其縷如小功，而成布四升半。天子七月而葬，故既葬乃除，不同于小功。此服專爲諸侯之臣、爲天子而設。

諸侯之大夫爲天子。

《傳》曰：何以繐衰也？諸侯之大夫以時接見乎天子。

見，賢徧反。

諸侯之大夫爲天子，陪臣不可以無服，故制爲小功之繐。小功不盡繐，而繐則其細而疏者，不因其以時接見天子而然也，傳誤，大夫該卿在内，士亦可知。蓋舉中以該上下也。

右繐衰七月。

小功布衰裳，澡麻帶絰，五月者。

澡，音早。

鄭康成曰：澡者，治去莩垢。小功對大功言，一治布用功麤大，一用功細密也。帶，布帶。帶絰，帶而又絰也。

叔父之下殤。適孫之下殤，昆弟之下殤。大夫庶子，爲適昆弟之下殤，爲姑、姊妹、女子子之下殤。

賈氏公彦曰：自叔父至女子子，八人皆成人期，長、中殤大功，下殤則皆小功。敖氏繼公曰：不言子之下殤，公與大夫爲適子之下殤，文脱耳。

爲人後者爲其昆弟、從父昆弟之長殤。

爲人，如字。從，才用反。

賈氏公彦曰：二者本服大功，今長殤小功。愚按：爲其昆弟長殤小功，則從父、昆弟當降而皆同服。蓋此書于正服多不允，故降服亦不順。

《傳》曰：問者曰：中殤何以不見也？大夫之殤中從上，小功之殤中從下。

從，如字。

長殤、中殤、下殤，其服皆以本服次降。此篇不能具説，故設爲問以發。其凡下殤之服如此，則長殤、中殤可類而推。大功、小功皆謂本宜服者，若爲殤則大功者中，從其上。小功者中，從其下。

爲夫之叔父之長殤。

昆弟之子、女子子、夫之昆弟之子、女子子之下殤。

馬氏融曰：伯叔，父母爲之服也。成人期下殤，降二等，故小功。

爲姪、庶孫，丈夫、婦人之長殤。

姑爲姪，祖爲庶孫，成人皆大功，長殤，降一等，故小功。丈夫、婦人，猶言男子、女子也。

大夫、公之昆弟、大夫之子爲其昆弟、庶子、姑、姊妹、女子子之長殤。

大夫爲昆弟之殤小功。公之昆弟爲其昆弟等亦然，則等而上之正服期也，況大夫乎，大夫之子該適庶在內。

大夫之妾爲庶子之長殤。

庶子，君之庶子除適子一人外，餘皆庶子。男女成人大功長殤，降一等，故小功。

右殤小功五月。

小功布衰裳，牡麻絰，卽葛，五月者。

鄭康成曰：小功輕，三月變麻，因故衰以就葛絰而五月也。《閒傳》曰：小功之葛，與緦之麻同。其絰亦澡之。

從祖祖父母、從祖父母，報。

從，才用反。下竝同。

從祖昆弟。

從祖，世叔祖也，其祖父母則高祖也，從祖之父母則世叔曾祖也，而皆服小功何耶，从祖之昆弟则後世叔也。鄭氏殉誤旁親，故云報。

從父姊妹、孫適人者。

適，如字。下適人同。

鄭康成曰：從父姊妹，父之昆弟之女。孫者，女孫在室皆大功。

爲人後者，爲其姊妹適人者。

爲人，如字。

陳氏銓曰：累降也。

爲外祖父母。

《傳》曰：何以小功也？以尊加也。

母之父母，子以尊母者，尊其父母服之宜也。此書子爲母期，則降二等，而服其父母，小功，原不爲過。唐開元閒議加外祖父母舅服而廷臣非之，然古人之服衰麻葛等，一切如制，則服雖輕而禮重。後世第以文而已，父母之喪且不久而脫衰絰，其他何論卽加增亦虛議而已。今制爲母三年則外祖父母及舅原可加服，不得以古制爲泥。

從母。丈夫、婦人報。

鄭康成曰：從母，母之姊妹。丈夫、婦人，姊妹之男子、女子。敖氏繼公曰：從母之義與從父同，以其在母列，故但以從母爲稱。丈夫、婦人卽爲從母服者也，此爲加服，而從母乃報之者，以其爲母黨之旁尊，不足以加尊焉，故報之也。

《傳》曰：何以小功也？以名加也。外親之服皆緦也。

御案：父之黨，從父而推，則首及世叔父母；從母而推，則首及從母。男女異長，姊妹之間其情尤暱。此從母之服，所以過于舅也。賈氏公彦曰：以有母名，故加至小功。

夫之姑、姊妹、娣姒婦，報。

《傳》曰：娣姒婦者，娣[1]長也。何以小功也？以爲相與居室中，則生小功之親焉。

夫爲姑、姊妹在室期出嫁大功，妻爲服小功。娣姒，兄弟之妻相名。娣長姒穉，其長幼從夫而定，不以己年相別。長幼同室而居，安得不以親兄弟者親娣姒。

大夫、大夫之子、公之昆弟爲從父昆弟、庶孫、姑姊妹、女子子適士者。

適，如字。

大夫之子爲大夫者，及公之從父昆弟等皆服小功。言適士者，以見從父昆弟、庶孫亦爲士者。

大夫之妾爲庶子適人者。

妾爲女君所生之女子子服與庶子同。女子本無適庶，而言庶子者，見凡女子子同也。

庶婦。

據此書，庶婦爲舅期，則舅姑爲衆婦降服小功，以別于適婦，然非禮也。

君母之父母，從母。

鄭康成曰：君母，父之適妻。從母，君母之姊妹。

《傳》曰：何以小功也？君母在則不敢不從服，君母不在則不服。

從服，如字。

賈氏公彦曰：不在，或出或死也。敖氏繼公曰：君母在，不敢不從服者，以其配父尊之也。母不在，不服者別于己之外親也。愚按：君母出，可不服君母，死亦當服也。

君子子爲庶母慈己者。

《傳》曰：君子子者，貴人之子也。爲庶母何以小功也？以慈己加也。

此大夫及公子之適子爲庶母慈己者也，但慈愛于己而父未嘗命爲母子，則非慈母矣。然既慈己，則父在亦爲之服小功，則父殁必加服可知。

右小功五月。

御案：小功降服衰冠同十升；正服衰冠同十一升；義服衰冠同十二升；喪服之升數盡于此，無以受之，故葬後不易衰冠，但變麻卽葛，以終其月。卽葛，男子要，婦人首也。小功之服，經所未著者，可以互推之。

---

① 娣，阮元《十三經注疏》作弟。

緦麻三月者。

治麻如絲，以爲衰裳。澡麻以爲絰，三月而除之。

《傳》曰：緦者，十五升抽其半，有事其縷，無事其布，曰緦。

喪服之布，自三升至十二升，而止十五升則爲吉布。抽，去也。去其半爲七升，有半升八。十縷十五升，千二百縷，去其半，六百縷也。有事其縷，無事其布者，縷細而孔疏，雖治其縷如絲，未成布也。

族曾祖父母、族祖父母、族父母、族昆弟。

由己之父母、昆弟、祖父母、曾祖父母而推，雖疏而仍親，故謂之族也。

庶孫之婦。

庶對適而言。賈氏公彦曰：適子之婦大功，庶子之婦、適孫之婦皆小功，庶孫之婦緦。

庶孫之中殤。

鄭康成曰：庶孫，成人者大功。其殤中從上，此當爲下殤，中字誤。

從祖姑、姊妹適人者，報。

從，才用反。下竝同。適人，如字。

賈氏公彦曰：此本服小功，出適，降一等，緦麻。云報者，彼此相爲服同。

從祖父、從祖昆弟之長殤。

長，知丈反。下竝同。

賈氏彦公曰：此本服小功，長殤降一等，緦麻。敖氏繼公曰：不言從、曾祖父，未必有在殤者也。若有之則同服緦，可知。

外孫。

女子子之子也。敖氏繼公曰：此服亦男女同。外孫爲外祖父母小功，不報之者，以其爲外家之正尊與。

從父昆弟、姪之下殤。

賈氏公彦曰：從父昆弟成人大功，長、中殤小功，故下殤在此。女子子在室者，服之亦同，適人則不服。

夫之叔父之中殤、下殤。

馬氏融曰：妻爲之服也。成人大功，中、下殤降二等，故緦。

從母之長殤，報。

賈氏公彦曰：母之姊妹，成人小功。故長殤緦。

庶子爲父後者爲其母。

爲父，如字。《傳》爲一同。

賈氏公彦曰：此謂無冢適，唯有妾子，父死庶子承後者，爲其母緦也。

《傳》曰：何以緦也？《傳》曰：與尊者爲一體，不敢服其私親也。然則何以服緦也？有死于宫中者，則爲之三月不舉祭，因是以服緦也。

御案：魯昭公之母齊歸薨，叔向譏其有三年之喪而無一日之慼，則諸侯、庶子爲父後者于其母應有三年之喪也。服問君之母非夫人，則羣臣無服。唯近臣及僕驂乘從服，唯君所服服也。凡臣從君服降一等，君若服緦則近臣何從之有。曰羣臣無服，則君固自有服也。曰近臣從服，曰唯君所服，則君當服三年，而近臣從之以期矣。公羊氏曰：母以子貴。《春秋》書成風，齊歸皆曰小君，則固以夫人之喪喪之矣。玩曾子問練冠以居之說，疑古者庶子主于其母。在外則無服，燕居則練冠以終三年，是以羣臣在外者不從服。近臣時在君側者，則從以練服。終期緌君服，其内而不服，其外則雖曰無服而三年之慼未嘗不存。愚按：恩莫大于父母，其母之稍遜于父者，從乎夫綱之義也。子安得遽貶其母。自天子達于庶人，父母之喪無貴賤，一以天經地義不容没也。適庶之分至明在于衣服、禮秩、家庭、周旋之間，而喪禮則雖略有等差，何至降至爲緦目，其母爲私親且以有在于宫中者相况，可謂妄矣。祭雖所以敬祖而父母且薄視矣，又何以能及其先乎？竊謂天子諸侯于社稷五祀，則可以命臣工代祭祖廟，則小祥之後，練冠減禮樂以祭，蓋祖宗父母未有不以孝冀其子孫者，由父母等而上之，乃有先祖子孫不孝。雖祭先祖其吐之矣，至神明者，分天地之功化，亦未有不以孝爲先者，前人拘拘亦不達于天理民彝之正矣。

士爲庶母。

《傳》曰：何以緦也？以名服也。大夫以上爲庶母無服。

庶母固輕于適矣，然侍其父且代其母之勞，孔子曰：父母之所愛亦愛之，所敬亦敬之，至于犬馬盡然，而况于人乎，人倫之地而徒以名乎。

貴臣、貴妾。

敖氏繼公曰：貴臣，室老；貴妾，長妾也。

《傳》曰：何以緦也？以其貴也。

敖氏繼公曰：貴臣，室老。貴妾，長妾也。按：小記士妾有子而爲之服，則非必長妾。

乳母。

《傳》曰：何以緦也？以名服也。

吕氏坤曰：此乳母蓋傭他人之婦，乳哺三年，故以母呼之。按：有乳哺之恩，則以義服非以其名也。

從祖昆弟之子。

鄭康成曰：族父母爲之服。

曾孫。

曾孫爲曾祖父母皆大功。曾祖當服小功。此書于本宗五服多不合，故云然。

父之姑。

己之姑大功，則父之姑宜小功。而降服緦，前人以爲尊。于卑之輕服，概從其輕，然非中正之制也。

從母昆弟。

《傳》曰：何以緦也？以名服也。

此亦推敬母以及于從母，非以名而已也。

甥。

姊妹之子。丈夫、婦人同。

《傳》曰：甥者何也？謂吾舅者，吾謂之甥。何以緦也？報之也。

《傳》謂己爲母舅服緦，故舅亦報之以緦也。然甥爲舅服緦太輕，亦非聖人之制。

壻。

《傳》曰：何以緦也？報之也。

壻，女子子之夫也。《傳》爲壻、爲妻父母服緦，故報之亦以緦，然以理而論，其女適壻家則以孝父母者孝其舅姑，壻宜以服世叔、父母者，降等服之大功可也。後人徒見外戚專權遂薄視之，然聖帝明王未嘗不有賢，外戚且此服也，天子諸侯無之矣，大夫以下卽當有服，而前人謂大夫無緦服，旁親可也。本支之當服緦者，亦無之可乎。

妻之父母。

《傳》曰：何以緦？從服也。

《爾雅》：妻之父爲外舅，妻之母爲外姑。按：妻之父母與夫之父母爲昆弟行，所以爲姻也。壻卽不以等于世叔父母，豈必大薄視之而後爲疎遠外戚乎。殷之虞、周之姜忠賢昭昭矣。此制立而後世猥薄之士賤其外戚，竝賤其妻，人倫本始之義不明，皆說禮者，階之厲也。

姑之子。

《傳》曰：何以緦？報之也。

賈氏公彦曰：姑、舅之子兩相爲服，故云服之。

舅。

母之兄弟也。

《傳》曰：何以緦？從服也。

從服，從母而服之。然母舅于父爲昆弟行，卽降服當不至緦。夫子删《詩》存《渭陽之什》所以示篤于母者，不宜薄于舅也。而後儒言禮與聖人異。愚上文已辯之。

舅之子。

鄭氏康成曰：內兄弟也。

《傳》曰：何以緦？從服也。

按：如此文，舅之子尚緦，則舅當加服可知。

夫之姑、姊妹之長殤。

馬氏融曰：成人服小功長殤，降一等，故緦。

夫之諸祖父母，報。

諸祖父母，夫之從祖父母也。

君母之昆弟。

《傳》曰：何以緦？從服也。

妾子爲適母昆弟，從于君母而服緦。

從父昆弟之子之長殤。昆弟之孫之長殤。

賈氏公彦曰：二人本皆小功，故長殤緦，中殤從下無服。

爲夫之從父昆弟之妻。

賈氏公彦曰：同堂娣姒，降于親娣姒，故緦麻。

《傳》曰：何以緦也？以爲相與同室，則生緦之親焉。

緦當作親，親當作緦，同室猶同堂，謂其去祖未遠也。生緦之，不成語，蓋字誤也，當作生親之，謂生而相親，死而服緦也。

長殤、中殤降一等，下殤降二等。齊衰之殤中從上，大功之殤中從下。

此補記服殤之義，以服不盡具，故言。凡長殤、中殤，視其本服奚若皆降一等。下殤則降二等，但殤亦有重者，如齊衰之殤重也，則當中從。上大功之殤較輕，則中從下至小功之殤。其中從下不待言矣。

右緦麻三月。

記

公子爲其母，練冠，麻，麻衣縓緣；爲其妻，縓冠，葛絰帶，麻衣縓緣。皆既葬除之。

縓，七見反。緣，俞絹反。縓冠之縓，依敖作練。

公子，君之庶子。練冠，麻，以練熟之，麻爲之衣，亦麻以淺絳色爲緣。其妻用葛絰帶，則其母麻絰帶也。既葬而除或天子諸侯之庶子歟。

傳曰：何以不在五服之中也？君之所不服，子亦不敢服也。君之所爲服，子亦不敢不服也。

《傳》謂君爲妾與庶婦無服，是君所不服也。君爲夫人與適婦有服，是所不敢不服也。故妾爲其母及妻亦然。然聖人制禮，本乎天理，妾雖卑而其子安得不以爲尊？即君在不得伸其私情，亦當服期而除必心喪三年，以盡其孝，豈有練冠、縓緣始死即同于小祥之服，而又既葬即除，毫不達其哀戚之情者乎。若天子諸侯爲妾可以無服，大夫以下猶乎人子也，而薄其所生若此乎？至于庶子之婦，則君父母可以無服，而已爲之服。如此篇所言，猶之可耳。記乃以其母與妻竝同一禮，瀆亂孰過于是。以爲此五服之外，不知五服乃天理人情自然之則也。詳見後《總論》。

右記公子爲母與妻變服。

大夫、公之昆弟、大夫之子，于兄弟降一等。

公之昆弟于兄弟降一等，猶可以通。大夫及大夫之子于兄弟皆降一等，是使人以貴厭親而啟薄待手足之釁也，豈聖人制禮之意乎？

右記尊者降兄弟。

爲人後者于兄弟降一等，報；于所爲後之兄弟之子，若子。

爲，竝如字。

爲人後，則降其私親。故于兄弟降一等報者，其兄弟亦當服之，以所服者，報也。所爲後之兄弟者，爲人後但取同宗不拘戚疏，容有親昆弟之子而不以之爲後者，故有兄弟其子及子之子，皆按所後者之親疎以爲之服。

右記爲人後者降其兄弟。

兄弟皆在他邦，加一等。不及知父母，與兄弟居，加一等。

皆在他邦，或外仕或避讐以其不得相聚而加一等。不知父母、父母早卒而兄弟共居相賙育有恩亦加一等。

《傳》曰：何如則可謂之兄弟，《傳》曰：小功以下爲兄弟。

爲，如字。

此兄弟字言同輩行者也，以其非大功。以上之兄弟服本輕，因上二者而加等，然所加不得過大功也。

右記兄弟加等之服。

朋友皆在他邦，袒免，歸則已。

免，音問。

同道爲朋，同志爲友，皆在他邦而死，朋友之喪本相弔服，加麻爲其客死可哀，故加一等而爲袒免。歸國，則服其常服。袒，脱一袖而露其肩臂。免，以布爲之，象冠而括其髮。

右記朋友袒免。

朋友麻。

朋友居五倫之一，以其同道，故弔服加麻，蓋緦之絰帶也。按：弔服有之，錫衰也，緦衰也，疑衰也。天子三，諸侯二。錫衰、疑衰皆用于臣服，問大夫相爲錫衰，以居當事則弁，絰則大夫相爲服錫衰，餘皆疑衰矣。其服加麻，既葬乃已疑衰。敖氏曰：十五升而去其半。布縷皆有事，有事則疑于吉，升數與緦錫同，則疑于凶，故曰疑衰。不言師者，師不一當視其恩禮之厚薄而爲之。若道德之師，如孔孟者，就養服勤等于君，父沒則心喪三年矣。

右記朋友相爲之服。

君之所爲兄弟服，室老降一等。

敖氏繼公曰：君謂凡有家者皆是也，與室老對言，故曰君。按室老與君同休戚者，則爲君之兄弟。從君降一等固宜，其他旁親，則不服矣。

夫之所爲兄之服，妻降一等。

妻從夫服，爲其兄弟降一等。

右記從服降等。

庶子爲後者，爲其外祖父母、從母、舅無服。不爲後如邦人。

庶子爲父後，則繼重矣。爲本生母黨無服，不爲後，則兼服之。如故邦人，如與人同也。

右記庶子爲後不服母黨。

宗子孤爲殤、大功衰、小功衰皆三月，親則月算如邦人。

爲，如字。

宗子孤，其父卒而子爲宗子也。若殤雖絶屬，亦爲服大功、小功衰。大功長殤、中殤，小功下殤也，皆三月而除。親宗子孤，在五服之内也。以本應服之服，降而計其月數，如衆人。

右記爲宗子殤之服。

改葬緦。

改葬墳墓以他故，將壞不忍聽其竟毁也。制緦麻服，既葬而除，臣爲君、子爲父、妻爲夫，則然。他無服其或有故，而未葬者雖逾三年其服不變。

右記改葬之服。

童子唯當室緦。

《傳》曰：不當室，則無緦服也。

童子未冠者之稱當室，蓋父在有廢疾而使代理家事。先儒不言何人爲之服，戴氏德謂童年十五至十九，蓋以不及十五則未能當室也。然長殤、中殤、下殤皆童子也。其服上文已詳，此爲服必其本有服者，降而服之，亦殤服也，何以復云。且父在，子不得當室即代父服。勞亦子弟之分，其事統于父，不得以爲當室也。然則此必父廢疾而使當室其服，亦其父服之。

右記童子當室之服。

凡妾爲私兄弟，如邦人。

私兄弟，妾之族親也。妾雖屈于夫君與女君，而得伸其私親之情。然則緦、麻條庶子爲父，後者爲其母，緦與此相較，其不可通，益明。

右記妾爲私兄弟之服。

大夫弔于命婦錫衰。命婦弔于大夫亦錫衰。

《傳》曰：錫者何也？麻之有錫者也。錫者十五升，抽其半，無事其縷，有事其布，曰錫。

古布以苧爲之。治其縷使滑易如錫，不治其布使較麤曰錫衰，錫較緦爲麤。有事治之，無事不治也。按：古禮嚴于男女之别，而此云大夫與命婦相爲弔，其必兄弟婚姻無夫無子者歟，然未必爲聖人之制也。

右記大夫命婦弔服。

女子子適人者爲其父母，婦爲舅姑，惡笄有首以髽。卒哭，子折笄首以笄，布總。

髽，側瓜反。

惡笄，笄之惡者，以榛爲之。有首，刻縷笄首。髽，去纚露紒也。卒哭之後，則尋常所著笄，折笄之首，以笄而用布總髮。

《傳》曰：笄有首者，惡笄之有首也。惡笄者，櫛笄也。折笄首者，折吉笄之首也。吉笄者，象笄也。何以言子折笄首而不言婦？終之也。

櫛，莊乙反。

惡笄之首，言非吉笄也。折笄首者，去惡笄而著吉笄，但折其首以示異于平常。但言子折笄首而不及婦者，婦當以惡笄終喪也。

妾爲女君、君之長子，惡笄有首，布總。

長，知丈反。

妾尊君而及女君與其長子，故不髽，而唯惡笄有首布總。

右記髽笄總。

凡衰外削幅，裳內削幅，幅三袧。

袧，劉，音鉤，又菊紆反。

賈氏公彦曰：外削幅者，縫之邊幅鄉外。內削幅者，縫之邊幅鄉內。裳之要中廣狹隨人辟，積其要中作三個輒子，如今人帬輒相似。

若齊，裳內衰外。

齊，側私反。

鄭康成曰：齊，緝也。緝裳者，內展之。緝衰者，外展之。

負廣出于適寸。

廣，古曠反。適，如字。

鄭康成曰：負，在背上者也。適，辟領也。負出于辟領之外，旁一寸。賈氏公彦曰：以一方布置于背上，上畔縫著。領下畔垂，放之在背上，故名負。

適博四寸，出于衰。

博，廣也。賈氏公彦曰：辟領，廣四寸者，據項之兩相鄉外，各廣四寸，當縫中央，闊八寸。出于衰，出于衰衣之外，反摺而加于兩肩之上，以爲左右適，故名適。

衰長六寸，博四寸。

賈氏公彦曰：衰綴于外衿之上，廣長當心。鄭氏康成曰：前有衰，後有負，版左右有辟領，孝子哀戚無所不在。

衣帶下尺。

衣卽衰衣。帶，衣要也。下尺，足以掩裳上際。

衽二尺有五寸。

衽，左右襟也。上正一尺，燕尾一尺五寸，兩旁皆綴于衣。垂之鄉下，掩裳兩旁下際不合處。

袂屬幅。

屬，音燭。劉，音蜀。

袂，袖也。連屬于幅不削之。

衣二尺有二寸。

鄭康成曰：衣自領至要二尺二寸，倍之四尺四寸。

袪尺二寸。

袪，起魚反。

鄭康成曰：袪，袖口也。尺二寸足以容中人之併手也。吉時拱尚左手，凶時拱尚右手。

右記衰裳負適衣衽袂袪之制。

衰三升，三升有半，其冠六升。以其冠爲受，受冠七。

鄭康成曰：衰斬衰或曰三升半者，義服也。六升，齊衰之下也。斬衰，變而受此服。

齊衰四升，其冠七升。以其冠爲受，受冠八升。

齊衰四升，爲母服也。其冠七升，以其冠爲受服亦七升，受冠則多一升。

繐衰四升有半，其冠八升。

繐衰，見前。

大功八升若九升。小功十升若十一升。

喪服自大功以上皆有受服，其受服當下于本服三等。此大槩言之如服降而在大功者，衰七升正服，衰八升其冠皆十升，義服九升其冠十一升，亦皆以其冠爲受也。其降而在小功者，衰十升正服，衰十一升義服，衰十二升，皆以卽葛無受也。

總 論

古禮今多不可行，以時勢不同也。唯喪服乃人倫之大事，亘古無二。孔子曰：三年之喪，自天子達于庶人。《戴記》曰：親親以三爲五，以五爲九，上殺、下殺、旁殺而親畢矣。又曰：有從無服而有服，有從有服而無服，有從重而輕，有從輕而重，是數者可以該喪服之大凡，而得其降殺之等矣。乃此篇所載，往往不得乎情理之正，而先儒委曲傅會之，益增眩惑。夫哀莫大于死亡，誼莫重于倫紀。喪服之制豈以爲文而已哉。其哀痛之誠有出于本心之不容已者，而後爲儀文以達之。君父，其至尊矣，而母而世叔、父母以及母族、妻族皆本自己父母而推。蓋兄弟婚姻人倫中之人卽天理、人情，得失所繫，其恩義不可一概而論，然聖人制禮必準乎天理、人情以爲法。言其常不言其變，立其法必權其宜。孔子曰：喪，與其易也，寧戚。君子篤其親，則民興于仁，故舊不遺，則民不偷。凡一切禮制，皆所以維持五倫，況喪服尤禮之大者，前人不以聖人中正之禮揆之而拘于此書，徒辨別于儀文節目之細實，于精義之學未符，蓋周末文勝，斤斤于器數，周旋之末而失文武周公之意，故林放問禮之本而子大之。漢儒襲周末之俗，綱緝舊文，以爲此篇。識者當明辨而折衷之可也。

儀禮恒解卷十二

士喪禮

自天子至庶人皆有喪，則皆有禮，而獨記《士喪禮》，蓋禮闕者多矣。周之官制，至士而止。舉士以該其下，凡喪禮大概同也。

死于適室，幠用斂衾。

適，低益反。幠，忽烏反。斂，吏驗反。後皆同。

適，主也。適室，即內室，室謂之寢室，有北牖、南牖。若路寢在王朝黼座之南，中庭無北牖，但人君大喪必殯於其地，故《春秋》書公薨於路寢，殯尸於其地。一如薨於其地，以明死得其正，別于薨，不書地與薨於他所者也。幠，覆也。衾，被也。斂衾者，大斂有二衾，一以薦，一以覆，此即用此衾也。

右始死。

復者一人，以爵弁服，簪裳于衣，左何之，扱領于帶。升自前東榮，中屋北面招以衣，曰：皋，某復。三，降衣于前。受用篚[1]，升自阼階，以衣尸。復者降自後，西榮。

簪，側林反。剟，左南反。何，胡可反。扱，初洽反。中，如字。篚，芳尾反。本或作篋，苦協反。衣，於既反。

① 篚，阮元《十三經注疏》作篚。

復者，不忍遽聽其死、招其魂以冀其復魄也。爵弁服，士冠以爵弁爲尊，其服純衣纁裳，以爵弁之服連裳於衣，左何之，而空其右手以便登梯。扱領於帶，簪連也，扱之，防遺脱也。前東榮，屋前東方之南榮。中屋，屋脊之中，北面求諸幽也。皋，長聲也。某，死者之名。呼三聲冀上中下魂或在焉，降其衣於屋前，而在下者受之。用篋盛衣，升自阼階，以衣尸後。西榮，西方北榮。由此降者，以虛反爲嫌也。本冀其復生，既不得生徒反爲虛。

楔齒用角柶。綴足用燕几。

楔，先列反，綴，知劣反。劉，張歲反。今文綴爲對。

楔，柱也。角柶，卽角匕，原以爲鉶羹之用。將含，恐其口急閉以此柱其口。燕几，平日所憑以爲安者，恐死者足縮斜以燕几綴之使正。按：古人用含玉不使其口或虛，然當早爲之。若必楔齒，如銜枚，則人子之心實多不安。至綴足亦不過縶之以几，免其縮斜，若竟以几横豎而夾死者之足，如荷校然，亦不安也。此二事，毛西河、呂氏坤皆曾辨之，不得以其異於常說而非之也。

右復與楔齒綴足。

奠脯醢醴酒，升自阼階，奠于尸東。

曾子曰：始死之奠，其餘閣也與。謂死者所食餘物，庋於閣上，取以奠之，如親在，未遽以爲死也。脯醢醴酒，言其概。或有餘食則取以奠，無則亦用尋常嗜食者以奠也。於尸右，若便其飲食然。

帷堂。

帷堂，以安柩也。

右奠與帷堂。

乃赴于君。主人西階東，南面，命赴者，拜送。有賓，則拜之。

赴，走告也。士有位於朝，則死必赴君。主人，主喪者於西階東，尊君，易其位。命赴者而拜送，亦尊君也。賓謂來弔者，拜其來弔，賓不答拜。

右命赴者。

入，坐于牀東。衆主人在其後，西面。婦人俠牀，東面。親者在室。衆婦人戶外，北面。衆兄弟堂下，北面。

既命赴訖，主人入坐於牀東。衆主人，昆弟之屬在其後，西面。婦人在牀西，大約至親者在室。其宗族親黨，則婦人在戶外，衆兄弟堂下皆北面。御案：初喪，男女之辨在室中者，以牀東牀西分其室。外者，以堂上堂下分。

右哭位。

君使人弔。徹帷。主人迎于寢門外，見賓不哭，先入門右，北面。弔者入。升自西階，東面。主人進中庭。弔者致命。主人哭，拜稽顙，成踊。賓出，主人拜送于外門外。

徹帷，褰帷，而上非全徹去也。以君爲死者而弔去帷，如見君者。然喪不迎賓，唯於君及君使則迎之。不哭，不敢以哭接賓也。入門右，門内之東，方臣禮也。致命，致君命。拜、踊亦唯於君則然。御案：君親至則迎送皆於外門外。君使至則迎之於寢門外，送之於外門外。君使但拜送，不稽顙，下於君也。

右君使人弔。

君使人襚，徹帷。主人如初。襚者左執領，右執要，入，升致命。主人拜如初。襚者入，衣尸，出，主人拜送如初。

襚，音遂。要，伊消反。下竝同。衣，於旣反。

鄭康成曰：襚之言遺也。衣被曰襚。如初，如上文迎送之文。

唯君命出，升降自西階，遂拜賓，有大夫則特拜之。卽位于西階下，東面，不踊。大夫雖不辭，入也。

此因上文有出迎拜送之儀，特明之。唯君命乃出，餘皆不出。若有大夫特弔，則特拜之。暫卽位於西階下，東面，哭而不踊，大夫當辭。其卽位西階，若大夫雖不辭，亦入矣。

右君使人襚。

親者襚，不將命，以卽陳。

親者，大功以上。御案：不將命，以親者本在室，且至親無文也。卽陳，陳在房中。

庶兄弟襚，使人以將命于室。主人拜于位，委衣于尸東牀上。朋友襚，親以進。主人拜。委衣如初，退。哭，不踊。徹衣者執衣如襚，以適房。

敖氏繼公曰：云庶者，兼眾兄弟、外兄弟言。委衣於東牀，辟君襚且不必其用之也。親以進，致其隆意。退，襚者退也。哭不踊，主人也。襚者出，有司乃徹衣如房。

右庶兄弟朋友襚。

爲銘，各以其物。亡則以緇，長半幅、經末，長終幅廣三寸。書銘于末，曰：某氏某之柩。竹杠長三尺，置于宇，西階上。

亡，音無，長，竝直亮反。經，丑成反。廣，古曠反。下竝同。杠，音江。

鄭康成曰：銘，明旌也。雜帛爲物，大夫、士之所建，亡，無也，無旗不命之士。經，赤也。在棺曰柩。杠，銘橦也。宇，梠也。按：死將諱之，故書其名爵於旌以銘，其人無爵亦書名。

右爲銘。

甸人掘坎于階閒，少西。爲垼于西牆下，東鄉。新盆、槃瓶、廢敦、重鬲皆濯，造于西階下。

掘，其月反。坙，余益反，音役。鄉，許亮反。敦，都愛反。重，直龍反。鬲，良益反。下竝同。造，七到反。

士無甸人，蓋爲士掌農事之人，工於爲坎。竈掘坎，以便棄沐浴餘潘及巾柶等物，壘土塊爲竈，曰坙。新盆、槃、瓶三者皆新也。盆以浴，槃以沐，瓶以潔水，與廢敦、重鬲皆濯之。廢敦，敦無足者，所以盛米。重鬲，蓋以盛水。

右掘坎爲坙濯器。

陳襲事于房中，西領，南上，不綪。明衣裳，用布。

綪，菑耕反。綪同。

鄭康成曰：襲事，謂衣服也。襲以衣爲主。綪，屈也。不綪者，一一自南而北陳之不屈也。明衣裳，浴畢卽服之，明圭潔也。

鬠笄，用桑，長四寸，纋中。布巾，環幅，不鑿。掩，練帛廣終幅，長五尺，析其末。瑱，用白纊。幎目用緇，方尺二寸。䞓裏著組繫。

鬠，音膾，又戶最反。纋，音憂，古文鬠皆爲括。環，作還。瑱，替宴反。纊，音曠。幎，音覓，或作縈，於營反。著，章語反。下同。

鬠，髻，聚其髮如椎。而以桑笄冠之，用巾繫之，故爲纋中也。巾以覆面，鑿之以便於含。士親含，旣含則去巾。不鑿環幅，廣袤等也。掩所以覆身而終幅，儘帛之廣不裁減，長則五尺，析其末，以便作結。瑱，充耳也。纊，新綿。幎目，覆面者。䞓，赤也。著，充之以絮。組繫，爲可結也。按：布巾，掩幎目。舊說欠分明，因死者不冠之說而誤也。毛大可曰：古凡喪祭禮最重冠服，葬之爲藏，所以藏衣冠，葬而立廟，所以爲游衣冠之地，故《雜記》子羔之襲用皮弁一、爵弁一、玄冠一，而《家語》孔子之喪亦襲以冠。後漢周磐與皇甫士安欲卻冠服，則必以幅巾代其冠。而隋唐葬制，凡有官者用冠服，封者用冕服，否則或白帢或介幘，無非冠也。且夫子路之結纓，何也？謂夫身雖死，不可以不冠也。故曰：君子死，冠不免，卽言禮之書有公襲、元冕、爵弁之文，而士禮亦以爵弁、皮弁列襲服中，乃言襲用服而不用冠，蓋誤解荀子之言。荀子言不冠笄，謂無冠之笄，非無冠也。古者有二笄，一以安髮謂之鬠笄，男女竝同；一以安冠謂之冠笄，惟男子有之，而死時不用，以死則首不動搖也。其言甚爲有見。

握手，用玄纁裏，長尺二寸，廣五寸，牢中旁寸，著組繫。決，用正王棘若檡棘，組繫。纊極二。冒，緇質，長與手齊。䞓殺，掩足。

檡，音澤。冒，莫傲反。齊，如字。殺，所介反。

握，以物著尸手中，使握之也。用玄而纁，其裏長尺二寸，廣五寸，其著於手也，則卷而牢之，置手中，不過旁寸，以組繫之使牢。旁寸，約一寸也。射者，男子之事，故死猶以王棘或檡棘爲決。組繫之於指其極，則用纊決。韜，右擘。極韜，其食指、將指，故二。正，善也。冒，所以覆尸。上文已有掩也，此又用冒者，掩也。此又用冒者，掩止可掩身，冒則總覆頭面及一身，故謂之冒。而前人謂韜尸如囊尸，然則必竝其頭面手足而約束之。孝子其忍視乎？其制以緇爲質。緇者，長與手齊其下，則赬之殺，較上手稍殺，令可以掩足。既云掩足，則非竝一身而韜之也。

爵弁服、純衣、皮弁服、褖衣、緇帶、韎韐、竹笏。

純，讀如緇。褖，他玩反。韎，音妹。韐，古答反。

爵弁服，皮弁服。以生時冠服衣之也。而前人謂無冠誤矣。鄭康成曰：黑衣裳，赤緣之謂褖。賈氏以爲即玄端。韐，以韋爲之，繫於革帶，以韎草染之使赤。

夏葛屨，冬白屨，皆繶緇絇純，組綦繫于踵。庶襚繼陳，不用。

繶，於力反。純，諸允反。綦，音其。踵，諸勇反。

白屨，素屨也。賈氏公彥曰：繶在牙底，相接之縫中。絇在屨頭，如刀衣鼻，純爲緣口，皆以絛爲之，繶在緇上，明同用緇也。綦於踵者，綦屬於跟後，以兩端鄉前，與絇相連於脚跗之上，合結之。庶襚陳而不用，嫌己不能備物而待人也。

右陳襲事。

貝三，實于笄。稻米一豆，實于筐。沐巾一，浴巾二，皆用綌於笄。櫛，於簞。浴衣，於篋。皆饌于西序下，南上。

笄，音煩。櫛，莊乙反。簞，音丹。

鄭康成曰：貝，水物，古者以爲貨。笄，竹器名。豆四升。沐巾，以晞髮浴巾以拭垢。有二者，上體下體異也。綌，麤葛。簞，竹器，圓者，方則笥。浴衣，用以晞身，以布爲之。饌，陳之東西牆謂之序。南上，取之便也。

右陳沐浴飯含之具。

管人汲，不說繘，屈之。祝淅米于堂，南面，用盆。管人盡階不升堂，受潘，煮于垼，用重鬲。祝盛米于敦，奠于貝北。士有冰，用夷槃可也。外御受沐入。主人皆出，戶外，北面。乃沐櫛，挋用巾。浴用巾，挋用浴衣。渜濯棄于坎。蚤揃如他日。鬠用組，乃笄。設明衣裳。主人入，即位。

說，吐活反。繘，居聿反。淅，西益反。潘，敷灣反，音番。重，直容反。盛，音成。挋，之印反。渜，奴玩反。濯，直孝反，古文渜作湪。蚤，音爪。揃，子演反。

管人，主館舍者。繘，瓶之綆也。不脱繘，恐水不足備再汲也。祝，夏祝。淅，汰也。盡階，三等之上。潘，淅米汁。管人受之于祝，用重鬲，就垼煮之。其已取潘之米，祝以廢敦盛之，奠於貝北。若士承君賜而有冰，則浴用大夫之夷槃可也。外御，對內御而言。侍從之人，主人內外皆出戶者。象生時，沐浴裸裎，不令子孫見也。挋，拭也。沐訖，乃浴，先上體而後下體。沐浴餘潘水棄於坎，巾櫛等亦竝棄而埋之。蚤揃，斷爪揃鬚也。如他日，如其平時，但取整潔非盡去之也。鬠用組，以束髮笄以安之，以明衣裳蔽其體，而後主人入，卽位。

右沐浴。

商祝襲祭服，褖衣次。

《樂記》曰：商祝辨乎喪事。又凶喪勞役則用夏祝、商祝，蓋周兼用二代之制，故有此襲布衣於牀，使周整均齊，先祭服，褖衣次之。

主人出，南面，左袒，扱諸面之右，盥于盆上，洗貝執以入。宰洗柶，建于米，執以從。商祝執巾從入，當牖，北面，徹枕，設巾，徹楔，受貝，奠于尸西。

扱，初洽反。

賈氏公彦曰：面，前也，袒左袖，扱於右腋之下，帶之內，取便事也。洗貝執以入者，洗訖還於笄內，執之。宰，私臣也。洗柶建於米者，亦於廢敦之內建之。建，葉向上也。尸南首，故商祝北面當尸首。徹枕，使首仰易含也。受貝，受之於洗貝者。

主人由足西，牀上坐，東面。祝又受米，奠于貝北。宰從立于牀西，在右。

主人不敢從首前，由尸足之西至。尸，牀上當肩臂之處，東面。祝又受米，奠於貝北，以便主人扱取。宰從主人，立於牀西，主人之右，蓋宰當佐主人飯含事也。

主人左扱米，實于右，三實一貝，左、中亦如之。又實米，唯盈。主人襲，反位。

主人東面坐，故左手便扱飯，右手著尸口而開，張之實米於尸口之右。凡實米一次加一貝，貳次實其左，三次實其中。米取其盈，不欲口虛也。襲，復衣也。

右飯含。

商祝掩瑱，設幎目，乃屨，綦結于跗，連絇。乃襲，三稱。明衣不在算。

跗，芳無反。絇，其于反。稱，熾應反，下竝同。

商祝掩之，瑱之，設幎目，乃結尸屨、跗，足上也以餘組連絇，使兩足不相離也。衣裳具爲一稱。三稱，蓋爵弁服、皮弁服、褖衣也，明衣貼身不在其內。

設韐，帶，搢笏。設決麗于掔，自飯持之。設握，乃連掔。設冒，櫜之，幠用衾。巾、柶、鬈，蚤埋于坎。

掔，烏貫反。古人麗爲連，掔爲捥。櫜，歌鏖反，今文櫜爲橐。鬈，音舜。蚤，音爪。

鄭康成曰：韐、帶，韎韐、緇帶。搢，插也，插笏於帶之右旁。麗，施也。掔，大指，飯食指也。及設握，乃以握之。繫，與掔之決。繫連相結之。設冒以覆尸，如橐之，然非竟全身入囊也。既設冒，則不用飯時覆面之巾矣，故竝柶、鬠，蚤埋之於坎。鬠，櫛餘之髮。

右襲。

重木。刊鑿之。甸人置重于中庭，參分庭一，在南。

重，直容反。

此重木，不知其所用，前人多疑之。《檀弓》：重，有主道焉。蓋旣以銘旌識其柩，而又以桑木爲主使憑依之，有似於重複，故曰重。《疏》云：始死作重，猶吉祭木主之道也。吉祭木主，所以依神。在喪作主，亦以依神。朱子曰：且如司馬公魂帛之說，亦合時宜，不必過泥於古。然後世之魂帛卽銘旌類，今人初死卽書亡人之名，諱於柩前以受弔，卽重也，然則此經所云刊鑿之置于中庭云云，蓋不可信。毛大可辨之尤詳。

夏祝鬻餘飯，用二鬲於西牆下。

鬻，本又作粥，朱郁反。飯，父返反。

餘飯，飯尸餘米。夏祝以此米爲粥，用二鬲盛之，置於西牆下。蓋孝子以其爲飯尸之餘，不忍棄之，故爲粥以食也。此不言其用，致後儒謂以重懸之於義，無所取。

冪用疏布，久之，繫用軨，縣于重。冪用葦席，北面，左衽。帶用軨，賀之，結于後。

久，如字，音韭。軨，音今，又音箝。縣音懸。

冪以覆重。敖氏繼公曰：下篇云木桁久之，然則久者，乃以物承他器之稱。以物承重而用軨繫之。《檀弓》於銘旌之後，卽繼之曰：重，主道也。荀子亦云：書其名，置於重。今此文則謂冪鬲而縣之重，又以葦席冪重，則是植三尺之木以縣鬲，縣之何用？又冪以葦席帶用軨加之，其義皆不可解，故毛大可深非之也。

祝取銘，置于重。

賈氏公彥曰：以銘，待殯訖乃置於肂，今且置於重。然則必置銘於重者，何義也。

右設重銘，然其義不可曉，當闕之。

厥明，陳衣于房，南領，西上、綪。絞橫三，縮一，廣終幅，析其末。

綪，音蒨。絞，戶交反。

綪，青赤色。以綪爲絞。橫者三幅，從者一幅。析其末，令可爲結。

緇衾，赬裏，無紞。祭服次，散衣次，凡十有九稱。陳衣繼之。不必盡用。

赬，丑成反，赪同。紞，都感反。

緇布衾，以赬布爲裏。紞，被識也。被之前後，生時有紞以識之；死則不須別其前後。祭服，爵弁服、皮弁服也。散衣，褖衣以下袍繭之屬。凡十有九稱陳衣，故衣繼之不必被體置于棺內而已。不必盡用，蓋視死者平日所喜用者。

右陳小斂衣。

饌于東堂下，脯、醢、醴、酒。冪，奠用功布，實于箪，在饌東。設盆盥于饌東，有巾。

奠，古文爲尊。

設饌于東堂下，醎、醢、醴、酒。冪尊以大功小功之布爲之，實於箪，在饌之東。設盆盥於饌東，俟奠者盥。巾，以拭手也。

右設小斂奠物。

苴絰，大鬲，下本在左。要絰小焉，散帶垂，長三尺。牡麻絰，右本在上，亦散帶垂。皆饌于東方。婦人之帶，牡麻結本，在房。

苴，七於反，又子於反。鬲，音戹。又音革。《喪服》《傳》作搹，同。絰，大結反。

以苴麻爲絰。大一鬲，鬲，搤也，大指與中指一搤。要絰較首絰爲小。散帶，帶之垂者。牡麻絰，服之差輕者。敖氏繼公曰：左本、右本，纓皆在左也。麻所重者，本絰所重者。纓苴麻絰以本爲纓，明其最重也。牡麻絰有本，而不以爲纓，明其差輕也。纓皆在左者，左尊右卑。重者宜居尊處也。散謂不絞之。御案：斬衰，婦人首絰用苴麻，與男子同。要帶則用牡麻，殺於男子。若齊衰，則首絰與要帶竝用牡麻也。

右陳絰帶。

牀笫、夷衾，饌于西坫南。西方盥，如東方。

笫，簀也。夷，陳也。夷衾，但陳之以備用，或覆尸或覆棺不入，故將葬啟殯覆棺亦用之也。西方盥如東方，亦在西堂。下以備舉尸者盥手。

右設牀笫盥。

陳一鼎于寢門外，當東塾少南，西面。其實特豚，四鬄去蹄，兩胉、脊、肺。設扃鼏，鼏西末。素俎在鼎西，西順。覆匕，東柄。

鬄，梯益反。去，起呂反。胉，音博，亦音百。扃，居螢反，今文鬄爲剔，胉爲迫。古文鼏爲密。

鬄，解也。四，兩肩兩髀，惟去其蹄甲，其餘不去。胉，脅也，但設扃耳。而云扃鼏，文順耳。鼏西末、俎西順、匕東柄，皆統於鼎而順之常鼎北面，今凶事故西面。

右陳鼎。

士盥，二人以竝，東面，立于西階下。布席于戶內，下莞，上簟。商祝布絞、衾、散衣、祭服。祭服不倒，美者在中。

莞，音官。

二人以竝，或四人或六人，皆兩兩而立。布席以斂，不倒不下於衆衣，以其尊也。舊云：不顛倒，豈他衣可以顛倒乎？美者在中，死者所喜及新美之衣近裹，以將其愛敬。

士舉遷尸，反位。設牀第于兩楹之閒。衽如初，有枕。卒斂，徹帷。

士遷尸於席位，士之位在西階下。此所設之牀第，即前西坫南之牀第也。至此移設於兩楹之閒也。然殷人乃殯於兩楹之閒，周人殯於西階之上，今設牀第於兩楹之閒，何也？衽，臥席也，亦下莞，上簟。帷，室中之帷。

主人西面馮尸，踊無算。主婦東面馮，亦如之。主人髻髮，袒。衆主人免于房。婦人髽于室。

馮，音憑。髻，音括。免，音問，後放此，今文免作絻。古文髻作括。髽，側瓜反。

敖氏繼公曰：憑，謂身親而扶持之。哀甚而踊則無算。髻髮，去冠而以麻括髮。衆主人以下去冠與纚而以布爲免。賈氏公彦曰：斬衰，男子去笄纚而髻髮，則斬衰。婦人亦去纚而麻髽。

士舉。男女奉尸，侇于堂。幠用夷衾。男女如室位，踊無算。

侇，音夷。今文侇作夷。

舉，舉尸，由室出堂也。室位，馮尸之位。

主人出于足，降自西階。衆主人東，即位。婦人阼階上，西面。主人拜賓，大夫特拜士，旅之。即位，踊，襲絰于序東，復位。

此節言若此時有弔者，則如此儀也。尸夷於堂，即當襲絰，或有弔者則主人降自西階，拜賓仍復其位。

右小斂。

乃奠。

敖氏繼公曰：乃修奠事也。其事在下。

舉者盥，右執匕，卻之，左執俎，横攝之，入，阼階前西面錯，錯俎北面。右人左執匕，抽扃予左手，兼執之，取鼏委于鼎北，加扃，不坐。乃杝，載。載兩髀于兩端，兩肩亞，兩胉亞，脊、肺在于中，皆覆，進柢，執而俟。

錯，粗誤反。杝，筆倚反。覆，芳欲反。柢，丁計反。

舉者，出門舉鼎者。東方爲右人，西方爲左人，各用內手舉鼎，外手執匕俎。攝，持也。西面錯，錯鼎於此宜西面，俎北面，俎宜西，順之抽扃，取鼏加扃於鼏上。皆右手杝載者，右人以匕出牲體，左人受而載於鼎。亞，次也。兩端，俎之前後。兩肩亞，各次於髀也。兩胉亞，各次於肩也，脊、肺在兩胉之中，脊東而肺西也，皆覆爲塵也。柢，本也。俟者，俟同升。

夏祝及執事盥，執醴先，酒、脯醢俎從，升自阼階。丈夫踊。甸人徹鼎，巾待于阼階下。

執事，諸執奠事者。既盥，祝執醴酒先升自阼階。執脯醢俎者從，升。此時丈夫則踊，甸人徹空鼎。執巾者不升，待於阼階下。

奠于尸東。

敖氏繼公曰：先言其所奠之處，下乃奠之。

執醴、酒北面，西上。豆錯，俎錯于豆東，立于俎北，西上。醴、酒錯于豆南。祝受巾，巾之，由足降自西階。婦人踊。奠者由重南東，丈夫踊。

御案：西上者，統於尸也。醴西，酒東，執豆俎者三人，西面，先設脯，次醢，次俎。每一人設則北行而立於俎北以俟。鄭康成曰：巾之爲塵也。東，反其位。賈氏公彦曰：主人位在阼階下，婦人位在上，故奠者升，丈夫踊。奠者降，婦人踊，各以所見之先後爲踊節。御案：由重南東而丈夫踊者，賓也。

賓出，主人拜送于門外。乃代哭，不以官。

門外，殯門之外。代哭，分班而相代哭不絕聲也。不以官、不以爵之尊卑爲序，而以親疏。

右小斂奠。

有襚者，則將命。擯者出請，入告。主人待于位。擯者出告須，以賓入。賓入中庭，北面致命。主人拜稽顙。賓升自西階，出于足，西面委衣，如于室禮降，出。主人出，拜送。朋友親襚，如初儀，西階東北面哭，踊三，降。主人不踊。

鄭康成曰：有襚者，使人襚者，須亦待也。拜稽顙，謝其殷勤之意。如於室禮，委衣於尸東，牀上也。小斂後，主人出送賓。唯不迎之親襚，則異於使人送矣，如初儀拜送。以上之禮不踊，唯哭而已。

襚者以褶，則必有裳，執衣如初。徹衣者亦如之。升降自西階，以東。

褶，音牒，迪協反。古文褶爲襲。

褶，帛爲之無絮，必有裳乃成稱也。

右有襚者。

宵爲燎于中庭。

御案：下記既襲，宵爲燎於中庭，則前一夕已設之矣。室中、堂上亦必有燭。可知經著其特設者耳。

右設燎。

厥明，滅燎。陳衣于房，南領，西上，綪。絞、紟，衾二。君襚、祭服、散衣、庶襚，凡三十稱。紟不在算，不必盡用。

綪，音蒨。絞，戶交反。紟，其蔭反，又居鴆反。

衿單，被也。不成稱故不在算。

右陳大斂衣。

東方之饌：兩瓦甒，其實醴、酒；角觶、木柶；毼豆兩，其實葵菹芋、蠃醢；兩籩無縢，布巾，其實栗，不擇；脯四脡。

毼，可遏反，音渴。蠃，力禾反。縢，大登反。脡，弟郢反。

東方，東堂下。毼，白也。縢，緣也。於籩言布巾，嫌乾物或可不必巾也。菹云芋，栗不擇，脯四脡，變於吉也。

奠席在饌北，斂席在其東。

鄭康成曰：大斂奠而有席，彌神之。御案：奠時，席先升。故席在饌北，宜近于饌也。斂席在其東，席與席爲類，又宜相次也。

右饌殯奠。

掘肂，見衽。棺入，主人不哭。升棺用軸，蓋在下。熬黍、稷各二筐，有魚腊，饌于西坫南。

掘，其月反。肂，逸利反。見，賢徧反。軸，直育反。

肂，埋棺之坎也。衽，棺之上衽。大夫殯有幬，士無幬而但四棺積木至棺之上衽而止，故曰見衽入，主人不哭，當審視棺，令安固，不徒哭也。軸，輁。軸如車以戴柩。天子龍輴，諸侯輴車，大夫、士則用輁軸，以之盛棺者，備水火非常之變，可輓而行也。蓋在下，謂未殯時，卻蓋於棺下。敖氏繼公曰：有魚腊，每筐皆有之也。孝子以尸柩既殯，雖有奠在室，而不知神之所在，故置此於棺旁，以致其愛敬。愚按：不忍死其親，猶如常之備物也。

右爲殯具。

陳三鼎于門外，北上。豚合升，魚鱄、鮒九，腊左胖，髀不升，其他皆如初。

鱄，諸淵反，音專，又主舛反。鮒，音附。胖音判。

鄭康成曰：合升，合左右體升於鼎。其他皆如初，謂豚體及鼎之面位與匕俎之陳，如小斂時。

燭俟于饌東。

鄭康成曰：燭，燋也。在地曰燎，執之曰燭。饌，東方之饌。有燭者，堂雖明，室猶闇。

右陳鼎。

祝徹盥于門外，入，升自阼階，丈夫踊。祝徹巾，授執事者以待。徹饌，先取醴酒，北面。其餘取先設者，出于足，降自西階。婦人踊。設于序西南，當西榮，如設于堂。醴酒位如初。執事豆北南面，東上。乃適饌。

徹者非一人。唯言祝，見其尊者耳。盥而後徹，敬也。徹巾，授執巾者，使待於阼階下，爲大斂奠，又將巾之也。徹饌，先取醴酒北面，立待取其餘者而俱降。其餘先設者先取之，後設者後取之。出于尸足，降自西階，設於西南，當西榮，如尸東堂上陳設之。次第前設小斂，奠時醴酒，先升，北面，西上，此亦然。唯執豆俎者，豆北，南面，東上，以事訖。向東適饌，便也。適饌，適東方之饌處，以待事至。

右徹小斂奠。

帷堂。

以將大斂也。

婦人尸西，東面。主人乃親者升自階，出于足，西面袒。

御案：婦人近於尸，男子遠於尸，至遷尸於斂席，則又男子近，而婦人遠矣。主人及親者大功以上。

士盥，位如初。布席如初。商祝布絞紟、衾、衣，美者在外，君襚不倒。有大夫，則告。

鄭康成曰：既盥，竝立西階下。席亦上莞下簟。美者，衣也。祭服尊於散衣，君襚又尊於祭服，若有大夫來，則告以方斂，其非大夫亦不使入，於斂事可知矣。

士舉遷尸，復位。主人踊無算。卒斂，徹帷。主人馮如初，主婦亦如之。

遷尸，從始死之牀遷於阼階上之斂席。徹帷，但褰帷非盡徹之也。

右大斂。

主人奉尸斂于棺，踊如初，乃蓋。

敖氏繼公曰：納尸于棺，則尸藏不見矣。故亦以斂言之。

主人降，拜大夫之後至者，北面視肂。

後至，謂既斂而後至也。此時若有如此之大夫，則降，拜之，即北面視肂安固否。

衆主人復位，婦人東復位。

位，鄭康成曰：阼階上下之位。

設熬，旁一筐，乃塗，踊無算。卒塗，祝取銘置于肂，主人復位，踊襲。

敖氏繼公曰：喪，《大記》註引此云：旁各一筐，則是。此經脱一各字，各各黍稷也。塗，塗棺縫，非塗泥也。踊襲，既踊而後襲也。

右殯。

愚按：《雜記》云：小斂於戶內，大斂於阼，則自始死遷南牖，後凡飯含襲小斂皆在此，至大斂遷尸於阼，復加斂衣，所以於阼者，以親始死不忍遽易主阼之意。其肂則周制在堂西之庭閒，人君則殯於路寢，後世公室之制不同，一切禮文亦異，不可以此書爲泥矣。故朱子亦曰：古今不同，大斂禮今不可行。

乃奠。燭升自阼階。祝執巾、席從，設于奧，東面。燭[①]反降，及執事執饌。士盥，舉鼎入，西面，北上，如初。載魚左首，進鬐，三列，腊進柢。祝執醴如初，酒、豆、籩俎從，升自阼階。丈夫踊。甸人徹鼎。

鬐，勤夷反。

反以燭降者，復執事，又或執饌也。如初，如小斂舉鼎之儀。魚左首設而在南。鬐，脊也。魚以鬐爲上，腴爲下。進鬐，猶牲之進柢也。三列，魚九而三，三爲列也。凡俎實進上乃食生之禮。初死不遽以死視之，故其奠儀如此，如初。祝先升也，徹鼎以魚腊旣出也。

奠由楹內入于室，醴、酒北面。設豆，右菹，菹南栗，栗東脯，豚當豆，魚次，腊特于俎北，醴、酒在籩南。巾如初。旣錯者出，立于戶西，西上。祝後，闔戶，先由楹西降自西階，婦人踊。奠者由重南東，丈夫踊。

敖氏繼公曰：楹內，東楹北也。唯云醴、酒北面，則其餘之未設者，西面矣。鄭康成曰：右菹，菹在醢南。醴當栗南，酒當脯南。敖氏繼公曰：立于戶西，南面，待祝而偕行也。祝後，闔戶者，祝錯醴最在後，故後出而因闔戶也。旣闔豆祝西行而南，執事者從之，皆由楹西而降，奠者由重南退復其門東之位。祝位在門西。

賓出，婦人踊，主人拜送于門外。入，及兄弟北面哭殯。

敖氏繼公曰：賓出，而主人乃與兄弟哭殯，順其親親之心也。

兄弟出，主人拜送于門外。衆主人出門，哭止，皆西面于東方。闔門，主人揖，就次。

御案：兄弟自初喪至殯勤勞於此，又哭殯乃歸。故拜送之，以謝其厚意。西面，東方門外。次，倚廬也。

君若有賜焉，則視斂。旣布衣，君至。主人出迎于外門外，見馬首，不哭，還，入門右，北面，及衆主人袒。

還，音旋。

有賜，加恩也。君加恩而視其大斂，則鋪絞衾是爲布衣。君升乃鋪席見君馬首，即不哭，敬也。主人雖袒而深衣、括髮、絰帶自若。

巫止于廟門外，祝代之。小臣二人執戈先，二人後。君釋采，入門，主人辟。君升自阼階，西鄉。祝負墉，南面。主人中庭。君哭，主人哭，拜稽顙，成踊出。

---

① 燭，阮元《十三經注疏》作祝。

采，音菜。辟，音避，下人辟、哭辟、不辟同。

《檀弓》：君臨臣喪，以巫祝桃茢執戈。則敖氏謂諸侯不得竝用巫祝者，非也。釋采，祝爲君禮，門神也。辟，逡遁辟位。《郊特牲》：君適其臣，升自阼階，不敢有其室也。君既哭，主人輒出，不敢久留君也。下凡出放此。

君命反行事。主人復位。君升主人，主人西楹東，北面。升公、卿、大夫，繼主人，東上。乃斂。卒，公、卿、大夫逆降，復位。主人降，出。君反主人，主人中庭。君坐撫，當心。主人拜稽顙，成踊，出。君反之，復初位。衆主人辟于東壁，南面。君降，西鄉，命主人馮尸。主人升自西階，由足西面馮尸，不當君所，踊。主婦東面，馮，亦如之。奉尸斂于棺，乃蓋。主人降，出。君反之，入門左，視塗。君升，即位。衆主人復位。卒塗，主人出。君命之反奠，入門右。

君命主人入，行斂事。主人復入門右之位。君命主人升，主人乃升西楹，東北面。公又命公、卿、大夫升，視斂，斂訖。公、卿、大夫逆降，復位。主人又降，出。君又命主人反，主人入中庭，君坐撫尸當心。主人拜稽顙成踊而又出。君又反之，乃復初入門右之位。衆主人以君將降，辟於東壁。君降，命主人馮尸以盡其哀。主人乃升，不敢當君撫尸之處而踊。主婦蓋先辟人於房，至此乃出，東面馮尸，亦不敢當所撫處。既斂尸而蓋，主人又降出，君命之反，視塗，君亦升而視卒塗，主人出，君又命之，反奠，主人乃入門右。按：諸侯無公，此士禮而言公，其上下通用者歟，或謂大國之孤曰公，殊强。

乃奠，升自西階。君要節而踊，主人從，踊。卒奠，主人出，哭者止。

賈氏公彦曰：凡奠皆升自阼階，爲君在阼，故辟之。要節其踊，但以要爲節，足踊而已，别於他人，以君將出，故主人先出，候君而哭者皆止。

君出門，廟中哭。主人不哭。辟，君式之。貳車畢乘，主人哭，拜送。

乘，舌蠅反。

廟中哭，主人在門外不哭。式，小俛以禮主人也。君初至時，至廟門下車。貳車不入大門。貳車畢乘，主人出，在大門外哭而拜送。

襲，入，即位。衆主人襲，拜大夫之後至者，成踊。賓出，主人拜送。

既送君，襲於外，而後入。後至，後君而至者。前此君在從君者，不得與主人爲禮，至此而後爲禮，故賓出，主人拜送。

右君視大斂。

君臣猶股肱，惟其賢而已，不以爵之尊卑殊也，故士之喪，君臨之，而恩禮周至如此，至士以上不待言矣。子曰：體羣臣者，此其一端。

三日，成服，杖。

敖氏繼公曰：緐己絰帶矣。今復以冠衰之屬足而成之三日，以加絰帶之日數之。御案：成服，通五服之親及外親有服者而言。杖，則專指當杖者。必三日者，未三日則服不能備，且其次第當在既殯之後也。

右成殯。

拜君命及眾賓，不拜棺中之賜。

鄭康成曰：禮尊者加惠，明日必往拜謝之。棺中之賜，謂襚也。御案：古之仕者不出本國，則所拜眾賓近在一城之中。若其自異國而來者，必不舍朝夕之哭奠，而奔走道途，以拜之也。愚按：今禮初殯無往拜謝之文，唯君賜則可耳。

右拜弔者。

朝夕哭，不辟子卯。

每日朝夕必哭，非不絕聲，不辟子卯，慟親無所辟也。

婦人即位于堂，南上，哭。丈夫即位于門外，西面，北上。外兄弟在其南，南上。賓繼之，北上。門東，北面，西上；門西，北面，東上；西方，東面，北上。主人即位。辟門。

辟，音闢。

敖氏繼公曰：即位於堂，阼階上也。丈夫，眾主人、眾兄弟門外，殯宮門外。御案：未殯以前，無外位。凡喪以屬之親疏、服之輕重爲序，故主人及五服之親在上，而外兄弟次之。外兄弟，異姓有服者，自外兄弟以上皆主人之屬。賓以下皆賓也。敖氏繼公曰：以下文考之，則此東方之賓卿、大夫門東，諸公門西。他國之異爵者，西方者，其士與。鄭康成曰：凡廟門有事則開，無事則閉。

婦人拊心，不哭。

拊，敷武反。

承上辟門而言。拊心，哀慟也。不哭，以其辟門將有賓至。

主人拜賓，旁三，右還，入門，哭，婦人踊。

還，音旋。

旁不當賓，但於旁三拜之也。既拜而入，則哭。婦人以踊則代哭而不哭，以其弔者男子也。

主人堂下直東序，西面。兄弟皆即位，如外位。卿、大夫在主人之南。諸公門東，少進。他國之異爵者門西，少進。敵則先拜他國之賓。凡異爵者拜諸其位。

此言有賓弔時，賓主之位也。少進，以辟其後之人。異爵，爵獨尊者。

右朝哭。

徹者盥于門外。燭先入，升自阼階，丈夫踊。

鄭康成曰：徹者，徹既殯之宿奠。敖氏繼公曰：朝奠日出，故用燭也。

祝取醴，北面。取酒立于其東。取豆、籩、俎，南面，西上。祝先出，酒、豆、籩、俎序從，降自西階，婦人踊。設于序西南，直西榮。醴、酒北面，西上。豆西面錯，立于豆北，南面。籩、俎既錯，立于執豆之西，東上。酒錯，復位。醴錯于西，遂先，由主人之北適饌。

祝先取醴，北面。次取酒者，立於其東，又取豆、籩、俎者南面，西上。祝取醴，先出，餘人以序從降，設之於序西南，錯置之。遂先，祝先由主人之北適饌，而眾人從之也。

右徹賓奠。

乃奠。醴、酒、脯醢升，丈夫踊。入，如初設，不巾。

乃行夕奠禮，祝及眾執事以醴、酒、脯醢升。入室，陳之，如初設時，不覆以巾。

錯者出，立于戶西，西上。滅燭，出。祝闔戶，先降自西階，婦人踊。奠者由重南東，丈夫踊。賓出，婦人踊，主人拜送。

錯者，錯設奠物者出，立于戶西，執燭者滅燭而出。祝闔戶，先降。御案：丈夫、婦人以奠者之升降爲踊節，則奠時哭不止，明矣。下文云出門哭止。

眾主人出，婦人踊。出門，哭止，皆復位。闔門。主人卒拜送賓，揖眾主人，乃就次。

御案：凡踊，婦人居閒至賓出，而婦人踊。眾主人出而婦人又踊，則以丈夫之出門爲節，不在居閒之數者。堂下者行，堂上者止。故止者，視行者而踊也。主人拜送賓，則兄弟當出者隨之出矣。曰：卒拜賓，蒙上拜賓之文，而終言之，非另有拜也。

右朝奠。

敖氏繼公曰：右唯言朝哭、朝奠之禮。其夕哭、夕奠之與此異者，唯徹醴、酒、脯醢，不設於序西南耳，其餘竝同。御案：夕奠，逮日則不用燭。朝夕奠之外，主人兄弟皆不入殯宫。小記無事不辟廟門，哭皆於其次，是也。

朔月奠，用特豚、魚、腊，陳三鼎如初。東方之饌亦如之。

鄭康成曰：朔月，月朔日也。初謂大斂時。

無籩，有黍稷，用瓦敦，有蓋，當籩位。主人拜賓，如朝夕哭。

御案：有黍稷見節候之移而加之也。愚按：無籩以黍稷盛於瓦敦，如薦新然，故不必籩也。如有弔者，如其廟門内外之儀。

卒徹，舉鼎入，升，皆如初奠之儀。

儀，朝夕奠之，饌而舉鼎七而升於俎，如小斂，既殯奠之儀。

卒朼，釋匕于鼎。俎行，朼者逆出，甸人徹鼎。其序，醴、酒、菹、醢、黍稷、俎。

執俎者在朼鼎者之後，俎行而匕者出，甸人乃徹鼎，其序則醴、酒等以次横陳。

其設于室，豆錯，俎錯，腊特、黍稷當籩位，敦啟會，卻設[①]其南，醴酒位如初。

會，如字。今文無敦。

鄭康成曰：當籩位，俎南黍，黍東稷。會，蓋也。御案：有黍稷則黍稷爲食主，故設俎後乃設之。

祝與執豆者巾，乃出。主人要節而踊，皆如朝夕哭之儀。

祝與執豆者，共以巾覆酒、醴，諸物乃出，諸人但要節而踊以奠，冀其享不大踊也。其他皆如朝夕哭之儀。

月半不殷奠。有薦新，如朔奠。

鄭康成曰：殷，盛也。月半不復如朔盛奠。薦新，則如朔奠。

徹朔奠，先取醴、酒，其餘取先設者。敦啟會，面足。序出如入，其設于外，如于室。

將夕奠而徹朔奠，先取醴、酒，其餘亦先設。敦有足，啟其蓋，而執之令足向前以序出焉。其設於外如室。

右朔奠。

筮宅，冢人營之。掘四隅，外其壤；掘中，南其壤。

宅，葬居也。《周官》：冢人，掌公墓之地。士未必有冢人，以其營兆域而亦名之曰冢人耳。外其壤，置其壤於四隅之外。南其壤，置其壤於中央之南。

既朝哭，主人皆往，兆南，北面，免絰。

免，如字。下免絰同。

兆，域也。絰，喪服之最重者。免之以將求神，不敢從凶服也。

命筮者在主人之右。筮者東面，抽上韇，兼執之，南面受命。命曰：哀子某，爲其父某甫筮宅，度兹幽宅，兆基，無有後艱。筮人許諾，不述命，右還，北面，指中封而筮。卦者在左。卒筮，執封以示命筮者。命筮者受視，反之。東面旅占，卒，進告于命筮者與主人：占之曰從。主人絰，哭，不踊。若不從，筮擇如初儀。歸，殯前北面哭，不踊。

爲，于僞反。度，道誤反。還，音旋。

抽韇，取策也。主人南面，受命於命筮者，命筮者命之也。某，名。某甫，字也。宅，居也。度，謀也。言主人爲其父筮所居謀。此幽宅，兆域之居，祈神示以安

① 設，阮元《十三經注疏》作諸。

否，必無有後艱。後艱，後有崩壞及艱難之事。命者一人，筮者一人，既命而筮者。許，不述命，不述前所命之詞，以告神。中封，安柩處。卦者，書民箧之卦者。筮既成卦，命筮者受視，受其卦，反之。筮者東面而共占之，蓋占者有三人也。既共占而定其吉凶乃告於命筮者與主人曰：神從其請矣。主人乃絰而哭，不踊。若不從，則更擇地而筮之。按：此則葬地無苟焉。以就者而前人因世俗泥於風水，遂竝擇地之法而蔑之，豈知人子欲安其親，必不忍輕置於泥水、沙礫及橋梁道路之所。孔子曰：卜其宅兆，而安厝之，事親之終也。又曰：卜其宅兆，魂體得安也。使其親魂安體安，然後於人子之心恔也，而豈任其浮沈朽腐也乎。

右筮宅。

既井椁，主人西面拜工，左還椁，反位，哭，不踊。婦人哭于堂。獻材于殯門外，西面，北上，綪。主人徧視之，如哭椁。獻素，獻成，亦如之。

還，音患。

敖氏繼公曰：古者椁木件列而壘積之，以其材兩横兩縱，層層以上，若井字然，使其乾腊。工，治椁木者。材，明器之材也。綪，屈陳之。素，器之不飾者。成，明器成也。

右視椁器。

卜曰，既朝哭，皆復外位。卜人先奠龜于西塾上，南首，有席。楚焞置于燋，在龜東。族長涖卜，及宗人吉服，立于門西，東面，南上。占者三人在其南，北上。卜人及執燋席者在塾西。闔東扉，主婦立于其内。席于闑西，閾外。

焞，秃溫反，又徒溫反。燋，卽約反，又卽腰反。長，知丈反。

鄭康成曰：楚，荊也，荊焞，所以鑽龜者。燋，炬也，所以然火者。族長，族人之尊。宗人與占者皆吉服。卜人，掌共卜事者，在塾西，便其升也。扉，門扉。卜葬大事，主婦必與聞之。席于闑西閾外，爲卜者設也。

宗人告事具。主人北面，免絰，左擁之。涖卜卽位于門東，西面。卜人抱龜燋，先奠龜，西首，燋在北。宗人受卜人龜，示高。涖卜受視，反之。宗人還，少退，受命。

還，音旋。下同。

擁之，以手抱絰也。涖卜者，族長更西面代主人命卜。燋，先執燋者，先於龜而行。奠龜西者，象神在西鄉之焞與燋，蓋同處卜人取龜以授宗人，宗人受而視其腹甲。高處當灼處，以示涖卜。涖卜者，受視，仍反授宗人，宗人還，少退受命。

命曰：哀子某，來日某，卜葬其父某甫，考降，無有近悔。許諾，不述命，還卽席，西面坐，命龜。興，授卜人龜，負東扉。卜人坐作龜，興。宗人受龜，示涖卜。涖卜受視，反之。宗人退，東面，乃旅占。卒，不釋龜，告于涖卜與主人，占曰：某日從。

命之者，涖卜也。來日，將來之日。日某，柔日之名，若乙丑丁酉之類。考，登也，謂喪車升降而行。無有近悔，若有不吉，則其悔甚近也。命，面祈龜也。作龜，以火灼龜，作其兆。不釋龜，執龜以告於涖卜與主人也。

授卜人龜，告于主婦，主婦哭。告于異爵者，使人告于眾賓。

異爵，與眾賓皆在外位，皆告之或有僚友不來者亦告之矣。

卜人徹龜。宗人告事畢。主人經，入哭，如筮宅。賓出，拜送。若不從，卜擇如初儀。

卜擇，更擇日而卜之。

右卜葬日。

按：葬日，古自天子至庶人均有定期。後人信日者之說，趨避年月神煞及星命，至有久而不葬者，此大惑也。人子安親擇地欲其不朽，此天理人情之宜也。若年月日時一切神煞之名，皆後人僞造，前人多辨之，而後人固執之，不亦愼乎。

既夕哭，請啟期，告于賓。

夕哭，將葬之前。啟，開也，有司請開其期，告于賓之當會葬者，告賓不必定在夕哭之後，繫以既夕哭，明將葬之日也。前人拘二日、三日，誤，蓋啟期告賓宜豫，若臨時倉猝而告，則不及事矣。

夙興，設盥于祖廟門外。陳鼎，皆如殯。東方之饌亦如之。夷牀饌于階間。

士一廟，則祖王父也。陳三鼎於祖廟門外。東方之饌於祖廟之東堂下，皆如殯時所陳。夷牀，柩朝祖時以承柩。階閒，祖廟堂下。

右啟期陳祖奠哭饌。

二燭俟于殯門外。丈夫髽，散帶垂，即位如初。婦人不哭。主人拜賓，入，即位，袒。

髽，側瓜反。

將啟殯室，闇，豫備二燭。髽，去冠與纚而爲露紒，爲之於次，乃即位。婦人不哭，將有事止讙囂也。賓，助喪事者。

商祝免，袒，執功布入，升自西階，盡階，不升堂，聲三，啟三，命哭。燭入，祝降，與夏祝交于階下，取銘置于重。踊無算。商祝拂柩用功布，幠用夷衾。

免，音問。重，直龍反。下同。幠，忽烏反。

執功布以爲拂拭之用。聲三，三作聲而警神。啟三，告神以將啟柩三次，乃命主人與婦人哭。燭，炤，徹奠與啟殯者。周祝取銘而降，夏祝徹奠，故與交於階下。取銘置重者，亦周祝。主人踊，商祝以功布拂柩，用夷衾覆之，柩出南首。

右啟柩。

遷于祖，用軸。重先，奠從，燭從，柩從，燭從，主人從。升自西階。奠俟于下，東面，北上。主人從升。婦人升，東面。衆人東即。位正柩于兩楹閒，用夷牀。主人柩東，西面。置重如初。席升，設于柩西。奠設如初，巾之。升降自西階。主人踊無算，降，拜賓，即位，踊，襲。主婦及親者由足，西面。

遷於祖，朝祖也。《檀弓》曰：喪之朝也。順死者之孝心也，其哀離其室也，故至於祖考之廟而後行。升自西階，柩也奠俟於下，俟正柩，蓋正柩乃設奠也。主婦東面，則主人西面。可知衆主人以下從柩至西階下，遂鄉東階下，即西面位。兩楹閒，戶牖之閒，適當兩楹之閒也。柩東，近於柩如初，如殯宮時，席雖設於柩西，亦差近於柩。奠設於席前如初，如殯宮室中所設。巾之，禦風塵也。主人即柩東之位而踊，既奠乃降。賓，襄事者。拜賓復即位而踊，襲。主婦及親者由足西面行。

右朝祖。

薦車，直東榮，北輈。

薦，進也。象生時將行陳駕。輈轅可通，稱北輈者，以柩北首也。

質明，滅燭。徹者升自阼階，降自西階。乃奠，如初。升降自西階。主人要節而踊。

自啟殯至祖廟皆有燭，時尚早也，至正明則滅之，又將設遷祖之奠，故徹去祖奠之物，復設而奠。必屢奠者，孝子視其親如生時隨在而在，故隨在而奠。

薦馬，纓三就，入門，北面，交轡，圉人夾牽之。御者執策，立于馬後，哭，成踊。右還出。賓出，主人送于門外。

圉，魚呂反。還，音旋。下同。

駕車之馬二疋，纓爲馬飾，故竝薦之。交轡，每馬兩轡，交轡而夾牽之。左人牽右轡，右人牽左轡也。有纓而無樊臣禮。圉人，養馬者。敖氏繼公曰：哭，成踊，圉人與御者也。士微，其御與圉人皆平日供事者，故此必致其哀也。門，廟門。

右薦車設祖奠薦馬。

有司請祖期。曰：日側。

生時遠行，有祖道之祭。今將葬，未知神之所適遠近，故亦祖也。有司，必請者，便陳器耳。日側，過日中。

主人入，袒。乃載，踊無算。卒束，襲。降奠當前束。

主人入袒，便扶柩也。乃載柩車，降自西階，無算，不要節而踊也。主人必俟束棺畢而後襲。降奠當前而束柩於車。

商祝飾柩，一池，紐前經，後緇，齊三采，無貝。設披，屬引。

經，丑成反。齊、臍同。披，彼義反。屬，音燭。

飾，棺設帷荒也。在旁曰帷，在上曰荒，總名爲柳，分言則帷爲牆，荒爲柳。池，以竹爲之，懸於荒之爪端，若承霤然。紐所以聯帷、荒。前赤後黑，因以爲飾。齊在柳上，居中央以三采繪爲之，上朱、白下蒼。　御案：棺飾曰柳，蓋以杞柳爲骨，而外以布衣之柳言其質，牆言其形也。池，織竹，爲長籠，仰之類。池，齊荒之頂也，若今轎頂然。士以上有貝綴於齊上，形如爪分。披，柩車行所以披。持棺者有紐以結之，謂之戴結。披必當棺束人，居旁牽之，以備傾虧。引，引柩車之索，屬之於車輅。　御案：束棺於柩車者曰束連、繫棺、束棺，與柳材而結之者曰戴。貫結於戴而出之於外，人居旁牽之者曰披。車之轅前後出，横縛於轅以屬引者爲輅。以長繩屬輅之兩端而人引之者曰引行道，曰引屬於柩車者也。在棺曰紼，但屬於棺而不屬於車。遷祖時及在壙將窆時用之，其爲繩一也。

右載柩。

陳明器于乘車之西。折，横覆之。抗木，横三縮二。加抗席，三。加茵，用疏布，緇翦，有幅，亦縮二横三。

乘，繩證反。折，之設反。覆，芳屋反。抗，苦浪反。茵，音引。今文翦作淺。

明器，若下文。苞筲以下，是曰明器，神明之也。藏於壙，若備死者之用而實不成爲全器。折，猶庋也，庋明器而横，覆之抗木，卽椁之蓋也。東西曰横，南北曰縮。横者足三片，縮者二片，皆必可以掩壙。上用抗席，席上又加茵，茵用疏布緇色，但翦其不齊者，而不削幅，亦與抗木同數。

器西南上，綪。茵。苞二。筲三，黍、稷、麥。罋三，醯、醢、屑，冪用疏布。甒二，醴、酒，冪用功布。皆木桁久之。

綪，菑耕反。罋，烏貢反。桁，戶郎反，又戶庚反，一戶盎反。久如字。

器，該下諸物列之自西而南，不能容則屈而反之。綪，屈也。苞所以裹遣奠之羊豕，筲以盛黍稷麥。罋，瓦器。屑，薑桂之屑。甒，亦瓦器。冪，以覆罋甒，桁以木爲之，置於地而盛上諸物。久，以物盛他器之名也。

用器，弓、矢、耒耜、兩敦、兩杅、槃、匜。匜實于槃中，南流。無祭器，有燕樂器可也。

敦，音對。杅，音于。匜，音移。今文杅爲桙。

用器，常用之器。敦，槃类。杅，盛湯漿器。槃圓而杅方。匜，盥器。流，匜口也。《記》曰：明器，鬼器也。祭器，人器也。樂器，琴瑟之類。曰可也，可用亦可不用也。敖氏繼公曰：耒耜，田器，士有圭田必親耕，以爲粢盛，故用之也。

役器，甲、胄、干、笮。燕器，杖、笠、翣。

翣，師插反。

役器，師役之器。甲，鎧。冑，兜鍪。干，楯也。笮，矢箙。燕器，燕居安體之器。杖所以扶身；笠所以禦暑；翣所以招涼。

右陳器。

徹奠，巾、席俟于西方，主人要節而踊。祖。商祝御柩，乃祖。踊，襲少南，當前束。婦人降，卽位于階閒。祖，還車，不還器。祝取銘置于茵，二人還重，左還。布席，乃奠如初。主人要節而踊。薦馬如初。賓出，主人送。

徹朝祖之奠，更布几席於西方。將還車，設祖道之奠也。商祝執功布御柩還，柩向外而祖。主人旣踊而襲，少南，當前束。婦人降，卽位於階西，乃設祖奠，但還車向外。不還器者，前陳器時，西南上已示將行也。置銘於茵，將與之同入壙也。重左還，自北而東轉，乃南鄉也。布席而祖奠，如大斂時舉鼎。以下之儀，薦馬亦如初。賓，爲祖而來者。

右祖。

有司請葬期。入復位。

按：旣祖卽將行矣。必將葬而後祖，何至此乃請葬期乎？此爲不達矣，故非聖人之言。

公賵玄纁束，馬兩。擯者出請，入告。主人釋杖，迎于廟門外，不哭，先入門右，北面，及衆主人袒。馬入設。賓奉幣，由馬西當前輅，北面致命。主人哭，拜稽顙，成踊。賓奠幣于棧左服，出。宰田主人之北舉幣以東。士受馬以出。主人送于外門外，拜，襲，入復位。杖。

賵，敷甕反。輅，音路。棧，士眼反，又才產反，今文作輚。

公，國君。賵，助喪用者。車馬曰賵，賵馬，以共駕魂車也。釋杖，不哭，尊君命也。賓謂使者當柩車前輅，致命，如生命之者。棧卽柩車。使者奠幣，私臣之長舉幣以東藏之於內。士胥徒之，長受馬以出。主人旣拜送，使者襲而入復位仍杖。

右公賵。

賓賵者將命。擯者[1]請，入告，出告須。馬入設。賓奉幣。擯者先入，賓從，致命如初。主人拜于位，不踊。賓奠幣如初。舉幣、受馬如初。擯者出請。若奠，入告，出，以賓入。將命如初。士受羊，如受馬。又請。若賻，入告。主人出門左西面。賓東面將命。主人拜。賓坐委之。宰由主人之北，東面舉之，反位。若無器，則捂受之。又請，賓告事畢，拜送，入。

---

① 請，阮元《十三經注疏》作出請。

賻，音附。捂，五路反。

將命，身不來遣使者將之也。如初，如公賵之儀。賓奠幣而出。擯者出請，恐復有事也。賓又入，賵羊而出，擯者又出請。或贈以貨財曰賻。賻之言補也，助也。賓又入，將命主人拜。賓坐委所賻而出。器，所以盛賻物者。捂，逆也。若無盛賻之器，則對相授受，不委於地。賓出又請，賓告事畢，主人拜送而入。

右賓賵賻。

贈者將命。擯者出請，納賓如初。賓奠幣如初。若就器，則坐奠于陳。

賵、賻皆所以助喪事。贈則爲死者而贈，如贈生人。蓋明器之屬，其出請納，賓奠幣皆如受賵。賻，就善也。若所贈有善器，則主人坐奠於陳明器之處，如生時愛玩之意。

凡將禮，必請而後拜送。兄弟賵奠可也。所知，則賵而不奠。知死者贈，知生者賻。書賵于方，若九，若七，若五。書遣于策。

遣，器彥反。

必請而後拜送，以盡賓之情。兄弟有服，親者賵且奠皆可。所知，則賵而不奠。大抵知死者贈，知生者賻。遣，猶送也。凡送葬之物皆書於策，若備死者之校視云。

右贈及賵賻之義。

按：賵、賻、贈不必將葬時始至。此特補記其事耳。

乃代哭如初。宵，爲燎于門内之右。

此亦補記。蓋柩將去，不忍絶聲也。初謂始死者爲燎，以照柩車及哭者也。

右代哭爲燎。

厥明。陳鼎五于門外，如初。其實，羊左胖，髀不升，腸五，胃五，離肺。豕亦如之，豚解，無腸、胃。魚、腊、鮮獸皆如初。東方之饌：四豆，脾析、蜱醢、葵菹、蠃醢；四籩，棗、糗、栗、脯；醴，酒。陳器。滅燎。執燭，俠輅，北面。賓入者，拜之。徹者入，丈夫踊。設于西北，婦人踊。徹者東。鼎入。乃奠，豆南上，綪。籩，蠃醢南，北上，綪。俎二以成，南上，不綪，特鮮獸。醴酒在籩西，北上。奠者出，主人要節而踊。

胖，音判。髀，筆倚反，又燭禮反。古文髀作脾。鮮，音僊。蜱，蒲皆反，又貧支反。《周官》作蠯。蠃，力禾反。糗，去九反。

鄭康成曰：鼎五，羊、豕、魚、腊、鮮獸各一鼎也。士禮特牲三鼎，盛葬奠加一等，用少牢也。如初，如殯奠時，羊用左胖，異吉祭之升。右胖也去其髀。少牢禮，腸三胃三；兹五，盛之也。離肺，不切。豚解，以解豚之法解之。鮮，新殺者。東方之饌，設以俟遣奠，四豆、四籩，脾析，析其脾。蜱，蛤也。糗以豆，糗，粉餌。器，明器也。滅燎、執燭，以照徹奠。此時有賓入，則拜之，不出拜也。徹俎奠之奠乃更奠，二以成，併列也，故不綪，鮮獸特陳。醴酒尊，故獨在籩西北上。奠者出，則主人踊。凡言要節皆謂不如哭且踊之哀擗也。前人誤。

右遣奠。

甸人抗重，出自道，道左倚之。薦馬，馬出自道，車各從其馬，駕于門外，西面而俟，南上。

抗，苦浪反。又音剛。

抗，舉也。道，車行之道。車馬南上，便其行也。

右出重與車馬。

徹者入，踊如初。徹巾，苞牲，取下體。不以魚、腊。

徹者，徹遣奠之牲體，而以苞包之。但取其下體，爲其皮骨多，差可以久也。苞且寘於車，前人謂士無遣車，然下文固云有車也。

右苞牲。

行器，茵、苞、器，序從，車從。徹者出，踊如初。

器，明器及抗席、抗木之類。其行也，茵、苞在前，餘器序。從車，次於器。徹者出，主人踊如初，亦要節也。

右行器。

主人之史請讀賵，執算從，柩東，當前束[①]，西面。不命毋哭，哭者相止也，唯主人、主婦哭。燭在右，南面。讀書，釋算則坐。卒，命哭，滅燭。書與算執之以逆出。公史自西方，東面，命毋哭，主人、主婦皆不哭。讀遣。卒，命哭。滅燭，出。

古文算皆爲筴。

賓所賵必書於方。史請讀之。不命毋哭，而哭者自相止，以讀賵禁讙譁也。惟主人、主婦柩將行哀不能禁。餘人不哭，亦稍靜也。燭以照讀算，所以計賵物之多寡。每釋一算必坐敬也。讀畢乃命哭。主人、公史執書算以出。公史，公有司。遣者入壙之物，別書於策，公史讀之。命毋哭者，入壙之物若以備死者用，恐亂其聽也。

右讀賵讀遣。

商祝執功布以御柩，執披。主人袒，乃行，踊無算。出宮，踊，襲。

披，彼義反。又劈猗反。

功布居柩車之前。若道有不平，則以布示之，使引柩者防傾側。吕氏坤曰：功布，啟殯時執之以拂拭，出葬時持竿揭之以指麾。執披者，旁四人。行，柩車行也。宮，哀次，言踊以該哭哀親之離其室也。行路不宜袒，故襲。

---

① 東，阮元《十三經注疏》作束。

右柩行。

至于邦門，公使宰夫贈玄纁束。主人去杖，不哭，由左聽命。賓由右致命。主人哭，拜稽顙。賓升，實幣于蓋，降。主人拜送，復位，杖，乃行。

賈氏公彦曰：邦門，國城北門也。葬於北方，北首，三代之達禮也。鄭康成曰：左右柩車前輅之左右也。於時正柩車，使者升柩車之前，實其幣於棺蓋之柳中，若親授之然。復位，反柩車後。行，柩車行。

右柩至邦門公贈。

至于壙，陳器于道東西，北上。茵先入。屬引。主人袒，衆主人西面，北上，婦人東面，皆不哭。乃窆，主人哭，踊無算。襲，贈用制幣玄纁束，拜稽顙，踊如初。卒，袒，拜賓。主婦亦拜賓。即位，拾踊三，襲。賓出，則拜送。

屬，音燭。窆，彼驗反。今文窆爲封。拾，其業反，下同。

西，北上，以西行，北端爲上。以引屬於棺之緘，袒爲將窆也。不哭者，下棺宜靜。窆，下棺。贈，贈土神也。不言祭而言贈者，若與親爲鄰者。以此贈之前人謂主人贈。主人於親不得言贈也。丈八尺曰制。卒，贈卒也。賓，送葬者。主婦，所拜內賓與宗婦之屬。拾，更也。主先賓後、婦人居閒。三，各三踊也。襲者，主人婦人不袒也。此時或有賓出，則拜送之。

藏器于旁，加見。藏苞、筲于旁。加折，卻之。加抗席，覆之。加抗木。實土三，主人拜鄉人。即位，踊，襲，如初。

見，賢徧反。覆，芳屋反。

器，用器、燕器等。旁，柩旁。見，棺飾也，牆柳之屬。更謂之見者，以其見於棺器之外。苞、筲，在見之外。折，卻之，使善面向裏，近棺。加抗席，在見與苞、筲之上，以席覆之。又加抗木，實土三層，則主人拜鄉人之實。土者位羨道之東。如初踊，無算也。按：成葬之後，當祭墓地之神，而此無之。以前贈用幣卽是，贈土神也。《檀弓》曰：有司以几筵舍奠於墓左。蓋無尸埋幣帛，而但舍奠也。

右窆。

乃反哭，入，升自西階，東面。衆主人堂下，東面，北上。婦人入，丈夫踊，升自阼階。主婦入于室，踊，出，卽位、及丈夫拾踊三。賓弔者升自西階，曰：如之何？主人拜稽顙。賓降，出，主人送于門外，拜稽顙。遂適殯宫，皆如啟位拾踊三。兄弟出，主人拜送。衆主人出門，哭止。闔門。主人揖，衆主人乃就次。

反哭於祖廟，以其爲親在行禮之處。《檀弓》曰：反諸其所作也。升堂而不見親，故但止於西階之上。衆主人西方，東面，統於主人也。主人先在西階，至婦人入，而後升自阼階。將爲主人哀，親不得主阼，故踊也。主婦入于室。《檀弓》曰：反諸其所養也。入室哀，不復致其養，故踊，出，即位與丈夫相鄉而哭，相代而踊。鄭康成曰：賓弔者，衆賓之長也。反而亡焉，失之矣，於是爲甚，故弔之。曰：如之何？慰之也。弔者北面，主人拜於其位。門，廟門。哭於祖廟卒，遂適殯宫，如啟柩時之位，亦拾踊。至此，則小功以下之兄弟可出矣。主人拜送，衆主人皆出，則哭止。闔殯宫門，主人揖，衆主人就倚廬之位。

右反哭。

猶朝夕哭，不奠。三虞。卒哭，明日，以其班祔。

葬日而虞不奠，以虞易奠也。猶朝夕哭，哀親初葬，不忍離也。虞之爲言安也。葬則立主，虞祭以安神。三虞、卒哭，以爲神既安矣，卒哭之。明日祔主於祖廟。班，次也。以昭、穆之次。

右虞卒哭祔。

記

上文喪禮已是漢人所爲。此下記者，亦其黨爲之，不足據也。

士處適寢，寢東首于北墉下。有疾，疾者齊，養者皆齊，徹琴瑟。

適，低益反。首，舒救反。墉，音庸。齊，側皆反。養，喻尚反。

適寢，即內室也。室謂之寢，故又稱適室，非外寢也。東首以迎生氣。有疾者齊，謂去嗜慾、節飲食之與。疾妨者，而內則自清其志氣也。養者齊，則憂親之疾，居不安室，食不甘味，專志於侍養也。徹琴瑟，則疾者或不能致養疾者，不暇於及此也。

疾病，外內皆埽。徹褻衣，加新衣。御者四人，皆坐持體。男女改服①屬纊以俟絶氣。

埽，四奧反。屬，音燭。纊，音曠。絶字當衍。

疾甚曰病。埽以致其潔，且病者不起，則更不可埽也。褻衣，平時所著襦袴之屬，病中或有垢污，則易以新潔者，然必可易而後易，非不審其安危否也。御者四人，妻子之屬。持，扶持，撫安之。男女，即謂侍者。改服，亦謂鮮潔，恐污觸疾者也，蓋養疾時即然，此補記之耳。屬纊，以新緜屬於鼻閒候其氣，蓋惟恐其死而冀其氣之不絶也。此乃云俟絶氣，不亦謬乎。

① 阮元《十三經注疏》無男女改服四字。

男子不絶于婦人之手，婦人不絶于男子之手。乃行禱于五祀。乃卒。主人啼，兄弟哭。設牀第，當牖。衽，下莞，上簟。設枕。遷尸。

第，簹史反。又音簀。莞，音官。枕，止飲反。

男子、婦人謂非妻子之人，非至親，而男子死於婦人，婦人死於男子之手，則褻矣。行禱、五祀當在初疾之時，亦補記於此耳。人受天命，而生修短固有天命，臣子迫切之情必不可無，若《金縢》周公之事是也。或以爲誣，亦不達於天人之故矣。啼，哀甚而無節，如小兒啼也。牀第，以位尸。莞、簟、枕皆設如生時。遷尸，卽遷之於牀也。毛大可曰：《雜記》小斂於戶內，大斂於阼，夫士始死至斂殯祇限二日，故自始死遷尸南牖後，則由幠衾而沐浴。而館舍而襲而小斂皆在此地。今曰斂於戶內，則計其所遷之節。初在北牖，旣而遷於南牖，又旣而遷於適寢，又旣而仍遷於牖下，又旣而遷於庭，又遷於戶內窔閒，將又遷於堂，將又遷於阼，將又遷於中庭之西，則兩日之閒，凡九遷矣。死者何不幸而有此。此言甚爲有見。

右記疾病始死之節。

復者朝服，左執領，右執要。招而左。楔貌如軛上兩末。綴足用燕几，校在南，御者坐持之。卽牀而奠，當腢。用吉器，若醴，若酒，無巾柶。

朝，音潮。要，於遙反。綴，知劣反。校，胡孝反。古文校爲枝。腢，音隅，又音偶。劉，五侯反。

朝服，貴服，冀死者識之而依之以反也。招而左，左尊，招時兩手自右而左也。綴足以燕几，拘足免其邪曲。校、几，左廉之名。校在南，横設也。腢，肩頭也。若醴、若酒，不必備用吉器。始死，未忍卽異於其生。愚按：《檀弓》曰：毀竈以綴足。謂毀其竈，取其甓，以押兩足。視此文爲長。

右記始死奠。

赴曰：君之臣某死。赴母、妻、長子，則曰：君之臣某之某死。

長，知丈反。今文赴作訃。

臣某，卽士臣。某之某，則長子與其母、妻，然長子亦必爲士而後赴君，母之赴亦宜也，妻亦赴者，何耶？

右記赴辭。

室中，唯主人、主婦坐。兄弟有命夫、命婦在焉，亦坐。

室中喪次，主人、主婦本位故坐。兄弟至親，若兄弟之內有命夫、命婦在焉，亦坐。然此禮可疑，古人重別，必無男女雜坐喪次之禮。

右記哭位。

尸在室，有君命，衆主人不出。

喪無二主，故君命唯主人不出。

右記君命衆主人不出。

襚者委衣于牀，不坐。其襚于室，戶西北面致命。

凡襚衣者委于牀。牀高不必坐，致其始死，而襚者戶西北面致命。

右記襚衣始死襚位。

夏祝淅米，差盛之。御者四人抗衾而浴，襢笫。其母之喪，則內御者浴，鬠無笄。

差，七何反。又初皆反。劉，藏何反。盛，音成。抗劉音剛，襢、袒同。

差盛之，既淅米而以盆盛潘，以敦盛米也。抗衾以蔽其裸裎，二人抗而二人浴。襢笫，去其簀以便盝水。內御，女御。笄有二鬠，用組有笄而不用貫髮之笄。

設明衣，婦人則設中帶。卒洗貝，反于笄，實貝，柱右顱，左顱。夏祝徹餘飯。瑱塞耳。

顱，音顛。

明衣，明潔其體之衣，蓋貼身衣也。婦人衣不殊裳，而褌襂之屬，必又設中帶，以繫屬之。浴畢，實貝，柱以小木，若今箸者於左右顱柱之，以便實貝及飯，非竟不使其口閉也。餘飯，實口之餘。用玉塞耳，象生前之充耳。

掘坎南順，廣尺，輪二尺，深三尺，南其壤。垼用塊。

廣，古曠反。深，式蔭反。垼，音役，古文爲役。

鄭康成曰：南順，統於堂。輪，從也。掘坎，自北而南。塊，士塊。

明衣裳用幕布，袂屬幅，長下膝。有前後裳，不辟，長及觳。縓綼緆。緇純。

屬，音燭。長，直亮反。辟，音璧。觳，苦角反，又戶角反。縓，七絹反。綼，貧支反。劉，音卑。緆，他計反。純，諸允反。

鄭康成曰：幕布，帷、幕之布。屬幅，不削幅也。長下膝，於蔽下體深也。裳前三幅，後四幅，不辟績，觳、足跗也。凡他服，短無見膚，長無被土。一染謂之縓，紅色飾裳在幅曰綼，在下曰緆。七入爲緇，黑色也。飾衣曰純，謂領與袂。衣以緇，裳以練，象天地也。

設握，裹親膚，繫鉤中指，結于掔。甸人築坅坎。隸人涅厠.

坅，起飲反。涅，乃結反。厠，側異反。

握手之設，所以護手也。右手有決，左手無決，則以纁裹親膚。其中央正當於掌右端，掩四指後，左端在其上，乃以組繫環，將指之本而與決之繫相結於掔，而連之掔掌後節中也。穿坎曰坅，甸人實土其中，築之，令堅死者之厠，隸人塞之，勿令人復往。

右記沐浴飯含等事。

既襲，宵爲燎于中庭。厥明，滅燎，陳衣。凡絞、紟用布，倫如朝服。

如始死之日卽襲，則宵設燎，或明日襲，宵亦設燎。倫，比也。凡小斂、大斂之絞、給用布，比朝服十五升。

右記爲燎及絞布。

設棜于東堂下，南順，齊于坫，饌于其上。兩甒：醴、酒，酒在南。篚在東，南順。實角觶四、木柶二、素勺二。豆在甒北，二以竝，籩亦如之。凡籩、豆實具設，皆巾之。觶俟時而酌，柶覆加之，面枋，及錯，建之。

棜，郁庶反。齊，如字。勺，上灼反。古文角觶爲角柶。覆，芳屋反。枋、柄同。錯，七故反。

棜，承尊器，如案無足。勺二，醴、酒各一也。豆、籩二，以竝二豆二籩也。此設大斂之饌，籩、豆之實，菹栗之屬。皆巾之，以巾爲飾。俟時而酌，將奠乃酌之。面枋，以便於建。建時覆手取之，而枋在下。錯、厝同。

右記饌殯奠之事。

小斂辟奠，不出室。無踊節。

辟，音闢。

奠，始死之奠也。尸尚在室，故不徹奠，而但移奠具於室中西南隅。踊無節，哀方切也。

右記小斂拜奠。

旣馮尸，主人袒，髻髮，絞帶，衆主人布帶。

鄭康成曰：衆主人，齊衰以下。御案：記此明著絞帶、布帶在此時也。絞帶以苴麻繩爲帶，其垂者散之。此時尚未絞也，謂之絞帶，指其束於要者耳。

右記絞帶布帶之節。

大斂于阼。大夫升自西階，階東北面，東上。旣馮尸，大夫逆降，復位。

周人殯於西階之上而云於阼，蓋先奉尸於阼，由主位乃適西階殯也。大夫視斂由西階升，旣馮尸乃降中庭西面之位。

右記大夫視斂之節。

巾奠，執燭者滅燭，出，降自阼階，由主人之北東。

燭以照奠。旣設奠，巾之。執燭者滅燭，出，降自阼階，由主人之北而東。

右記燭出及降節。

旣殯，主人說髦。

說，吐活反。今文作稅。

子生三月，翦髮爲鬌。男角女羈，否則男左女右，長大不易，以明幼小父母子愛之心。所謂兩髦也，父死脫左，母死脫右。

右記脫髦。

三日，絞垂。冠六升，外縪，纓條屬，厭。衰三年[①]。屨外納。杖下本，竹、桐一也。

縪，音必。劉，蒲吉反，亦作畢。屬，音燭。厭，於葉反。

鄭康成曰：成服日，絞要帶之散垂者。縪，謂縫著於武也。外之者，外其餘也。厭，伏也。　御案：冠有梁有武。武横而梁縱，武有定而梁無定，梁長則冠高，梁短則冠伏。吉，冠梁長而辟積多，喪，冠梁短而辟積少。厭，近髮紒，故名厭也。餘見《喪服傳》。

右記三日成服之事。

居倚廬，寢苫枕塊，不説絰帶，哭晝夜無時，非喪事不言。歠粥，朝一溢米，夕一溢米，不食菜果。

苫，失占反。枕，之蔭反。溢，音逸。

在倚廬四句，解見《喪服傳》。不言，意不在他也。喪服四制，記不言之事詳妥。溢，同搤。食少而儉，皆哀之至也。

右記居喪寢處哭泣言語飲食。

主人乘惡車，白狗幦，蒲蔽，御以蒲菆，犬服，木錧，約綏，約轡，木鑣，馬不齊髦。主婦之車亦如之，疏布裧。貳車白狗攝服，其他皆如乘車。

惡，古文作堊。幦，迷翼反，古文作冪。菆，則候反，古文作騶。錧，音管，古文作錧。鑣，卑妖反，古文爲苞。齊，如字，又子淺反。今文髦爲毛。

拜君命，拜賓及有故而行，則乘木車堊之。幦，覆式旁立木者。犬未生𣯛毛者曰狗，白於喪飾宜。蔽車，兩旁藩蔽，以蒲爲之。菆，牡蒲莖也，以代策，不貴馳驅，故用此服。笭閒韜兵器者，車上設之以自衛。喪亦不費，但以白犬皮爲之。錧，轂端沓也，用木者，少聲。吉時綏轡以索爲之。喪無飾，用繩。鑣，馬銜也，平常與錧皆用金，此以木。齊，翦也。不翦則爲髦。馬裧，車裳帷也。貳，副也。攝，猶緣也。他，謂凡器物皆如乘車之惡。

右記喪中車馬。

朔月，童子執帚，卻之，左手奉之，從徹者而入。比奠，舉席埽室，聚諸㝔，布席如初。卒奠，埽者執帚垂末，内鬣，從執燭者而東。

奉，芳萬反。比，毗志反，又必利反。㝔，一弔反，又音杳。鬣，音獵。

童子，蓋子弟，服輕者。卻之，帚末在上也，從徹者而入。童子不專禮事。比，及也。始喪内外皆埽，至朔，奠乃埽室，其他不埽。既埽以塵聚諸室東南隅，如初，亦東南也。卒奠埽者，執帚而垂其末，明已埽也。

① 年，阮元《十三經注疏》作升。

右記朔月埽室。

燕養、饋、羞、湯沐之饌如他日。朔月，若薦新，則不饋于下室。

養，異亮反。

鄭康成曰：燕養，平常所用供養。饋，朝夕食也。羞，四時之珍異。湯沐，所以洗汙垢。《内則》曰：三日具沐，五日具浴。孝子不忍一日廢其事親之禮，於下室日設之，如生存也。　御案：燕寢曰下室，正寢曰上室。既奠於上室，又饋於下室。孝子求神非一處之意。薦新則於上室。

右記下室之饋。

筮宅，冢人物土。卜日吉，告從于主婦。主婦哭。婦人皆哭。主婦升堂，哭者皆止。

日，《石經》訛作曰。

鄭康成曰：物，猶相也，相其地可營者，乃葬之。賈氏公彦曰：經不言物土，直云主婦哭，不言婦人皆哭及升堂者止之事。故記明之。

右記筮宅卜日。

啟之昕，外内不哭。夷牀、輁軸，饌于西階東。

昕，音欣。古文啟爲開。輁，九勇反。古文輁或作拱。

啟柩之朝，禁諠囂，故不哭。夷牀在祖廟，輁軸在殯宫。賈氏公彦曰：經唯言婦人不哭，不言男子，直云夷牀饌於階閒，恐正當兩階之閒，故皆明之。

右記將啟之事。

其二廟，則饌于禰廟，如小斂奠，乃啟。

士唯一廟，而此云二廟，蓋其同祖。兄弟容有二廟者，而又同居，則朝禰必更朝祖也。先饌於禰廟，先其親者。如小斂奠，亦特豚一鼎也。

朝于禰廟，重止于門外之西，東面。柩入，升自西階，正柩于兩楹閒。奠止于西階之下，東面，北上。主人升，柩東西面。衆主人東即位，婦人從升，東面。奠升，設于柩西。升降自西階。主人要節而踊。燭先入者升堂，東楹之南，西面；後入者西階東，北面，在下。主人降，即位，徹，乃奠，升[1]自西階，主人踊如初。祝及執事舉奠，巾、席從而降，柩從，序從如初，適祖。

重不入者，以既奠則柩行，不久留於此也。燭本殯宫中照開殯者，在道是一在柩前，一在柩後。朝禰時，一升堂，一在堂下。徹，徹燭也。踊必兼哭，哀親之去也。既朝，祝執醴、酒先，脯、醢、俎從之，巾、席爲後，柩從，從巾席而降。序從柩從

① 升，阮元《十三經注疏》作升降。

奠，主人以下從柩而出也。如初，如出殯宫時。

右記二廟朝禰。

薦乘車，鹿淺幦，干、笮、革靾，載旜，載皮弁服。纓、轡、貝勒縣于衡。道車，載朝服。稾車，載蓑笠。

乘，繩證反。笮，莤赫反。靾，先列反。旜，諸延反。縣，音懸。稾，古老反。蓑，素禾反。

鄭康成曰：士乘棧車。以鹿淺毛爲幦。干，盾。笮，矢箙。靾，韁也。旜，旌旗之屬。皮弁，視朔之服。貝勒，具飾勒。有干無兵，有箙無弓矢，明不用。道車，朝夕乘。以見君者，故載朝服。稾，猶散也，散車，以田以鄙之車。

右記薦車。

將載，祝及執事舉奠，尸西，南面，東上。卒束前而降奠席于柩西。巾奠，乃牆。

賈氏公彦曰：經不言，載柩時舉奠設席事，故明之。御案：將載，將下柩於庭而載之柩車也。舉奠者執之在手以俟。卒束前，卒束之前也。既奠巾，其所奠乃加柩飾。牆，飾柩也。

右記舉奠巾奠之節。

抗木，刊。茵著用荼，實綏澤焉。葦苞長三尺，一編。菅筲三，其實皆瀹。

著，張呂反。荼，大奴反。菅，古頑反。筲，所交反。瀹，餘若反。

鄭康成曰：刊，剝削之。荼，茅秀也。綏，廉薑。澤，澤蘭也。皆取其秀且禦濕。以葦苞物，截爲三尺長而編之。以菅爲筲，盛米麥等皆瀹之以致敬設於棺旁。

右記葬器之制。

祖，還不易位。

還，音旋。

賈氏公彦曰：經云乃祖還車，不辨還之遠近，故記明之。

右記還車。

執披者旁四人。凡贈幣無常。凡糗不煎。

披，彼義反，又劈漪反。

四人，前後、左右各四人。賓贈幣不拘多寡。糗不煎，不用食道。

右記執披人及賓贈奠糗。

唯君命止柩于堩，其餘則否。

堩，古鄧反。

堩，道也。柩在道，唯君命乃止。其餘否，明餘人不當行禮於堩也。

右記止柩。

車至道左，北面立，東上。柩至于壙，斂服載之。卒窆而歸，不驅。

車，乘車等。薦車北鄉而往，則車當在道西。柩車至壙，祝乃斂乘車、道車、稾車之服載之，不窆之以歸。卒窆而歸，亦指三車。

右記乘車等至壙及歸之節。

君視斂，若不待奠，加蓋而出；不視斂，則加蓋而至，卒事。

君來視斂，有急事不得待奠，則加蓋而出。若君來視斂，有辟忌不欲見尸，則加蓋而後至，卒事乃去。

右記君視斂不同之事。

既正柩，賓出，遂、匠納車于階間。

鄭康成曰：車載柩車，《周官》謂之蜃車，《雜記》謂之團，或作輇，作槫。其狀如牀，中央有轅，前後出，設前後輅。　御案：柩車之長倍於人，而視乘車兵車數倍。車身長而所載者重，故迫地而四輪欲其穩稱一轅。而前後出爲設輅也。輅縛於轅，轅縱而輅横，如午貫然引屬於輅之兩端，執引者分兩行各魚貫而前行，故人雖多而行不礙。敖氏繼公曰：賓出而納此於階閒，爲主人送賓而入，則當載矣。

右記納柩車。

祝饌祖奠于主人之南，當前輅，北上，巾之。

饌，猶設也。賈氏公彦曰：未祖以前柩車向北，前輅在主人之北，今云饌於主人之南，明既祖還柩，乃饌之。經不云饌處，故記之。

右記設祖奠處。

弓矢之新，沽功。有弭飾焉，亦張可也。有柲，設依撻焉。有韣。猴矢一乘，骨鏃，短衛。志矢一乘，軒輖中，亦短衛。

沽，音古，又谷烏反。弭，密倚反。柲，彼肄反。撻，他達反。韣，音獨。猴，音侯，又音候。乘，繩證反。鏃，租屋反，又千木反。輖，音周。

弓矢用新者，但其功麤。沽，麤也。弭，弓硝也。飾之、張之亦可。柲，弓檠也，弛則縛之於弓裏，備損傷，以竹爲之。《詩》曰：竹柲緄縢。依，纏弦也，以韋依纏其弦。撻，今之箭溜，所以撻矢令出，生時以骨爲之，死者用韋。韣，弓衣也，以緇布爲之。猴，猶候也，候物而射之。矢，衛兵羽也，所以防衛其矢，故名。志，猶擬也，習射之矢。軒輖，猶軒，輊言輕，故軒重，故輊輖中，適中也。無鏃短衛，示不用也。

右記明器中弓矢。

總　論

人子於父母之喪，哀痛迫切，有不可以言盡者矣。聖人制爲禮，以達其情，故凡附身、附棺無不曲致其詳盡，曾子所謂愼終者也。但古今俗尚不同，由其宫室、衣服、器具等均與古異，當隨其宜而立之制，不必大違世俗，即其所行而損益之，衷於中正，期於天理人情，毫髮無憾，則古禮有不可拘而俗尚有不可徇者。此篇所載，多有窒礙難行者，亦有可見先王之遺制者，當分别觀之。若斤斤以爲定法，則竟如畫餅。愚故隨文詁之，而不盡取諸家之説也。

儀禮恒解卷十三

士虞禮

未葬，則柩在，朝夕設奠如生；既葬而返，即于是日爲虞祭以安神，以體魄既歸于土，神不可以一日無依，以神道祀之，故爲吉祭之始。

特豖饋食。

饋，巨位反。食，音嗣。

御案：饋食，士大夫吉祭之名。以虞易奠爲自凶，即吉之始，故放饋食之禮行之。

側亨于廟門外之右，東面。魚腊爨亞之，北上。饎爨在東壁，西面。設洗于西階西南，水在洗西，篚在東。尊于室中北墉下，當戶，兩甒醴、酒，酒在東。無禁，冪用絺布；加勺，南枋。

亨，音烹。爨，玩措反。饎，昌志反。冪，迷繹反。枋，同柄。

側烹，烹一胖，不全烹也。門右，門西也。吉禮在門東，此不用全吉禮。炊黍稷曰饎，設洗于西階西南，亦異于吉禮。洗當東榮也，凡設洗，水在外，篚在內。設洗在西，以主人位于西階上也。敖氏繼公曰：祭而尊于室中，且用一醴一酒，皆異于吉也。醴、酒竝用者，醴以饗神，酒以飲尸，亦未甚變于奠。兩甒西上，亦以神席在西也。尊之所上吉凶同，士吉祭用綌，此用絺。

素几、葦席在西序下。苴刌茅，長五寸，束之，實于篚，饌于西坫上。饌兩豆菹，醢于西楹之東，醢在西，一鉶亞之。從獻豆兩，亞之，四籩亞之，北上。

苴，子于反，後同。刌，七本反。長，直亮反。

苴，猶藉也，所以藉祭以其用而名之。菹右，醢左，陳于神前。鉶，以盛豕也。豆、籩云從獻者，以其先獻而後薦也，兩豆亞之，菹在鉶西，醢在鉶東，四籩亞之，各繼所陳也。

饌黍稷二敦于階間，西上，藉用葦席。匜水錯于槃中，南流，在西階之南。簞巾在其東。陳三鼎于門外之右，北面，北上，設扃鼏。匕俎在西塾之西。羞燔俎在内西塾上，南順。

敦，音對。藉，集益反。匜，音移。錯，七故反，下竝同。簞，音丹。扃，居營反。鼏，迷翼反。

藉用葦耳，席字疑衍。以匜盛水，爲尸設盥也。流匜，吐水口也。熟牲而升于鼎，設于門西，先設鼏乃設扃而云扃鼏，文順耳。匕在俎上西塾之西，蓋爨北燔炙肉也。曰羞者，言其非正俎。南順，執俎者以俎之上端鄉外，下端自鄉也。

右陳饌具。

主人及兄弟如葬服，賓執事者如弔服，皆卽位于門外，如朝夕臨位。婦人及内兄弟服卽位于堂，亦如之。

葬服，丈夫髽，散帶垂。弔服，疑衰、素冠、麻絰帶。賓執事，賓客來執事者。朝夕臨位，主人兄弟在門外，東方。賓執事者在西方，婦人及内兄弟亦如臨位。

祝免，澡葛絰帶，布席于室中，東面，右几，降出，及宗人卽位于門西，東面，南上。

免，音問。澡，音早。

祝親祭祀之事，爲敬神，故免，而葛絰帶。澡，治也。治葛，葛之細者。

右門外位。

宗人告有司具，遂請拜賓，如臨。入門哭，婦人哭。主人卽位于堂。衆主人及兄弟、賓卽位于西方，如反哭位。祝入門左，北面。宗人西階前北面。

請，請行祭祀，拜賓如臨旁三拜也。祝不與執事者同位，接神尊也。宗人當詔主人以禮，故近主人。

右門内位。

祝盥，升，取苴降，洗之，升，入設于几東席上，東縮。降，洗觶，升，止哭。

古文縮爲蹙。

御案：苴有首尾，以首近神而尾鄉東。縮，順也。止哭，爲將祭前。此主人、主婦哭可知矣。

主人倚杖入。祝從，在左，西面。贊薦菹醢，醢在北。佐食及執事盥，出舉，長在左。

長，知丈反。

虞杖不入于室，故倚杖門外而入。贊者薦菹醢，佐食者及執事者盥而後出，舉鼎。長者不舉鼎，在西方位。

鼎入，設于西階前，東面，北上，匕俎從設。左人抽扃、鼏，匕。佐食及右人載。卒，朼者逆退，復位。簋設于豆東[1]，魚亞之，腊特。贊設二敦于俎南，黍，其東稷。設一鉶于豆南。佐食出，立于戶西。贊者徹鼎。

朼、匕通。今文無之字，無于戶西。

敖氏繼公曰：從設，從鼎入而設之。左人抽扃，予左手取鼏委于鼎北，加扃乃執匕，而匕惟言抽扃、鼏匕，省文耳。復位，復賓位。俎南，豕、魚二俎之南。其東稷者，簋實以黍爲尊，故黍西而稷東。惟設一鉶，殺于吉禮。佐食者，既設俎出而立于戶西。贊者徹鼎，反于門外。

祝酌醴，命佐食啟會。佐食許諾，啟會，卻于敦南，復位。祝奠觶于鉶南，復位。主人再拜稽首。

會，敦蓋也。祝先酌醴，命佐食者啟會。佐食者諾，而啟會，復其戶西之位。祝奠觶畢，復位于主人之左。主人稽首以祭神，當以吉拜也。

右設饌。

祝饗，命佐食祭。佐食許諾，鉤袒，取黍稷，祭于苴三。取膚祭，祭如初。祝取奠觶祭，亦如之，不盡，益，反奠之。主人再拜稽首。祝祝卒，主人拜如初，哭，出，復位。

下祝，之又反。

饗，告神以饗有辭焉。鉤袒，鉤其衣而露臂。三，三祭之也。每一祭畢，則反取之。取膚祭亦然。祝取奠觶祭于苴，亦三。不盡，三祭不盡其醴。既祭更酌而益之，乃反奠于故處。祝誦辭以達孝子之意，復位。主人復西序，東面之位，以事神禮畢，迎尸未至也。

右饗神。

祝迎尸，一人衰絰奉篚，哭從尸。尸入門，丈夫踊，婦人踊。淳尸盥，宗人授巾。尸及階，祝延尸。尸升，宗人詔踊如初。尸入戶，踊如初，哭止。婦人入于房。

---

[1] 簋設于豆東，阮元《十三經注疏》作俎入，設于豆東。

衰，七回反。奉，芳勇反。淳，章倫反。

一人，主人兄弟。無兄弟則以子若昆弟之子爲之。尸入門，主人丈夫先踊，婦人次之。淳，沃也。賓執事者，沃尸而盥。延，進也，告之以升。尸升，宗人詔，主人踊如初。主婦亦踊也。入戶，亦詔踊如初。哭止，將有事也。祭禮，婦人當于房，故尸入，哭畢，而入于此。

右尸入。

主人及祝拜妥尸。尸拜，遂坐。從者錯篚于尸左席上，立于其北。尸取奠，左執之，取菹，擩于醢，祭于豆閒。祝命佐食墮祭。佐食取黍稷肺祭，授尸。尸祭之，祭奠。祝祝。主人拜如初。尸嘗醴，奠之。佐食舉肺脊授尸。尸受，振祭，嚌之，左手執之。祝命佐食邇敦。佐食舉黍，錯于席上。尸祭鉶，嘗鉶。

妥，吐火反。從，才用反。擩，如員反。墮，呼規反。祝祝，下祝，之又反。嚌，才計反。

妥，安坐也。吉祭尸不拜。此異篚以盛尸之饌，尸右手取奠，于左手執之，爲右手將有事也。墮，墮下也。凡祭，皆手舉之，鄉下祭之。祝，祝誦饗神之詞也。肺、脊二物，尸皆振祭而嚌之。肺當絶之以祭，而尸不爾者，蓋佐食者先絶之以授尸也。邇，近也。祭鉶以柶祭鉶，蓋用右手。

泰羹、湇自門入，設于鉶南。胾四豆設于左。尸飯，播餘于篚。三飯，佐食舉幹，尸受。振祭，嚌之，實于篚。又三飯，舉胳，祭如初。佐食舉魚、腊，實于篚。又三飯，舉肩，祭如初。舉魚、腊俎，俎釋三个。尸卒食，佐食受肺、脊實于篚，反黍如初設。

湇，去及反。胾，側吏反。飯，父返反，下同。胳，音格。

泰羹，肉之汁。湇，則有肉之汁。胾，切肉。御案：菜羹，鉶之正。泰羹，其加也。菹醢二豆，豆之正胾，四豆其加也。有正有加，祭禮也。泰羹、湇自門入，爨在門外。新自爨來，欲其熱也。設于左，不言所上四豆一物也。飯食之飯，餘不可反于敦，棄于席，故播諸篚。魚、腊，一魚及腊胳也。尸不食魚、腊，以喪不備味也。周人貴肩，舉肩以要其成。佐食者，舉魚、腊俎而實之于篚，每俎各釋三个。釋，猶遺也。个，枚也。尸九飯而卒食。不告飯，祝不侑食每食播其餘，蓋喪異于吉，且死者初享祭，不忍下咽之意。

右尸食。

主人洗廢爵，酌酒酳尸。尸拜受爵。主人北面答拜。尸祭酒，嘗之。賓長以肝從，實于俎，縮，右鹽。尸左執爵，右取肝，擩鹽，振祭，嚌之，加于俎。賓降，反俎于西塾，復位。尸卒爵，祝受，不相爵。主人拜，尸答拜。

酳，古文作酌。長，知丈反。相，息亮反。

爵無足曰廢。酳，安食也。主人于尸爲子孫尸，豈拜之乎，此禮爲不通。縮，實肝炙于俎，其右鹽，尸左手執爵，右手取肝，擩鹽，振肝以祭。復位，賓長也，謂復西階前衆兄弟之南東面位。相爵，吉禮，祝有辭以相此異。

右主人酳尸。

祝酌授尸，尸以醋主人，主人拜受爵，尸答拜。主人坐祭，卒爵，拜，尸答拜。

醋，才各反，本一作酢。

醋，報也。尸無降席之禮，故祝爲酌之。主人卒爵，尊神惠也。

右尸酢主人。

筵祝，南面。主人獻祝，祝拜，坐受爵。主人答拜。薦菹醢，設俎。祝左執爵，祭薦，奠爵，興，取肺，坐祭，嚌之，興，加于俎，祭酒，嘗之。肝從，祝取肝，擩鹽，振祭，嚌之，加于俎，卒爵，拜。主人答拜。祝坐授主人。

今文無擩鹽。

設筵以禮，祝爲其接神，故獻之于酳尸。獻尸後不洗而獻焉，下于尸也。祝既受爵，主人乃反西面位答拜。御案：興，取肺者，變于尸，尸則佐食絶而授之。祝則自取而絶之。興，加于俎者，既興取之則不宜坐加之也。敖氏繼公曰：祭薦，右手以菹擩醢祭于豆閒。先奠爵，乃取肺以祭，離肺用二手也。肝從亦賓長也，左執爵取肝亦同于尸。

主人酌獻佐食。佐食北面拜，坐受爵。主人答拜。佐食祭酒，卒爵，拜。主人答拜，受爵，出，實于篚，升堂，復位。

獻佐食，以其助祭不設席。薦俎設于階閒，而不在室。又無從佐食，卑也。篚在庭，主人升堂，復位，不復入室，以其事畢也。

右主人獻祝與佐食。

主婦洗足爵于房中，酌，亞獻尸，如主人儀。自反兩籩棗、栗，設于會南，棗在西。尸祭籩，祭酒如初。賓以燔從如初。尸祭燔，卒爵如初。

主婦，主人之婦。爵有足，次于男子。自反，自往取之而反，不使宗婦亦異于男子。棗在西，棗美，尚之也，初謂主人之儀。賓，子弟之執事者或以主婦爲死者之妻。然本文之儀亞于主人且母尊于子，虞以安神子之職也。

右主婦亞獻。

酌，獻祝，籩，燔從，獻佐食，皆如初。以虛爵入于房。

敖氏繼公曰：皆，皆獻祝以下四事。古凡祭皆夫婦親之，况虞祭哀親而祭以妥其靈，夫婦親之者，宜也。若母亞獻，不特母尊，不宜後子。且父沒，家政盡屬于子，夫正乎外，婦正乎內，自此以後，凡祭，母皆不與，則疏言主人之婦者，不可易矣。

右主婦獻祝佐食。

賓長洗繶爵，三獻，燔從，如初儀。

繶，於力反。

鄭康成曰：繶爵，口足之閒。有篆文虞之賓半有服者，故亦當獻尸、獻祝、獻佐食，其長者一人爲之。

右賓長三獻。

婦人復位。祝出戶，西面告利成。主人哭，皆哭。

尸將出，則神將去矣，于是婦人復堂上西面位。祝出戶，告主人以禮成。主人哭，有服者皆哭。利，猶順也，謂孝子以此安親而親順之也。《易》曰：利者，義之和。

右祝告禮成。

祝入，尸謖。從者奉篚，哭如初。祝前，尸出戶，踊如初。降堂，踊如初。出門，亦如之。

謖，疏屋反。古文或爲休。

謖，起也。祝入而尸起。前衰絰，從尸之一人奉篚哭，而後尸祝前導尸，出踊如初，丈夫先，婦人後也。

右尸出。

祝反，入徹，設于西北隅，如其設也，几在南，厞用席。

厞，附胃反。劉，音非。

祝反，入徹神前之饌，改設于西隅，如奧中東面設之儀。人子欲其親之常在室。此祭本以安神，故于此安之也，故用几席。厞，幽隱也，席于幽隱之處。

右改設以安神。

祝薦席徹入于房。祝自執其俎出。贊闔牖戶。主人降，賓出。主人出門，哭止，皆復位。宗人告事畢。賓出，主人送，拜稽顙。

祝命徹薦席，執事者徹之，入于房。初自房來也。贊者闔牖戶，鬼神尚幽闇也。宗人詔主人降，賓出廟門，主人亦出門，位門外未入時之位。賓去，主人于門外拜送。稽顙，喪禮也。

右事畢。

記

經文所未備，記者復詳之。

虞，浴[①]，不櫛。陳牲于廟門外，北首，西上，寢右。日中而行事。殺于廟門西，主人不視豚解。

浴以致潔。不櫛，不飾也。言牲腊在其中。寢右，升左胖而寢其右也。凡祭皆用質，明虞用。日中，以葬事晏也。主人視牲而不視殺。

羹飪，升左肩、臂臑、肫骼、脊脅、離肺。膚祭三，取諸左膉上。肺祭一，實于上鼎。升魚鱄、鮒九，實于中鼎。升腊左胖。髀不升，實于下鼎。皆設扃鼏，陳之。載猶進柢，魚進鬐。

飪，而甚反。臑，乃報反。肫，音純。骼，音格。膉，音益。鱄，市專反。鮒，音付。髀，步禮反，又必爾反。鬐，渠之反。今文柢爲胝。

羹飪，肉羹熟之。臂臑，臂肉。肫，全也。肫骼，全骨也。脊脅，正脊正脅。離肺，已絶之肺。膉，脰肉也。膚、肺言祭，竝言其用也。按：此肩也。臂，臑也。肫，骼也。脊與脅、肺與膚是爲七也，而前人以臑、肫爲各一物，然臑即臂肉。肫而頯也，音純，則訓全，用魚以九腊，體五骨二。柢，本也。鬐，脊也。喪奠于牲，則進柢，魚則進鬐，不忍異于生也。今虞祭猶然。

祝俎，髀、脰、脊、脅、離肺，陳于階閒，敦東。

脰，音豆。

祝俎，祝之俎也。祝俎不升於鼎。陳，祝饌于神饌之東，統于神也。

右記牲鼎俎實。

淳尸盥，執槃西面，執匜東面，執巾在其北，東面，宗人授巾，南面。主人在室，則宗人升，戶外，北面。佐食無事則出戶，負依南面。

淳，章純反。依，于豈反。

槃，以盛棄水。主人入室，則宗人當詔室中之事，故升堂。依，同扆，風也。主人在室，佐食，無室中之位則出戶，負依而立。敖氏繼公曰：自天子至于庶人皆有依，惟天子則飾以斧形耳。

右記執事者面位。

鉶芼，用苦若薇，有滑，夏用葵，冬用荁，有柶。豆實，葵菹，菹以西羸

① 浴，阮元《十三經注疏》作沐浴。

醢。籩，棗烝，栗擇。

萓，音丸。古文苦爲枯，今文或作芐。𦼮，力禾反。

苦若，菜，云若薇者，因其時而用之。萓，堇類，乾則滑，夏秋用生葵，冬春用乾萓。擇，擇佳者。

右記鉶豆籩實。

尸入，祝從尸。尸坐不說屨。尸謖，祝前，鄉尸。還，出戶，又鄉尸。還，過主人，又鄉尸。還，降階，又鄉尸。降階，還，及門，如出戶。尸出，祝反，入門左，北面復位，然後宗人詔降。

說，他活反。鄉，許亮反。還，音旋。

敖氏繼公曰：祝始出，迎尸，先行入門。及尸入，祝乃居後，從之。不脫屨，敬也。尸起，祝前行，鄉尸，而後導之出。祝還，出戶，還，過主人。還，降階有事之時。皆鄉尸，祝主祭事，尊尸當然也。如出戶，亦鄉尸，必俟祝送尸而反。復位然後宗人詔，主人降，不敢遽弛，其敬也。

右記祝相尸之節。

尸服卒者之上服。男，男尸。女，女尸。必使異姓，不使賤者。

死者之服，爵弁服也。男，以男爲尸使適孫，無適乃使庶孫。女以女爲尸，必使嫡孫妻。無適，使庶孫妻。異姓，孫妻皆異姓。賤，謂孫妾。吉祭惟有男尸，無女尸。陰統于陽也，惟女喪則立女尸。

右記尸服及爲尸者。

按：古人爲尸以象神，蓋取如見之意。然形未必肖，則事之者，意已先離。後世用主而以潔，誠通幽合漠，既不囿于形，則心專于僾，見愾聞是，亦後人之制優于前人者也。學者必拘拘執古法以爲美，失之。

無尸，則禮及薦饌皆如初。既饗，祭于苴，祝祝卒，不綏祭，無泰羹、湆、胾從獻。主人哭，出復位。祝闔牖戶，降，復位于門西。男女拾踊三。如食閒。祝升，止哭，聲三。啟戶。主人入，祝從，啟牖鄉如初。主人哭，出復位。卒徹，祝佐食降，復位。宗人詔降如初。

祝祝，下祝，之又反。綏，當爲墮。今文啟爲開。鄉，許亮反。

鄭康成曰：無尸，謂無孫列可使，殤亦是。禮，謂衣服、即位、升降。既饗，祭苴、祝卒，則其儀同綏祭。以下四事皆爲尸而設。無尸則無此。祝祝卒，無尸可迎。既無上四事，主人遂卽哭，出復戶外，東面位也。拾，更也。三更踊，祝闔牖戶。如食閒，象神食也。御案：無尸則不行三獻禮，主婦與賓皆不入，故于將徹時，主人又入，以致其敬，若親送之者然。鄭康成曰：聲者，噫歆也，將啟戶，警覺神也。主人入，而祝從，啟牖鄉，謂鄉明也。

右記無尸之儀。

按：神處于幽，而孝子與親一體。視無形、聽無聲，不啻親之常在也。故曰：事死如事生；事亡如事存，豈以尸爲別哉。此記無尸則殺其禮，于天理人情俱不合，須知聖人時中之道，不必盡襲古人。後世無尸優于有尸矣。

始虞用柔日，曰：哀子某，哀顯相，夙興夜處不寧。敢用絜牲剛鬣，香合、嘉薦、普淖、明齊、溲酒，哀薦祫事，適爾皇祖某甫。饗。

淖，奴孝反。相，息亮反。齊，才計反。溲，所求反。今文祫作合。

葬日而虞，因其柔日。曰，祝祝之辭也。喪葬稱哀顯相，助祭者咸有服，故竝稱之。夙夜不寧，述哀情也。豕曰剛鬣。香合，言合馨香以祭，非謂黍稷。普淖，黍稷。普，大；淖，和也。黍稷，五穀之貴，大能和五臟也。明齊，醴也。溲酒，酒也。祫，合也。以其祭而將祔于皇祖，故謂之祫事。適，安也。饗，祝其饗也。

再虞，皆如初，曰：哀薦虞事。三虞，卒哭。他用剛日，亦如初，曰：哀薦成事。

再虞，如丁日葬，則己日再虞。虞，度也。哀薦虞事，言己哀思之誠，不敢必神之饗與否。再三虞，度而復祭也，三虞則禮已成，故曰成事。他，別也。別用剛日，陰靜而陽動，用柔日，以順其死。用剛日以祝其如生，人子之心也。

右記祭日與祝辭。

獻畢未徹，乃餞。尊兩甒于廟門外之右，少南。水尊在酒西，勺北枋。洗在尊東南，水在洗東，篚在西。饌籩豆，脯四脡，有乾肉折俎二尹，縮祭半尹，在西塾。尸出，執几從，席從。尸出門右，南面。席設于尊西北，東面，几在南。賓出，復位。主人出，即位于門東少南。婦人出，即位于主人之北。皆西面哭，不止。尸即席坐。唯主人不哭，洗廢爵，酌獻尸。尸拜受。主人拜送，哭，復位。薦脯醢，設俎于薦東，朐在南。尸左執爵，取脯，擩醢，祭之。佐食授嚌。尸受，振祭，嚌，反之，祭酒，卒爵，奠于西[①]方。主人及兄弟踊。婦人亦如之。主婦洗足爵，亞獻，如主人儀，無從，踊如初。賓長洗繶爵，三獻，如亞獻，踊如初。佐食取俎實于篚。尸謖，從者奉篚哭從之，祝前，哭者皆從。及大門内踊如初。尸出門，哭者止。賓出，主人送，拜稽顙。主婦亦拜賓。大夫說絰帶于廟門外。入徹，主人不與。婦人說首絰，不說帶。

餞，集彦反，音賤。脡，徒頂反，又他頂反。乾，音干。朐，其俱反。長，知丈反。

① 西，阮元《十三經注疏》作南。

三虞後乃餞尸以其將祔廟也。亦設尸，尸席設于門外右，南面。婦人亦出。餞尸，既餞尸入門，象辭其家而出。主人稽顙拜送。主婦拜賓，拜女賓也。賓有大夫，則說絰帶于廟門外。婦人，五服之親者，亦賓也。

右記卒哭祭後餞尸。

按：主祔于廟，以安神且統于祖也，而必餞之，豈人子以親既歸廟，平日僾見愾聞必入廟而後然乎。夫父母與人子一氣，視無形，聽無聲，未嘗一息相離也。故曰：孝子者，非終父母之身。終其身也，周末文勝，務爲繁縟。此禮亦其時人爲之，恐非先王之制也。

無尸則不餞，猶出几席，設如初，拾踊三，哭止，告事畢，賓出。

拾，其刦反。

設几席，如生。哭踊以哀其離，是也。亦何必用尸，豈尸不在而神遂不在乎。

右記無尸不餞之法。

死三日而殯，三月而葬，遂卒哭。

士禮如此葬，而虞祔乃卒哭，蓋親已祔廟，若時時哭，恐轉致親之不安也。不然父母之喪，哀慟之誠無分貴賤。天子以下葬日遲，卒哭亦遲。人子慟親之心，以名位尊卑而分，不通神孰甚。又大夫亦三月而葬，乃五月而卒哭，其禮亦爲不通。

將旦而祔，則薦。卒辭曰：哀子某，來日某，隮祔爾于爾皇祖某甫，尚饗。女子，曰：皇祖妣某氏。婦，曰：孫婦于皇祖姑某氏。其他辭，一也。饗辭曰：哀子某，圭爲而哀薦之，饗。明日，以其班祔。

卒哭之夕，薦者尚未祔，則人子不可廢薦獻之禮。然則上文餞禮爲多設矣。祝告神以將祔，明人子不得長依膝下之義，非謂餞之之義也。隮，升也。尚，庶幾也。他辭，即隮祔之辭。補記饗辭亦祝祝之。圭，潔也。班，昭、穆之次，以其祖祔于廟。按：祔主于廟，先儒謂既祔，主復于寢，以便人子日上食，或謂祔虞主復設新主，除喪服，遷新主于廟，埋舊主，紛紛曲説，皆拘于此書也。自適士以下無廟，其主安得不在于寢。自適士以上有廟者，其主安得不祔于廟，主者所以妥親之靈，廟有主，寢又有主，神果何依。故主雖祔廟而人子朝夕哀敬，事之如在室，孝思至誠，親未必不饗之，奚必定有主也。且如主返于寢之説，此記所言餞禮，亦奚用之？要之，有廟者主祔廟，無廟者主在寢，此一定之禮。喪禮將葬，柩辭廟而後行。據周制，祖廟必于宗子，則去廟遠者將奈何。蓋其時，人家之奥皆謂之廟以其爲祭。五祀之所辭廟者，辭此耳。後世無廟者，祀主于寢，朝夕憑依于禮甚，便可知古制于今斷不可行，而儒者必區區爭辯，豈非不達于時中乎。

沐浴，櫛，搔翦。用專膚爲折俎，取諸脰膉。其他如饋食。用嗣尸。曰：孝子某，孝顯相，夙興夜處，小心畏忌，不墮其身，不寧，用尹祭，嘉薦、普淳、普薦、溲酒，適爾皇祖某甫，以隮祔爾孫某甫，尚饗。

搔，當爲爪。食，音嗣。相，息亮反。溲，師優反。

沐浴，櫛，翦爪以祔廟，則神事之，從去也。專，厚也。折俎，取諸脰膉，不分左右皆用之。其他，敖氏繼公曰：謂陳設之位與事神、事尸之儀及執事者。嗣尸，即用虞祭之尸。尹祭，脯也。嘉，美。普，大也。竝祭皇祖，故竝祝之以饗。

右記祔。

期而小祥，曰：薦此常事。又期而大祥，曰：薦此祥事。中月而禫。是月也吉祭，猶未配。

禫，大感反。

御案：小祥，卽練祭也。以一朞而言，則曰小祥。以三年服者變除而言則曰練，其實一也。祥，吉也。小者稍稍變吉。常事，天道一，周禮當祭事，故曰常。大對小而言，二十五月而大祥。喪當三年而二十五月者，人子于親罔極難報，豈以三年而畢其情乎？但禮以情節，故服以二十四月有奇。期久矣，再期則更久。又以一月爲三年之始，明禮有限而思無窮也。後儒不識此意，因中月之說，加爲二十七月，實爲無義。中月，閒月也。二十五月之後再半月卽禫祭，配祭者之妻也。凡吉祭必夫婦親之，而禫月因限于禮，服除而哀親之意未忘，如此月內有吉祭，不以其妻同祭。

總　論

喪祭之禮，非以爲文而已。哀慕之誠，不能無所將之。凡備物、備儀，一切皆所以達其哀與敬而已。周末文勝，無其本而徒飾其儀，故孔子曰：喪與其易也，寧戚。子游曰：喪致乎哀而止。聖賢皆因時俗務文力矯其非。此書所記，半多繁文縟節，而解者多爲之說，且卽其據文解義者，猶多不合。愚故節取前人，務于簡明，聽明者之自擇焉。

儀禮恒解卷十四

特牲饋食禮

按王制，禮器，天子七廟，諸侯、大夫、士以次而降，士惟一廟。祭法則云適士二、官師一，于是先儒以爲有禰廟。程子又謂士得及于高祖，蓋高曾祖人所恒逮事沒而無祭，于心理不安也。此篇第言祭祖之儀，而不及禰，他更無論。竊以義推之，自士以上有廟者，因其有位于朝，祭禮必較隆，而凡士以下報本追遠之心，則無殊于貴者也。則春秋時祭及薦新亦必于其寢奧爲之，特不及有廟者之儀，物豐隆耳。所謂適士二廟，蓋父爲大夫或士而其子復爲士賢之故，更立禰廟則祭祖及父于廟而高曾則祭于家，禮自可竝行不悖。此篇獨記祭祖之儀，而禰亦如之。至無廟者，殺之亦必有明文，特經不傳耳。

特牲饋食之禮。不諏日。

食，音嗣。諏，子須反。

特牲，一豕也。饋食者，事死如生饋之以食。自天子以下皆有饋食禮，但天子諸侯有室中二祼及堂上薦血腥之禮，大夫無此，而牲、少牢、黍、稷四敦，士無之，故但云饋食禮。諏，謀也。大夫以上預前十日，與臣諏日，士卑，服公事時多不能自如，則于閒暇時乃筮日而祭。筮，亦諏也。而云不諏謂不先旬而諏耳。

及筮日，主人冠端玄，即位于門外，西面。子姓、兄弟如主人之服，立于主人之南，西面，北上。有司羣執事如兄弟服，東面，北上。席于門中，闑西，闑外。筮人取筮于西塾，執之，東面，受命于主人。宰自主人之左贊命，命曰：孝孫某，筮來日某，諏此某事，適其皇祖某子。尚饗。筮者許諾，還，卽席，西面坐。卦者在左。卒筮，寫卦。筮者執以示主人。主人受視，反之。筮者還，東面。長占，卒，告于主人：占曰吉。若不吉，則筮遠日，如初儀。宗人告事畢。

闑，魚列反。閾，于逼反。還，音旋。長，知丈反。

筮而不卜，下于侯王也。冠玄端，玄冠、玄端，士之祭服也。子姓，主人之子，蓋旁兄弟。有司羣執事，或士之屬吏及凡效職者。席，筮人之席。筮，蓍也。筮人取蓍于西塾，儀當與士冠禮同。贊，佐之也。左當作右。對祖言曰孫。某子，祖字也。皇，君也。爲家之主故尊之爲君。長，筮人之長。遠日，旬日之外。告畢，徹筮席乃告。

右筮日。

前期三日之朝，筮尸，如求日之儀。命筮曰：孝孫某，諏此某事，適其皇祖某子，筮某之某爲尸。尚饗。

鄭康成曰：某之某，字尸父，而名尸也。古爲尸者必以同姓，必以孫之倫，必以適，必以無父者。然苟其人不端而無可尸者，將奈何？故尸禮斷不可行矣。

右筮尸。

乃宿尸。主人立于尸門外，子姓、兄弟立于主人之後，北面，東上。尸如主人服，出門。左，西面。主人辟，皆東面，北上。主人再拜，尸答拜。宗人擯辭如初，卒曰：筮子爲某尸，占曰吉，敢宿。祝許諾，致命。尸許諾。主人再拜稽首。尸入，主人退。

辟，音避。

宿，先期而戒之。北面，敬之也。辟，辟位，亦敬之主人。先拜，尊之。如初，如宰命筮尸之辭。祝事尸者，故代主人致命于尸。尸許諾，祝以告宗人，而告主人。尸不俟主人而先入，亦不拜送，尊也。

右宿尸。

宿賓。賓如主人服，出門左，西面再拜。主人東面答再拜。宗人擯曰：某薦歲事，吾子將涖之，敢宿。賓曰：某敢不敬從。主人再拜，賓答拜。主人退，賓拜送。

涖，音利。

賈氏公彦曰：賓在有司，内宿一人，以備三獻之賓。薦，進也。涖，臨也。

右宿賓。

厥明夕，陳鼎于門外，北面，北上，有鼏。棜在其南，南順，實獸于其上，東首。牲在其西，北首，東足。設洗于阼階東南。壺禁在東序，豆、籩、鉶在東房，南上。几、席、兩敦在西堂。

鼏，芒狄反。棜，於庶反。鉶，音刑。敦，音對。下同。

宿賓之明日夕，陳鼎于門東，北面，北上，放祭時之位。士祭三鼎。有鼏，避塵也。鄭康成曰：棜之制如今大木轝，上有四周，下無足，以盛獸腊。士腊用兔。其西，棜西也。東足者，尚右也。牲不用棜，以其生。西堂即西廂。東房，對西房而言。

主人及子姓、兄弟即位于門東，如初。賓及衆賓即位于門西，東面，北上。宗人、祝立于賓西北，東面，南上。

初筮位，賓及衆賓即位于門西。有司之屬不在賓位。宗人、祝位近廟。

主人再拜，賓答再拜。三拜衆賓，衆賓答再拜。主人揖，入。兄弟從，賓及衆賓從，即位于堂下，如外位。

從，如字。

主人拜，賓答拜。三次，則拜衆賓，亦再拜，非三拜衆賓也。御案：外位如筮位，則主人立于門東，西面。子姓、兄弟立于主人之南，西面，北上。此主黨也。其不如筮位者，賓。衆賓立于門西，東面，北上。宗人、祝立于賓西北。此賓，黨也。公、有司當于西方，北面，東上。私臣當于東方，北面，西上，但無門以爲之節。

宗人升自西階，視壺濯及豆、籩，反降，東北面告濯具。賓出，主人出，皆復外位。宗人視牲，告充。雍正作豕。宗人舉獸尾，告備；舉鼎鼏，告絜。請期，曰：羔羹飪。告事畢。賓出，主人拜送。

飪，而甚反。

濯，漑也。不言敦、鉶者，省文。惟言賓、主人出，亦省文。告器皆濯，告牲已充。充，肥也。雍正，官名。作，以策策豕。此爲視牲。備，具也。期，早晏之期。謂之羹飪，熟也，言以羹飪爲節。送，送于門外。

右視濯視牲告期。

夙興，主人服如初，立于門外東方，南面，視側殺。主婦視饎爨于西堂下。亨于門外東方，西面，北上。羹飪實鼎，陳于門外，如初。尊于戶東，玄酒在西。實豆籩、鉶，陳于房中，如初。執事之俎陳于階間，二列，北上。盛兩敦，陳于西堂，藉用萑。几席陳于西堂，如初。尸盥匜水，實于槃中，簞巾，在門內之右。祝筵、几于室中，東面。

饎，尺志反。古文作糦，《周官》作饎。亨，普庚反。盛，音成。藉，慈夜反。萑，音完。

夙興，早起。如初，玄端。側，特也。天子、諸侯親射牲，大夫、士但視之而不殺。炊黍稷曰饎。西堂下，堂之西下。主人視側殺，重血食。主婦視饎爨，重饋食也。亨，煮也。煮豕、魚、腊各一爨。羹熟實諸鼎，陳于門外東方。初，視濯時。戶東，室戶東。玄酒在西。尚之陳于房中如初，亦如其南上之位。執事，凡執事者，有司及兄弟、賓皆在其中。二列，分東西二列。東列則阼俎爲上，西列則祝俎爲上，皆北上。兩敦以盛黍稷，盛而藉之，重黍稷也。萑，細葦。尸盥匜水，尸所盥之匜水也。尸尊不就洗槃。簞、几皆在門右。尸入，則執事者執以就之。祝筵、几，爲神設席也。

右亨饎陳設。

主婦纚、笄、宵衣，立于房中，南面。主人及賓、兄弟、羣執事卽位于門外如初。宗人告有司具。主人拜賓如初，揖入，卽位如初。佐食北面立于中庭。

纚，所綺反，又山買反。

主婦，主人之妻。祭必夫婦親之。大夫、妻祭服褖衣侈袂。宵衣，其次于褖衣者歟。具，猶辦也。告，告主人。初，視濯時。佐食，主人兄弟之佐尸食者，立于中庭，將有事也。

右卽位。

主人及祝升，祝先入，主人從，西面于戶內。主婦盥于房中，薦兩豆葵菹、蝸醢，醢在北。宗人遣佐食及執事盥，出。主人降，及賓盥，出。主人在右，及佐食舉牲鼎；賓長在右，及執事舉魚、腊鼎。除鼏。宗人執畢，先入，當阼階，南面。鼎西面錯，右人抽扃，委于鼎北。贊者錯俎，加匕。乃朼。

蝸，力禾反。長，知丈反。錯，匕故反，下同。朼，音匕。

祝接神，故先主人入。主婦盥，盥于內洗。洗在北堂，直室東隅。薦豆于奧席前。凡有事者，必盥以致潔。賈氏公彥曰：東爲右，西爲左。右人尊，入時在鼎前。左人卑，入時在鼎後。賓尊不載俎，故使佐食對主人，使賓爲右人，而使他執事者在左而載。畢，狀如叉，爲其似畢星名之。宗人執畢以指教其錯鼎之處。右人，主人及賓。旣錯，皆西面俟。匕不一，有黍稷之匕，疏匕，喪匕，惟喪匕用桑，餘用匕。加，加于其上。乃朼，載之也。

佐食升肵俎，鼏之，設于阼階西。卒載，加匕于鼎。主人升，入，復位。俎入，設于豆東，魚次，腊特于俎北。主婦設兩敦黍稷于俎南，西上。及兩鉶芼設于豆南，南陳。祝洗，酌奠，奠于鉶南。遂命佐食啟會。佐食啟會，卻于敦南，出，立于戶西，南面。主人再拜稽首。祝在左。卒祝，主人再拜稽首。

肵，音祈。鼏當爲冪。芼，茫報反。會，如字。

鄭康成曰：肵，心、舌之俎也。《郊特牲》曰：肵之爲言敬也。主人所以敬尸之俎，已載匕加于鼎，主人升，復位，則賓匕者亦復位。豆在神坐之前，豕俎入設於豆東，魚又次其東，腊特設于俎北。宗婦不贊，主婦自取敦、鉶設之，殺于大夫內。子祝酌奠，奠其觶也。不云酒而云奠，因其事名之大夫禮。啟會乃奠。此旣奠乃啟殺也。會敦，蓋卻仰也。祝在左當爲主人釋辭于神。卒祝，主人拜其爲已祝。

右設饌祝神。

祝迎尸于門外。主人降，立于阼階東。尸入門，左，北面盥。宗人授巾。尸至于階，祝延尸，尸升，入。祝先，主人從。

門，廟門。祝代主人迎，故不拜。主人降以俟尸，敬也，但不出門。迎之門外，從乎人道。遜，謙也。延，進也。祝先以導尸，主人後從。

右尸入。

尸卽席坐，主人拜妥尸。尸答拜，執奠。祝饗。主人拜如初。祝命挼祭。尸左執觶，右取菹，抨于醢，祭于豆閒。佐食取黍、稷、肺祭授尸。尸祭之，祭酒，啐酒，告旨。主人拜，尸奠觶，答拜。祭鉶，嘗之，告旨。主人拜，尸答拜。祝命爾敦，佐食爾黍、稷于席上。設大羹、湆于醢北。舉肺、脊以授尸。尸受，振祭，嚌之，左執之，乃食，食舉。主人羞肵俎于腊北。尸三飯，告飽。祝侑，主人拜。佐食舉幹，尸受，振祭，嚌之。佐食受，加于肵俎。舉獸幹、魚一，亦如之。尸實舉于菹豆。佐食羞庶羞四豆，設于左，南上，有醢。尸又三飯，告飽。祝侑之如初。舉骼及獸、魚如初。尸又三飯，告飽。祝侑之如初。舉肩及獸、魚，如初。佐食盛肵俎，俎釋三个。舉肺、脊加于肵俎，反黍、稷于其所。

挼，音墮。抨，如悅反，又而弦反。啐，七內反。爾，與邇同。大，大音泰。湆，主及反。飯，父晚反。骼，音格。盛，音成。

執奠，尸入，執祝所奠之爵。饗，勸之。如初，再拜稽首。尸挼祭，猶生者之飲食必祭也。抨醢，染于醢。尸啐酒而告旨。主人拜，其享嘗鉶亦然。鉶，肉味之有菜和者。爾，近也。近之，便尸食之。大羹、湆，煮肉汁不和，故曰大尸。祭脊、肺嚌而左手執之，以右手舉而食之。先食黍、稷，後食脊、肺，脊連肉，解者故可食。食舉，言食時必舉之。主人親進，肵俎以致敬，餘使人代以省勞也。尸三飯，告飽。祝又勸之。侑，勸也。主人拜，以致勸。幹，長脊也。佐食，舉幹尸受祭而嚌之。還授佐食。佐食又舉獸幹、魚，尸受，授幹亦然。此時尸左手執肺脊，如故也。旣食，尸乃實所舉肺脊于菹豆。佐食又進庶羞，尸又三飯，告飽。祝又勸食，主人拜如初。佐食又舉骼及獸、魚如初各一也。尸又三飯，告飽。祝侑，主人拜，如初。尸舉肩及獸、魚如初。佐食取牲、魚、腊之餘，盛于肵俎，將以歸尸。个，猶枚也。俎釋三个，不可使神俎空也。尸舉肺、脊，授佐食加于肵俎，反黍、稷于其所。

右尸食。

主人洗角，升，酌，酳尸。尸拜受。主人拜送。尸祭酒，啐酒。賓長以肝從。尸左執角，右取肝擩于鹽，振祭，嚌之，加于菹豆，卒角。祝受尸角，曰：送爵，皇尸卒爵。主人拜，尸答拜。

酳，羊進反。古文無長。

酳，衍也。尸既卒食，又欲留衍飲樂之。角受四升。肝，炙肝也，以佐酒。飲器通名角。

右主人酳尸。

祝酌，授尸，尸以醋主人。主人拜，受角，尸拜送。主人退。佐食授挼祭，主人坐，左執角，受祭祭之。祭酒，啐酒，進聽嘏。佐食摶黍授祝。祝受尸。尸受以菹豆，執以親嘏主人。主人左執角，再拜稽首受，復位，詩懷之，實于左袂，挂于季指，卒角，拜，尸答拜。主人出，寫嗇于房，祝以籩受。

醋，才各反，同酢。嘏，古雅反。摶，大官反。挂，音卦。

醋，報也。尸尊故不親酌。退進受爵而反位。尸將嘏主人。佐食授主人黍、稷、肺，使挼祭，蓋主人獻尸，尸享祭。而賜主人以福曰嘏。主人受祭，祭之祭酒，啐酒，進聽。尸之嘏，己其嘏也。亦祝爲之辭。黍，食之主也，故獨摶黍。授祝，祝授尸，尸受以菹豆，執以親嘏主人。主人左執角，再拜稽首受。詩，持也。以手維持奉承而懷之。既實于左袂，又挂于小指者，防拜時遺落也。寫，置也。嗇，即黍也。籩，虛籩也。

右尸酢主人及嘏。

筵祝南面。主人酌，獻祝。祝拜，受角。主人拜送。設菹、醢、俎。祝左執角，祭豆，興，取肺，坐祭，嚌之，興，加于俎，坐祭酒，啐酒，以肝從。祝左執角，右取肝，擩于鹽。振祭，嚌之，加于俎，卒角，拜。主人答拜，受角，酌，獻佐食。佐食北面拜，受角。主人拜送。佐食坐祭，卒角，拜。主人答拜，受角。降，反于篚，升，入，復位。

主人既受嘏，則獻祝與佐食，以神惠酬之也。祝尊于佐食，故先獻。祝祭酒而啐佐食，祭而不啐禮略。

右主人獻祝與佐食。

主婦洗爵于房，酌，亞獻尸。尸拜受。主婦北面拜送。宗婦執兩籩戶外坐。

主婦受，設于敦南。祝贊籩祭，尸受祭之，祭酒，啐酒。兄弟長以燔從。尸受，振祭，嚌之，反之。羞燔者受，加于肵，出。尸卒爵。祝受爵，命送如初。

燔，音煩。

亞，次也。兩籩，棗、栗也。棗西，栗東。籩祭，卽棗栗。豆近尸，尸自取。祭籩稍遠，故祝贊取以授尸。燔，炙肉。羞燔者，卽兄弟如初，如主人儀。

酢如主人儀。主婦適房，南面。佐食挼祭。主婦左執角[1]，右撫祭，祭酒，啐酒，入，卒爵，如主人儀。

房中南面，主婦之正位。挼祭亦黍、稷、肺也。佐食不授主婦，而祭于地，主婦撫之而已。主婦入于室中，北面而立飲，如主人儀。

右主婦獻尸尸酢。

按：古者祭，必夫婦親之，如父母在，蓋正內正位，承父母之重同，其事之無不同。後世重外輕內，謂婦人賤于男子，而婦人亦不自重，非聖人之意也。

獻祝，籩燔從，如初儀。及佐食，如初。卒，以爵入于房。

敖氏繼公曰：此惟無祭俎一節，餘則如之及謂獻及之也。如初，如主人獻佐食。

右主婦獻祝及佐食。

賓三獻如初。燔從，如初。爵止。

賓三獻尸，其儀如上。尸于是止爵而待。主人以下均神惠致爵。

右賓長獻尸爵止。

席于戶內。主婦洗爵，酌，致爵于主人。主人拜受爵。主婦拜送爵。宗婦贊豆如初。主婦受，設兩豆兩籩。俎入設。主人左執爵，祭薦。宗人贊祭，奠爵，興，取肺，坐絶祭，嚌之，興，加于俎，坐挩手，祭酒，啐酒。肝從。左執爵，取肝擩于鹽，坐振祭，嚌之。宗人受，加于俎。燔亦如之。興，席末坐，卒爵，拜。主婦答拜，受爵，酌醋，左執爵，拜。主人答拜，坐祭，立飲，卒爵，拜，主人答拜。主婦出，反于房。

古文挩皆作說。

爲主人設席于戶內。主婦洗爵獻主人，不言獻而言致酒者，分神惠，非己特獻也。敖氏繼公曰：主婦贊兩豆，復取兩籩于房。第言贊豆，省文耳。如初，戶外坐也。主婦受于戶外而設于席前，俎入佐食設于豆西。挩手，爲絶肺染污也。酌酢，主婦自酌而酢，不煩主人，尊夫也。主婦反于房，當奠爵于篚。

右主婦致爵于主人自酢。

---

[1] 角，阮元《十三經注疏》作爵。

主人降，洗酌，致爵于主婦。席于房中，南面。主婦拜受爵，主人西面答拜。宗婦薦豆、俎，從獻，皆如主人。主人更爵，酌醋，卒爵，降，實爵于篚，入，復位。

敖氏繼公曰：豆亦兩豆，兩籩俎，牲俎也。從獻，肝燔也，皆如主人，謂受爵以前之禮。更爵，更取在內篚者也。祭統曰酢，必異爵，明夫婦之別。

右主人致爵于主婦自酢。

均神惠，必自夫婦始，夫妻一也，故其儀皆同。

三獻作止爵。尸卒爵，酢。酌，獻祝[1]及佐食。洗爵酌，致于主人、主婦。燔從皆如初。更爵，酢于主人，卒，復位。

三獻賓也。作，起也。賓也，而謂之三獻以事而名之。賓既三獻乃起。尸爵也，尸于是卒爵，酢賓。酌，獻祝及佐食。洗爵酌，致于主人、主婦。燔從皆如初，恐疑其無燔也。賓更爵自酢，惟言主人該主婦也。

右尸酢賓，賓獻祝及佐食致于主人、主婦自酢。

主人降阼階，西面拜賓如初，洗。賓辭洗。卒洗，揖讓升，酌，西階上獻賓。賓北面拜，受爵。主人在右，答拜。薦脯醢，設折俎。賓左執爵，祭豆，奠爵，興，取肺，坐絶祭，嚌之，興，加于俎，坐挩手，祭酒，卒爵，拜。主人答拜，受爵，酌酢，奠爵，拜。賓答拜。主人坐祭，卒爵，拜。賓答拜，揖，執祭以降，西面奠于其位，位如初。薦俎從設。

鄭康成曰：如初，如視濯時。主人再拜，賓答拜，拜衆賓，賓答拜者。拜賓而洗爵，爲將獻之。凡節解者，皆曰折俎。賓受主人獻而成禮，拜以爵，授主人。主人受爵，自酌酢，奠爵而拜賓，賓答拜。主人乃坐祭，卒爵，拜。賓又答拜，執所祭以降，復西階下，東面位。云如初，嫌既獻則位或異也。薦俎，鄭康成曰：《少牢饋食禮》宰夫執薦以從，設于祭東；司士執俎以從，設于薦東，是則皆公有司爲之與？

右主人獻賓長自酢。

衆賓升，拜受爵，坐祭，立飲。薦俎設于其位，辯。主人備答拜焉，降，實爵于篚。

辯，音徧。下同。

衆賓立飲，異于賓長。備，盡也，

右主人獻衆賓。

尊兩壺于阼階東，加勺，南枋，西方亦如之。主人洗觶，酌于西方之尊，西階前北面酬賓。賓在左。主人奠觶拜，賓答拜。主人坐祭，卒觶，拜賓答，

---

[1] 祝，阮元《十三經注疏》作洗。

拜。主人洗觶，賓辭，主人對。卒洗，酌，西面。賓北面拜。主人奠觶于薦北。賓坐取觶，還，東面拜，主人答拜。賓奠觶于薦南，揖，復位。

勺，時灼反。還，音旋。

上文獻賓及兄弟皆酌上尊，獻禮隆于旅酬禮也。此爲衆賓及兄弟别設尊，行神惠，且上酒有玄酒，此兩壺皆尊，于堂下，取其便也。先設尊，東方，主人位。西方，賓位。主人先酌西方，尊賓之意。獻賓畢，不受賓觶，而奠于薦左者，行神惠，不同于飲酒。賓坐取觶，興還，東拜，謝主人之奠觶也。賓奠觶于薦南，明將舉之。

右主人酬賓長。

主人洗爵，獻長兄弟于阼階上，如賓儀。洗獻衆兄弟，如衆賓儀。

必洗者，敬也。

右主人獻長兄弟及衆兄弟。

洗獻内兄弟于房中，如獻衆兄弟之儀。主人西面答拜，更爵酢。卒爵，降，實爵于篚，入復位。

鄭康成曰：内兄弟，姑姊妹。宗婦，族人之婦。御案：主人酢于内賓之長，出房，主婦則洗觶，酌西面以酬内賓之長。奠觶，拜内賓之長，西面答拜。主婦坐祭，卒觶，拜内賓之長。答拜，主婦洗觶酌奠于薦北。内賓之長東面坐，取觶還，西面拜，主婦答拜。内賓之長奠觶于薦南，復位。此奠觶爲房中旅酬之始。

右主人獻内兄弟自酢。

長兄弟洗觚爲加爵，如初儀，不及佐食。洗、致如初，無從。衆賓長爲加爵，如初，爵止。

大夫、士三獻，則禮成矣。又加爵以行酬使長兄弟、衆賓長皆得以伸其敬。爵止，尸爵不舉，俟衆人之舉觶。從，燔從也。

右衆兄弟、衆賓長爲加爵。

嗣舉奠，盥，入，北面再拜稽首。尸執奠。進受，復位，祭酒，啐酒。尸舉肝。舉奠左執觶，再拜稽首，進受肝，復位，坐，食肝，卒觶，拜。尸備答拜焉。

嗣，適。嗣舉奠，舉奠觶而飲之。嫡嗣承宗廟之重，故特爲此禮。令舉奠以伸其敬。若無嫡則已盥而入。先再拜以重尊者之賜。尸執奠，嗣進受之，復位，祭酒，啐酒。尸又舉肝。舉奠左執觶，嗣進而拜受肝，復位，坐食肝，卒觶，拜。尸皆答拜。

舉奠洗酌入，尸拜受，舉奠答拜。尸祭酒，啐酒，奠之。舉奠出，復位。

嗣舉奠，以獻尸。尸拜受。嗣舉奠答拜，尸祭酒，啐酒，而奠之。嗣舉奠出，復位。

右嗣舉奠。

兄弟弟子洗，酌于東方之尊。阼階前北面舉觶于長兄弟，如主人酬賓儀。

御案：兄弟弟子，謂兄弟之弟，若子。賈氏公彦曰：弟子洗觶，酌于東方之尊，阼階前東面獻長兄弟，長兄弟北面拜受。弟子奠于薦南，長兄弟坐取觶，還西面拜。弟子北面答拜。長兄弟奠于薦北，揖復位。故曰：如主人酬賓儀。

右兄弟之弟子舉觶于其長。

宗人告祭脀，乃羞。

脀，支膺反。

脀，俎。告衆賓、衆兄弟、内賓。祭俎豆以成禮，乃皆進羞用。宗人，庭長也。不言祭豆，可知羞，豕肉爲之。王制曰：庶羞不踰牲。

右祭脀乃羞。

賓坐取觶，阼階前北面酬長兄弟，長兄弟在右。賓奠觶拜，長兄弟答拜。賓立卒觶，酌于其尊，東面立。長兄弟拜受觶，賓北面答拜，揖，復位。長兄弟西階前北面，衆賓長自左受旅，如初。長兄弟卒觶，酌于其尊，西面立。受旅者拜受，長兄弟北面答拜，揖，復位。衆賓及衆兄弟交錯以辯，皆如初儀。

錯，七各反。

所取觶卽主人酬賓之觶。長兄弟在右，賓在左，各象其位。其尊，卽長兄弟尊也。交錯，主賓之黨互相酬。初，卽上文相酬之禮。交錯而辯及合衆人之歡心，以事其先也。

右賓與兄弟旅酬。

爲加爵者作止爵，如長兄弟之儀。

爲，如字。

李氏如圭曰：賓酬長兄弟，長兄弟酬賓，二觶繼舉，至是禮殺，故不俟其畢而作止爵。御案：云如長兄弟之儀，則尸亦酢之。又獻祝致爵于主人，主婦而作于主人矣。旣乃降奠觶于篚。

右衆賓長作止爵。

長兄弟酬賓，如賓酬兄弟之儀，以辯，卒受者實觶于篚。

長兄弟取弟子所舉之觶酬賓，如酬兄弟之儀。

右兄弟與賓旅酬。

賓弟子及兄弟弟子洗，各酌于其尊，中庭北面，西上，舉觶于其長，奠觶拜，長皆答拜。舉觶者祭，卒觶，拜，長皆答拜。舉觶者洗，各酌于其尊，復初位，長皆拜。舉觶者皆奠觶于薦右，長皆執以興。舉觶者皆復位，答拜。長皆奠觶于其所，皆揖其弟子，弟子皆復其位。爵皆無算。

鄭康成曰：弟子舉觶于其長，所以序長幼，教孝弟。敖氏繼公曰：薦，右賓之薦南，兄弟之薦北也。長執以興，亦象受之，其所薦右也。揖，揖之使復其位。算，數也。唯其所欲，交錯以辯，無次第之數，使之各盡其情。

右弟子各舉觶遂無算爵。

利洗散，獻于尸。酢，及祝，如初儀。降，實散于篚。

利，即佐食利養也。佐食以養爲義，故名佐食。洗散爵獻于尸，酢又獻祝。

右佐食獻尸祝。

主人出，立于戶外，西面。祝東面告利成。尸謖，祝前，主人降。祝反。及主人入，復位，命佐食徹尸俎。俎出于廟門。徹庶羞，設于西序下。

謖，所六反。

事尸禮畢，主人出，立于戶外，西面。祝東面，告以供養禮成。尸起，祝前導，主人降，立于阼階東。徹尸俎以疾爲敬。《詩》曰：廢徹不遲。徹庶羞不入于房，而設于西序下，以將餕，餘與族人燕也。

右尸出。

筵對席，佐食分簋、鉶。宗人遣舉奠及長兄弟盥，立于西階下，東面，北上。祝命嘗食，餕者，舉奠許諾，升，入，東面，長兄弟對之，皆坐。

餕，與餕同。古文餕皆作餕。

筵對席，設對席于饌東也。分簋、鉶，以簋分簋食，以鉶分鉶羹，爲其有對也，舉奠子姓也。御案：祝命嘗食，以祖宗之命命之也。餕者，若鬼神不獨饗之，而恩及于其下也。

佐食授舉，各一膚。主人西面再拜。祝曰：餕有以也。兩餕奠舉于俎，許諾，皆答拜。若是者三。皆取舉，祭食。祭舉，乃食，祭鉶，食舉。

佐食舉，膚授之各一。主人西面再拜，拜神之惠，非拜子弟也。祝告餕者曰：女今餕此有所以也，蓋言先人有德以及于此。兩餕，對席者奠祝所舉之膚于俎，諾其言，亦拜神之惠，皆猶亦也。三，丁寧戒之。食簋，食之黍稷，先祭食乃祭舉者，黍重而膚輕。

卒食，主人降，洗爵。宰贊一爵。主人升，酌酳上餕。上餕拜受爵，主人答拜。酳下餕，亦如之。主人拜。祝曰：酳有與也。如初儀。兩餕執爵拜。祭酒，卒爵拜，主人答拜。兩餕皆降，實爵于篚。上餕洗爵，升，酌，酢主人，主人拜受爵。上餕即位坐，答拜。主人坐祭，卒爵，拜。上餕答拜，受爵，降，實于篚。主人出，立于戶外，西面。

上兄弟之長者有與也，謂與兄弟各當體先人之意，以惠下。兩餕皆執爵拜受。上餕洗爵，升，酌，酢主人，主人亦拜，以其爲神之餘也。　御案：即位而後拜送者，禮之常。

右蓍。

祝命徹阼俎、豆、籩，設于東序下。祝執其俎以出，東面于戶西。宗婦徹祝豆、籩，入于房，徹主婦薦、俎。佐食徹尸薦、俎、敦，設于西北隅，几在南。厞用筵，納一尊。佐食闔牖戶，降。祝告利成，降，出。主人降，即位。

厞，符未反。

命，命佐食徹也。阼俎，主人之俎，設于東序下，將燕也。豆籩，自東房出，還，徹之，入于房。《詩》曰：諸父兄弟，備言燕私。蓋燕于廟後之寢。厞，隱也，幽隱之處。敖氏繼公曰：既餕，復改設而不即徹去者，重其爲神之餘也。一尊，酒尊也。

右徹改設。

宗人告事畢。賓出，主人送于門外，再拜。佐食徹阼俎，堂下俎畢出。

再拜，拜送賓。門外，廟門外。阼俎，佐食徹之。其兄弟及眾賓自徹而出，唯賓俎、有司徹歸之，尊賓也。

右禮畢。

記

記《禮經》所未備。

特牲饋食，其服皆朝服，玄冠，緇帶，緇韠。唯尸、祝、佐食玄端，玄裳、黄裳、雜裳可也。皆爵韠。

食，音嗣。朝，音潮。

皆，謂賓及兄弟助祭者。主人玄端，而助祭者朝服，重其事，故盛其服也。唯尸、祝、佐食與主人同服。

右記祭服。

設洗，南北以堂深，東西當東榮。水在洗東，篚在洗西，南順，實二爵、二觚、四觶、一角、一散。壺、棜禁饌于東序，南順，覆兩壺焉，蓋在南。明日卒奠，冪用綌。即位而徹之，加勺。籩巾以綌也，纁裏。棗烝，栗擇。鉶芼用苦若薇，皆有滑，夏葵，冬荁。棘心匕，刻。牲爨在廟門外東南，魚、腊爨在其南，皆西面。饎爨在西壁。所俎，心、舌皆去本末，午割之，實于牲鼎，載，心立，舌縮俎。賓與長兄弟之薦自東房，其餘在東堂。

覆，芳屋反。冪，本作鼏。苴，音桓。今文苦爲芐。去，起吕反。

二爵，爲賓獻尸時爵止。主人常致爵于主婦，主婦致爵于主人之用。二觚，爲長兄弟及衆賓長爲加爵之用。四觶，爲嗣子舉觶及衆兄弟弟子、賓弟子各舉觶之用。《禮器》曰：貴者獻以爵，賤者獻以散。尊者舉觶，卑者舉角。賈氏公彦曰：大夫用棜，士用禁。禁有足，至祭，則去足，名爲棜禁。用冪覆壺，辟塵也，實籩而陳之時用巾。將設，則去之。纁裏，巾，用複也。苦，苦荼。苴，菫屬，夏秋用生葵，冬春用乾苴，取其滑。匕以棘心爲之，而刻其首爲龍。凡爨皆在門外牆下。午割，縱横割之，不絶中央少許。載，載于俎，心則立，舌則順俎。自東房，自東房出。東堂，東夾之前，近南。

右記陳設器物。

沃尸盥者一人，奉槃者東面，執匜者西面。淳沃，執巾者在匜北。宗人东面取巾，振之三，南面授尸。卒，执巾者受。尸入，主人及賓皆辟[1]位，出亦如之。嗣舉奠，佐食設豆鹽。佐食當事則戶外南面，無事則中庭北面。凡祝呼，佐食許諾。

奉，芳勇反。淳，之純反。今文作激。辟，音避。

凡進盥，少者奉槃，長者奉水。請沃盥，盥卒授巾。澆灌曰沃，細瀉曰淳。匜北，執匜者之北。振之三，爲去塵，以明敬。宗人授巾，尊尸也。卒，謂已捝手。入，入門。出，出戶。設豆鹽，爲其食肝也。祝呼，祝有所命。

右記執事者之節。

宗人獻與旅，齒于衆賓。佐食旅，齒于兄弟。

齒，長幼之次。

右記宗人佐食獻旅之次。

尊兩壺于房中西墉下，南上。內賓立于其北，東面，南[2]上。宗婦北堂，東面，北上。主婦及內賓、宗婦亦旅，西面。宗婦贊薦者，執以坐于戶外，授主婦。

御案：房內設兩壺，一爲內賓，一爲宗婦也。兩壺皆酒。而云南上者，尊內賓。壺在西牖下之南。宗婦，以族人之婦，長而嫺禮者，爲之主婦及內賓，宗婦亦旅，同分神惠也。宗婦贊薦者，以下見上。

右記房中旅及宗婦贊薦之事。

---

① 辟，阮元《十三經注疏》作避。

② 南，阮元《十三經注疏》作西。

尸卒食而祭饎爨、雍爨。

尸卒食而宗婦祭饎爨，（亨）［享］者祭雍爨。雍，孰肉也。按：此因享尸歸功于爨而祭之。其祭也，特用黍、肉，未必定設尸，蓋與尋常祭竈異也。

右記祭爨。

賓從尸，俎出廟門，乃反位。

鄭康成曰：從尸，送尸。助祭，當終其事。俎，尸俎也。賓送尸，復入者，宜與主人爲禮乃去也。

右記賓送尸之節。

尸俎右肩、臂、臑、肫、胳，正脊二骨，横脊，長脅二骨，短脅，膚三，離肺一，刌肺三，魚十有五，腊如牲骨。

臑，乃報反。肫，音諄。胳，音格。刌，七本反，今文刌爲切。

尸俎，神俎也。凡俎實之數或九或七或五，皆奇俎。凡牲體四肢爲上，故先序肩、臂、臑、肫、胳，後序脊、脅。大夫禮三脊、脅俱有此，但有二體貶于大夫。《特牲禮》無膚俎，故以膚附于牲俎。離，捲也，小而長，午割之。賈氏公彦曰：言牲骨則一骨、二骨兼在其中。敖氏曰：云骨而不言體，骨可以該體，體不可以該骨。

祝俎髀，脡脊三骨，脅二骨，膚一，離肺一。

敖氏繼公曰：髀，謂右髀，脅代脅也。

阼俎，臂，正脊二骨，横脊，長脅二骨，短脅，膚一，離肺一。

主人之俎優于祝，而遜于尸，故不用左肩，而用左臂。脊、脅，非體也，故得與尸同。

主婦俎觳折，其餘如阼俎。

觳，苦角反。又戶角反。

觳後足不若主人之用臂，餘謂脊、脅、膚、肺。敖氏曰：觳非正，體折骼之下而取之，故云觳折。

佐食俎觳折，脊，脅，膚一，離肺一。

賈氏曰：直云脊、脅，不定體名，欲見得便用之。

賓骼。長兄弟及宗人折，其餘如佐食俎。

敖氏曰：凡骼與觳連，乃爲全體。上文兩見觳折，則此骼亦非全體矣。不言骼折者，可知長兄弟及宗人折，亦謂折分其全體也。不言其體或以其所用者不定歟。其餘謂脊、脅、膚、肺。

衆賓及衆兄弟、内賓、宗婦，若有公有司、私臣，皆殽脀，膚一，離肺一。

御案：殽脀者，體解之通稱。對郊禘之全脀言也。此記云，殽脀是俎體之最略者。凡祭禮以接神者爲貴，此賤，故但折體而已。骨有肉曰殽。《祭統》曰：凡爲俎者，以骨爲主。貴者取貴骨，賤者取賤骨。貴者不重，賤者不虚，示均也。俎者，所以明惠之必均也。御案：牲體以四肢爲貴，脅、脊次之。就四體而論，殷人貴後，周人貴前，故前體爲貴而後體次之。就前體而論，肩最貴，臂次之，臑又次之，其序自上而下也。就後體而論，骼爲貴，肫次之，髀爲下，其序自下而上也。體有貴賤，而用全體者爲隆，如尸俎之全用右肩、臂、臑、肫、骼；祝俎之全用右髀；阼俎之全用左臂是也。其次則不用全而用半，如主婦佐食俎之用轂折是也。又其次則度其可用者用之，而竝不言半矣。如長兄弟及宗人俎用折是。又其次則雜用餘體之可殽者，而竝不言折矣。眾賓眾兄弟以下之殽是。

右記俎實。

公有司門西，北面，東上，獻次眾賓。私臣門東，北面，西上，獻次兄弟，升受，降飲。

郝氏敬曰：公有司，賓屬。門西，賓位也。私臣，主屬。門東，主位也。私臣獻在後者，賤也。

右記公有司私臣位及受獻之次。

總　論

祭死如生，則必愛其所親，敬其所尊，此饋食之禮，所以惠無不均歟。此篇所載，猶見先王之遺意焉，而其言尊俎亦詳，特古人僾見愾聞必有其本。禮必兼樂，此獨不一言及，其爲後儒掇拾舊文可知。

儀禮恒解卷十五

少牢饋食禮

鄭康成曰：諸侯之卿大夫祭其祖禰於廟之禮。

少牢饋食之禮。日用丁、己。筮旬有一日。

己，音紀。

鄭康成曰：禮將祭，必先擇牲，繫於牢而芻之。羊、豕曰少牢，諸侯之卿大夫祭宗廟之牲云。御案：饋食者，祭以粢盛爲重也。孝子養親曰饋養。天子、諸侯躬秉耒以共粢盛亦此意。內事用柔日，故用丁與己之日，必用二日者，丁，火之成數；己，土之成數。火，文明；土，生成。先人處於幽而實主生成子孫，光大緒業也。於祭前十日之一日，筮下月之丁己日。

筮於廟門之外。主人朝服，西面於門東。史朝服，左執筮，右抽上韇，兼與筮執之，東面受命于主人。

朝，直遙反。下朝服竝同。

史，家臣，主筮事。亦得云史筮莖多，故兼執之。

主人曰：孝孫某，來日丁亥，用薦歲事于皇祖伯某，以某妃配某氏，尚饗。史曰：諾。西面于門西，抽下韇，左執筮，右兼執韇以擊筮。遂述命曰：假爾大筮有常，孝孫某，來日丁亥，用薦歲事于皇祖伯某，以某妃配某氏，尚饗。

大，音泰。

云丁亥，舉一以見其例耳。亥爲六丁之末，故設。言之其上者，可知。伯某，字也。亦舉其概，主人告史，史乃轉述其言，以告筮。擊筮，警告之假借也。大尊之之辭，言藉爾。大筮之靈，以問於神有常，神不貳者也。

乃釋韇，立筮。卦者在左坐，卦以木。卒筮，乃書卦于木，示主人。乃退占。吉則史韇筮。史兼執筮與卦，以告于主人：占曰從。乃官戒，宗人命滌，宰命爲酒，乃退。若不吉，則及遠日又筮日如初。

鄭康成曰：大夫之蓍五尺。卦者，史之屬。卦以木者，每一爻畫地，以識六爻備書於板，史受以示主人。退占，東面。旅占之官戒，戒諸供祭祀之官。滌，溉濯祭器，掃除宗廟。酒，事酒，有事新造者。及遠日，越十日而又筮之。按：祖父母與子孫一氣相通，無時不凜如在也。而祭必筮日者，重其事，恐誠有不至，弗來享耳。

右筮日。

宿前宿一日，宿戒尸。明日朝，筮尸，如筮日之禮。命曰：孝孫某，來日丁亥，用薦歲事于皇祖伯某，以某妃配某氏，以某之某爲尸，尚饗。筮、卦、占如初。吉則乃遂宿尸，祝擯。主人再拜稽首。祝告曰：孝孫某，來日丁亥，用薦歲事于皇祖伯某，以某妃配某氏，敢宿。尸拜，許諾主人又再拜稽首。主人退，尸送，揖，不拜。若不吉，則遂改筮尸。

宿預戒與祭等人前宿一日。戒當爲尸者，先致其敬。至祭前一日，筮尸如筮日之儀，如吉則遂宿尸，祝擯主人而告尸，以宿。既宿尸乃宿諸侯與祭者。如不吉，則改筮一人。按：前人謂天子、諸侯、大夫、士致齋、散齋日不同，不知祭必齋者，所以致其潔敬，豈以貴賤而分。自筮日後卽當循致齋、散齋之儀。其宿尸、宿賓亦使之齋也。而爲時太促不嫌者，齋以主人爲主，自無强諸人以從己之禮。

右筮尸宿尸。

既宿尸，反，爲期于廟門之外。主人門東，南面。宗人朝服，北面，曰：請祭期。主人曰：比於子。宗人曰：旦明行事。主人曰：諾。乃退。

爲期，定祭早晏之期。朝服，大夫尊也。宗人請期以便告衆執事，而主人謙曰：比于子。比，次也。猶言聽於子也。宗人曰：旦明行事。主人許諾。宗人乃退。

右爲期。

明日，主人朝服，卽位于廟門之外，東方，南面。宰、宗人西面，北上。牲北首，東上。司馬刲羊。司士擊豕。宗人告備，乃退。

刲、擊，皆謂殺之。諸侯禮殺於門內。此大夫與士皆殺於門外，辟君也。

右視殺。

雍人摡鼎、匕俎于雍爨，雍爨在門東南，北上。廩人摡甑、甗、匕與敦于廩爨，廩爨在雍爨之北。司宮摡豆、籩、勺、爵、觚、觶、几、洗、篚于東堂下，勺、爵、觚、觶實于篚。卒摡，饌豆、籩與篚于房中，放于西方。設洗于阼階東南，當東榮。

摡，古愛反。甑，子應反。甗，疑戰反。敦，音對。放，南往反。

雍人，掌割亨之事者。敖氏繼公曰：摡，猶拭也。既筮日而宗人命滌，則有司於祭器已濯之。至此但摡之以去其塵。鼎匕、俎皆牲器，故雍人摡之于雍爨之上，以其類也。摡甑、甗、匕、敦於廩爨，其義亦然。廩人，掌米入之藏者。匕，所以匕黍稷者。甗，如甑，有底而無孔，所以盛米。甑則以炊匕而出之。司宮，主陳設豆、籩等器，故先摡之。繼乃分設之饌設也。放，依也。

右摡器。

羹定，雍人陳鼎五。三鼎在羊鑊之西，二鼎在豕鑊之西。

敖氏繼公曰：三鼎，羊、魚、腊。二鼎，豕與膚。

司馬升羊右胖，髀不升，肩、臂、臑、膞、胳[①]；正脊一、脡脊一、横脊一、短脅一、正脅一、代脅一，皆二骨以竝；腸三、胃二[②]、舉肺一、祭肺一[③]，實于一鼎。

胖，音判。髀，筆倚反，又㢸禮反。臑，奴到反，又人于反。膞，裨勻反。音純，與肫同。脡，體影反，又弟倚反。

敖氏曰：升，謂升於鼎也。牲體盡在鑊，惟神之俎升於鼎，其餘則皆自鑊升於俎。鄭康成曰：右胖，周所貴。髀不升，近竅賤也。肩、臂、臑，肱骨。膞、骼，股骨。脊，從前爲正。脅，旁中爲正。脊先前，脅先後。竝，併也。脊，脅骨多，六體各取二骨併之，以多爲貴。舉肺一，尸食所先舉也。祭肺三，爲尸、主人、主婦。

司士升豕右胖，髀不升，肩、臂、臑、膞、骼；正脊一、脡脊一、横脊一、短脅一、正脅一、代脅一，皆二骨以竝。舉肺一、祭肺三，實于一鼎。雍人倫膚九，實于一鼎。司士又升魚、腊。魚十有五而鼎，腊一純而鼎，腊用麋。卒脀，皆設扃鼏。乃舉，陳鼎于廟門之外東方，北面，北上。

脀，支膺反。

敖氏繼公曰：司士所升與上升羊者，皆出自鑊，而升於鼎。其序但據其已在鼎者上下之次而言，非謂入鼎之序然也，與下經文雖同，而意則異。鄭康成曰：倫，擇也。膚，脅革肉。擇之取其美者。司士又升，其副牲鼎者合升。左右胖曰純，純猶全也。鼎謂實於一鼎，北面，北上，鄉內相隨。

① 胳，阮元《十三經注疏》作骼。
② 二，阮元《十三經注疏》作三。
③ 一，阮元《十三經注疏》作三。

司宫尊兩甒于房戶之閒，同棜，皆有冪，甒有玄酒。司宫設罍水于洗東，有枓；設篚於洗西，南肆。改饌豆、籩于房中，南面，如饋之設，實豆、籩之實。小祝設槃匜與簞巾于西階東。

甒，文甫反。棜，於庶反。枓，音主。

鄭康成曰：房戶之閒，房西室戶東也。棜，卽棜禁，惟言棜，省文。枓，㪺水器，沃盥與洗用之，加於罍上。改饌者，前司宫饌豆籩放於西方，今實之乃更設於房中，南面，如饋之禮，設槃匜等，如《士虞禮》，特異處耳。

右實鼎陳設器饌。

主人朝服，卽位于阼階東，西面。司宫筵于奧。設祝几于筵上，右之。

主人朝服，爲將祭也。司宫布神坐於奧。祝設几。

右卽位筵几。

主人出迎鼎，除鼏。士盥，舉鼎，主人先入。司宫取二勺于篚，洗之，兼執以升。乃啟二尊之蓋冪，奠于棜上。加二勺于二尊，覆之，南枋[①]。鼎序入，雍正執一匕以從，雍府執四匕以從，司士合執二俎以從，司士贊者二人皆合執二俎以相從。入陳鼎于東方，當序，南于洗西，皆西面，北上，膚爲下。匕皆加于鼎，東枋。俎皆設于鼎西，西肆。肵俎在羊俎之北，亦西肆。

覆，芳屋反。枋，彼映反，同柄。相，如字。

二勺前旣洗之，復洗，重酌奠之器。致其潔，敬。二尊，兩甒也。蓋冪，蓋尊之器。二尊內有玄酒，不酌而亦加勺者，重古，如酌之然。雍府，雍正，屬吏。李氏如圭曰：鼎五而俎六，一爲肵俎，俎從匕，匕從鼎，云相從，嫌竝行也。南於洗西，陳於洗西，南，加匕，東枋，便匕者之執也。肵俎北，將先載也。執俎者，旣設俎乃退。

宗人遣賓就主人，皆盥于洗，長朼。

長，知丈反。古文朼作匕。

賓，助祭者，佐食、司士等。就主人，立于主人之南，西面，以序就盥，復位。又以序進匕。長匕，長賓先，次賓後也。

佐食上利，升牢心、舌，載于肵俎。心皆安下切上。午割勿沒，其載于肵俎，末在上。舌皆切本末，亦午割勿沒，其載于肵，横之。皆如初爲之于爨也。佐食遷肵俎于阼階西，西縮，乃反。佐食二人。上利升羊，載右胖，髀不升。肩、臂、臑、膊、骼；正脊一、脡脊一、横脊一、短脅一、正脅一、代脅一，皆二骨以竝；腸三、胃三，長皆及俎拒；舉肺一，長終肺；祭肺

① 枋，阮元《十三經注疏》作柄。

三，皆切。肩、臂、臑、膊、骼在兩端，脊、脅、肺、肩在上。下利升豕，其載如羊，無腸、胃。體其載于俎，皆進下。司士三人升魚、腊、膚。魚用鮒，十有五而俎，縮載，右首，進腴。腊一純而俎，亦進下，肩在上。膚九而俎，亦横載，革順。

今文切皆爲刌。鮒，音付。有，音又。

利，即佐食上長者。牢，羊、豕也。肵，敬也。主人特敬尸之俎。安，平也。午割勿沒，縱横割之，勿絶其中央少許，切割之制，如爲之於爨時。肵俎既載，執俎者以錯於故處而佐食，遷之阼階西，西縮，順西置之。反，反於羊鼎之東，以待朼，升。拒，讀距。俎足中央爲横，距之象牲。體多少一，依上文而重序之者嫌。載俎時，與入鼎時多少有異，且見神尸之俎，無不自鼎升，他俎無是也。二肺具辨長短及切者入鼎時未制之。進下，以每體之下鄉神位。生人食則進本神，異於人也。縮載，順俎載之魚之進腴，猶牲之進下也。腊亦體解全而一俎。膚九而一俎，上文牲體皆横，載膚亦然，令其皮相順。

右舉鼎載俎。

卒脀，祝盥于洗，升自西階。主人盥，升自阼階。祝先入，南面。主人從，戶内西面。主婦被錫，衣侈[①]袂，薦自東房，韭菹、醓醢，坐奠于筵前。

錫，當爲褖，音彖。衣，如字。

脀，升也。升鼎俎畢，祝盥而先升，先入，主人從升入。被，首飾也。主婦被，而褖衣侈袂，薦自東房，坐奠。韭菹、醓醢於筵前。

主婦贊者一人亦被錫，衣侈袂，執葵菹、嬴醢以授主婦。主婦不興，遂受，陪設于東，韭菹在南，葵菹在北。主婦興，入于房。

嬴，力禾反。今文嬴爲蝸。

敖氏繼公曰：贊者亦褖衣侈袂。婦人，助祭者。其服宜與主婦同，如賓客之皆朝服也。授主婦，坐授之也，故主婦不興。

佐食上利執羊俎，下利執豕俎，司士三人執魚、腊、膚俎，序升自西階，相從入。設俎，羊在豆東，豕亞其北，魚在羊東，腊在豕東，特膚，當俎北端。

相，如字。

敖氏繼公曰：此執俎匕者也。不使載者設之，亦大夫祭禮異。當俎北端，在豕北也。特者，不與衆爲列。

主婦自東房執一金敦黍，有蓋，坐設于羊俎之南。婦贊者執敦稷以授主婦，

① 侈，阮元《十三經注疏》作移。

主婦興，受，坐設于魚俎南。又興，受贊者敦黍，坐設于稷南。又興，受贊者敦稷，坐設于黍南。敦皆南首。主婦興，入于房。

金敦，以金飾之。婦贊者，贊主婦者。四敦皆陳黍稷而所設不同黍。尊主婦，先設者用金飾。

祝酌奠，遂命佐食啟會。佐食啟會，蓋二以重設于敦南。

會，如字。重，直容反。

酌、奠，酌酒爲神奠之。賈氏曰：重者以會。蓋黍稷各二，各重累設之於敦南。

主人西面，祝在左。主人再拜稽首。祝祝曰：孝孫某，敢用柔毛、剛鬣、嘉薦、普淖，用薦歲事于皇祖伯某，以某妃配某氏，尚饗。主人又再拜稽首。

祝祝，下祝，之又反。鬣，良葉反。淖，乃孝反。

鄭康成曰：羊曰柔毛，豕曰剛鬣。嘉薦菹醢、普淖、黍稷。按：享神，美其名以致敬，言擇其嘉者而薦之。民力普存，年和而後有此也。

右設饌祝神。

祝出，迎尸于廟門之外。主人降，立于阼階東，西面。祝先入門，右，尸入門左。

主人不出迎，及辟位，皆見《特牲饋食禮》。

宗人奉槃，東面于庭南。一宗人奉匜水，西面于槃東。一宗人奉簞巾，南面于槃北。乃沃尸，盥于槃上。卒盥，坐奠簞，取巾興，振之三，以授尸。坐取簞興，以受尸巾。

奉，芳勇反。

李氏如圭曰：槃、匜、簞巾，先設于西階東，尸入門左，至門內，霤三，宗人奉器就之。

祝延尸，尸升自西階，入，祝從。主人升自阼階。祝先入，主人從。

祝從明其延尸，在尸後。主人從，明祝先入。

右尸入。

尸升筵，祝、主人西面立于戶內，祝在左。祝、主人皆拜妥尸。尸不言，尸答拜，遂坐。祝反南面。尸取韭菹，辯擩于三豆，祭于豆閒，上佐食取黍稷于四敦。下佐食取牢一切肺于俎，以授上佐食。上佐食兼與黍以授尸。尸受，同祭于豆祭。

辯，音徧。下同。擩，如員反，又如悅反，一作擩。

主人位本在室中，西面。祝位負北牖，南面，故主人變位。祝在左，將爲主人傳妥尸之辭也。妥，安之。尸本不言，乃象神。因妥尸有辭，嫌尸或言故明之。南面，祝先入之初位，故曰反。尸將食神，餘尊之而祭之。先取韭菹祭者，取其尊者也。豆以菹爲上，醢次之，韭菹又在葵菹之上。嗣上佐食取黍稷，下佐食取羊豕。及切肺一，授上佐食。上佐食竝黍稷同授尸。尸祭于豆實所祭之處。

上佐食舉尸牢肺、正脊以授尸，上佐食爾上敦黍于筵上，右之。主人羞肵俎，升自阼階，置于膚北。上佐食羞兩鉶，取一羊鉶于房中，坐設于韭菹之南。下佐食又取一豕鉶于房中以從，上佐食受，坐設于羊鉶之南，皆芼，皆有柶。尸扱以柶，祭羊鉶。遂以祭豕鉶，嘗羊鉶。

賈氏公彦曰：舉尸牢肺、脊坐而取之，興，以授尸，更坐而爾敦黍，不因前坐也。古者館食不用匙、箸，就器中取之，故移之席上，以便尸食，亦當爾黍、稷不言者，文不具。爾，近也。羞，進也。大夫五俎，有膚俎，肵在膚北。鄭康成曰：芼，菜也。羊用苦，豕用薇，皆有滑。上佐食受。興，受之也。尸先嘗羊鉶，爲其大夫祭禮之正也。

食舉，三飯。上佐食舉尸牢幹。尸受，振祭，嚌之。佐食受，加于肵。

飯，父晚反，下同。

食舉，尸食而佐食舉肺與正脊，授尸。尸受，振祭，嚌之。肺，氣之主。周人尚肺，脊，體之貴也。飯，飯黍。幹，正脅也。

上佐食羞胾兩瓦豆，有醢，亦用瓦豆，設于薦豆之北。尸又食，食胾。上佐食舉尸一魚，尸受，振祭，嚌之。佐食受，加于肵，橫之。又食，上佐食舉尸腊肩。尸受，振祭，嚌之。上佐食受，加于肵。又食，上佐食舉尸牢骼，如初。又食。

古文幹爲肝。

幹，正脅也。木豆曰豆，瓦豆曰登。郝氏敬曰：尸又食舉魚胾，四飯也，又食舉腊肩，五飯也，又食舉牢骼，六飯也，又食不舉，七飯也。

尸告飽。祝西面于主人之南獨侑，不拜。侑曰：皇尸未實，侑，尸又食。上佐食舉尸牢肩。尸受，振祭，嚌之。佐食受，加于肵。尸不飯，告飽。祝西面于主人之南。主人不言，拜侑。尸又三飯。上佐食受尸牢肺、正脊，加于肵。

士三飯卽告飽，大夫七飯尸告飽。而祝又勸之曰：皇尸未飽。今侑，侑勸也。實，飽也。尸於是又食三。舉骨體，始於幹，終於肩，自卑而尊也。尸不飯，又告飽。祝西面於主人之南，爲主人致辭，以侑。主人不言而拜，以侑之尸，於是爲主人加食，又三飯。尸食畢，授牢肺、正脊與佐食。佐食加于肵豆。

右尸食。

主人降，洗爵，升，北面酌酒，乃酳尸。尸拜受，主人拜送。尸祭酒，啐酒。賓長羞牢肝用俎，縮執俎，肝亦縮，進末，鹽在右。尸左執爵，右兼取肝，抨于俎鹽，振祭，嚌之，加于菹豆，卒爵。主人拜，祝受尸爵，尸答拜。

酳，羊進反。古文作酙。長，知丈反，下同。

酳，猶羨也。既食之，而又飲之，取饒羨之義。尸祭酒，啐酒。賓進羊肝以佐酒，鹽備食肝之用。

右主人酳尸。

祝酌授尸，尸醋主人，主人拜受爵，尸答拜，主人西面奠爵，又拜。上佐食取四敦黍稷，下佐食取牢一切肺，以授上佐食，上佐食以綏祭。主人左執爵，右受佐食，坐祭之，又祭酒，不興，遂啐酒。祝與二佐食皆出，盥于洗，入。二佐食各取黍于一敦，上佐食兼受，摶之以受[1]尸。尸執以命祝。卒命祝，祝受以東，北面于戶西，以嘏于主人，曰：皇尸命工祝承致多福無疆于女孝孫，來女孝孫，使女受祿于天，宜稼于田，眉壽萬年，勿替引之。主人坐奠爵，興，再拜稽首，興，受黍，坐振祭，嚌之，詩懷之，實于左袂，挂于季指，執爵以興，坐卒爵，執爵以興，坐奠爵，拜。尸答拜，執爵以興，出。宰夫以籩受嗇黍。主人嘗之，納諸內。

醋，才各反，同酢。綏，與墮同。摶，大官反。女，竝音汝。挂，音卦。

祝代尸、酌尸，尊也。主人受爵拜，奠爵又拜，佐食取黍稷、牢肺授主人，使墮祭。主人坐祭之，又祭酒，不興，而啐酒。祝與二佐食出，盥而各取黍，上佐食兼受二人所取，摶之以授尸。尸執之而命祝爲嘏主人之辭。祝於是嘏主人，主人坐奠爵，興，受黍，振祭，嚌之。詩，持也，持而懷之，實於左袂，便右手也。季，猶小也。出，出戶，以黍授宰夫，宰夫以籩受之。納諸籩內，既嚌而又嘗，重之也。

右尸酢主人竝嘏。

主人獻祝。設席南面。祝拜于席上，坐受。主人西面答拜。薦兩豆菹、醢。佐食設俎，牢髀、橫脊一、短脅一、腸一、胃一、膚三、魚一，橫之，腊兩髀屬于尻。祝取菹抨于醢，祭于豆閒。祝祭俎，祭酒，啐酒，肝牢從。祝取肝抨于鹽，振祭，嚌之，不興，加于俎，卒爵，興。

屬，音燭。尻，渴鏖反。

先設祝席，而後酌獻之菹、醢。韭菹、醓醢，蓋用尸之上。籩薦者，蓋宰夫。牢髀，右髀也。橫，橫於俎。尻，兩髀中有竅處。兩髀屬之，蓋載於俎之末端。祝下於尸而貴於佐食，故其俎實猶多。祭俎，取膚以祭亦當振祭，嚌之。肝牢，牢肝也。俎，牲俎。

右主人獻祝。

---

[1] 受，阮元《十三經注疏》作授。

主人酌，獻上佐食。上佐食戶內牖東北面拜，坐受爵，主人西面答拜。佐食祭酒，卒爵，拜。坐授爵，興。俎設于兩階之間，其俎折，一膚。主人又獻下佐食，亦如之。其脀亦設于階間，西上，亦折，一膚。

佐食亦當有席，不言，省文。祝不言卒爵。拜而佐食言拜，文互見也。折者，擇取牢正體，餘骨折分用之。郝氏敬曰：佐食室中受爵而不設俎。俎在堂下兩階之閒。上佐食之，俎在西下。佐食之俎在東。佐食亦當有薦，不言文省。

右主人獻祝佐食。

有司贊者取爵于篚以升，授主婦贊者于房戶。婦贊者受，以授主婦。主婦洗于房中，出酌，入戶，西面拜獻尸。尸拜受。主婦主人之北西面拜送爵。尸祭酒，卒爵。主婦拜。祝受尸爵，尸答拜。

男女不相因爵，故別取爵於篚。有司贊者取以授主婦贊者。婦贊者受，以授主婦，主婦洗於房中，出酌，入拜獻尸，尸受。祭酒，卒爵。主婦拜，尸答拜。

右主婦獻尸。

易爵，洗，酌，授尸。主婦拜受爵，尸答拜。上佐食綏祭。主婦西面于主人之北受祭，祭之，其綏祭如主人之禮，不嘏。卒爵，拜，尸答拜。主婦以爵出，贊者受。

祝出，易爵，更取爵于篚，洗，酌，授尸，尸酢主婦。佐食舉授主婦使墮祭。主婦受祭，祭如主人之禮。不嘏者夫婦一體。既嘏主人則婦在其中矣。贊者，有司贊者。

右尸酢主婦。

易爵于篚，以授主婦于房中。主婦洗，酌獻祝。祝拜，坐受爵。主婦答拜於主人之北。卒爵，不興。坐授主婦。主婦受，酌獻上佐食于戶內。佐食北面拜，坐受爵。主婦西面答拜。祭酒，卒爵，坐授主婦。主婦獻下佐食亦如之。主婦受爵，以入于房。

授，授婦贊者，入授主婦也。受爵入於房，當奠於內篚。

右主婦獻祝與佐食。

賓長洗爵獻于尸。尸拜受爵，賓戶西北面拜送爵。尸祭酒，卒爵。賓拜。祝受尸爵，尸答拜。祝酌授尸。賓拜受爵，尸拜送爵。賓坐奠爵，遂拜執爵以興，坐祭，遂飲，卒爵，執爵以興，坐奠爵，拜，尸答拜。

賈氏公彥曰：尸祭酒，卒爵，與《特牲饋食》止爵異者，彼欲神惠之均於室中，待夫婦致爵，故止爵大夫禮。有賓尸，故不致爵，爵不止也。

右賓獻尸，尸酢賓。

賓酌獻祝。祝拜，坐受爵，賓北面答拜。祝祭酒，啐酒，奠爵于其筵前。

祝與佐食俱事神及尸，故獻尸竝及之，今賓獻祝而不及佐食。鄭、賈皆謂因將賓尸禮殺。

右賓獻祝。

主人出，立于阼階上，西面。祝出，立于西階上，東面。祝告曰：利成。祝入，尸謖。主人降，立于阼階東，西面。祝先，尸從，遂出于廟門。祝反，復位于室中。主人亦入于室，復位。祝命佐食徹肵俎，降設于堂下阼階南。

謖，疏屋反。

鄭康成曰：謖，起也。事尸之禮，訖於廟門。外徹，肵俎不出門，示將賓尸之意也。

右尸出祭畢。

司宫設對席，乃四人餕。上佐食盥，升，下佐食對之，賓長二人備。司士進一敦黍于上佐食，又進一敦黍于下佐食，皆右之于席上。資黍于羊俎兩端，兩下是餕。司士乃辯舉，餕者皆祭黍，祭舉。主人西面三拜餕者。餕者奠舉于俎，皆答拜，皆反，取舉。司士進一鉶于上餕，又進一鉶于次餕，又進二豆湇于兩下。乃皆食，食舉。卒食，主人洗一爵升，酌以授上餕。贊者洗三爵，酌。主人受于戶内，以授次餕。若是以辯，皆不拜，受爵。主人西面，三拜餕者。餕者奠爵，皆答拜，皆祭酒，卒爵，奠爵，皆拜，主人答壹拜。餕者三人興，出。上餕止。主人受上餕爵，酌以醋于戶内，西面坐奠爵，拜。上餕答拜。坐祭酒，啐酒。上餕親嘏曰：主人受祭之福，胡壽保建家室。主人興，坐奠爵拜，執爵以興，坐卒爵，拜。上餕答拜。上餕興，出。主人送，乃退。

餕，與餕同。今文資作齎。辯爲徧。湇，去及反。古文壹爲一。

御案：設對席而四人餕，則二人共一席矣。賈氏公彦曰：對之，非東西相當，上佐食東面，近南。下佐食西面，近北。賓長二人備，亦不東西相當，一賓長在上佐食之北，一賓長下佐食之南也。右之，置近右手取其便。鄭康成曰：資，減也，減置於羊俎兩端。兩下者，二賓長於二佐食爲下。舉，舉膚也。膚卽在特俎者，舉以授四人。主人三拜，示徧及意。反取，舉復，取舉於俎。湇，肉汁。賈氏公彦曰：神坐之上，止有羊、豕二鉶，一進於上佐食，一進於下佐食，故更進二豆湇於兩下。皆食，食黍、食舉、食膚。贊者，蓋宰夫。洗三爵，酌授主人，使辯也，皆不拜受，人衆重勞，主人一一答拜之。餕者三人，出，降，反賓位，爲上餕止。酢主人，主人受爵，自酢旣祭酒，啐酒。上餕嘏之以辭。主人拜，受其嘏，上餕出室戶，主人送之，復入，異於三餕出，而主人不出。

右餕。

儀禮恒解卷十六

有司徹

此乃《少牢禮》下篇，而別爲册，亦如《既夕禮》篇也。鄭康成謂天子、諸侯祭之明日繹，而賓尸卿、大夫與祭同日。然經無明文。據此篇，大夫祭禮如此繁重，安能及賓尸之日爲之。御案：上篇正祭以神道事尸於室，故用祝與佐食皆室事也，此篇賓尸以賓禮接尸於堂，故不用祝與佐食而另立侑，以輔尸皆重事也。

有司徹。

鄭康成曰：徹室中之饋及祝、佐食之俎。御案：此後無室中之事，凡室中所有悉徹而空之。室中之饋則尸之四豆、五俎、四敦、兩鉶、四瓦豆，酌奠之觶也。祝之二豆一俎，暮者之二豆，涪四爵也。其在外，則肵俎已設於堂下，阼階南，二佐食之薦俎本設於兩階間，悉徹之，但尸俎、肵俎則出之爨以待燅。祝佐食之薦俎，則當各設於其堂下之位，其餘豆鉶諸物各歸其所，以待摡滌室中。尸、祝、主人、主婦之祭亦埽而去之。

埽堂。司宫攝酒，乃燅尸俎。卒燅，乃升羊、豕、魚三鼎，無腊與膚。乃設扃鼏陳鼎于門外如初。

埽，索到反。攝，書摺反。燅，音尋。扃，古熒反。鼏，茫狄反。

埽堂，將賓尸更新之也。攝酒，更澆洗添益之燅温熱之。凡可燅者，皆燅之及可食也。無腊與膚，無專鼎耳。

右新堂及俎鼎。

乃議侑于賓，以異姓。宗人戒侑。侑出，俟于廟門之外。

議，擇也，擇賓之賢者，而侑尸。蓋尸同姓必以異姓人爲侑。侑，佑也。所以輔尸如《鄉飲》。有賓必有介。戒，告也，告之使爲侑。其人出，俟於廟門之外，當與尸更入也。

右立侑。

司宫筵于戶西，南面。又筵于西序，東面。尸與侑北面于廟門之外，西上。主人出迎尸，宗人擯。主人拜，尸答拜。主人又拜侑，侑答拜。主人揖，先入門右。尸入門左。侑從，亦左。揖，乃讓。主人先升自阼階。尸、侑升自西階，西楹西北面，東上。主人東楹東北面拜至，尸答拜。主人又拜侑，侑答拜。

司宫爲尸布席爲戶西，爲侑布席於西序，尸與侑北面。若不敢當賓者，然以尊大夫。正祭，不迎尸，尸尊也。此出迎賓之主人，先入導尸，尸入侑從，揖讓而升拜至，喜之也。

右迎尸與侑。

乃舉。司馬舉羊鼎，司士舉豕鼎、舉魚鼎以入，陳鼎如初，雍正執一匕以從。雍府執二匕以從。司士合執二俎以從。司士、贊者亦合執二俎以從。匕皆加于鼎，東枋。二俎設于羊鼎西，西縮。二俎皆設于二鼎西，亦西縮。雍人合執二俎，陳于羊俎西，竝皆西縮。覆二疏匕于其上，皆縮俎，西枋。

覆，芳屋反。下竝同。

舉，舉鼎也。如初，如阼階下，西面，北上。敖氏曰：一匕羊匕也，二匕豕、魚匕也。四俎乃尸侑主人、主婦之羊俎也。設之亦北上，如鼎之序，然其載之也，亦先北而後南。御案：大夫之祭以羊爲上牲，故以少牢名篇。此賓尸諸品皆統於羊，故羊鼎、羊匕、羊俎及舉之、執之、設之者，皆先於豕與魚。李氏如圭曰：四俎皆載羊體之正俎而分陳之。縮，順也。雍人合執二俎爲益送之俎。疏匕，匕柄有刻飾者。覆之，避塵縮俎。西柄爲縮，執俎者在西也。

右陳設鼎俎。

主人降受宰几，尸、侑降。主人辭，尸對。宰授几，主人受，二手横執几，揖尸。主人升，尸、侑升，復位。主人西面，左手執几，縮之，以右袂推拂几三，二手横執几，進，授尸于筵前。尸進，二手受于手閒。主人退。尸還几縮之，右手執外廉，北面奠于筵上，左之，南縮，不坐。主人東楹東，北面拜。尸復位。尸與侑皆北面答拜。

還，音旋。

几，坐而憑之以爲安者。主人降，受宰几，尸、侑亦降。主人辭其降，尸對以當，然主人執几，揖尸就位。主人升，尸、侑皆升，復位。主人左手執几，以右手推几，就其位，以右袂拂塵，進，授尸几。主人二手執几兩端，尸併二手執几中閒，受之。主人退，復位。尸還，而易執之。左之，筵左。不坐，不坐而奠几也。主人於東楹東，北面，拜送几。尸拜侑，從尸亦拜。

右授几。

主人降洗，尸、侑降。尸辭洗主人對。卒洗，揖，主人升，尸、侑升。尸西楹西北面拜洗，主人東楹東北面奠爵，答拜。降盥。尸、侑降。主人辭，尸對。卒盥，主人揖，升，尸、侑升。主人坐取爵，酌獻尸。尸北面拜受爵，主人東楹東北面拜送爵。

敖氏繼公曰：辭對之儀，見《鄉飲酒禮》，故此略之。揖亦主人揖尸，文省耳。下放此獻受之儀，亦當如《鄉飲酒禮》。

右主人獻尸。

主婦自東房薦韭菹、醓，坐奠于筵前，菹在西方。婦贊者執昌菹、醓以授主婦，不興，受，陪設于南，昌在東方。興，取籩于房，麷蕡，坐設于豆西，當外列，麷在東方。婦贊者執白黑以授主婦。主婦不興，受，設于初籩之南，白在西方。興，退。

麷，芳中反。蕡，扶云反。

鄭康成曰：昌，昌本也。韭菹、醓醢，昌本、麋臡。麷，熬麥也。蕡，麻實。白、稻、黑、黍，皆熬之。主婦親興取籩者，敬籩實也，當外列辟鉶也。退，入房。李氏如圭曰：先獻從薦異於祭也。陪設，重列之也。四豆、四籩放室中之數。

右主婦薦豆、籩。

乃升。司馬杋羊，亦司馬載，載右體肩、臂、肫、骼、臑、正脊一，脡脊一，橫脊一、短脅一、正脅一、代脅一、腸一、胃一、祭肺一，載于一俎。羊肉湆，臑折、正脊一、正脅一、腸一、胃一、嚌肺一，載于南俎。司士杋豕，亦司士載，亦右體肩、臂、肫、骼、臑、正脊一、脡脊一、橫脊一、短脊一、正脅一、代脅一、膚五、嚌肺一，載于一俎。

肫，音諄。

升，升牲體於俎也。司馬，家司馬，舉羊鼎，載羊皆司馬職之，特於此見之耳。上言錽尸俎，蓋肵俎、神俎皆在其中。其在俎者，與正祭略同，惟臑後於骼爲異，蓋折之以貶於神俎，且以所折者爲肉湆俎也。脊、脅皆一骨，腸、胃各一義，亦如之一俎。司士所設羊俎西第一俎。肉湆，肉在汁中者，以增俎，實爲尸加也。嚌肺，離肺也。南俎，雍人所設在南者。司士卽舉豕鼎者。司士朼豕謂豕脀也。凡升豕皆司士爲之豕，無正俎，故尸俎之體骨皆放於羊俎。此俎與羊肉湆俎同，亦南俎。

侑俎，羊左肩、左肫、正脊一、脅一、腸一、胃一、切肺一、載于一俎。侑俎，豕左肩折、正脊一、脅一、膚三、切肺一，載于一俎。

敖氏繼公曰：侑無羊肉湆，故羊俎得用二體。前體以肩，後體以肫，尊之也。右體皆已入尸俎，故皆用左羊俎。亦用祭肺者，與尸俎同在堂上，因其禮也，阼俎亦然，飮酒正禮，祭以離肺，其有以切肺者或有爲加之或相因用之，非常禮。豕左肩不用全體，爲羊俎，已用二體，故於此殺之。此俎蓋次於尸俎。

阼俎，羊肺一，祭肺一，載于一俎；羊肉湆，臂一、脊一、脅一、腸一、胃一、嚌肺一、載于一俎；豕脀，臂一、脊一、脅一、膚三、嚌肺一，載于一俎。

阼俎，主人之俎，無牲體，下於尸也。用肺代之，肺尊於腸、胃，有兩肺以尊主人。侑俎無羊、豕湆而主人有之，亦尊主人。臂，左臂也。侑用肩，主人用臂，略下於侑。此俎，司士所設豕鼎，鼎西俎。

主婦俎，羊左臑、脊一、脅一、腸一、胃一、膚一、嚌羊肺一，載于一俎。

主婦無豕體，而有豕膚，以主人無羊體，此亦不用豕體。然有豕膚，以見其可用，而謙不用也。有嚌肺，無祭肺下於侑。此俎司士所設在魚鼎西者。

司士朼魚，亦司士載。尸俎五魚，橫載之。侑、主人皆一魚，亦橫載之，皆加膴祭于其上。

膴，火吳反。

此總言載魚俎之法，載時皆橫執之，與羞之之時異。膴祭，刳魚時，割其腹以爲大臠，覆於其上，以便祭也。

右通言載俎之法。

卒升，賓長設羊俎于豆南。賓降。尸升筵自西方，坐，左執爵，右取韭菹，擩于三豆，祭于豆間。尸取麷、蕡。宰夫贊者取白黑以授尸。尸受，兼祭于豆祭。

長，知丈反。

卒升，四羊俎皆升也，於是賓長乃特設尸之羊俎於豆南，以延尸。賓降，尸升，坐，左執爵，右取韭菹，祭於豆閒，又取麷蕡。宰夫取白黑以授尸，尸受竝於豆閒。

雍人授次賓疏匕與俎，受于鼎西，左手執俎左廉，縮之，卻右手執匕枋，縮于俎上，以東面受于羊鼎之西。司馬在羊鼎之東，二手执挑匕枋以挹湆，注于疏匕，若是者三。

挑，湯堯反，一音由。挹，因入反。

疏匕與俎在羊俎西之北。雍人取以授次賓，次賓受於鼎西，身當俎之下端。左手執俎左廉，横執俎，卻右手執匕柄。司馬二手執挑匕柄以挹湇，蓋挑柄長以抒湇於器也。三，禮成於三也。

尸興，左執爵，右取肺，坐祭之，祭酒，興，左執爵。次賓縮執匕俎以升，若是以授尸。尸卻手受匕枋，坐祭，嚌之，興，覆手以授賓。賓亦覆手以受，縮匕于俎上，以降。尸席末坐，啐酒，興，坐奠爵，拜告[1]旨，執爵以興。主人北面于東楹東答拜。

尸祭肺，祭酒，興，左執爵。次賓執匕俎以升。授尸，尸卻手受匕柄，坐祭，嚌之，而興授賓。賓受縮匕於俎上，以降。尸又啐酒，興，奠爵，告旨，主人答拜。

司馬羞羊肉湇，縮執俎。尸坐奠爵，興，取肺，坐，绝祭，嚌之，興，反加于俎。司馬縮奠俎于羊湇俎南，乃載于羊俎，卒載俎，縮執俎以降。

羊湇俎，湇字從楊。敖作衍文。

楊氏復曰：正俎皆横執，横奠加俎皆縮執、縮奠。敖氏繼公曰：縮執，俎者既載則錯而改執之也。御案：湇字，楊氏、敖氏以爲衍文，蓋羊湇俎，賓既以降矣，不宜復有俎在也。

尸坐執爵以興。次賓羞羊燔，縮執俎，縮一燔于俎上，鹽在右。尸左執爵，受燔，揳于鹽，坐，振祭，嚌之，興，加于羊俎。賓縮執俎以降。尸降筵，北面于西楹西，坐卒爵，執爵以興，坐奠爵，拜，執爵以興。主人北面于東楹東答拜。主人受爵。尸升筵，立于筵末。

羊燔，别爲一俎。筵末，席西也。

右终主人獻尸之禮。

主人酌，獻侑。侑西楹西北面拜受爵。主人在其右，北面答拜。

獻尸訖，卽獻侑，亦於席前西南面，侑既拜則進受之以復位。主人既拜，則立於西階東，及侑降筵北面，則復就其右。

主婦薦韭菹、醓，坐奠于筵前，醓在南方。婦贊者執二籩麷、蕡以授主婦。主婦不興，受之，奠麷于醓南，蕡在麷東。主婦入于房。

敖氏繼公曰：醓在南方，是豆北上也。北上者，以席南上也。主婦薦豆而贊者卽贊籩者，兩豆、兩籩同時設，故不必親取籩。

侑升筵自北方。司馬横執羊俎以升，設于豆東。侑坐，左執爵，右取菹，揳于醓，祭于豆閒；又取麷、蕡，同祭于豆祭。興，左執爵，右取肺，坐祭之，祭酒，興，左執爵。次賓羞羊燔，如尸禮。侑降筵自北方，北面于西楹西，

① 阮元《十三經注疏》無告字。

坐卒爵，執爵以興。坐奠爵，拜主人答拜。

御案：侑與主婦之正俎皆司馬設之者。侑不可同於尸，主婦不可同於主人，不敢煩賓長也。設於豆東，在兩豆之東，一俎當二豆，兩籩在其南。敖氏繼公曰：凡正俎皆横執之。此乃言者，恐以爲司馬進之亦縮執也。主人答拜，拜於侑之右。

右主人獻侑。

尸受侑爵，降，洗。侑降，立于西階西，東面。主人降自阼階，辭洗。尸坐奠爵于篚，興，對。卒洗，主人升。尸升[①]西階。主人拜洗。尸北面于西楹西，坐奠爵，答拜，降盥，主人降。尸辭，主人對。卒盥，主人升。尸升，坐取爵，酌。

尸受侑爵，降而洗爵。將酢主人，主人辭洗，尸對以當然。竟洗，卒洗，主人升階，拜洗。尸奠爵，答拜，又降盥，主人亦降。尸辭其降，主人對以當然。卒盥，主人升。尸升，坐取爵而酌之。

司宫設席于東序，西面。主人東楹東、北面拜受爵，尸西楹西、北面答拜。

司宫設尸酢主人之席。既設席，尸乃於席前，東南面酢主人。主人拜，受爵，復位。

主婦薦韭菹、醓，坐奠于筵前，菹在北方。婦贊者執二籩麷、蕡，主婦不興，受，設麷于菹西北，蕡在麷西。主人升筵自北方。主婦入于房。長賓設羊俎于豆西。主人坐，左執爵，祭豆、籩，如侑之祭，興，左執爵，右取肺，坐祭之，祭酒，興。次賓羞匕湇，如尸禮。席末坐啐酒，執爵以興。司馬羞羊肉湇，縮執俎。主人坐奠爵于左，興，受肺，坐絶祭，嚌之，興，反加于湇俎。司馬縮奠湇俎于羊俎西，乃載之，卒載，縮執虚俎以降。

尸酢主人，就主人酒饌爲之，故主婦、長賓、次賓、司馬等皆代尸陳設。

主人坐，取爵以興。次賓羞燔，主人受，如尸禮。主人降筵自北方，北面于阼階上，坐卒爵，執爵以興，坐奠爵，拜執爵以興。尸西楹西答拜。主人坐奠爵于東序南。

贾氏公彦曰：燔，即羊燔。以主人與尸、侑皆用羊體，主婦獻尸，以後悉用豕體，賓長獻尸以後悉用魚，從是以知主人之燔，羊燔也。

侑升。尸、侑皆北面于西楹西。主人北面于東楹東，再拜崇酒。尸、侑皆答再拜。主人及尸、侑皆升就筵。

尸酢主人，竝崇酒。主人拜之，侑亦答拜者，佐尸酢主人也。崇酒，解見《鄉飲酒禮》。

---

① 升，阮元《十三經注疏本》作升自。

右尸酢主人。

司宫取爵于篚，以授婦贊者于房東，以授主婦。

授主婦，婦贊者受爵於司宫，以授主婦於房中也。房東，房户外之東。

主婦洗于房中，出實爵，尊南西面拜獻尸。尸拜于筵上，受。主婦西面于主人之席北拜送爵。入于房，取一羊鉶，坐奠于韭菹西。主婦贊者執豕鉶以從。主婦不興，受，設于羊鉶之西。興，入于房，取糗與腶脩，執以出，坐設之，糗在蕡西，脩在白西。興，立于主人席北，西面。

糗，去九反。腶，丁亂反，本又作段，音同。

主婦不可拜獻尸于阼階上，故就尊西面拜獻尸，退就主人席北，又拜，婦人俠拜也。尸不與婦人行賓主禮，不就東西階，故拜於筵上。羊鉶、豕鉶皆祭之，飲糗與腶脩，則婦人之職取以獻尸，異男子也。

尸坐，左執爵，祭糗、脩，同祭于豆祭，以羊鉶之柶挹羊鉶，遂以扱[1]豕鉶，祭于豆祭，祭酒。

尸受爵時，立至此，乃坐。先祭糗、脩，重其自致者，次祭羊鉶、豕鉶。

次賓羞豕匕湆，如羊匕湆之禮。尸坐啐酒，左執爵，嘗上鉶，執爵以興，坐奠爵，拜。主婦答拜，執爵以興。司士羞豕脀。尸坐奠爵，興，受，如羊肉湆之禮，坐取爵，興。次賓羞豕燔。尸左執爵，受燔，如羊燔之禮。坐卒爵，拜，主婦答拜，受爵。

敖氏繼公曰：如者，如其左手執俎，左廉以下之儀。上鉶，羊鉶也。尸嘗鉶而拜，主婦答拜。司士又進豕、脀，尸亦嘗之而拜。主婦答拜，次賓又進豕燔。尸受而卒爵拜，主婦答拜。尸奠爵，主婦受之。其授受，則司士等爲之。不言，可知也。

右主婦獻尸。

酌，獻侑。侑拜，受爵。主婦，主人之北西面答拜。主婦羞糗、脩，坐奠糗于麷南，脩在蕡南。侑坐，左執爵，取糗、脩，兼祭于豆祭。司士縮執豕脀以升。侑興，取肺，坐祭之。司士縮奠豕脀于羊俎之東，載于羊俎，卒，乃縮執俎以降。侑興。次賓羞豕燔。侑受如尸禮，坐卒爵，拜。主婦答拜。受爵。

主婦酌，獻，無尊南之拜，無鉶豕脀，無湆皆禮殺於尸也。北，席北。尸祭鉶，乃祭酒。此無鉶，故不祭酒。肺，切肺。如尸禮，如受羊燔之禮。

右主婦獻侑。

酌以致于主人。主人筵上拜受爵。主婦北面于阼階上答拜。主婦設二鉶與

---

[1] 扱，阮元《十三經注疏》作挹。

糗、脩，如尸禮。主人其祭糗脩、祭鉶、祭酒、受豕匕湆、啐酒，皆如尸禮。嘗鉶，不拜。其受豕脅，受豕燔，亦如尸禮。坐卒爵，拜。主婦北面答拜，受爵。

《特牲饋食禮》主人、主婦交致爵，所以分神惠也。此賓、尸而亦交致爵，蓋祭者夫婦親之，以明承于宗祧之義。今賓、尸而尸享之以爲神嘏，當共受也。

右主婦致爵于主人。

尸降筵，受主婦爵以降。主人降。侑降。主婦入于房。主人立于洗東北，西面。侑東面于西階西南。尸易爵于篚，盥，洗爵。主人揖尸、侑，主人升。尸升自西階，侑從。主人北面立于東楹東，侑西楹西北面立。尸酌。主婦出于房，西面拜，受爵。尸北面于侑東答拜。主婦入于房。司宫設席于房中，南面。主婦立于席西。婦贊者薦韭菹、醢，坐奠于筵前，菹在西方。婦人贊者執麷、蕡以授婦贊者。婦贊者不興，受，設麷于菹西，蕡在麷南。主婦升筵。司馬設羊俎于豆南。主婦坐，左執爵，右取菹，抨于醢，祭于豆間。又取麷、蕡，兼祭于豆祭。主婦奠爵，興，取肺，坐絶祭，嚌之，興，加于俎，坐挩手，祭酒，啐酒。次賓羞羊燔。主婦興，受燔，如主人之禮。主婦執爵以出于房，西面于主人席北，立卒爵，執爵拜。尸西楹西北面答拜。主婦入，立于房，尸、主人及侑皆就筵。

尸降筵，將酢主婦，主婦入于房以辟之。主人與侑降立以俟尸洗。尸洗而易爵。盥洗爵，主人揖尸與侑升，皆升。主人與侑立俟尸酌。尸酌，主婦出房，拜受爵，尸答拜，主婦仍入于房。司宫設席於房中，婦贊者薦韭菹、醢，又一婦人執麷、蕡以授婦贊者，而婦贊者設之。主婦升筵，司馬設羊俎。主婦執爵祭菹及麷、蕡，奠爵，興，絶肺以祭而嚌之。興，置於俎，坐而挩手，又祭酒，啐酒。次賓羞羊燔。主婦興，而受之如主人禮。既乃執爵出房，鄉尸立而卒爵，拜賜，尸答拜，主婦入於房，立不就筵也。

右尸酢主婦。

上賓洗爵以升，酌獻尸。尸拜受爵。賓西楹西北面拜送爵。尸奠爵于薦左。賓降。

上賓，賓長也。尸奠爵，爵止也。

右上賓獻尸，尸爵止。

主人降，洗觶，尸、侑降。主人奠爵于篚，辭，尸對。卒洗，揖。尸升，侑不升。主人實觶，酬尸，東楹東北面坐奠爵，拜。尸西楹西北面答拜。坐祭，遂飲，卒爵，拜，尸答拜。降洗，尸降，辭，主人奠爵于篚，對。卒洗，主人升。尸升。主人實觶。尸拜受爵。主人反位答拜。尸北面坐，奠爵于薦左。尸、侑、主人皆升筵。

《特牲饋食禮》無酬尸之事，此賓、尸如與賓客飲酒，故有酬。侑不升，酬禮不及之也。迄主人酬尸，尸拜奠爵，乃就筵。本觶也而云爵，通用。

右主人酬尸，尸奠酬。

乃羞，宰夫羞房中之羞于尸、侑、主人、主婦，皆右之。司士羞庶羞于尸、侑、主人、主婦，皆左之。

敖氏继公曰：房中之羞饌於房者也，言房中以别於庶羞，明庶羞不自房來也。庶羞在左，乃其常處。庶羞左，則内羞右，宜矣。

右羞于尸、侑主人、主婦。

主人降，南面拜衆賓于門東，三拜。衆賓門東北面，皆答壹拜。主人洗爵，長賓辭，主人奠爵於篚，興，對。卒洗，升，酌，獻賓於西階上。長賓升，拜受爵。主人在其右，北面答拜。宰夫自東房薦脯醢，醢在西。司士設俎于豆北，羊骼一、腸一、胃一、切肺一、膚一。賓坐，左執爵，右取脯，㨎于醢，祭之，執爵興，取肺，坐祭之。祭酒，遂飲，卒爵，執以興。坐奠爵，拜，執爵以興。主人答拜，受爵。賓坐，取祭以降，西面坐，委于西階西南。宰夫執薦以從，設于祭東。司士執俎以從，設于薦東。

賓，助祭賓也，故主人降，拜之。而尸、侑不從拜之，將獻之也。司士，大夫之私人。

右主人獻長賓。

衆賓長升，拜受爵。主人答拜。坐祭，立飲，卒爵，不拜既爵。宰夫贊主人酌，若是以辯。辯受爵，其薦脯醢與脀，設於其位。其位繼主賓而南，皆東面。其脀體，儀也。

今文若爲如。辯爲徧。儀爲臡，或爲議。

衆賓長以次升而受獻。惟賓拜，其餘不拜。宰夫贊主人酌。辯獻賓，賓徧受爵，宰夫乃薦脯醢與脀，設於其位。儀謂擬，其可用者而用之。若尊者用尊體，卑者用卑體。

右主人辯獻衆賓。

乃升長賓。主人酌，酢于長賓，西階上北面，賓在左。主人坐奠爵，拜，執爵以興。賓答拜。坐祭，遂飲，卒爵，執爵以興，坐奠爵，拜，賓答拜。賓降。

升，賓升酢主人也。云乃升者，贊者升之也。主人酌而自酢，不勞賓。酢，賓降，降復位也。賓復位，則主人亦就席。

右主人自酢。

宰夫洗觶以升，主人受，酌，降，酬長賓于西階南，北面，賓在左。主人坐奠爵，拜，賓答拜。坐祭，遂飲，卒爵，拜，賓答拜。主人洗，賓辞。主人坐奠爵于篚，對。卒洗，升，酌，降復位。賓拜受爵，主人拜送爵。賓西面坐，奠爵于薦左。

主人先自飲，洗爵而後酬賓。薦左，薦北也。

右主人酬賓。

主人洗，升，酌，獻兄弟于阼階上。兄弟之長升，拜受爵。主人在其右答拜。坐祭，立飲，不拜既爵，皆若是以辯。辯受爵。其位在洗東，西面北上。升受爵，其薦脀設于其位。其先生之脀，折脅一、膚一。其眾，儀也。

兄弟長幼不一，主人洗，升，酌，以致恭。長兄弟一人升，拜受爵。以次而辯其位，在洗東受爵則由此而升。所薦之脀，設於其位。先生，長兄弟。脀，即俎也。先生用折俎、一脅、一膚。其眾，則儀而用之。

右主人獻兄弟。

主人洗，獻内賓于房中。南面拜受爵，主人南面于其右答拜。坐祭，立飲，不拜既爵，若是以辯。亦有薦、脀。

主人洗爵，獻内賓於房中。内賓，姑、姊妹及宗婦等亦設脀於其位。

右主人獻内賓。

主人降洗，升，獻私人于阼階上。拜于下，升受。主人答其長拜。乃降，坐祭，立飲，不拜。既爵，若是以辯。宰夫贊主人酌。主人于其羣私人，不答拜。其位繼兄弟之南，亦北上，亦有薦、脀。主人就筵。

私人，家臣之屬，皆助祭者，故主人敬而獻之，亦降洗爵，唯答其長之拜於其羣，私人不拜。

右主人獻私人。

尸作三獻之爵。司士羞湇魚，縮執俎以升。尸取膴祭，祭之，祭酒，卒爵。司士縮奠俎于羊俎南，横載于羊俎，卒，乃縮執俎以降。尸奠爵，拜。三獻北面答拜，受爵。

上賓舉三獻，因目上賓爲三獻，主人畢獻而就筵三獻，於是升立于西階上，尸乃舉爵。上文尸已奠爵，此後舉之，故云作。　御案：賓尸三鼎，羊爲上鼎，主人初獻羞之豕爲中鼎。主婦亞獻羞之魚爲下鼎，故賓三獻之節，羞之也。尸既祭酒，卒爵。待執俎者降，而後奠爵，拜。

右尸作止爵。

酌，獻侑。侑拜受，三獻北面答拜。司馬羞湆魚一，如尸禮。卒爵，拜。三獻答拜，受爵。酌，致主人。主人拜，受爵。三獻東楹東北面答拜。司士羞一湆魚，如尸禮。卒爵，拜。三獻答拜，受爵。

司馬當作司士。

賓三獻而尸爵止，待主人獻賓，獻兄弟及内賓、私人等。既辯而後自作。止爵俾賓得終獻侑及致主人之禮。

右上賓獻侑致于主人。

尸降筵，受三獻爵，酌以酢之。三獻西楹西北面拜，受爵，尸在其右以授之。尸升筵，南面答拜。坐祭，遂飲，卒爵，拜，尸答拜。執爵以降，實于篚。

尸受三獻，致主人之爵，酌以酢賓，賓拜受祭酒。遂飲卒爵，拜，尸答拜，執爵降，實於篚。

右尸酢上賓。

二人洗觶，升，實爵，西楹西北面東上，坐奠爵，拜，執爵以興，尸、侑答拜。坐祭，遂饮。卒爵，執爵以興，坐奠爵，拜，尸、侑答拜。皆降，洗，升，酌，反位。尸、侑皆拜受爵，舉觶者皆拜送。侑奠觶于右。

二人舉觶於尸與侑，爲旅酬之始。上文主人酬尸以終獻禮而不酬侑，侑殺於賓也。玆將旅酬則二人舉觶於尸竝及侑，又以見侑之尊次於尸也。二人，賓弟子也。而尸、侑於其舉觶必拜。降，敬也。舉觶者，自飲而更洗爵，升，酌乃反位。尸、侑皆拜受而侑獨奠觶。不舉者，遜尸也。

右二人舉觶于尸侑。

尸遂執觶以興，北面于阼階上酬主人。主人在右，坐奠爵，拜，主人答拜。不祭，立飲。卒爵，不拜既爵，酌，就于阼階上酬主人。主人拜，受爵，尸拜送，尸就筵。

尸執觶以興於阼階上，酬主人。奠爵而拜，將自飲以酬主人也。自飲卒爵酬主人，主人拜，受爵，尸遂就筵。

主人以酬侑于西楹西，侑在左。坐奠爵，拜，執爵興，侑答拜。不祭，立飲，卒爵，不拜既爵，酌，復位。侑拜受，主人拜送。主人復筵。

主人以弟子所舉之觶、酬、侑，亦自飲卒爵，而後酬侑，拜受爵，主人拜送爵，復筵。

乃升長賓，侑酬之如主人之禮。至于眾賓，遂及兄弟，亦如之，皆飲于上。

升長賓，贊者升之。侑先酬上賓，次及眾賓、兄弟，皆如主人之禮上西階。

遂及私人，拜受者升，受，下飲。卒爵，升，酌，以之其位，相酬辯。卒飲者實爵于篚。

侑酬長賓、眾賓、兄弟，兄弟乃酬私人，等私人升，受兄弟之爵下而飲。卒爵，升酌，私人又共相酬辯。未受酬者，實爵於篚。

右旅酬。

乃羞庶羞于賓、兄弟、内賓及私人。

羞以佐酒，上文旅酬各酌以爵，既酬之後各就筵，故須羞也。羞於内賓，内賓亦旅酬可知。

右羞于堂下及房中。

兄弟之後生者舉觶于其長。洗，升，酌，降，北面立于阼階南，長在左。坐奠爵，拜。執爵以興，長答拜。坐祭，遂飲，卒爵，執爵以興，坐奠爵，拜，執爵以興，長答拜。洗，升，酌，降，長拜受于其位。舉爵者東面答拜，爵止。

後生，年少者。長，在坐舉觶者，在主人之右也。舉觶者亦先自飲而後洗，酌，舉觶於其長。

右兄弟子弟舉觶于其長，爵止奠于右也。

賓長獻于尸，如初，無湇，爵不止。

次賓亦稱賓長，爲尸加爵，復獻於尸。如初，如其獻侑，酌致。主人受尸酢也。湇，湇魚，唯無湇，爵不止，異於初也。

右次賓獻致。

賓一人舉爵于尸，如初，亦遂之于下。

敖氏繼公曰：賓一人，次賓之次者也。舉爵，即舉觶。如初，如二人舉觶于尸侑之儀。其異者，不及侑耳。亦遂之於下，遂及兄弟，下至於私人。

右賓一人舉觶于尸，遂旅酬。

賓及兄弟交錯其酬，皆遂及私人，爵無算。

鄭康成曰：長賓取觶酬兄弟之黨，長兄弟取觶酬賓之黨，惟己所欲，無有次第之數也。

右堂下相酬無算爵。

尸出，侑從。主人送于廟門之外，拜，尸不顧。拜侑與長賓，亦如之，眾賓從。司士歸尸、侑之俎。主人退。有司徹。

拜送尸於廟門外，賓之也。從，從長賓。主人不拜之，歸尸、侑之俎於其家，尊之也。徹，徹堂上下之薦俎。

右尸出禮畢。

若不賓尸，則祝侑亦如之。

御案：正祭在室，賓尸在堂。若不賓尸，則尸猶未出室，而主人、主婦與尸祝。佐食賓及兄弟、私人獻酬交錯。愚按：不賓尸，蓋尊尸而不敢以之爲賓，但自祝侑以下，獻酬以明和樂之意。亦如之，如尸匕飯禮。

尸食，八飯[1]，乃盛俎，臑、臂、肫、脡脊、横脊、短脅、代脅，皆牢；魚七，腊辨[2]，無髀。

盛，音成。下同。古文髀作脾。

尸食，祝既侑而尸又食也。賓尸七飯，今八飯，以其尊己，故加一飯，以慰其情。盛，更㪺之，而盛於肵俎也。魚、腊皆盛其半，以牢之骨體已多，此可略也。辨，辨盛右體也。

卒盛，乃舉牢肩。尸受，振祭，嚌之。佐食受，加于肵。佐食取一俎于堂下，以入奠於羊俎東。乃摭于魚、腊俎，俎釋三个，其餘皆取之，實于一俎以出。祝主人之魚、腊取于是。

摭，之益反。个，古賀反。今文摭爲摕。

先盛衆體乃舉肩，貴肩也。佐食又取堂下一虚俎入室。个，猶枚也。郝氏敬曰：摭，分取也。魚、腊各留三个於本俎改設，其餘盡取之，以出室也。祝、主人、主婦之俎，即分尸俎之魚以入焉。

尸不飯，告飽。主人拜侑，不言。尸又三飯。佐食受牢舉，如儐。

飯，父晚反。儐，臂印反，一音賓。下竝同。

尸食而告饱，主人当拜之而拜侑者，尊尸。拜侑達於尸，劝其再饭也，故不言，而尸又三饭。佐食受牢举肺脊，如賓尸之禮，不言賓而言儐者，谓儐於尸耳。

右不賓尸而尸食之禮。

主人洗，酌，酳尸，賓羞肝，皆如儐禮。卒爵，主人拜，祝受尸爵，尸答拜。

尸既食，主人又洗，酌，侑尸。賓進肝如儐礼。尸卒爵，祝受尸爵，尸答主人之拜。

右主人酳尸。

祝酌，授尸，尸以醋主人，亦如儐。其綏祭，其嘏，亦如儐。

醋、酢同。绥，古文作挼。

① 八飯，阮元《十三經注疏》無此二字。
② 辨，阮元《十三經注疏》作辯。

儐禮有成文，故此均言如儐，省文耳。綏，讀爲藏其隋之隋。

右尸酢主人。

其獻祝与二佐食，其位、其薦、胥皆如儐。

主人獻祝與侑食，其位、其薦、胥皆如儐。賈氏公彥曰：此主人獻有五節，主人獻尸，一也；醋主人，二也；獻祝，三也；獻上佐食，四也；獻下佐食，五也。

右主人獻祝與二佐食。

主婦其洗獻于尸，亦如儐。主婦反取籩于房中，執棗、糗，坐設之，棗在稷南，糗在棗南。婦贊者執栗、脯。主婦不興，受設之，栗在糗東，脯在棗東。主婦興，反位。尸左執爵，取棗、糗，祝取栗、脯以授尸。尸兼祭于豆祭，祭酒，啐酒。次賓羞牢燔，用俎，鹽在右。尸兼取燔，擩于鹽、振祭，嚌之。祝受，加于肵。卒爵，主婦拜。祝受尸爵，尸答拜。

洗獻尸，如儐，謂拜送爵以上之禮。栗、脯加籩之實也。反位，反主人之北拜送爵位。

右主婦獻尸。

祝易爵洗，酌，授尸。尸以醋主婦。主婦主人之北拜受爵，尸答拜，主婦反位，又拜。上佐食绥祭，如儐。卒爵拜，尸答拜。

今文醋爲酢。

御案：主婦當來爵拜，而受酢。不爾以有两番獻，故於酢略之。

右尸酢主婦。

主婦獻祝，其酌如儐。拜，坐受爵。主婦主人之北答拜。宰夫薦棗、糗，坐設棗于菹西，糗在棗南。祝左執爵，取棗、糗祭于豆祭，祭酒，啐酒。次賓羞燔，如尸禮。卒爵。主婦受爵，酌，獻二佐食，亦如儐。主婦受爵以入于房。

御案：如儐，同上篇。正祭，亞獻兄弟之儀。祝賤於尸，故主婦不自取籩。宰夫薦之，祝既卒爵，主婦受爵而酌，獻二佐食。御案：如儐，如正祭，主婦之獻佐食，亦酌，獻之於户内。佐食，北面拜，坐受爵，主婦西面答拜。祭酒，卒爵，而坐授主婦也。

右主婦獻祝與二佐食。

賓長洗爵，獻於尸，尸拜受，賓户西北面答拜，爵止。

賓長洗，獻尸，尸拜受，賓答拜，尸於是奠爵而不舉，以待主人、主婦之交致爵。

右賓長獻尸爵止。

主婦洗于房中，酌，致于主人，主人拜受，主婦户西北面拜送爵。司宫設席。主婦薦韭菹、醢，坐設于席前，菹在北方。婦贊者執棗、糗以從。主婦不興，受，設棗于菹北，糗在棗西。佐食設俎，臂、脊、脅、肺皆牢。膚三、鱼一、腊臂。主人左執爵，右取菹，抨于醢，祭于豆閒，遂祭籩，奠爵，興，取牢肺，坐绝祭，嚌之，興，加于俎，坐挩手，祭酒，執爵以興，坐卒爵，拜。

敖氏繼公曰：設席於主人立處之南。腊、臂，皆左臂。右臂口已用之。

主婦答拜，受爵，酌以醋，户内北面拜，主人答拜。卒爵，拜，主人答拜。主婦以爵入于房。

主婦自酢，不更爵，夫婦無嫌也。主人不致爵於主婦，禮殺。

右主婦致爵于主人自酢。

尸作止爵，祭酒，卒爵。賓拜，祝受爵，尸答拜。祝酌，授尸。賓拜受爵，尸拜送。坐祭，遂飲，卒爵，尸答拜。

尸舉所止之爵，祭酒，卒爵。將酢賓，故賓拜。祝代受爵，尸答拜，祝酌，授尸，賓拜受爵，尸拜送。賓遂祭飲，卒爵，拜，尸答拜。

右尸作止爵酢賓。

獻祝及二佐食。

賓長，於是獻祝與佐食。不言如初，可知也。

右賓長獻祝与二佐食。

洗，致爵于主人。主人席上拜受爵，賓北面答拜。坐祭，遂飲，卒爵，拜，賓答拜，受爵。

賓洗爵，致於主人。主人飲，卒爵，拜。賓答拜，受爵，云席上拜受爵，見主人，自有席異於主婦也。

酌，致爵于主婦。主婦北堂。司宫設席，東面。主婦席北東面拜受爵，賓西面答拜。婦贊者薦韭菹、醢，菹在南方。婦人赞者執棗、糗授婦贊者。婦贊者，不興，受，設棗于菹南，糗在棗東。佐食設俎于豆東，羊臑，豕折、羊脊、脅，祭肺一、膚一、魚一、腊臑。主婦升筵，坐，左執爵，右取菹，抨于醢，祭之，祭籩，奠爵。興，取肺，坐絶祭，嚌之，興，加于俎，坐挩手，祭酒，執爵興，筵北東面立卒爵，拜。賓答拜。賓受爵，易爵于篚，洗，酌，醋于主人，户西北面拜，主人答拜。卒爵，拜，主人答拜。賓以爵降，實[①]于篚。

主婦本無席，賓長將致爵而設之。賓致爵，主婦拜受，薦韭、菹、醢。設俎，皆前取於所撫者。棗、糗、栗，則主婦房中所自有。主婦立飲而拜，既爵異於主人，賓既致爵，主婦易爵，洗，酌，復酢主人，拜送爵，主人答拜。卒爵，拜，主人答拜，賓以爵降，實於篚。

右賓長致于主人、主婦。

乃羞，宰夫羞房中之羞，司士羞庶羞于尸、祝、主人、主婦，内羞在右，庶羞在左。

御案：内羞、庶羞，解見賓尸。賓尸之礼羞於侑，不賓尸則羞於祝。

右羞于尸祝主人、主婦。

主人降，拜衆賓，洗獻衆賓，其薦、脀，其位，其酬醋，皆如儐禮。主人洗獻兄弟與内賓與私人，皆如儐禮，其位，其薦脀，皆如儐禮。卒，乃羞于賓、兄弟、内賓及私人，辯。

将進羞，而先獻主人之禮也。卒，谓獻畢。乃羞，庶羞也。

右主人先獻衆賓兄弟等而後羞。

賓長獻于尸，尸醋。獻祝，致，醋，賓以爵降，實于篚。

贾氏公彦曰：上賓長已獻尸，此是次賓長爲加爵。致，致爵於主人，主婦使酢也。

右次賓獻致。

賓、兄弟交錯其酬。無算爵。

賓、兄弟旅酬，亦當是子弟舉觶於其長。無算爵，則辯也。

右旅酬無算爵。

利洗爵，獻于尸，尸醋。獻祝，祝受，祭酒，啐酒，奠之。

利，佐食也，不及主人殺也。

右利獻尸祝。

主人出，立于阼階上，西面。祝出，立于西階上，東面。祝告於主人曰：利成。祝入。主人降，立于阼階東，西面。尸謖。祝前，尸從，遂出于廟门。祝反，復位于室中。祝命佐食徹尸俎，佐食乃出户俎于廟门外，有司受，歸之。徹阼薦、俎。

贾氏公彦曰：士禮既餕，乃徹阼俎。此餕前徹阼俎。

右尸出禮畢。

① 實，阮元《十三經注疏》作奠。

乃饔，如儐。

饔、餕同。

鄭康成曰：如儐，謂上篇自司設對席至上餕興，出也。

右饔。

卒饔，有司官徹饋，饌于室中西北隅，南面，如饋之設。右几，厞用席。納一尊于室中。司宮埽祭。

厞，附冒反。古文右作侑。厞，作茀。

有司官徹饋者，司馬舉羊俎，司士舉豕俎、敦及豆，始爲主婦、宗婦所設，此亦命宰夫徹之。埽祭，埽豆閒之祭。納一尊於室中，不徹待婦人徹。

主人出立于阼階上，西面。祝執其俎以出，立于西階上，東面。司宮闔牖户。祝告利成，乃執俎以出于廟门外，有司受，歸之。衆賓出，主人拜送于廟门外，乃反。婦人乃徹，徹室中之饌。

歸俎，蓋歸賓長乃徹，徹祝之薦及房中薦俎、室中之饌，即有司所徹而設者。

右禮畢。

總　論

子孫祭其祖先，報本追遠，禮之當然，亦仁人、孝子将其思慕天理之自然也。古人適士以上始有廟，而又有宗法。無廟者，豈遂不得盡其誠。有廟者，四時薦新及隨時，豈遂不得盡其禮乎？蓋五祀皆於奥，奥即廟也。自士以上，禴祠蒸嘗，必於廟而隨時薦馨，則於寢於奥不必設尸。此書載《特牲饋食》《少牢饋食》，士大夫之祭禮，而以《饋食》名篇，事死如生之義，未爲失也。獨其載器物及周旋進退之儀頗傷於繁，而賓尸之禮尤多不協，既祭之後繹而賓尸，蓋以酬其勞而亦不得盡同於賓。謂其爲尸也，《鳧鷖》之詩曰：公尸來止薰薰。旨酒欣欣，燔炙芬芬。又曰：爾酒既湑，爾殽伊脯。喜其來，隆其禮似燕。公尸者，酒殽不必，猶用尸俎，且賓尸則敬，專在於尸，而必旅酬，尸賓亦紛紛酬酢，詩中竝無此意。古凡飲食必有樂，而祭與燕尤以樂爲貴。此書所記繁文縟節甚詳，而於樂不言，蓋戰國以後，先王之禮樂亦已凌遲。行禮者，襲春秋繁文之失，鋪張揚厲作爲此書，今試即其文而行之，勢必煩勞不得安息，所謂燕樂之意微矣。考之經籍，惟《鄉飲酒》主於教弟教讓，不以醉飽爲節，祭祀亦必皇尸醉飽，賓尸何繁瑣若此乎？姑隨文詁之，俟高明擇焉。